지역기반

고급통합사례관리론

지역기반

고급통합 사례관리론

이재용 저

동 문 사

머리말

통합사례관리는 통합사례관리사가 주도하는 사업이다. 통합사례관리사는 지역상황을 토대로 고위험사례대상자를 이끌어 가면서 그의 상황을 개선하고 변화를 위한 실천대안과 방법을 제안할 수 있어야 한다. 이러한 제안은 문제해결에 기여하고 고위험사례대상자의 삶의 증진을 위해 매우 중요한 것이다. 통합사례관리사는 이를 위해 존재하고 실천하는 전문가임이 분명하기 때문에 통합사례관리는 실천이 전제된 임상전문성을 토대로 운영되는 학문이다.

본서는 통합사례관리사의 역량을 토대로 고위험사례대상자가 증가하는 현재를 조망하면서 통합사례관리 운영에 적합한 지역기반 통합서비스 개발 및 지원방안을 충실하게 제시하였다. 학계 최초로 지역 중심의 통합사례관리 운영방법과 통합서비스의 실행방안을 제안하고, 고위험사례대상자가 증가하는 사회적 상황을 직시하면서 통합사례관리 운영의 효율성을 극대화하기 위한 방법을 실무자 수준에서 제안하였다. 통합사례관리사가 중심이 되어 고위험사례대상자를 이끌어 가기 위한 실무지식과 기술을 지역을 기반으로 제안하였다는 것이 본서가 다른 교재와의 차이와 특징이다.

또한 고위험사례대상자의 상황을 개선・해결하기 위하여 통합의 개념을 정의하고 지역중심의 통합서비스만이 지역중심의 진정한 통합사례관리임을 분명하게 정의하였다. 고위험사례대상자의 상황에 따라 통합사례관리 실행방안을 통합사례관리사가 이끌어 나가기 위한 실천전략을 기술하여 예비통합사례관리사와 사회복지전공학생들의 사례관리 실천지식과 기술을 체득할 수 있게 기술하였다. 본서는 통합사례관리사가 고위험사례대상자의 슈퍼바이저로서 역할을 수행할 수 있는 안내서로 충분할 것이라고 저자는 확신한다.

통합사례관리사의 주도 하에 진행되는 통합사례관리는 지역에 기반을 두어야 한다. 지역기반 지원이어야만 고위험사례대상자의 생활 욕구와 상황의 변화에 기여할 수 있기 때문이다. 고위험사례관리대상자의 결핍된 욕구와 문제 등은 지역의 자원들을 개발해서 연계하느냐에 따라 분명 개선 가능성을 예측할 수 있다. 급속하게 증가하는 고위험사례대상자의 상황을 개선하기 위해 통합사례관리 절차에 따라 통합서비스를 개발하고 지원하는 것이 얼마나 소중한 것임을 통합사례관리 이슈를 중심으로 세세하게 다루었다.

본서는 다음의 사항을 목적으로 집필되었다.

첫째, 학계 및 사회복지현장 최초로, 고위험사례대상자를 조망하고 지역기반 통합사례관리의 개념을 정의하였다. 기존의 사례관리의 개념을 토대로 사회복지기관이 중심이 되어 고위험사례대상자가 거주하는 지역사회 기반 통합사례관리 운영방법을 실천적으로 기술하고 정의하였다. 또한 통합사례관리의 운영방법과 통합서비스의 지원방법을 통합사례관리사의 슈퍼비전을 토대로 실무교재 수준에서 집필되었다.

둘째, 지역의 상황에 따라 고위험사례대상자의 생활방식은 분명 차이가 있다. 이러한 거주상황을 감안하여 통합사례관리사는 그 역할이 달라야 한다. 이는 기관중심의 사례관리와 지역중심의 통합사례관리의 차이가 있다는 것으로, 고위험사례대상자의 상황에 따라 사례관리 적용방식이 달라야 한다는 것을 의미한다. 기관중심 사례관리와 지역중심 통합사례관리의 개념조차 규명되지 않은 사회복지현장의 실정을 감안하여 지역기반 통합사례관리 운영방안을 통합사례관리사 중심으로 대안을 제시하였다.

셋째, 고위험사례대상자의 거주지역 및 주거상황을 고려하여 통합사례관리사는 역할이 달라야 한다. 기관중심의 사례관리와 지역중심의 통합사례관리의 운영방식이 차이가 있다는 것으로 고위험사례대상자의 상황에 따라 사례관리 운영 및 통합서비스 관리지원방식이 달라야 한다는 것을 의미한다. 통합사례관리사가 소속된 기관을 중심으로 통합사례관리 운영 및 관리 방안을 통합사례관리사 중심으로 실천대안을 제시하였다.

넷째, 통합사례관리사는 고위험사례대상자에게 슈퍼바이저로 역할을 해야 한다. 그래야만 고위험사례대상자를 이끌어 가면서 통합사례관리를 성공적으로 운영할 수 있기 때문이다. 고위험사례대상자의 결핍된 욕구와 문제 등의 해결을 위해 지역의 전문기관 및 개인들과의 전문적인 연계를 통해 통합서비스의 적용과정을 통합사례관리사가 주체가 될 수 있는 대안을 제시하였다. 고위험사례대상자의 상황에 적합한 지식기반 임상기술의 적용방안을 제안하였다.

본서의 구성은 다음과 같다.

1장은 통합사례관리에 대한 이해를 높이기 위해 통합사례관리의 개념과 정의, 목적을 기술하고 통합사례관리에서 활용하는 용어를 정리하여 독자의 이해를 높였다.

2장에서는 통합사례관리의 발달과 핵심지향점을 사례관리 발달의 관점에서 오늘날 통합사례관리에 대한 이슈를 중심으로 지향점을 연계하여 기술하였다.

3장에서는 통합사례관리의 가치와 핵심과업, 핵심쟁점을 기술하고 핵심가치를 토대로 달성할 과업을 중심으로 기술하였다.

4장은 통합사례관리에서 지원하는 대상자 유형을 구분하고 각각의 특성을 기술하였다.

5장에서는 통합사례관리 구성체계를 기술하였다.

6장에서는 통합사례관리의 지역기반에 대해 기술하고 각각의 연계방안을 통합사례관리사의 입장에서 기술하였다.

7장에서는 지역기반 통합사례관리 체계를 기술하고 통합사례관리사의 다양한 역할과 수행활동을 기술하였다.

8장에서는 지역기반 통합사례관리 실행원칙을 세세하게 기술하였다. 이 장의 중요한 핵심사항은 성공적인 통합사례관리 운영을 위한 통합사례관리사의 역할을 중심으로 다양한 지원방안을 제안하였다는 것이다.

9장에서는 통합사례관리의 실행 준비단계로, 고위험사례대상자 발견과 의뢰, 스크리닝, 인테이크 단계를 기술하였다.

10장에서는 통합서비스의 협의단계로, 통합사정 절차와 방법, 사정보고서 작성, 통합사례회의, 통합서비스기획, 서비스동의확인의 절차를 통합사례관리사 중심으로 기술하였다.

11장에서는 통합사례관리의 핵심이며 성과를 확인하는 고위험사례대상자 자조생활지원단계로 통합서비스 실행, 모니터링, 성과점검 및 평가, 종결, 사후관리지원 단계를 기술하였다.

9장부터 11장부터는 통합사례관리의 운영 및 실행, 종결 후 사후관리 과정을 세세하게 기술하고 통합사례관리사 중심으로 시행할 역할을 지역을 기반으로 기술하였다는 점이 다른 도서와의 차이라고 할 수 있다.

12장과 13장은 통합사례관리사가 통합사례관리를 수행하는 과정에서 고위험사례대상자에게 제공해야 할 슈퍼비전 사항을 세부적으로 제시하였다. 이를 반영한 이유는 통합사례관리사가 중심이 되어 수행되는 전문적인 사회복지사업이 통합사례관리이기 때문이다.

저자는 통합서비스를 지원받는 고위험사례대상자의 상황이 개선되기를 기대한다. 더욱 간절한 소망은 통합사례관리사가 통합서비스를 제공하기 위해 고심하지 않기를 바란다는 것이다.

본서가 사회복지기관의 통합사례관리 업무에 적극 활용되기를 고대하면서 사례관리 학문의 실천현장인 사회복지기관의 통합사례관리 사업의 발전에 기여되기를 소망한다.

2021년 03월 4년간의 연구를 마치면서
남산리 연구실에서 저자 올림

차 례

CHAPTER 01

지역기반 통합사례관리의 개념

1 통합사례관리의 개념

1) 통합사례관리의 정의

통합사례관리의 개념은 아직까지 명확하게 정의된 것이 없다. 지역사회보장협의체의 통합사례분과에서 통합사례회의라는 용어를 사용하면서 점차 확산되는 추세이다.

사례관리에 대한 기존의 이해는 심각한 상황에 처해 있는 사례대상자[1]의 문제를 해결하고, 안정된 생활을 지원하기 위해 사례대상자를 관리하는 것이라는 이해가 일반적이다. 반면 통합사례관리는 고위험사례대상자의 직면 상황이 명확하지 않기 때문에 위의 정의에 더하여 거시적인 관점에서 정의되어야 한다. 고위험사례대상자가 직면해 있는 상황이 매우 심각하여 사회복지기관의 전폭적인 지원이 있어야 하는 것은 물론 인적·물적 지원을 하여도 해결을 확신할 수 없는 문제 등에 노출되어 있어 각각의 문제들의 해결을 위해 관련분야의 전문가들이 최적의 통합서비스를 고위험사례대상자가 거주하는 지역의 상황에 맞게 개발해서 지원해야만 해결을 기대할 수 있는 상황에 처해 있기 때문이다. 여기까지가 지역 중심 통합서비스 개발이다. 개발된 통합서비스는 실행을 목적으로 고위험사례대상자의 이해를 높여야 한다. 이해되었을 때 의지를 갖고 해결하겠다는 확신을 갖기 때문이다.

또한 고위험사례대상자가 실행할 수 있는 최적의 시기를 찾아 적용방법을 모색해야 한다. 이 과정에서 통합사례관리사의 역량이 발휘되어야 하는데 자발적으로 수행할 수 있도록 중재와 조언 등 슈퍼비전을 제공하면서 이끌어 나가야 한다. 그래야만 변화 등을 촉구할 수 있기 때문이다.

1) 사회복지기관의 통합사례관리 서비스를 이용하는 수혜자가 대상자이다. 대상자는 사회복지기관의 서비스를 이용하는 지역주민일 뿐 아니라 심각한 문제 또는 어려움에 노출되어 있어 전문적인 사회복지서비스를 필요로 하는 주민을 말한다. 하지만 사회복지기관의 통합사례관리 대상자로 선정되어야 한다. 통합사례관리 대상자로 선정되면 계약을 체결하고 동의한 경우 통합사례관리 서비스를 제공받게 된다. 본 장에서는 본서의 목적에 따라 대상자를 고위험사례대상자로 용어를 통일하겠다.

통합사례관리를 정의하면 다음과 같다.

(1) 지역의 자원연계를 통한 사회복지기관 중심 복지활동

통합사례관리는 특정 시점에 경험한 사건 등으로 인해 상처를 받은 개인이 결핍된 욕구를 갖게 되었지만, 결핍된 욕구를 해결하지 않고 또는 해결하지 못해 방치하고 지내면서 내재된 결핍을 해결하려고 시도한다는 점에서 기관 중심 사례관리와 차이가 있다. 지역의 전문가 등이 보유한 전문성은 고위험사례대상자의 결핍된 욕구와 실존의 문제해결 완화, 개선을 위해 개입되고 실천된다는 점에서 기존의 사회복지서비스 제공방법과 차이가 있다.

따라서 통합사례관리사는 고위험사례대상자의 상황인, 문제로 인한 어려움에 더 이상 노출되지 않도록 보호하면서 결핍된 욕구와 문제를 분리하여 바라보는 시각을 견지해야 한다. 문제해결을 위한 지역기반 통합서비스를 제공받아야만 개선이 가능하다는 점과 지역의 전문가 및 자원들의 개입이 있어야만 상황을 개선할 수 있기 때문이다.

(2) 지역기반 사회복지실천방법

통합사례관리는 개인의 신체적, 정신적, 환경적 무능력으로 인해 발생된 문제를 해결하지 못해 그대로 지내는 등 생활을 이어 가지 못할 정도의 문제에 노출된 고위험사례대상자를 대상으로 지역의 기관과 전문가, 자원봉사자 외의 자원을 연계하여 사회복지원조 절차에 따라 고위험대상자의 문제를 해결해 가는 고도의 전문성이 필요한 지역기반 사회복지실천방법이다. 즉, 통합사례관리는 지역사회의 다양한 인적・물적 자원들과의 협업에 의해 지원된다는 점에서 고위험사례대상자의 상황에 적합한 통합서비스를 개발해서 지원하는 지역 중심의 사회복지서비스라는 것이다.

해결이 가능한 통합서비스를 지역의 전문가들과 공동으로 개발하여 제공함으로써 문제의 개선, 또는 해결해 가는 전문적인 사회복지실천기법을 활용한 사회복지실천이라고 정의할 수 있다. 즉, 통합사례관리는 통합사례관리사가 통합사례관리의 운영과정을 전반적으로 주도하면서 고위험사례대상자를 이끌어 가는 지역기반의 전문적인 사례관리실천방법이다.

(3) 고위험사례대상자 중심 사회복지원조방법

통합사례관리는 고위험사례대상자의 심각한 상황을 개선하고 해결하기 위해 고위험사례대상자의 문제와 문제로 인해 드러난 생활현실을 그의 주거지를 중심으로 통합서비스를 개발·지원·관리하면서 해결해 가는 전문적인 사회복지원조방법이다.

통합사례관리의 필요성은 사회적 요구와 맞물려 학계 및 사회복지현장에서 계속된 논의로서 기존의 사회복지서비스로는 해결이 어렵기 때문에 고위험사례대상자의 상황을 개선할 수 있는 지역의 전문가 등을 연계해서 전문적인 통합서비스를 제공해야 한다는 것이 핵심이다. 통합사례관리 서비스가 실효적으로 대상자에게 이익이 되어야 한다는 논의의 핵심은 통합사례관리사가 주축이 되어 지역의 전문가를 개발·개입하게 해야만 해결이 가능하다는 전제 때문이다.

통합사례관리의 실행은 고위험사례대상자의 심각한 상황의 개선 및 해결을 위해 지역의 기관 및 전문가들과 공조해서 통합서비스를 개발하는 것이 일차 목적이며, 고위험사례대상자가 생활하는 거주 지역을 중심으로 통합서비스를 지원하는 데 있다. 이상을 종합하여 볼 때 통합사례관리는 통합사례관리사의 중재역량을 매우 중요하게 다루는 임상전문성에 의해 성과를 담보할 수 있는 전문적인 사회복지실천이라고 정의할 수 있다.

(4) 통합사례관리사 중심의 임상실천전략

통합사례관리를 수행하는 통합사례관리사는 고위험사례대상자를 중심으로 가족, 직장동료, 이웃들과의 원만한 거주지 생활을 주목한다. 생활의 현실적인 어려움은 없는지, 이웃 간에 문제가 있는지 등 도움이 필요한 사항을 찾는 것이 핵심과업이다.

사회생활에 제약이 발견되면 요인을 찾아 해결대안을 모색해야 한다. 결핍된 욕구와 문제를 분류한 후 해결에 필요한 지역 중심의 통합서비스를 개발하기 위해 전문가 및 자원을 연계한다. 고위험사례대상자의 문제해결을 위해 대안으로 마련된 통합서비스를 제공하고 생활문제 및 사회생활을 유지할 수 있도록 지원한다.

통합사례관리사의 중재역할은 통합사례관리를 성공적으로 운영하기 위한 중요 과업으로 역할 정도에 따라 고위험사례대상자의 상황개선에 영향을 미친다. 통합사례관리 과정마다 중재하는 등 문제해결에 기여될 수 있도록 수행과정을 점검하면서 관리해 나간다. 여기에서 중요한 통합사례관리사의 역할이 고위험사례대상자를 이끌어 가는 역할이다. 이끌어 가는 역할은 통합사례관리의 마지막 단계인 사후관리 이후 자조적으로 생활하는 시기까지며 통합사례관리의 운영단계마다 제공하는 서비스를 가장 잘 지원할 수 있는 자원의 개발을 통해 최적의 시기에 서비스를 제공하는 것을 말한다.

따라서 통합사례관리사는 변화 시기를 예측할 수 있어야 하고 어떠한 서비스가 고위험사례대상자의 변화를 촉구할 수 있는지 등을 판단할 수 있어야 한다. 또한 고위험사례대상자가 도움을 받기 위해 절박한 심정에서 참여하였다는 것을 감정이입할 수 있어야 한다. 또한 고위험사례대상자의 복합적인 문제를 지원할 수 있는 전문성을 갖추어야 한다. 전문성은 통합사례관리사의 역량으로 문제해결에 필요한 지식과 기술, 태도를 말한다.

실례로, 고위험사례대상자는 심각한 문제에 노출된 이후 발견되는 경우가 대부분이다. 문제들은 복합적인 양상을 띠고 있으며, 주변 사람들과 부정적인 관계를 맺고 또는 얽혀 있는 경우 또한 많다. 보호를 받아야 함에도 도움을 줄 수 있는 가족 또는 이웃이 없는 상황이어서 교류제약 등의 상태이거나 도움제공기관을 찾지 못해 방치하는 경우가 많다. 보호자들이 보호역할을 수행하지만 나이가 많거나 또는 질병에 걸린 상태에서 도움을 제공하고 고위험사례대상자를 돌볼 수 없는 등 고립된 채로 생활하기도 한다.

이를 해결하기 위해 통합사례관리사가 필요하고, 지식, 기술, 태도를 전문가의 견지에서 발휘하여야 한다.

(5) 지역의 인적·물적 자원연계를 통합서비스 제공

고위험사례대상자에게 서비스를 지원할 수 있는 전문가 및 자원의 연계는 통합사례관리의 성공적인 수행을 위해서다. 상황개선에 적합한 통합서비스를 관리해 가면서 추진되는 과정 중심의 서비스 제공이 통합사례관리라는 것이다.

통합사례관리사는 지역의 인적・물적 자원을 발굴하고 연계하기 위해 지역의 자원을 중재하는 등 고위험사례대상자의 주거지를 토대로 통합서비스를 제공하기 위한 방안을 모색해야 한다. 하지만 고위험사례대상자의 복합적인 문제와 결핍된 욕구해결을 위해 그의 상황을 관리해야 한다. 통합서비스의 지원시기 또한 적절하게 판단해야 한다. 지원범위가 포괄적이고 통합사례관리사의 지원역량에 따라 방향설정이 달라지기 때문이다.

지역의 전문가들과 공조하여 고위험사례대상자의 복합적인 문제를 규명하고 문제해결에 적합한 통합서비스를 지원할 수 있는 인적・물적 자원들과 최적의 개입시기를 협의하는 것이 시기결정에 도움이 된다. 따라서 통합사례관리는 고위험사례대상자의 문제 등을 해결하기 위해 과정을 중시하는 전문적인 사회복지원조활동이라고 정의할 수 있다.

2) 통합사례관리의 목적

(1) 고위험사례대상자의 안정된 생활유지

지역기반 통합사례관리의 핵심목적은 고위험사례대상자의 문제 이전의 안정된 생활유지에 있다. 문제를 심화시키는 장애물을 제거하고 심각한 상황을 개선하는 데 목적이 있는 것이다. 고위험사례대상자 스스로 문제 등을 극복할 수 있는 역량을 강화하여 안정적으로 생활할 수 있도록 지원해야만 해결 가능성이 많아지기 때문에 지역기반 통합서비스의 지원의 목적을 달성하기 위해서는 통합사례관리를 지원하는 이유를 명확하게 인식하고 있어야 한다. 따라서 문제 중심으로 통합사례관리를 시행하고 고위험사례대상자를 변화시키는 데에만 집중하는 것은 적절한 통합사례관리 운영이 아니다.

(2) 사례상황에 적합한 통합서비스 개발원조

통합사례관리 사업은 고위험사례대상자의 상황이 심각하여 사회복지기관의 서비스만으로는 해결이 불투명하다는 문제인식과 아울러 사회복지서비스의 제공방법을 보다 대상자의 상황에 적합하게 제공되어야 한다는 목적이 있다. 전문가들이 연합하고 지역의 인적 · 물적 자원을 연계해서 고위험사례대상자의 문제해결에 실질적으로 기여될 수 있는 사회복지서비스가 개발되어야 한다는 전제에서 출발한다는 것이다. 이러한 서비스 지원은 사회복지서비스에 대한 반성을 촉구하는 것으로 사회복지전문성을 어떻게 확장 · 강화할 것인가에 대한 문제 등의 개선 또는 해결할 수 있는 서비스 개발을 촉구하는 것이다.

따라서 통합서비스의 개발은 고위험사례대상자가 거주하는 지역을 토대로 전문자원과 일반자원을 연계하여 개발하는 과정을 중요하게 다룬다. 개발된 통합서비스는 고위험사례대상자의 상황변화를 촉구할 수 있는 최적의 시기에 지원될 수 있도록 연계된 자원들과 역할을 분담하여 지원하고 문제 등을 해결하기 위해 정기적으로 슈퍼비전을 제공하면서 이끌어 가는 고도의 전문성이 필요한 통합사례관리사 중심의 사회복지실천방법이 통합사례관리이다.

(3) 지역기반 문제해결

통합사례관리의 본질은 고위험사례대상자가 직면해 있는 심각한 상황 때문에 발생된 문제들의 해결에 있다. 상황이 더 이상 나빠지지 않도록 고위험사례대상자를 보호하면서 각각의 문제들의 해결대안으로 모색된 지역기반 통합서비스를 관리하는 것을 목적으로 한다. 여기에서 의미하는 통합은 사회복지기관 및 지역의 인적 · 물적 자원들을 연계하고 통합해서, 고위험사례대상자의 결핍된 욕구와 문제, 문제들로 인해 발생된 심각한 상황을 해결하기 위해 개발된 각각의 서비스를 지역사회에 기반을 두고 연계 · 원조하여 해결해 가는 것을 말한다.

2 통합사례관리 용어 정의

1) 통합사례

통합사례는 고위험사례대상자 자력으로 해결하기 어려운 문제에 노출되어 있는 현재의 상황을 말한다. 어려움에 노출된 현재의 상황은 고위험사례대상자가 처해 있는 생활실태를 말한다.

고위험사례대상자는 결핍된 욕구와 복합적인 문제에 노출된 상태이다. 복합적인 문제는 일상생활을 방해하는 장애물을 포함하고 생활을 방해하는 요인들을 말한다. 문제가 심각하다는 것은 생활문제에 노출되어 있는 것이다. 상황이 악화되어 있으며 해결의 방법을 찾지 못해 문제 등에 노출된 상태로 지내고 있다는 것이다. 그의 상황은 자조적으로 생활하기 불가능한 상태로, 노출된 문제로 인해 타인의 도움이 필요할 정도의 어려움에 처해 있어 전문가의 개입이 시급하다. 타인의 도움이 없이는 해결을 기대할 수 없다. 더욱이 오랫동안 문제에 노출된 채로 생활하였기 때문에 현재의 상황이 심각하고 생활이 어렵다. 결핍된 욕구가 문제를 심화시키는 상황이지만 해결방법을 몰라 방치하고 있다. 따라서 통합사례관리사, 언어치료사, 물리치료사, 의사, 간호사, 주택전문가 등 전문가가 개입해야만 상황이 개선되고 지역의 자원들이 사례의 상황에 집중하면서 개선 가능성을 모색하는 등 통합사례관리 대상자로 선정하여 전문가를 연계하여 통합서비스를 지원해야만 직면한 생활 및 상황이 개선될 수 있는 상황이다. 이러한 상황에 노출되어 있는 대상자의 상황이 통합사례이다.

2) 통합사례관리

통합사례관리는 고위험사례대상자의 상황을 개선하고 문제의 개선 또는 해결하기 위해 지역의 전문가들과 공조하면서 개발된 지역기반 통합서비스를 제공하는 문제해결과정으로 고위험사례대상자의 상황이 변화되도록 통합서비스를 지원하고 지원된 서비스를 관리해 가는 전문적인 원조활동이다.

즉, 통합사례관리에서 지원하는 사례의 상황은 복합적인 문제로 인해 파생된 심각한 현재의 생활실태이다. 사례의 심각한 상황은 일상의 생활리듬[2)]을 거스르거나 방해하는 장애물을 포함하고 주민들과 같은 방식으로 생활하지 못하는 상태를 말한다. 통합사례관리는 고위험사례대상자의 심각한 상황을 개선하고 완화하기 위해 기관의 인적·물적 자원을 동원하여 지원하지만 개선하는 데 한계가 있어 통합사례관리 대상자로 전환하여 지역의 전문가 외에 타 기관 및 전문가 등과 협력하면서 상황의 개선 또는 완화를 목적으로 통합서비스를 지원하는 데 있다. 문제 등의 해결을 목표로 고위험사례대상자의 상황을 관리해 가는 전문적인 사회복지실천활동이다.

따라서 통합사례관리의 핵심목적은 규명된 문제의 요인을 찾고 해결하기 위한 방법적 대안을 수립하는 데 있다. 문제해결을 위한 방법과 해결을 위한 적절한 서비스는 무엇인가? 어떠한 서비스가 고위험사례대상자의 심각한 상황을 개선할 수 있는가?를 통합사례관리를 수행하는 과정에서 규명하고 개선 또는 변화를 위한 서비스를 제공하여 수행의 결과로서 자조적인 생활을 유지하게 하는 데 있다. 이를 사례관리 서비스 지원계획이라고 한다.

통합사례관리사의 중재 등의 역할이 중요한데, 어느 전문가와 자원이 문제해결에 기여될 수 있는 서비스를 제공할 수 있는가? 등을 다각적으로 검토하여 개입의사 확인 후 개입시기를 결정한다. 통합사례관리사는 통합서비스를 제공하는 중에 고위험사례대상자에게 참여 동기를 부여하면서 그의 심각한 상황을 개선하기 위한 것임을 분명하게 인지하게 해야 한다. 해결목표를 정한 후 지원이 가능한 자원을 연계하면서 활동을 중재하는 등 통합사례관리는 사례대상자의 상황해결을 위한 목적 있는 활동으로 통합사례관리사의 중재역할에 의해 해결기대는 높아진다.

---

2) 생활리듬은 주민들이 생활하는 방식을 의미한다. 하루, 한 주, 한 달의 생활주기를 말한다. 주민들의 하루 일과는 아침에 일어나 출근을 준비하고 낮 동안 활동 후에 퇴근을 하면서 가족들과 휴식을 취하는 등 휴식의 여가를 보내는 일상의 생활이다. 이러한 생활리듬은 생리학적으로 노화와 관련되어 있다는 학자들의 연구결과 또한 보고되고 있어, 생활리듬을 거스르게 되면 대인관계가 어렵고 혼자만의 시간을 보내게 되어 일탈할 소지가 많다.

3) 고위험사례대상자

고위험사례대상자는 전문가들이 개발한 통합서비스를 제공받아야 하는 상황에 처해 있는 등 심각한 문제의 중심에 있는 당사자이다. 통합사례관리사의 직·간접적인 개입을 통해 문제들을 해결 받아야 하는 대상자다. 즉, 심각한 문제에 노출되어 있어 자력으로 극복할 수 있는 능력이 없고 지역의 전문가와 자원이 참여하여 보유한 전문적인 능력을 서비스로 연계해서 지원해야만 해결이 가능한 상황에 처해 있는 대상자이다.

이러한 상황에 처해 있음에도 고위험사례대상자는 더 심각한 상황에 노출될 우려가 있음에도 방치하면서 지낸다. 더욱이 자력으로 해결할 수 없는 상황이라는 것을 알고 있지만 또는 해결하려 하지만, 본인 또는 보호자의 힘만으로는 해결이 불가능하여 방치하면서 지내고 있다. 따라서 문제해결에 기여할 수 있는 전문가 등이 개입되어야 하고 그들이 보유한 전문지식과 기술을 통합서비스로 제공받아야만 안정된 생활을 유지할 수 있는 상황이다.

고위험사례대상자는 심각한 상황에 처해진 후 발견되는 경우가 대부분이다. 통합사례관리사에게 문제를 호소하여도 또 다른 문제에 연루되어 있어 자력으로 극복하기 어려운 상황에 처해 있으며 상황이 매우 심각하기 때문에 통합사례관리사의 긴급한 개입이 필요하다. 고위험사례대상자의 위기상황은 생존을 위협받을 정도로 심각하여 통합사례관리사가 즉시 개입하지 않거나 통합서비스를 제공하지 않으면 자력으로 생활할 수 없을 정도의 문제에 노출되어 있다. 상황이 심각하다는 것을 알고 있지만 해결할 방법을 알지 못해 방치하고 또는 위협이 되는지를 알지 못하고 있어 상황을 해결할 수 있는 전문가의 도움이 절실한 상황이다. 또한 문제들로 인한 위험을 감수하는 등 방치하면서 지낸다. 타인의 도움이 없이는 문제해결이 불가능하여 전문가의 적극적인 개입이 있어야만 직면한 상황을 벗어날 수 있다.

그럼에도 통합사정을 시행하지 않았기 때문에 문제들이 어느 정도 심각한지, 문제 요인과 양상 등에 대한 해결방법을 찾지 못해 힘든 생활을 버티듯이 지내고 있다. 문제가 무엇인지 충고를 받은 적이 없고, 문제가 정말 심각한지 등은 가족들이 힘들다는 얘기를 듣는 것과 이웃들의 안타까운 시선을 받아야 했기 때문에 거리를 두면서 지낸다. 지역의 전문가들이 통합사정회의를 통해 결핍된 욕구와 문제들을 규명해야만 상황의 심각성 등을 파악할 수 있는 상황에 처해 있다.

대상자의 상황은 지역기반 통합서비스를 지원받아야만 해결될 수 있기 때문에 파악된 사항은 통합사례회의를 통해 서비스로 지원되어야 한다. 개발된 서비스는 기관의 역할을 분담하여 지원계획을 수립하고 통합서비스를 제공해야만 해결이 가능하다. 즉, 대상자는 심각한 문제에 노출되어 있는 상황이지만 자력으로 문제를 해결할 수 없고, 결핍된 욕구 또한 해결할 수 없는 상황이다. 이러한 상태로 오랫동안 지내왔기 때문에 무기력하고 지쳐 있는 상태이다. 더욱 심각한 문제는 사회생활을 못하고 있어 빈곤의 문제에만 노출된 것이 아니라 가족관계 또한 심각하게 훼손되어 있어 전문가의 도움이 없으면 상황을 벗어날 가망이 없는 등 심각한 상황이다.

따라서 고위험사례대상자는 통합사례관리사가 이끌어 가면서 상황을 개선하는 등 긴급한 개입이 필요한 대상자이다. 긴급한 개입이 필요하다는 것은 통합사례관리 대상자로 선정되어 통합서비스를 제공받아야 하는 상황이라는 것을 의미한다. 통합서비스를 제공받아야만 상황을 개선할 수 있기 때문에 다양한 전문가들이 문제들을 분석하여 분류한 후 심각한 상황을 유발하는 문제들부터 순차적으로 해결해 나가야 한다. 일반적인 문제 또한 개입전략을 수립해서 통합서비스를 지원해야 한다. 통합사례관리 대상자로 등록된 후 체계적인 관리를 통해 사례상황을 개선해야만 상황을 극복할 수 있다.

여기에서 통합서비스의 개발과 지원은 각각의 문제를 분리하여 개입하는 것을 의미하지 않는다. 고위험사례대상자의 직면 상황이 문제에 노출되었다고 하여도 또 다른 문제와 연관되어 있는 경우가 대부분이기 때문이다.

전문가가 제각각 개입하게 되면 더 심각한 상황을 초래할 수 있어 개입을 중재해야 한다. 통합사례관리사의 중재역할은 고위험 사례대상자를 지속적으로 이끌어 가면서 일정을 조율하고, 때로 격려하면서 개입에 대한 충분한 이해를 가질 수 있도록 조언과 격려, 중재를 말한다.

즉, 고위험사례대상자에게 집중하면서 지역의 전문가 간의 협의에 의해 확정된 서비스를 전문가 및 자원들과 공조하여 제공해야만 사례의 상황을 개선할 수 있기 때문에 이러한 서비스가 개발된 시점에는 최적의 지원시기와 지원방법 등을 고려하여 제공해야만 성공할 가능성이 높아지기 때문이다. 이러한 방식으로 적용해야 하기 때문에 통합사례관리 서비스를 종합적인 복지서비스라고 하는 것이며, 또는 통합사례관리사의 역할중재에 따라 제공되는 전문적인 사회복지실천방법이라고 하는 것이다.

여기에서 고위험사례대상자에게 지역기반 통합서비스를 제공하기 위한 한 가지 원칙이 있다. 고위험사례대상자가 살고 있는 거주 지역을 근거로 자원을 섭외하고 공조하면서 통합서비스를 지원해야 한다는 것이다. 통합서비스가 제공되는 시기마다 통합사례관리사가 관리하면서 전문가 간, 사회복지기관 간의 중재와 연계역할을 수행하기 때문인데, 거주지를 기반으로 통합서비스를 제공해야만 문제들을 해결하기 위한 목적을 달성할 수 있기 때문이다. 또한 전문가 및 사회복지기관, 유관기관과의 협력 하에서만 성공확률이 높기 때문이다. 따라서 통합사례관리를 통해 지원되는 모든 서비스를 지역기반 통합서비스라고 하는 것이다.

고위험사례대상자가 거주하는 지역을 기반으로 지원되는 통합사례관리 서비스가 지역의 전문가 및 사회복지기관과 협력하지 않고 사회복지기관 자체적으로 지원하는 서비스를 통합사례관리라고 할 수 없는 이유가 여기에 있다. 통합사례관리 서비스는 지역기반 통합서비스로 통합은, 고위험사례대상자의 거주지를 근거로 개입하고 정보를 제공할 수 있는 전문가 등을 연계하여 필요한 시기에 언제든 통합서비스를 제공할 수 있어야 한다는 원칙을 적용한 지역 중심, 고위험사례대상자 중심의 서비스이기 때문이다.

4) 고위험사례대상자 유형

고위험사례대상자 유형은 긴급사례, 위기사례, 일반사례, 보류사례, 제외사례로 분류된다. 각각의 사례는 고위험사례대상자의 현재의 생활실태를 의미하고 심각성 정도에 따라 더 많은 지원이 필요하다.

긴급사례대상자는 통합사례관리사가 즉시 개입해야 한다. 통합서비스를 지원하지 않으면 생존에 위협이 되는 문제에 노출된 사례로 가정생활, 사회생활 등 극심한 어려움으로 인해 자력으로 개선할 수 없는 상태에 처해 있기 때문이다. 문제 등을 개선하고 완화하기 위해 전문가들과 공조하면서 즉시 개입되어야 한다.

위기사례대상자는 생존의 위협은 당장 없지만 통합사례관리사가 개입하지 않으면 긴급대상자로 진전될 수 있는 상황에 처해 있는 대상자이다. 자력으로 극복하기 힘든 상황에 처해 있기 때문에 문제해결을 위해 다양한 지원이 필요하다. 심리적인 문제가 심각하여 전문가가 개입해야 한다. 심화된 문제는 가족의 문제로 확산된 상황이어서 통합사례관리사가 주도해서 전문가와 공조체계를 구축하여 지원하지 않으면 문제가 개선될 여지가 없다. 지원계획을 수립한 후 통합서비스를 지원받아야만 개선이 가능한 상황에 처해 있다.

일반사례대상자는 기관의 지원만으로는 문제해결이 어려운 사례이다. 통합사례관리에서 지원하는 일반사례대상자는 기관의 지원 수준을 넘어 지역의 기관 및 전문가들과 공조해서 통합서비스를 지원해야 한다.

생계가 어렵다는 문제를 호소하면 극심한 빈곤에 처해 있는 것이다. 지역의 자원들과 연계해서 후원자원을 개발하고, 자원봉사자의 정기적인 방문을 통해 가정생활을 돕는 등 도움의 제공은 장기적이어야 한다. 생활물품을 구입할 비용이 없는 등 도움지원 또한 지속적이어야만 심각한 상황으로 진전될 것을 예방할 수 있다. 따라서 대상자의 상황은 기관의 지원만으로는 감당할 수 없는 사례가 해당한다.

보류대상자는 의뢰받은 사회복지기관이 지원하기에는 모호한 사례이다. 여기에서 보류는 기관의 서비스 대상자로 적합하지 않고 지역의 기관들과 연계하여도 대상자로 선정하기 애매한 사례이다. 전문가의 조언을 받은 후 부서의 직원들과 협의하여 서비스 지원의 방향이 모색되어야 한다.

보류대상자는 통합사례관리 대상자로 선정되기 어렵기 때문에 기관 자체적으로 지원하는 것이 적절하다. 하지만 대상자는 바로 서비스를 제공받을 수 없다. 제공할 만한 지역의 서비스가 없거나 개발되지 않았기 때문이다. 그래서 보류대상자로 분류하는 것이다.

서비스 제외대상자는 해당 기관의 서비스 대상자로 부적합한 사례이다. 제외대상자는 해당 기관이 아닌 타 기관에 의뢰하여 서비스를 제공받아야 한다. 서비스의 제외이유를 설명하고 이용이 가능한 기관을 소개하는 등 타 기관에서 서비스를 제공받을 수 있도록 이해시켜야 한다. 유사한 서비스를 제공하는 기관에 협조공문을 발송하여 연계하는 것이 적절한 조치이다.

이상을 볼 때 통합사례관리 대상자는 지역의 인적・물적 자원을 연계해서 거주지 중심으로 통합서비스가 제공되어야 한다. 개 기관 중심의 서비스 이용자가 아니며 지역의 기관 및 전문가들의 공조를 통해 통합서비스를 제공받아야 하는 대상자이다.

5) 통합사례관리사

통합사례관리사는 통합사례관리의 성공적인 수행을 위해 다음의 사항을 고려해야 한다.

(1) 통합사례관리의 체계적인 진행

통합사례관리사는 통합사례관리를 주도하는 핵심주체이다. 당연히 통합서비스를 지원하는 과정을 주도하면서 전문가 및 자원들의 개입활동을 중재하고 통합사례관리를 이끌어 가는 핵심인물이다. 고위험사례대상자의 상황을 주도면밀하게 확인하고 의도한 변화가 나타나고 있는지를 점검하면서 미미한 변화라도 놓치지 않고 생활의지를 가질 수 있도록 이끌어 가는 주체이다. 이 역할을 통해 통합사례관리는 성공하고 이러한 역할을 소홀하게 되면 통합사례관리는 실패하기 때문이다.

(2) 통합서비스를 제공하면서 고위험사례대상자의 상황을 개선하고 변화시키는 주체가 통합사례관리사라고 명명하는 이유?

통합사례관리 과정은 사례의 발견부터 종결 시점까지 원칙을 갖고 서비스가 분절되지 않으면서 진행되어야만 고위험사례대상자의 변화를 촉구할 수 있기 때문이다. 즉, 통합사례관리는 대상자의 발견부터 의뢰접수, 인테이크, 통합사정 및 사례회의, 모니터링과 점검, 평가, 종결 및 사후관리 과정을 주도하는 통합사례관리사가 원칙과 소신을 갖고 결핍된 욕구와 문제들이 규명된 시점부터 해결되기까지 지역의 전문가를 비롯하여 인적・물적 자원을 발굴, 연계, 개입하여 문제해결 등의 목적을 분명하게 인식하고 조직적으로 지원해야만 해결을 기대할 수 있기 때문이다. 통합사례관리사가 이를 인지하지 못하거나 수행역량이 부족하면 실패하기 때문이다. 따라서 고위험사례대상자를 발견한 후 통합사례관리사가 주도해 가야만 성공을 가늠할 수 있는 사회복지 전문분야가 통합사례관리이다.

(3) 전문가 중재

통합사례관리사는 통합사례관리 과정에 참여하는 자원들을 규합하여야 하고 규합된 자원들이 사례의 상황에 집중할 수 있도록 중재하면서 시기적절하게 통합서비스를 제공할 수 있도록 중재하는 역할을 수행해야 한다. 고위험사례대상자의 상황 또한 파악해야 한다. 중재과정에서 습득한 정보를 관리하는 것 또한 매우 중요한 통합사례관리사의 역할이다. 전문가들과 습득된 정보를 공유하면서 해결에 필요한 협의를 상시적으로 시행하는 것 또한 매우 중요한 통합사례관리사의 역할이다.

고위험사례대상자의 반응에 따라 능동적으로 대처하기 위한 유연함 또한 갖추어야 한다. 고위험사례대상자의 반응과 태도가 부정적이면 문제 등이 개선되지 않으므로 전문가 등의 협조는 언제든 고위험사례대상자를 지원할 수 있을 정도로 준비되어야 한다.

(4) 고위험사례대상자 중재

고위험사례대상자가 긍정적으로 반응하면서 통합서비스를 수용하려는 의지를 보이면 해결을 기대할 수 있다. 하지만 이러한 역할은 주도하는 인물이 있어야 하는데 실행의 중재자가 통합사례관리사이다. 따라서 통합사례관리사의 이끌어 가는 정도 및 역량에 따라 통합사례관리는 성공을 하고 또는 실패할 수 있다는 점에서 통합사례관리사의 중재역할 수행 역량이 출중해야 한다.

통합사례관리사는 고위험사례대상자의 복합적인 문제들을 단기간에 해결하면 좋겠지만 장기간 서비스를 제공해야 하는 경우가 대부분이다. 해결을 위해 상시적인 상담지원 체계를 고위험사례대상자와 합의하여 구축하고 필요한 경우 가정을 방문하는 등 여러 지원을 수행해야 한다. 때로 가족 외에 이웃들과도 상담을 시행하여 고위험사례대상자의 문제유형과 심각성을 파악하고 조치를 위한 도움제공 등에 대한 협조를 받아야 한다. 이러한 역할 수행은 통합서비스를 제공받는 과정 내내 이루어져야 한다. 더욱 중요한 것은 고위험사례대상자의 반응을 수시로 확인하면서 심경의 변화가 있는지를 파악하는 것이다. 심각한 문제를 해결 받는다면 과거와 다른 현재의 생활은 분명 변화가 있는 것이다. 이런 변화를 의도하기 위해 지역기반 통합서비스 개발이 중요한 것이다. 문제해결에 적합한 지역기반 통합서비스를 개발하는 것이 통합사례관리사의 가장 중요한 역할이다.

따라서 고위험사례대상자의 역량을 강화하는 것이 통합사례관리의 핵심목적이다. 고위험사례대상자의 역량강화는 능력개발과 아울러 주변 사람들과의 관계 맺기 등에서 그만의 생산적인 방법을 통해 상호작용하면서 살아갈 수 있는 능력을 갖추게 하는 데 있다(Shrewsbury, 1987:8, Wes Shera · Lilian M.Wells 편저. 이경아 외 공역. 양서원. 33.)

(5) 지역의 자원연계와 통합서비스 지원

통합서비스를 개발할 수 있는 인적 · 물적 자원을 연계하고 협조를 받는 것은 쉽지 않다. 때문에 고위험사례대상자의 상황개선에 적합한 전문가를 섭외하기 위해서는 다양한 노력이 필요하고 전력해야 한다. 이 또한 고위험사례대상자의 직면한 어려움을 해결하는 데 필수적인 역할로서 이 과정을 실패하면 사실 통합사례관리는 실패한 것이나 다름이 없다. 따라서 분류된 문제들을 정확하게 분석하고 문제해결에 적합한 전문가 등의 자원연계는 통합사례관리의 성공을 가늠하게 한다.

개발된 서비스를 고위험사례대상자에게 제공하기 위해 지역의 전문가들을 연계하였다고 하여 그의 상황이 단기간에 개선되는 것은 아니다. 고위험사례대상자가 보이는 반응과 태도 등을 감안하여 적절하게 대처하면서 해결의지를 갖는가에 따라 상황개선의 질이 달라지기 때문이다. 전문가 및 자원들이 개입하기 전에 상황을 이해할 수 있도록 설명하고 원만하게 교류할 수 있도록 중재하면서 제공되는 지역기반 통합서비스를 적극적으로 수용할 수 있도록 환경을 조성해야 한다. 지역기반의 통합서비스를 성공적으로 제공하기 위한 환경의 조성은 제공하려는 통합서비스가 문제해결에 기여되고 가급적 회복시기를 앞당길 목적에서 시행된다.

이를 종합적으로 고려하여 볼 때 통합사례관리사의 역할은 사례관리의 종결단계까지 사례대상자 및 사례상황을 지역에 기반하여 통합서비스를 통해 관리해야 하고, 고위험사례대상자가 보이는 반응에 따라 그의 상황에 불일치하는 지원의 오류를 최소화하기 위해 적극적으로 중재 등의 역할을 수행하는 통합사례관리의 핵심주체임을 알 수 있다. 또한 통합사례관리를 성공적으로 이끌어 가기 위해 통합서비스의 개발에 전력하면서 이를 실행하고 개입할 수 있는 지역의 전문자원을 개발・연계한 후 고위험사례대상자의 상태변화에 집중하면서 안정적으로 생활할 수 있을 때까지 지속적으로 개입해야 한다. 그래야만 고위험사례대상자가 직면한 상황의 개선 또는 완화 등에 기여할 수 있기 때문이다.

6) 통합사례관리 운영

(1) 문제들의 규명과 심각성 분류

통합사례관리를 성공하기 위해서는 고위험사례대상자에게 나타난 문제만을 해결하려 해서는 안 된다. 결핍된 욕구로 인해 발생된 문제와 연관된 생활의 방해요인을 규명한 후 해결방법을 모색해야 한다.

대개 문제는 또 다른 문제와 연계되어 있는 경우가 대부분이다. 문제들의 유형을 분류한 후 심각성을 분류한다. 분류된 문제들의 관련성을 확인하고 각각의 문제해결 방법을 모색한다.

(2) 분류된 문제들의 해결 가능한 지역기반 통합서비스 개발

문제 등의 해결에 적합한 지역기반 통합서비스를 개발해야 하는데 여기에서 중요한 것이 상황개선에 적합하고 고위험사례대상자가 수용할 수 있을 정도의 대안이어야 한다는 것이다. 대안으로 모색된 지역기반 통합서비스는 문제해결에 충분하고 상황개선에 도움이 되어야 한다. 따라서 통합서비스는 적극적으로 참여할 수 있는 자원의 개발이 우선이다. 자원의 활동은 전문성이 있어 적절한 시기에 고위험사례대상자의 상황개선에 적합한 활동으로 구성되어 있다.

(3) 고위험사례대상자 상황변화 촉구

문제해결 등에 적합한 지역기반 통합서비스는 사례상황의 변화 등을 촉구하는 데 유용하다. 고위험사례대상자의 변화촉구는 통합사례관리사의 역할 수행에 의해 가시화되는데 지역기반 통합서비스 제공을 위한 활동에 집중되어 있다는 특징 또한 있다. 고위험사례대상자의 상황이 해결되기까지 지속적으로 이끌어 가고 고위험사례대상자를 독려하면서 필요한 조언을 적극적으로 제안하는 등 해결 중심의 활동으로 계획되어 있다. 고위험사례대상자의 참여의지를 강화하면서 진행상황을 이해할 수 있도록 최선을 다한다는 것이다.

(4) 참여활동 설득

고위험사례대상자의 문제, 해결되지 않은 어려움을 지원하기 위해 전문가들이 참여할 수 있도록 설득하고 그들의 활동시기와 지원사항 등을 충분하게 이해시키면서 참여를 독려한다. 이러한 역할은 문제가 없었던 이전의 안정적인 생활을 회복하기 위한 목적에서 시행된다는 특징이 있다.

(5) 성공적인 통합사례관리 운영

통합사례관리를 성공하기 위해서는 다음의 사항을 고려해야 한다.

첫째, 고위험사례대상자의 직면 상황의 분석을 통한 문제분석이 일차 과업이다.

둘째, 분석된 상황을 분류하여 개입방법을 모색해야 한다. 생활의 문제를 심각하게 방해하는 장애물 파악을 포함한다.

셋째, 개입방법을 모색하면서 문제해결과 대상자의 상황을 개선하는 데 적합한 최적의 지역기반 통합서비스가 개발되어야 한다.

넷째, 최적의 지역기반 통합서비스를 지원할 수 있는 지역의 전문가와 인적・물적 자원을 연계하여 참여할 수 있도록 중재해야 한다.

다섯째, 지역기반 통합서비스를 지원하는 시기와 장소 등에 관한 계획을 수립해야 한다.

여섯째, 통합사례관리 서비스를 지원하는 과정에서 고위험사례대상자를 이끌어 가면서 참여 동기를 부여하고 의지를 갖고 문제개선 등에 적극적으로 참여할 수 있도록 중재해야 한다.

일곱째, 지역기반 통합서비스가 고위험사례대상자의 상황개선에 기여되고 있는지 등을 파악하고 조언자 및 격려자 등의 역할을 수행해야 한다. 이러한 역할은 통합사례관리 종결단계까지 지속되어야 한다.

따라서 통합사례관리를 성공하기 위해서는 통합사례관리사의 중재역할 정도에 따라 성공하고 실패할 수 있다는 점에서 통합사례관리사의 역량이 통합서비스 제공 및 관리, 고위험사례대상자를 이끌어 갈 수 있는 역할 수행자 및 지역의 전문가 및 인적 자원 등을 중재할 수 있을 정도로 출중해야 한다. 이러한 역할 수행이 통합사례관리사의 핵심역할이다.

CHAPTER 02

지역기반 통합사례관리의 발달과 핵심지향점

1 통합사례관리의 발달

1) 사례관리의 등장배경

사회복지 분야에서 사례관리가 본격적으로 등장하게 된 계기는 복합적인 욕구가 있는 클라이언트의 만성적인 문제와 욕구 해결을 위한 대안으로 자리매김하였던 1970년대부터다. 1960년대 후반기에는 사회복지서비스의 일환으로 클라이언트의 욕구 및 문제해결을 위한 대인서비스로 이해되었다.

통합사례관리의 등장배경은 다음과 같다.

첫째, 탈시설화, 시설 수용에 반대하는 개념으로 사회복지서비스가 필요한 대상자에 대한 시설입소를 통해 사회와 격리되고 집단생활이 효과적이지 않다는 문제가 제기되면서 출발된 개념이 탈시설화이다. 당시 상황은 부모 없는 고아, 미혼모, 노인, 정신질환자, 장애인 등은 사회와 격리된 시설입소를 통해 보호하였다. 이를 통해 개인의 자유권 박탈 및 외부와 단절된 시설에서의 생활이 주를 이루었다. 시설에서의 생활은 개인의 자유권을 박탈하고 사생활 침해 등 다양한 문제가 제기되면서 탈시설화를 통해 지역사회지원의 필요성이 대두되었다.

둘째, 복합적인 문제에 노출된 클라이언트의 증가, 산업화 이후 경제발전 및 사회구조의 변화 등 적응하지 못하는 사람들이 증가하면서 사회문제가 나타나게 되었다. 특히 장기간 병원에서 생활하고 시설에서 지낸 사람들이 사회로 복귀하면서 적응상의 문제가 대두되었고 실직, 가난, 가정해체 등이 부각되면서 해결을 위한 방안으로 사례관리의 필요성이 대두되었다. 통합사례관리는 복합적인 문제에 노출된 개인들의 문제가 심각하고 장기화되는 경향에 따른 해결대안으로 등장한 것이다.

셋째, 사회복지서비스 중복, 클라이언트의 문제의 복잡성과 복합성에 비해 제공된 서비스는 단편적으로 제공되는 경향이 뚜렷하였다. 서비스의 중복성과 다양한 공급기관으로 인한 서비스 혼란이 가중되면서 일원화된 서비스의 전달체계 구축이 필요하였는데 서비스 중복을 예방하고 클라이언트의 복합적인 욕구 대응을 위해 통합사례관리가 등장한 것이다. 여기에 더해 공급주체의 다양화에 따른 비효율적인 서비스 제공과 사례관리사의 과중된 업무 효율성이 강조되면서 통합사례관리의 필요성이 대두되었다.

넷째, 사회복지비용 절감, 사회적 약자에 대한 기존의 지원체계는 사회복지시설 우선 입소를 통한 보호조치를 강화하였다. 하지만 시설운영에 소요되는 막대한 재정 부담을 줄이기 위한 방안마련의 필요성이 부각되면서 통합사례관리는 공공의 책임성을 강화하고 늘어나는 사회복지비용을 절감하면서 클라이언트 이익 우선을 위한 조치로서 사회복지적 책임을 강화하기 위한 대안으로 자리매김하였다. 즉, 클라이언트에게 효율적인 서비스 지원체계를 강구하고 일원화된 서비스를 제공하면서 문제 등에 대해 효율적으로 대응하기 위한 장치로서 사례관리가 등장한 것이다.

다섯째, 대인서비스에 대한 관심증가, 대인서비스에 대한 공공비용 감소에 따라 민간의 책임과 역할이 확대되기에 이른다. 이로 인해 민간의 책임 있는 역할이 강조되었고 이웃, 친척, 가족 등의 지원을 강화하는 비공식 체계구축을 통한 새로운 대인서비스가 필요하였는데 그것이 통합사례관리이다. 통합사례관리는 증가하는 고위험 사례대상자의 문제 외에 그들의 문제를 해결하기 위한 최적의 방안 모색을 위해 사회복지서비스의 실효적인 해결 대안을 제시하는 데 충분하였다. 사회복지서비스의 분절화 및 단편화를 예방하면서 클라이언트를 보호하고 비용을 절감하는 등 지역사회 기반 서비스 전달체계로서 각광받으면서 사례관리가 등장한 것이다.

2) 미국의 사례관리의 발달

미국의 사례관리 발달은 메리 리치몬드(Mary Richmond)가 강조하였던 케이스워크(social case work)에 기반하고 탈시설화 운동 이후 지역사회로 복귀한 사람들의 다양한 문제와 결핍된 욕구 등을 해결하기 위한 실효적인 사회복지비스 개발의 필요성이 증가하면서 효율적인 대인서비스를 제공해야 한다는 사회적 요구에 부응하고 사회서비스 제공방식의 필요성에 의해 출발하였다.

특히 서비스의 중복수혜 방지를 위한 장치마련과 공정한 공공서비스 제공을 통한 클라이언트의 문제 등을 효율적이고 효과적으로 대처하기 위한 서비스 통합은 당시 매우 중요한 과업이었다. 서비스의 통합은 클라이언트에게 효과적인 서비스가 제공되어야 한다는 사회적 요구와 공공비용절감이라는 재원감소와 밀접한 관련이 있다. 이를 계기로 정신보건분야 및 시설입소자의 탈시설화는 지역사회 중심의 일원화된 서비스 제공방식을 요구하였으며 필요한 서비스를 적시에 제공받아야 한다는 논의로 귀결된다. 많은 지역에서 클라이언트 중심의 서비스보다는 획일적이고 정해진 서비스를 제공하는 데에도 벅찼기 때문에 도움이 되지 않는 서비스에 대한 비판은 더욱 거세게 나타났다. 그 결과 지역사회 기반의 통합적인 복지정책 및 서비스 제공의 필요성이 대두되었고 일원화된 방식의 서비스 통합 및 조정을 위한 대안적인 서비스 제공의 필요성이 이슈가 되면서 통합사례관리 도입을 적극 추진하였다.

사례관리가 주목받은 시기는 1970년대다. 이 시기의 미국사회는 만성정신질환자 외에 장애인, 고아, 미혼모, 노인, 노숙인 등에 대해 시설입소를 통한 보호관리가 강조되던 시기다. 많은 사람들이 사회적 역할 수행에 제약이 있다고 판단되면 시설입소를 권장하면서 개인의 인간다운 생활 및 서비스 전달체계의 문제는 거론되지 않는 경향이었다. 하지만 1970년대에 시설 운영 및 비인간적인 집단생활의 문제 등이 사회적 화두가 되면서 시설입소자의 문제는 개인의 삶에 영향을 미쳐서는 안 된다는 정상화 이론을 기초로 정상적인 삶의 영위와 사회적 역할 가치화 등 다양한 이슈가 제기되었다. 특히 정상화 이론을 토대로 한 사회적 역할 가치화는 시설입소자들 또한 지역사회에서 정상적인 삶을 영위하여야 하고 지역사회주민들과 같은 방식의 삶을 살아야 할 권리가 있으며, 특히 지역의 주민들이 가치적으로 의미 있는 생활을 누리는 것처럼 시설에 입소한 사람들 또한 같은 방식으로 생활해야 한다는 것을 권리로 이해한 이념이다.

1970년대 이전까지 강화된 시설입소정책은 새로운 전기를 맞게 되는데 학자들의 주장과 별개로 기존의 시설정책에 대한 변화가 필요하다는 이슈가 제기되었는데 시설 운영에 따른 비용절감의 문제가 그것이다. 특정 문제에 노출된 개인들의 선택권은 없었으며 시설입소를 통해 보호적 조치가 우선된 것이다. 시설에 입소한 개인들의 복합적인 문제는 시설입소를 통해 시설 자체적인 노력에 의해 해결해야 할 몫이었으며, 입소결정 및 선택권이 제한적으로 행사되는 등 시설 중심의 지원이 일반적이었다. 이러한 정책기조는 1970년대 후반까지 지속되었다.

하지만 이 당시의 미국 사회복지 정책은 만성질환자 등에 대한 정책미비로 인해 비용절감의 실효적인 대안이 마련되지 않았으며 탈시설화로 촉발된 시설입소자들의 지역사회 복귀에 대한 효율적인 장치 또한 마련되지 않았다. 그 결과 정신질환자에 대한 의료비 증가 및 지역사회 복귀를 통한 탈시설화된 사람들의 만성적이고 복합적인 욕구는 계속 증가할 수밖에 없었다. 급증하는 의료비 증가 및 결핍된 욕구 해결을 위한 대안마련을 위한 사회복지서비스 개선방안을 강구하기 시작한 것이다.

이를 계기로 노인을 대상으로 한 메디케어(Medicare) 의료 및 사회서비스 전달체계에 대한 평가가 실시되었고, 메디케이드(Medicaid) 조사 또한 실시되었다. 이러한 움직임은 노인뿐만 아니라 시설을 퇴소한 장애인, 정신장애인, 빈곤가정, 약물남용자 등 복합적인 욕구가 있는 대상자로 확대되었으며 클라이언트의 욕구와 문제 대응을 위한 점검과 평가를 강조한 사회서비스의 필요성이 확대되기에 이른다(이효선 외. 2017. 38-39).

1980년대에는 장애인, 노인, 아동 등 사회복지서비스가 필요한 대상자로 확대되었으며, 교육, 주거, 가족관계 회복, 고용분야와 같은 사회복지가 필요한 분야로 확대되기에 이른다. 특히 사례관리 서비스가 편중되지 않는 사회 전 분야에 걸쳐 확대되면서 클라이언트의 생활안정을 위한 다양한 정책과 서비스로 집중되는 경향이 특징이라 할 수 있다.

1990년대 이후부터 미국의 사례관리는 개인과 집단을 대상으로 하는 통합적인 형태로 진행된다. 사례관리는 case work이라는 용어 대신 case managerment로 대체되었고 사례관리 조정기능이 강조되면서 욕구사정 - 서비스 계획 - 서비스 연계 - 서비스 전달 점검 - 욕구의 지속적인 사정의 절차가 일반적인 과정으로 정착되었다. 대상 또한 다양화되면서 약물중독자, 장애인, 아동학대 피해자, 출소자, 긴급복지 프로그램으로 확대되었고 사회복지 및 정신보건 분야 외에 모든 분야에서 전문사회복지사를 채용하도록 권장하여 사회복지, 보건, 정신분야, 간호 등 다양한 영역에 적용되었다. 이러한 움직임은 일반사회복지실천현장은 물론 휴먼서비스 분야에서 개인과 환경의 상호작용에 초점을 두고 현재까지 발전한 것이다. 전문사례관리사는 개인을 둘러싼 환경과의 상호작용을 돕고 독립적인 생활을 유지하는 조력자, 중재자 등의 역할 수행을 통해 클라이언트 중심의 서비스 전달을 위한 체계구축을 통해 인간다운 생활을 지원하고 양질의 서비스를 전달하기 위한 방안으로 발전하였다(이효선 외. 2017. 39-41).

현재 미국의 사례관리는 대인서비스 분야에서 활발하게 적용되고 있으며 급속한 성장을 통해 사례관리자의 자원연계 등을 통해 직접실천 역할과 간접실천을 주도하고 있으며 사회복지서비스의 실효성 있는 전달체계에 집중하고 복합적인 문제 및 결핍된 욕구를 대응하기 위한 체계로 전환하여 클라이언트 중심의 복지서비스 제공을 위한 대안으로 자리매김하였다고 볼 수 있다(이효선 외. 2017. 39-41).

3) 한국의 사례관리의 발달

우리나라의 사례관리는 대인서비스에 대한 관심이 증가하면서 간호학 분야와 사회복지 분야의 지역 중심의 서비스 지원에 대한 관심이 증가하면서 도입되었다.

우리나라의 사례관리는 1990년대 초 이윤로, 성규탁이 "사례관리: 효과적 서비스 전달을 위한 방법"을 소개하면서 처음 알려지게 되었다. 이후 1993년 "효과적인 복지서비스를 위한 사례관리실천론"을 김만두가 소개하였고, 장인협이 1995년도에 '지역복지실천방법론 케어, 케이스관리'를 소개하면서 확산되기 시작하였다(이근홍. 2000. 36재인용).

1997년 정신보건법이 발효되면서 한국정신보건사회복지학회가 정신보건전문요원 인턴십 교육과정에 사례관리를 포함하였으며, 공동모금회를 비롯한 공공 및 민간기관으로 사례관리 사업이 확대 적용되었다. 이후 2006년도에 사회복지교과목 지침서에 사례관리론을 전공선택교과목으로 채택하였으며 2005년 서울시복지재단에서는 사례관리 매뉴얼을 제작 · 배포하였다. 2008년 시 · 군 · 구 맞춤형 통합 원스톱 복지서비스 제공에 따른 세부지침을 마련하여 시행하고, 전국 읍 · 면 · 동 및 시 · 군 · 구 희망복지지원단에 사례관리전담인력 배치를 통한 사례관리사업을 시행하기에 이른다. 2013년도는 종합사회복지관의 3대 기능사업으로 사례관리 업무를 포함하여 시행하도록 기능을 정비하였다. 2016년 보건복지부는 읍・면・동 복지허브화 사업의 일환으로 생애주기별 맞춤형 복지체계 구축을 통해 사례관리사업을 전개하고 있다(이효선 외. 2017. 42-43).

2 통합사례관리 네트워크 최근 동향

1) 공공 및 민간사회복지 분야 사례관리 정착

최근 통합사례관리는 사회복지 분야의 중요 정책으로 추진되는 추세이다. 기관의 인적・물적 자원만으로는 고위험사례대상자의 문제 등의 개선에 한계가 있다는 이해가 확산된 결과라고 할 수 있다. 다양한 자원들이 활동하는 지역을 중심으로 서비스를 지원해야만 해결기대를 높일 수 있고 대안 또한 모색할 수 있다는 이해가 보편적으로 인식된 결과이다.

민・관 또는 학・민・관이 연계하여 공조체계를 구축해서 지원하는 경향이 뚜렷한 것도 이러한 상황을 이해하게 한다. 현재 통합사례관리는 민・관 기관의 핵심사업으로 추진되고 있으며, 또한 지역사회보장협의체 통합사례분과를 중심으로 지역의 고위험사례대상자 등에 대한 지원을 전담하면서 활발하게 시행되고 있다.

통합사례분과의 통합사례관리 위원은 심각한 문제에 직면해 있거나 어려움에 처한 주민들의 문제 등을 개선하기 위한 최적의 대안을 모색하는 주체로서 기관을 대표하여 위원으로 활동한다. 일부 소규모 사회복지기관을 제외하고는 통합사례관리 사업을 필수적으로 수행하고 있는 점이 통합사례관리가 보편적으로 확산되었다는 것을 알게 한다.

즉, 통합사례관리 사업은 통합사례관리사 개인과 지역기관들의 연계를 통해 고위험사례대상자의 직면 상황의 개선과 그 문제들에 대한 지원방법의 모색, 모색된 대안을 통합서비스로 개발하여 연계·시행하는 대표적인 지역의 복지사업으로 자리매김되었으며, 특히 고위험사례대상자의 당면 현안을 해결하는 데 있어 사회복지실천방법 가운데 최적의 복지활동으로 인식되었다. 이러한 이해를 바탕으로 지역의 사례관리전문가를 비롯하여 기관을 대표하는 사례관리담당자 및 학계의 전문가 등의 참여를 필수로 한다.

2) 지역기반 통합서비스 개발 필요성 증가

최근 사회복지기관의 서비스가 지역을 토대로 제공되었을 때 더 나은 성과를 확인할 수 있다는 통합서비스의 필요성이 부각되고 일반적으로 인식되고 있는 뚜렷한 경향 또한 나타나고 있다. 하지만 기관의 서비스로는 해결하기 어려운 사례가 증가하고 있다는 반증이어서 고위험사례대상자의 주거지 및 지역의 실정에 적합한 통합서비스의 개발은 여전히 과제라고 할 수 있다.

고위험사례대상자가 급속도로 증가하는 것은 사회복지기관의 도움 없이 힘들게 살아가는 대상자가 많다는 의미일 것이다. 통합사례관리사와 그가 속해 있는 기관의 여력이 미치지 못하는 고위험사례대상자가 증가하고 있다는 것으로 사회복지서비스는 지역에 기반해야만 해결기대를 높일 수 있다는 점에서 고위험사례대상자의 상황을 개선하기 위해 지역의 기관 및 전문가가 연합하여 지원하는 통합서비스의 제공이 통합사례관리의 운영에 효과적이라는 것을 알게 한다. 통합사례관리의 중요성이 부각된 것이지만 지역의 실정에 적합한 사회복지서비스의 개발이 매우 중요하다는 것 또한 알게 한다.

따라서 해결하기 어려운 문제에 노출된 고위험사례대상자의 상황을 개선하기 위해서는 기관 및 부서, 동료들의 적극적인 참여와 협력을 통해 지원해야만 가시적인 성과 도출이 가능하다는 점은 사회복지관의 전체 종사자들이 분명하게 인식해야 한다. 통합사례관리 사업이 지역을 기반으로 지역 중심의 통합적 업무로 인식되어야 한다는 것을 의미한다. 지역기반 서비스여야만 고위험사례대상자의 상황개선 등에 기여할 수 있기 때문이다.

3 통합사례관리의 핵심지향점

1) 고위험사례대상자의 거주환경 변화 지향

(1) 거주환경의 중요성

고위험사례대상자는 가족, 조직, 집단, 지역사회 등 문화와 제도, 전통이 어우러진 사회 환경에서 생활하여 온 지역의 주민이다. 사회 환경은 인간 간의 상호작용을 통해 조성되고, 공유하는 의식이 문화로 형성되었을 때 계속 발전하기 때문에 인위적으로 만들어지고, 상호작용하면서 변화한다. 이렇듯 인간은 환경과의 상호작용에 따라 풍요롭게 생활하는 반면, 환경에 적응하지 못하면 생활의 질이 저하된다. 물리적 환경은 고위험사례대상자가 관계하는 공간으로 생활에 직·간접적으로 영향을 미친다는 점에서 사회 환경은 인간의 활동을 이해하는 조건이라 할 수 있다(이숙 외. 2011. 29-33).

통합사례관리를 통해 통합서비스를 지원받는 고위험사례대상자는 주거지에서 가족들과 안정적으로 생활하고 이웃들과의 자연스러운 만남, 주민교류, 지역에 대한 이해 등에 따라 의미 있는 삶을 살아간다. 거주하는 지역에서 조화롭게 생활하는 것은 인간의 생활방식이며 추구되어야 할 당연한 것이다.

하지만 거주지 환경으로 인해 도움이 필요한 사람들이 있다. 신체적 장애 등을 갖고 있는 장애인과 고령의 노인, 영유아, 아동 등은 거주 지역에서 생활하는 데 어려움을 겪을 수 있다. 예로, 식사를 준비하면서 반찬을 만들고, 밥을 하고, 밥상을 차리는 일 등은 생존을 위한 필수조건이기는 하지만 신체적·정신적인 제약을 가지고 있으면 수행에 어려움을 겪는다. 위생적인 생활은 식사를 하는 것과 마찬가지로 매우 중요하다. 설거지를 깔끔하게 해야만 매일 세끼의 식사를 위생적으로 생활할 수 있기 때문이다.

주거지가 개조되지 않는 이상 평범한 일상의 것들이 이들에게는 자력으로 수행하기 불가능한 것이다. 방에서 거실로, 거실에서 화장실로 이동하는 데 턱이 있으면 보행이 불편한 장애인에게는 위험한 도전일 것이다. 여기에 더해 지역의 마트에서 의복을 구입하는 등의 활동은 이동수단인 전동 휠체어가 있어야만 한다. 하지만 지역에 대중교통수단이 없거나 또는 턱이 있는 도로 등으로 인해 외출을 포기하기도 한다. 일을 해야 소득이 생긴다는 것은 생존의 조건이다. 하지만 일을 할 만한 곳이 없고 채용해 주지 않거나, 장기 실업상태라면 수입이 없어 빈곤하게 생활할 수밖에 없다. 결혼한 가장이 소득이 없는 상태에서 가장의 역할 수행은 불가능하다. 일탈하지 않는다고 하여도 경제적 궁핍을 벗어날 수는 없다.

이렇다면 한 가지 문제에만 노출되지 않는다. 동시다발적으로 여러 문제가 나타나기도 한다. 이를 고위험사례대상자의 복합적인 문제라고 한다. 심각한 것은 주거지역과 거주환경이 열악하여 자녀를 양육하는 데 부적절한 환경임을 알지만 개선하지 못해 방치하면서 지낼 수밖에 없는 여건에 처한 경우이다. 이렇다면 결핍된 욕구가 생기고 장기적으로 그대로 지냈다면 생활의 문제에 노출된다. 생활의 문제는 가족갈등과 같은 문제를 유발하는 요인이다. 문제가 또 다른 문제를 유발하여 불안정한 생활을 하면서 일탈하기도 하는데 낮은 자존감을 갖는 등 심각한 상황에 처해지는 것이다.

빈곤은 사회생활을 위축시키는 요인으로 빈부격차를 심각하게 인지하면 생활의지를 갖지 않는 등 심리·사회적으로 부적응을 겪으면서 자활의지를 갖지 않게 된다. 일부의 가정은 가족이 해체되는 문제에 직면하기도 한다. 빈곤이 세습화된다는 것은 환경을 개선할 만한 여력이 고위험사례대상자와 가족들에게 없기 때문이다(김영화 외. 2012. 33-36).

(2) 거주지 기반 서비스

지역을 토대로 제공되는 통합서비스는 고위험사례대상자와 사회 환경과의 상호작용 과정에서 발생하는 부적응을 최소화하고 안정된 삶을 살아가도록 하는 데 있다. 생활하면서 겪는 어려움을 극복할 수 있는 역량을 강화하고 옳은 것과 바른 것, 옳지 않은 것을 통합서비스를 통해 해결해 가는 것을 의미한다.

생활의 문제해결을 위한 통합서비스의 개발은 지역은 고위험사례대상자의 어려움을 극복할 수 있도록 지원이 가능한 자원이 있다는 전제에 기반한다. 거주지 기반 서비스는 지역의 인적·물적 자원의 연계를 통해 제공하는 생활기반 서비스로 시기적절하게 지원하였을 때 고위험사례대상자의 상황개선에 효과적이라는 가치에 기반한 서비스이다. 개선이 가능할 정도의 통합서비스는 개별화 계획을 수립해서 지원하는 것을 말한다.

2) 정서적 관계 맺기와 유지

통합사례관리는 고위험사례대상자의 상황 및 주변 환경을 개선하기 위해 사회복지 실천기법을 활용하고, 고위험사례대상자의 변화를 목적으로 통합서비스를 제공하는 전문적인 사회복지활동이다. 고위험사례대상자의 자조생활능력을 강화하는 데 목적이 있으며, 이러한 목적을 달성하기 위해 통합사례관리의 진행과정에서 고위험사례대상자의 결정 권리를 존중하면서 이끌어 가는 통합사례관리사의 역할이 결정적으로 영향을 미친다.

고위험사례대상자의 미미한 변화라도 놓치지 않기 위해 주의하면서 더 이상 심각한 상황에 처해지지 않도록 의지강화에 집중해야 한다. 통합사례관리 시행초기는 심리적으로 불안정한 상태이기 때문에 사소한 것이라도 세심하게 배려하면서 의문점이 없도록 해야 한다. 고위험사례대상자가 상황개선을 위해 대처하는 태도를 주목하고 그가 어떤 방식으로 대처하든 시도한 것이므로 격려하고 지지하면서 이끌어 가는 데 주력한다. 이를 정서적 관계 맺기라고 하는데 고위험사례대상자를 보호하면서 조력자, 동반자, 협력자 관계를 맺어야만 안정적인 심리상태를 유지할 수 있고 통합사례관리 또한 원활하게 진행되기 때문이다.

3) 지지적 관계형성 강화

심신의 안정은 고위험사례대상자의 상황을 이해하고 문제해결을 위해 최선을 다할 것이라는 신뢰를 갖게 하는 것이 무엇보다 중요하다. 새로운 상황에 직면하더라도 전문가들과 함께 해결방법을 모색할 것이며 상황에 적합한 방법을 찾아 끝까지 지원할 것임을 확신하게 하는 것이 가장 중요하다. 고위험사례대상자와의 협력관계는 신뢰에 기반하고, 신뢰가 형성되면 동반자의 입장에서 지지하는 관계로 발전된다.

4) 통합사례관리와 주민복지증진

사회복지기관은 지역의 복지증진을 목적으로 사회복지사업을 수행하는 공공의 기관이다. 유관기관과의 협력을 통해 지역현안 등을 해결하는 지역의 복지주체로서 기능하는 것이다. 장애인 등의 이동편의를 위한 편의시설 미비에 대한 현안제시, 생활을 저해하는 환경문제 개선, 직업부족에 의한 일자리 창출 등은 대표적인 사회복지기관의 사업으로 지역복지증진을 위한 주민복지사업이다. 지역의 주민들이 사회복지기관의 다양한 사업과 서비스에 주목하는 이유는 지역의 환경과 주민생활에 필요한 다양한 활동에 직·간접적으로 영향을 받기 때문이다.

지역 중심의 주민복지증진 사업이 통합사례관리이다. 통합사례관리는 지역을 대표하는 사업으로 자리매김되었으며 지역사회보장협의체의 통합사례분과를 중심으로 정기적인 회의를 개최하여 요보호가 필요한 주민들의 문제와 어려운 상황 등을 해결하기 위해 통합사례관리사가 주체가 되어 사업을 추진하기 때문이다.

5) 지역을 대표하는 통합서비스 개발

통합사례관리를 성공적으로 수행하기 위해서는 지역기관이 연합하여 지역의 현안을 발굴·해결하기 위해 전력해야 한다. 그 가운데 가장 중요한 활동은 지역을 토대로 한 통합서비스의 개발에 있다. 고위험사례대상자가 거주하는 지역의 실정에 적합한 서비스만이 문제 등의 개선에 효과적이기 때문에 통합사례관리는 지역기반 통합서비스가 무엇인가에 의해 성공적으로 수행된다.

통합사례관리를 통해 제공하는 서비스를 통합서비스라고 강조하는 이유는 지역의 기관들과 전문가 등이 연합해서 사례의 상황에 집중하면서 보유한 전문성을 토대로 해결방안을 마련하고 마련된 방안이 서비스로 제공되기 때문이다. 그래서 지역의 기관들이 공동으로 개발한 통합서비스를 지역을 대표하는 사회복지서비스라고 하는 것이다. 따라서 통합서비스는 지역을 기반으로 사회복지사업을 주도하는 사회복지기관의 참여를 통해 개발되어야만 통합서비스라고 할 수 있다. 기관이 주체가 되어 지원하는 서비스를 기관의 사례관리서비스라고 하는 것 또한 이러한 이유 때문이다.

통합서비스는 지역자원의 연계 및 전문가 간의 협조와 협력, 공통의 목적인 고위험사례대상자의 상황개선 등을 목적으로 해결방안을 모색하기 위해 개발된다. 서비스는 고위험사례대상자만을 위해 개발되기 때문에 일반적인 사례관리서비스 또는 사회복지기관에서 사회복지사가 주도하여 지원하는 서비스와는 차이가 있다. 고위험사례대상자의 생활상황을 토대로 개발되기 때문에 한시적이며 통합사례관리사를 비롯하여 참여한 직원들의 고도의 전문성이 필요하다.

이러한 이유에서 통합서비스는 고위험사례대상자의 문제 및 어려움을 해결하는 등 지역의 대표적인 사회복지서비스로 각광받는 것이다. 공공기관 및 민간사회복지기관의 핵심사업으로 부각된 것도 준비과정과 절차, 서비스의 질이 전문가 간, 기관 간의 협력에 의해서만 개발될 수 있는 목적 있는 서비스이기 때문이다.

6) 통합사례관리사의 전문성 강화

통합사례관리를 담당하는 사회복지사는 3년 이상의 사회복지 경력이 있으며 임상경험이 있고 다양한 사례를 담당하였던 경력 등을 요구하고 있어 전문성이 입증되어야 하는 등 출중한 경험을 토대로 임상수행능력을 중시하기 때문에 전문가로 인식하는 것이 일반적이다.

통합사례관리는 통합사례관리사의 서비스의 연계 및 조정 등의 역량이 필수이다. 조정기능은 고위험사례대상자 중심의 서비스 지원체계를 구축하기 위해 동질성을 확보하는 중재역할을 말한다. 슈퍼바이저 또한 임상경험이 출중한 관리자가 담당하는 것이 일반적이며 의뢰된 사례를 지원하기 위해 지역의 타 사회복지기관 및 전문기관을 연계하고 중재할 수 있는 중재기관과 이끌어 나갈 수 있는 슈퍼바이저의 배치를 필수로 한다(류애정. 2011. 228).

7) 참여인력의 전문성 강화

통합사례관리의 전문성은 사례상황에 적합한 통합서비스를 제공하였는가와 통합사례관리 과정마다 전문가의 슈퍼비전이 적시에 제공되었는지에 따라 성공여부를 확인할 수 있다. 하지만 고위험사례대상자가 호소하는 문제의 규명 및 규명된 문제의 해결대안으로 제시된 통합서비스와 서비스를 제공하는 인력의 전문성이 출중해야 한다. 고위험사례대상자의 상황을 개선하는 데 충분한 임상경험 또한 많아야 한다. 이러한 경력 등을 강조하는 이유는 문제해결을 위한 목적도 있지만 통합사례관리를 이끌어 가는 데 있어 역량이 뒷받침되어야만 종결까지의 모든 활동이 성공적으로 진행되기 때문이다. 더욱이 고위험사례대상자의 상황에 따라 개입하고 지원시기에 맞추어 통합서비스를 제공하는 것은 임상경험이 많고 출중하지 않으면 지원할 수 없기 때문이다. 설사 통합서비스를 제공하더라도 시기를 놓치는 등 고위험사례대상자의 상황과 거리가 있는 통합서비스를 지원할 소지 때문이다.

고위험사례대상자의 변화를 의도하기 위해서는 통합사례관리 과정마다 동기를 부여하면서 이끌어야 하고 적시에 최적의 서비스를 전문가들과 합의하여 개발해야 하는 과업이 있기 때문이다. 이를 해결해 낼 수 있는 전문가여야만 개발된 통합서비스를 고위험사례대상자에게 성공적으로 제공할 수 있기 때문이다.

8) 통합사례관리 성과지향

통합사례관리업무는 고위험사례대상자 스스로 자조적으로 생활하는 시기에만 성과가 확인된다. 여기에서 성과는 통합사례관리를 더 이상 지원하지 않는 종결 이후 고위험사례대상자의 자조생활에 의해 확인되는 통합사례관리의 결과물을 말한다. 즉, 통합사례관리의 마지막 단계인 사후관리 과정에서 고위험사례대상자의 심각한 상황이 해결되었는지, 또한 문제극복 능력을 갖추었는지는 그의 생활 변화를 통해 확인할 수 있다는 것이다. 이러한 점에서 통합사례관리의 성과 및 통합서비스 제공 결과는 사후관리 과정단계에서 확인할 수 있어 성과 중심의 전문적인 서비스라고 하는 것이다.

고위험사례대상자의 자조생활 유무와 문제에 직면했을 때의 태도, 유연하게 문제들을 해결할 수 있는 역량을 갖추었는지, 과거의 불규칙적인 생활방식이 아닌 주민들과 같은 방식으로 살아가는지 등을 통해 성과가 나타난다는 것이다. 따라서 고위험사례대상자가 문제에 직면하여도 유연하게 대처할 수 있는 역량이 확인되어야만 성공적인 통합사례관리이고, 제공된 통합서비스 또한 적절하였음을 확인할 수 있다. 만약 일반적인 사회복지서비스를 제공하면서 고위험사례대상자의 상황을 개선하려 시도하면 이는 분명히 사례관리사의 오판에 의한 잘못된 서비스를 제공한 것이다.

CHAPTER 03

지역기반 통합사례관리의 가치와 핵심쟁점

1 통합사례관리의 가치와 딜레마

통합사례관리의 핵심성과

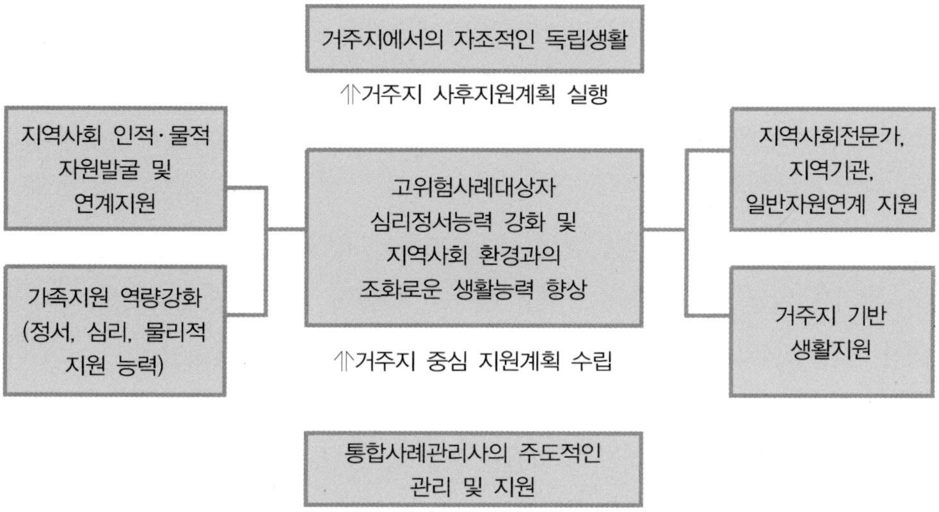

1) 통합사례관리의 가치

가치는 옳다고 인식하는 바람직한 신념이다. 가치는 도구적 가치, 궁극적 가치, 유사가치 수준과 전문적 가치, 개인적 가치, 사회적 가치, 집단적 가치 등 주체에 따라 분류되고, 개인의 권한, 능력, 독특성, 소속 등 사람 자체에 대한 가치로 개인의 발전을 위해 사회참여의 동등한 기회를 보장하는 사회적 책임을 포함한다. 즉, 가치는 옳다고 인식하는 바람직한 신념에 관한 것으로 개인의 독특성을 인정하고 자율성을 보장하면서 수단과 방법이 바람직한 활동일 때 가치 있는 것으로 이해된다(김혜영 외. 2012. 38-43).

통합사례를 관리하는 과정에서 제공되는 통합서비스는 고위험사례대상자의 변화를 확신한 통합사례관리사의 역할에 의해 가치는 증명된다. 통합사례관리사는 고위험사례대상자의 문제 등을 개선하면서 사회복지실천 가치를 실현하게 되고 참여한 자원들의 활동을 중재하면서 변화를 의도하기 위해 다양한 역할을 수행한다. 이러한 활동은 바람직하고 옳은 신념을 갖고 통합사례관리를 주도하는 통합사례관리사의 가치에 기반한다.

통합서비스를 제공하는 전문가들이 확신을 갖고 고위험사례대상자의 문제해결을 위해 통합서비스 지원에 전력하면 안정적인 생활기반을 마련할 수 있다. 실천가치가 합의되고 목표가 정해지면, 고위험사례대상자의 상황해결에 기여할 수 있는 통합서비스 개발이 수월해질 뿐 아니라 지원의 결정 또한 신속하게 진행되어 통합사례관리의 성과를 증명하게 된다.

통합사례관리사는 통합사례관리의 시행초기부터 고위험사례대상자의 선택을 존중하고, 의지를 갖도록 조언하는 등 참여활동을 이끌어 가면서 통합사례관리 과정에 참여한 결정이 옳았다는 것을 인식할 수 있도록 적극적으로 이끌어야 한다. 고위험사례대상자의 자기결정 권리는 사회복지실천의 핵심가치로서 사적 생활을 공개하지 않으면서 가급적 스스로 결정하도록 의견을 묻는 등 판단의 결정을 존중해야만 자기결정 권리를 행사할 수 있다(현외성 외. 2012. 50-51).

2) 사회복지전문가 관점과 가치

통합사례관리는 통합사례관리사가 전문직의 관점을 견지하면서 지원해야만 성공 가능성을 높일 수 있는 실천이 강조된 사회복지 전문분야로서 통합사례관리사의 전문성을 토대로 지원되는 타 영역과 차별된 특성이 있다. 통합사례관리는 전문가의 윤리에 기반하여 통합서비스를 지원하는 전문적인 활동이라는 것이다. 전문가의 윤리는 직업 활동을 수행하는 중에 대상자의 이익을 우선하고, 이를 윤리지침으로 선택하여 판단의 결정을 옳게 내리는 데 활용된다. 통합사례관리전문가는 바르게 행동하기 위해 윤리적 기준을 토대로 직업 활동을 수행하는 전문직업인이다(이상호 외. 2013. 50-52).

김기덕 외(2013. 43.)는 통합사례관리사가 사회복지전문가의 관점을 견지해야 할 이유에 대해 다음과 같이 강조하였다. 윤리적 딜레마는 옳고 그름에 대한 결정의 교착상태로 통합사례관리사는 업무 수행 중에 윤리적 갈등과 딜레마를 겪을 수 있으며, 윤리적 가치가 충돌하는 경우 판단하기 어려운 상태에 처해질 수 있는데 이를 결정의 교착상태라고 한다. 결정의 교착상태는 고위험사례대상자의 자율권을 존중하면서 통합서비스를 지원하는 중에 겪을 수 있고 사회정의를 실현하는 과정에서 충돌하기도 한다. 따라서 윤리적 딜레마를 극복하기 위해서는 전문직의 관점을 견지해야 한다고 하였다.

통합사례관리사가 겪을 수 있는 전문직의 딜레마는 고위험사례대상자의 문제해결과 욕구충족을 위해 지원하기로 하였던 통합서비스가 상황에 적합하지 않거나, 기관의 지원이 미비하여 통합사례관리사의 능력을 넘어서는 경우 겪게 되는 판단의 혼란을 말한다. 따라서 전문직의 관점을 견지해야만 이 같은 상황의 극복이 가능하다.

통합서비스를 개발하는 과정에서 고위험사례대상자의 이익을 최우선적으로 고려하는 전문직의 관점을 견지해야만 딜레마 상황에 직면하더라도 극복이 가능하다. 따라서 고위험사례대상자 중심의 서비스 지원에 전력해야 한다. 고위험사례대상자의 이익을 위해 활동하는 지지자, 문제해결을 돕는 자, 직면한 문제를 해결하기 위한 방법을 제시하는 조언자, 기관 내 서비스를 중재하고 지원하는 조정자, 서비스 간의 연계를 촉진하는 서비스 연계자, 자원을 연계하는 자원개발자 등의 역할 수행은 전문가의 견지에서 가능한 활동이다. 하지만 지원과정이 바람직해야 한다. 고위험사례대상자의 문제해결을 위한 활동이라도 과정이 옳지 않으면 전문가의 윤리를 저버린 것이라 할 수 있기 때문이다.

3) 통합사례관리 실천의 딜레마

(1) 딜레마 상황의 발생

통합사례관리를 수행하면서 통합사례관리사가 겪을 수 있는 딜레마는 양립된 상황에서 대안을 선택해야 하는 모호함에 관한 것이다. 두 개의 대안이 있을 때 동시에 선택할 수 없고, 하나의 대안을 선택하기 어려울 때, 제한된 시간 내에 선택하기 곤란한 상황을 말한다. 고위험사례대상자의 상황이 심각하여 통합사례관리사가 판단하지 못하는 혼란의 상태에 처해 있는 것을 통합사례관리사의 딜레마라고 한다. 통합사례관리사가 겪는 딜레마 상황은 언제든 발생하는데 자원이 부족하여 지원이 모호한 상황에서 고위험사례대상자를 지원해야 하고, 기관의 지원여력이 부족하지만 통합서비스를 지원해야 하거나, 고위험사례대상자의 무리한 요구를 수용해야 할지에 대한 결정의 모호 등 의사결정을 판단하기 어려운 상황에서 더 자주 겪는다. 이때 상황을 파악하지 못하거나 관리할 수 없으면 혼란은 가중된다(이종범 외. 1991; 김병섭 외. 2011. 278-280).

(2) 딜레마와 판단의 교착상태

통합사례관리사가 딜레마를 겪는 상황은 다양한 상황을 대응하면서 결정하기 곤란한 경우 또는 판단하기 어렵다는 것을 인지하는 순간 선택하지 못해서이다. 이러한 상황을 자주 겪게 되면 통합사례관리사는 혼란을 겪고, 처리 및 선택을 보류하고 미루면서 상급자에게 보고하여 방침을 요청하면서 상황을 회피하기도 한다. 즉, 딜레마는 상황을 판단하지 못해 결정을 내리지 못하는 상태를 말하고 결정의 교착상태를 의미한다. 혼란을 겪는 상황이 오래될수록 갈등하고 심화되면 고위험사례대상자와의 관계를 중단하기도 한다.

더욱이 부서장의 모호한 결정은 판단의 교착상태를 더욱 심화시킨다. 무리한 업무수행에 의한 시간부족이나, 고위험사례대상자의 상황이 기관의 지원만으로는 불가능한 경우 등 업무혼란과 부담이 가중되는 경우 더 자주 겪는다. 사례의 상황이 복잡하고 지원해야 할 서비스가 산재해 있거나 한정된 기관의 자원만으로 해결해야 하면 혼란은 가중된다.

통합사례관리사의 딜레마 상황은 통합사례관리에 대한 기관장의 이해부족, 업무갈등과 모호, 중간관리자의 전문성 부족, 고위험사례대상자를 지원할 수 있는 서비스가 없거나 부족한 경우, 업무를 가중 받고 있다는 것을 인지하는 경우, 통합사례관리사의 전문성 부족에 의한 지원의 한계직면, 심각한 문제를 해결하기 위한 전문가의 부재와 같은 지역에 자원이 부족한 경우 딜레마를 겪게 된다.

선택을 하지 못하는 딜레마 상황을 최소화하기 위해 어떠한 전략이 적정한지는 사실 판단하기 어렵다. 딜레마 상황을 겪지 않기 위한 장치 등이 마련되어야 하지만 대처하기 곤란한 경우가 있어 딜레마는 업무수행 과정에서 언제든 발생한다고 볼 수 있다.

(3) 딜레마 극복

그럼에도 극복할 대안은 있다. 통합서비스의 지원역량을 강화하기 위해 교육체계를 마련하여 종사자의 전문성을 강화하는 것이다. 서비스의 통합을 위한 협의체계를 구축하는 것도 방법이다. 통합사례관리사의 임상경험을 확대하기 위해 경험이 풍부한 전문가를 슈퍼바이저로 위촉하는 것 또한 딜레마 상황을 극복하는 데 효과적이다.

2 통합사례관리의 핵심과업

1) 통합서비스 지원체계 구축

고위험사례대상자 중심의 통합서비스 지원체계의 핵심은 지역에서 활동하는 자원들을 통합사례관리 과정마다 활동할 수 있도록 연계・규합하여 최적의 서비스를 지원하는 데 있다. 이러한 지원을 통해 문제 등에 노출된 고위험사례대상자의 생활안정과 생활의 질을 높이고 지역에서 안정적으로 살아갈 수 있도록 지원하는 것을 최종의 목적으로 지원방향을 설정하고 그 목적을 달성하기 위해 지역의 전문가 등을 규합・연계하여 공동역할을 분담하고 통합서비스를 지원하는 지역 중심의 복지실천 방안을 모색하는 것을 목표하고 있다. 즉, 고위험사례대상자의 주거지를 기반으로 사례의 상황을 개선할 수 있는 자원을 연계해서 문제 등의 해결에 필요한 통합서비스를 지원하는 것이 지원체계의 핵심이라는 것이다.

많은 사회복지기관에서 통합서비스의 성과가 확인되고 있는데, 사회복지기관의 사업이 지역주민들의 생활밀착형으로 제공되고 있는 것을 보면 지역상황에 적합한 통합사례관리만이 지역 중심의 종합적인 복지서비스임을 확인하게 한다. 통합사례관리를 통해 지원되는 통합서비스의 제공이 고위험사례대상자의 욕구와 문제해결을 위한 대안으로 자리매김된 것도 지역에서 활동하는 전문가의 참여가 활발하고 지역에 거주하는 주민들의 복지증진과 삶의 질을 높이기 위해 통합서비스가 기획되고 제공되기 때문이다.

2) 지역기반 통합행정 네트워크 구축

통합사례관리의 통합서비스는 지역의 전문가 및 사회복지기관 간의 네트워크 구축 정도에 따라 개발이 가능하다. 때문에 고위험사례대상자의 의미 있는 변화를 위해서는 지역사회를 토대로 통합서비스를 지원할 수 있는 통합행정체계가 구축되어야 한다.

지역의 사회복지기관의 통합행정 네트워크 구축은 통합사례관리의 효율적인 운영을 위한 핵심사항으로 심각한 고위험사례대상자일수록 지역 중심의 네트워크를 구축한 후 지원되어야 한다. 네트워크 구축의 핵심은 고위험사례대상자의 복합적인 욕구를 대응할 수 있는 자원의 적절한 배분에 있다. 고위험사례대상자의 안정된 생활을 조기에 실행하기 위해 통합사례관리 네트워크 구축은 필수조건이라는 점에서 고위험사례대상자의 유형에 따라 지역차원의 대응체계 구축은 통합사례관리의 진정한 실현이고 지역의 복지전달체계를 완성하는 것이라고 할 수 있다.

3) 지역기반 통합사례관리 모델 구축

우리나라의 상황에 적합한 통합사례관리 모델이 개발되어 있지 않은 실정이다. 사례의 상황을 대응할 수 있는 전문가의 부족, 정립되지 않은 통합사례관리 체계, 고위험사례대상자의 상황을 개선할 수 있는 임상교육 부재, 다양한 통합사례관리 모델 적용을 위한 사례연구 부족 등 사회복지기관의 규모와 유형을 고려하지 않고 획일적으로 적용되었다는 문제 등이 제기되고 있다. 선임사회복지사의 경험에 의존한 슈퍼비전이 많은 것 또한 통합사례관리의 중요성을 인식하고 있으나 사회복지기관의 상황과는 거리가 있어 체계적이지 않다는 문제 또한 제기되고 있다. 공공사례관리 영역 또한 체계의 정비가 필요하다는 논의가 일부에서 제기되고 있다. 고위험사례대상자의 상황에 적합한 개입모델의 연구가 부족하여 지역차원의 통합사례관리는 시작 단계로 볼 수 있다(권진숙. 2010. 3-5). 따라서 지역을 중심으로 고위험사례대상자의 상황을 개선하고 지원할 수 있는 통합사례관리 체계 구축을 위해 지역의 상황에 적합한 통합사례관리 운영시스템을 구축해야 하는 실정이다.

4) 사례관리 성과도출

통합사례관리는 고위험사례대상자의 직면한 문제들에 초점을 둔다. 가족 갈등, 원만하지 않은 대인관계, 경제적 궁핍 외에 심리적 문제 등을 개선하여 문제가 없던 이전의 생활회복이 목적이다. 따라서 심각한 상황에 노출된 고위험사례대상자일수록 복합적인 문제에 노출되어 있다고 인식해야 한다. 시기를 놓친 서비스가 의미 없는 것처럼 통합사례관리는 지역의 기관 간의 네트워크를 견고하게 구축해야만 통합서비스의 제공효과가 높고 통합사례관리 운영 또한 원활하게 진행된다. 사례의 심각한 상황이 더 이상 진전되지 않도록 지역의 사회복지기관 및 자원, 전문가들을 연계해서 서비스가 단절되지 않도록 중재하는 활동 또한 통합사례관리사의 중요 역할이다(정순돌. 2001. 405-406).

통합사례관리는 자원의 네트워크를 강조한 지역 중심의 사회복지실천방법이다. 자원 및 기관 간의 유기적인 연계가 없으면 고위험사례대상자의 상황 등의 개선에 기여할 수 없기 때문이다. 통합사례관리의 실행 목표는 한정된 자원을 어떻게 통합사례관리 과정마다 연계할 것인가에 관한 것으로 통합사례관리의 성공과 실패는 사례의 상황에 적합한 자원의 연계에 있다.

공식적・비공식 자원 외에 유휴자원을 고위험사례대상자의 복합적인 욕구에 따라 참여하게 하는 이유 또한 그의 상황개선을 위해서다. 상황이 심각하고 중복된 욕구를 표출할수록 또는 동시에 욕구가 나타나거나, 또는 결핍된 욕구를 해결 받은 후 또 다른 욕구를 표출하여도 대처가 가능하기 때문에 지역의 기관 및 전문가 간의 네트워크 구축은 통합사례관리의 성공적인 수행을 위한 토대이다.

따라서 자원을 조정하고 연계하는 것은 배치 시기에 따라 연계할 수 있는 자원이 많아야 하지만 만약 부족하다면 통합사례관리사의 유기적인 중재역량이 더욱 강화되어야 한다. 이때부터 안정적으로 통합서비스를 제공할 수 있기 때문이다. 기관의 연계와 조정 등 통합사례관리사의 중재역할은 통합서비스를 제공하기 위한 필수역량인 것은 분명하다.

5) 통합사례관리사의 자원중재 역량강화

사례관리사는 자원들의 역할을 조정하고 중재할 수 있는 역량이 필요한데, 다양한 사례를 지원해 본 경험이 많을수록 통합사례관리 업무수행에 적합하다.

통합사례관리사의 자원중재 역량은 통합사례관리를 시행하는 과정마다 자원들이 참여하도록 연계하고 개입시키는 등 고위험사례대상자의 심리적 상태를 파악하면서 이끌어 가는 상황관리에 대한 것이다. 고위험사례대상자가 참여하겠다는 의지를 보이면 포기하지 않도록 관리하는 것을 포함하고 전반적인 운영 등을 총괄할 수 있는 역량을 의미한다. 통합사례관리를 수행하는 과정에서 고위험사례대상자의 상황변화에 따라 자원이 보유하고 있는 전문성이 발휘될 수 있도록 중재하는 것 또한 통합사례관리사의 중요한 역량이다.

자원의 중재 및 개입 기술은 고위험사례대상자에게 영향을 미치는 변화촉구기술로써 고위험사례대상자의 욕구를 대응하고 전문가 및 사회복지기관, 사회복지 관련기관을 긴밀하게 연계하는 등의 활동에 관한 것이다. 직면문제의 완화 및 개선해 가는 역할 수행을 통해 고위험사례대상자의 변화 시점을 정확하게 파악하여 그의 변화를 촉구하고 이러한 개입을 가시화하면서 촉매제 역할을 수행하는 자원들의 참여를 적재적소에 연계하는 등 통합사례관리 운영전반을 관리하면서 통합서비스를 주도해서 지원하는 지식과 기술에 관한 것으로 반드시 갖추어야 할 필수 역량이다.

3 통합사례관리의 핵심쟁점

1) 대상자의 참여가 없는 통합사례회의

고위험사례대상자는 자신이 지원받은 서비스가 도움이 되지 않는다면 실망할 것이다. 안면도 없는 사회복지기관의 직원들이 회의를 진행하면서 문제를 들춰내고 해결방법을 찾는다며 '이것이 문제이고, 해결방법이 이것이다'라고 제안하면 권리를 침해하였다고 볼 수 있다. 여기에서 분명하게 통합사례관리사가 확인할 것이 있다. 통합서비스를 개발하는 목적이 분명해야 한다는 것과 누가 주체이고, 누구를 위해 통합사례관리를 시행하는가에 관한 것이다.

지원받을 사항과 서비스를 제공받는 시기, 지원사항 등을 고위험사례대상자가 알지 못한 상황에서 시행되는 회의관행은 개선되어야 한다. 그럼에도 많은 사회복지사기관에 소속된 통합사례관리사들은 고위험사례대상자를 배제한 채 통합사정과 통합사례회의를 진행한다. 근무시간에만 논의를 하면서 그의 생활과 처지를 관리하지 않는 것 또한 개선되어야 한다. 문제 중심으로 규명하고 기관에서 제공이 가능한 서비스를 대안으로 제안하는 내용뿐이라면 통합사례관리는 전문성을 담보할 수 없다. 그리고 회의결과만을 고위험사례대상자에게 통보하면 또는 태도를 문제 삼는다면 통합사례관리는 실패하게 된다.

이런 식으로 진행되는 통합사례관리는 고위험사례대상자의 상황을 개선하지 못한다. 상황을 개선하지 못한다는 것은 위급한 상황임을 인지하지 않은 것이다. 문제가 있다는 것을 확인하고 전달하는 것으로 할 일을 다 했다고 판단하면 해결 가능한 대안이라고 할 수 있겠는가?

절박한 상황에 처해 있는 고위험사례대상자의 처지를 회의 중심으로 진행하는 것이 타당한지는 검토가 필요하다. 분명한 것은 고위험사례대상자의 생활실태를 파악하는 것조차 무리가 따를 것이다. 충분한 자료 수집은 고위험사례대상자의 생활실태가 명확하게 규명되고 파악된 상태를 말한다. 거주지를 방문하여 생활환경을 확인하고, 가족관계와 밀착정도 등을 토대로 내면의 상처, 현실의 어려움, 말투와 표현하는 태도 그리고 가족들과 주변 사람들이 어떠한 인식을 갖고 있는지 등을 종합적으로 조사하여 생활실태를 규명해야만 정확한 사정이 가능하다. 이러한 준비들이 통합사례관리의 자료원천이고 이 자료가 충분하게 수집되고 확인되어야만 지원방향을 수립할 수 있는 전문분야가 통합사례관리이다. 하지만 고위험사례대상자의 문제 및 어려움을 만나 본 적도 없는 사회복지기관의 직원들이 통합사례관리사의 보고에 의존하여 파악하는 것이 과연 문제를 규명하고, 통합서비스를 명확하게 개발할 수 있다고 볼 수 있겠는가? 여기에 더해 통합사례관리사가 다른 대상자를 지원해야 한다며 지원을 종료하면 고위험사례대상자는 해결된 것도 없이 쓸데없는 시간만 낭비한 셈이다. 이러한 방식은 진정한 통합사례관리가 아니다.

많은 고위험사례대상자들이 문제를 해결 받지 못한 채 문제를 갖고 생활하는 것은 이 같은 통합사례관리의 실패 때문이다. 시간은 이런 상황조차 무디게 하여 더 이상 기대할 것 없이 힘겨운 생활을 익숙하게 만든다. 위의 방식이 사회복지기관의 통합사례관리 방식이라면 분명 개선되어야 한다.

2) 통합사례관리 수행능력 부족

통합사례관리 업무가 직원들이 수행하는 사회복지업무와 다른 차이는 전문가들이 보유한 지식, 기술, 태도 등을 토대로 수행되는 고도의 전문분야이기 때문이다. 또한 이러한 전문성을 자신의 것으로 만들고 익히기 위해 다양한 사례를 지원하여 본 경험이 출중해야 하고 지원역량에 필요한 지식과 기술 등을 직접 실천하면서 체득하는 고도의 임상전문성의 토대에서 수행되기 때문이다. 따라서 사례를 지원해 본 경험이 많아야 하고 이와 같은 경험은 축적되어야 한다. 고위험사례대상자의 문제해결 과정에 정기적으로 참여하면서 실천역량 또한 갖추어야 한다.

통합사례관리는 전문성에 기반을 둔 응용실천분야로 문제 등을 개선하기 위해 전문가들과 공조하는 방법과 해결방안을 합의하면서 대안을 모색하는 등 운영과정에서 합의된 대안을 통합서비스로 기획할 수 있어야 하고 고위험사례대상자에게 지원하는 기술적 개입실천 능력이 필수역량이다. 체득되어야 할 전문성을 담보해야만 지원할 수 있는 사회복지실천방법이기 때문이다.

사례의 상황을 파악하였다면 자조적으로 생활할 수 있는 고위험사례대상자의 역량을 강화하는 것이 먼저이다. 이것이 통합서비스 지원의 핵심목적임에도 통합사례관리사가 더 열정적으로 통합사례관리 업무에 매진하지 않은 이유는 무엇 때문일까?

고위험사례대상자의 변화될 시기를 놓치면서까지 수행할 업무가 있다면서 집중하지 않거나 단순하게 처리하는 것은 업무 우선순위를 잘못 선정한 통합사례관리사의 수행능력 부족이 요인이다. 고위험사례대상자를 변화시킬 수 있는 권한을 낭비하면서까지 그의 자율성을 훼손하고, 대화 중에 보인 태도와 말투에 관심을 집중하고 동기를 부여하지 못하는 무능함을 포장하기 위해 노력만을 얘기하는 것 등은 통합사례관리 수행능력이 부족한 것이다. 고위험사례대상자가 적극적이지 않다는 등 고위험사례대상자의 잘못인 양 상황을 몰아가면 그는 통합사례관리사로서 자격이 없다.

고위험사례대상자와 오랜 시간을 보내며 상담에 집중하고 의견을 청취하지만 지원방법을 몰라 조치하지 못하고, 프로그램의 참여만을 권유하면서 "기관에서 제공할 수 있는 서비스가 이것이니 동의하시면 서비스 제공이 가능하다"는 얘기만 할 뿐이다. 통합사례관리 운영 및 단계별 과정의 특징, 통합서비스의 이해부족은 통합사례관리사의 무능력이다. 따라서 무능력한 통합사례관리사는 통합사례관리 업무역량 강화에 실패한다. 그가 지원하는 서비스는 뻔하다. 기관의 프로그램에 참여하도록 안내하고 할 일을 다했다고 판단하기 때문이다. 이러한 방식이 익숙해지면 업무처리방식으로 고착된다. 사안이 발생할 때마다 관리자에게 보고하여 처리하라는 대로 수행하면서 소임을 다했다고 판단하기도 한다. 이런 식으로 지원하면서 과연 고위험사례대상자가 변화될 수 있다고 보는가? 고위험사례대상자를 발견하더라도 지원하는 서비스는 뻔할 것이다.

> “고위험사례대상자가 제시간에 프로그램에 참여했는지를 확인하고 참여하지 않았다면 의지가 없다는 식으로 보고하고 지원을 종료한다. 고위험사례대상자의 상황을 확인하기 위해 한두 번의 가정방문 후 참여가 어렵다는 얘기를 들으면 거절한 것으로 이해하는 등 빠른 판단을 내리면서 종결을 시행하고 더 이상 관여하지 않는다.”

이러한 태도로 일관하는 통합사례관리사에게 서비스를 제공받았던 고위험사례대상자의 상황은 분명 개선되지 않을 것이다. 이러한 통합사례관리사는 심각한 문제에 노출된 고위험사례대상자의 위기상황을 간과하고 의도적으로 회피하였다고 볼 수 있다. 더욱 심각한 책임회피는 고위험사례대상자를 관리하려는 태도가 그를 지원할 의지를 갖지 않는 것에서도 나타난다는 것이다. 관리가 통제로 이어지는 경우도 많아 자율성을 저해하고 있음에도 문제의식을 갖지 않고, 심지어 문제를 확인하였음에도 역할하지 않는 등 그대로 종결하는 경우이다. 사례상황이 심각하여 즉시 개입해야 한다는 것을 알고 있음에도 기관의 지원 여력만을 얘기하며 지원하지 않는 것이다.

즉, 고위험사례대상자의 문제가 심각하다는 것을 상담을 통해 확인하였음에도 고위험사례대상자가 문제가 있어 노력하지 않고 개선의지가 없다는 식으로 전가하기 때문에, 더 이상의 개입이 무의미하다는 식으로 조기 종결하는 것이다. 그러고는 고위험사례대상자의 상황을 알고 있다는 식으로 평가만 한다.

3) 고위험사례대상자의 심리파악 실패

프로그램의 이용 및 서비스 이용 규칙의 준수를 강요하고 다른 주민들에게 피해를 주면 이용이 중지된다는 것을 강조하여 설명하고 규정을 지킬 것을 요구하면 경직된 채로 참여하게 된다. 그래서 고위험사례대상자는 절박한 상황을 얘기하고 싶어도 호의적으로 수용할지를 염려하면서 의견을 말하지 않는 것이다. 이후부터 자신과 상관없는 서비스를 묵묵히 이용하면서 침묵하고, 잘 지내고 있다는 표시로 머리를 끄덕이는 것으로 대답을 대신한다.

규정을 지켜야만 이용할 수 있기 때문에 수혜자로 낙인 받고 있는 자신이 문제가 있다는 것만을 의식하면서 가중되는 힘든 상황을 버텨 내는 것이다. 왜일까? 최소한 도움을 받을 수 있는 곳이 있다는 안도감 때문이다. 힘들 때 얘기하면서 의지할 곳이 있기 때문이다.

이미 이러한 일들이 경험되었다면 더 이상 친분 있는 활동은 기대할 수 없는 상황까지 간 것이다. 직원이 얘기한 것을 수행하는 것만으로도 버겁다고 생각한다. 요구를 수행하기 위해 허덕이면서 상관없는 조언도 들어야 한다. 대개 체득된 경험이어서 듣는 것 또한 곤욕스럽다. 도움이 되는 것인지는 시간이 지나면 알겠지만 기본적인 사항을 전달하는 것이어서 계속 참여해야 할지를 고민하고 언제 자신의 문제가 개선되는지를 기다리는 것이다.

기대와 달리 상황개선에 따른 도움을 제공받지 못했다면 이해되지 않는 통합사례관리사의 요구를 따를 수밖에 없는 한심함 또한 고민할 것이다. 통합사례관리사가 알아주기만을 기다릴 수밖에 없는 처지여서 불만이 있어도 기다릴 수밖에 없다는 것을 알게 되었기 때문이다.

이미 많은 시간이 지났기 때문에 할 수 있는 것이 없다는 생각도 한다. 일부 고위험사례대상자는 도움이 안 된다는 판단을 하면서 참여를 보류하고 서비스 이용을 거부하기도 한다. 문제가 개선되지 않아 자신의 결정이 옳았다고 판단하는 것이다. 이때 통합사례관리사가 설득하면서 개입해도 늦은 것이어서 도움을 준다 해도 개의치 않는다.

이러한 지원이 익숙해지면 고위험사례대상자는 더 이상 사회복지기관과 통합사례관리사에게 기대를 갖지 않는다. 이러한 판단이 옳았다는 것을 알게 된 계기는 문제가 해결되지 않는 현실이 매일의 생활이었기 때문이다. 통합사례관리사가 관리자의 지시에 따라 업무를 처리하고 있다는 것을 알았기 때문에 관리자에게 직접 얘기하는 것은 서비스를 제공받지 않겠다는 오해를 불러올 수 있어 시도도 하지 않는 것이다.

고위험사례대상자는 이런 식으로 통합사례관리를 진행하는 내내 통합사례관리사를 대면해야 한다. 문제해결에 도움이 되지 않는 서비스를 지원받으면서 고맙다고 하는 등 의욕을 상실하면서까지 기다려 보지만 자신의 문제에 도움이 되지 않는다는 것을 인식하였기 때문에 기대도 갖지 않는다. 그래서 많은 고위험사례대상자는 필요한 서비스보다 사회복지기관에서 운영하는 프로그램을 이용하는 것으로 통합사례관리 서비스를 제공받는 것이다.

이런 식으로 통합사례관리를 운영하고 고위험사례대상자를 지원하면 사례의 상황에 적합한 통합서비스를 지원하였다고 볼 수 없다. 문제 등의 개선에도 기여하지 못할 뿐더러 고위험사례대상자의 상황개선에 적합한 서비스를 지원하였다고도 볼 수 없는 것이다. 과연 지역의 통합서비스가 고위험사례대상자의 상황개선에 기여할 수 있을지 의문 또한 갖게 된다. 고위험사례대상자에게 고민을 안겨 준 것에 불과하고 어려움을 방치한 것과 다름이 없기 때문이다.

사회복지기관의 서비스가 이와 같은 방식으로 지원되고 있다면 통합사례관리사와 고위험사례대상자 간의 라포 형성은 사회적 관계에 불과할 것이다. “문제가 무엇입니까, 방문하신 이유가 무엇입니까, 요청하는 사항이 무엇입니까” 등 문제를 확인하기 위한 과정에 불과하다.

상황개선을 위한 조치는 통합사례관리사의 글쓰기를 통해 기록되는 것이라면 문제해결에 기여한 것이라 할 수 없다. 배울 것이 없고 상황을 이해하지 못하는 통합사례관리사의 서비스를 지원받는 것만큼 괴로운 것은 없다. 고위험사례대상자와 관련된 모든 정보는 통합서비스의 지원방향을 수립하는 자료원천이기 때문에 소홀히 관리해서는 안 된다.

4) 행정업무와 차이가 없는 위계 중심의 통합사례관리 업무

사회복지기관의 위계적인 업무처리는 기관장을 위시하여 팀장 또는 부서장을 중심으로 보고와 결재를 통한 업무수행방식이 일반적이다. 중간관리자 제도는 위계적 조직운영시스템이며 가장 안정적으로 기관을 운영하는 방식으로 자리매김되었다.

사회복지기관의 업무수행체계는 최고관리자의 경영방침을 중간관리자에게 지시하고 부서에 적용하여 직원들의 업무에 반영된다. 직원들을 통제하고 관리하는 데에도 활용된다. 기관장은 조직구조를 안정적으로 만들고 유지하기 위한 방법으로 인사권한을 행사하는데, 중간관리자 제도를 활용하고 인사체계를 강화하는 데에도 활용한다.

왜? 사회복지기관의 위계적 업무처리가 용인되는 것일까? 사회복지기관의 운영체계가 성과 중심의 사업방식으로 개편되면서 직위에 따라 역할과 권한을 행사하는 상위하달식의 체계가 통합사례관리 업무에도 정착되었기 때문이다.

5) 관리 중심 고위험사례대상자 지원

(1) 직면문제에만 집중

통합사례관리의 핵심이슈는 고위험사례대상자의 복합적인 상황을 어떻게 개선해 나갈 것인지에 관한 것이다. 하지만 문제와 문제를 심화시키는 장애물 등이 고위험사례대상자에게 영향을 미치고 있는지 여부와 생활의 방해여부가 파악되어야 한다.

이를 확인하기 위한 방법이 고위험사례대상자와 보호자 등과의 진솔한 대화이다. 진솔한 대화는 고위험사례대상자의 현재 상황을 이해하는 데 필요한 정보를 알게 한다. 고위험사례대상자도 안정적으로 생활하였던 시기가 분명 있었기 때문에 문제의 발생시점에 요인을 파악하면 현재의 상황파악이 용이해진다. 심각하게 진전된 요인 또한 파악할 수 있고 드러난 문제를 이해하는 데에도 도움이 된다.

하지만 통합사례관리사가 고위험사례대상자의 안정적인 시기를 파악하는 데 실패하는 경우가 있다. 고위험사례대상자가 호소하는 문제와 부각된 문제에만 집중하면서 변화를 도모하기 위한 문제해결 방법을 찾는 데 관심을 두기 때문이다. 상황을 충분하게 파악하지도 못한 상황에서 드러난 문제와 장애물 제거에만 집중하면 좋은 통합서비스를 제공하여도 변화를 촉구할 수 없다. 더욱이 기관에서 수행하는 프로그램의 참여를 권유하는 정도라면 상황해결과 거리가 있는 서비스가 지원될 소지가 높다.

이런 식으로 통합사례관리사가 고위험사례대상자를 지원하면 실패하게 된다. 그의 심신의 상태를 간과하였기 때문이고 상황변화를 위한 현재의 상태를 정확하게 이해하지 못해서다. 통합서비스를 제공하기 위해 에너지를 쏟지만 더 이상 회복되기 어렵다는 생각을 갖고 있기 때문에 상황을 변화시키는 데는 실패할 것이 분명하다. 통합사례관리사가 문제에 집중하면서 발생된 문제와 문제로 인한 어려운 상황을 설명하면서 받아들이기를 강요하면 설득방식이 잘못된 것이다. 무리하게 개입하는 모든 태도와 언행 등은 고위험사례대상자의 상황개선에 도움이 되지 않는다.

일부의 고위험사례대상자는 오랫동안 문제에 노출된 채로 지내 왔기 때문에 문제를 해결하기 위해 다양한 시도와 노력을 해야만 개선 가능성을 의도할 수 있기 때문이다.

(2) 참여강요는 선행경험이 있는 경우 더욱 추구된다

고위험사례대상자에 대한 개입은 유사한 사례를 지원해 본 경험이 있는 통합사례관리사의 사례관리방식이라 할 수 있다. 또한 관리자의 요구에 의해 정착된 사례개입방식이다. 통합사례관리를 수행해 본 경험이 있는 관리자의 사례관리방식을 적용한 것으로 볼 수 있다. 만약 이러한 방식으로 성공한 관리자가 있다면 더욱 추구될 것이다.

(3) 통합사례관리 사례대상자로 선정되어 통합서비스를 제공받았음에도 불구하고 고위험사례대상자의 문제 등이 개선되지 않는 이유는 무엇 때문일까?

근본적인 문제는 사례관리와 통합사례관리 대상자를 구분하지 않고 기관의 지침대로 사례관리 절차 중에 사정과 서비스 계획 수립, 종결 등 특정단계만을 수행한 것이 요인이라 할 수 있다. 통합사례관리사가 양식을 제대로 기술했는지만을 확인하고 서비스를 종료하는 것 또한 요인이다. 고위험사례대상자의 상황인, 문제 및 결핍된 욕구를 해결하기 위한 지원이 부실했음에도 불구하고 이를 알아채지 못하는 것, 기관에서 시행하는 프로그램의 참여만을 권유하고 서비스를 지원했다고 착각하는 오류 등 때문이다.

이렇다면 사례의 상황개선보다 고위험사례대상자의 문제만이 부각된다. 그가 변해야 문제도 해결된다는 시각 또한 갖는다. 고위험사례대상자의 변화가 미미하면 대상자의 문제임을 확정하고 성과 없이 통합사례관리 양식지를 작성하는 것으로 할 일을 했다고 판단하기도 한다. 고위험사례대상자가 문제에 노출된 채로 생활하고 있음에도 종결이 다가왔기 때문에 더 이상 서비스를 지원할 수 없다는 것을 통보한 후 지원을 중단하는 것이다.

6) 드러난 문제 중심 개입

통합사례관리사가 열정을 갖고 통합서비스를 기획하여도 고위험사례대상자의 기대를 충족하지 못하면 그의 열정은 개인적인 신념에 불과하다. 고위험사례대상자의 기대가 무엇인지도 모르면서 문제를 거론하고 원인을 찾는다며 "요즘에도 화를 자주 내느냐, 생활은 나아졌나요?" 등의 질문이라면 통합사례관리사의 개입은 시행초기부터 실패를 예견하게 한다. 단순한 개입은 고위험사례대상자를 존중하지 않는 전문가의 오만이다. 고위험사례대상자를 인정하지 않고 성장을 더디게 할 뿐 아니라 기대를 저버린 문제 중심의 개입일 뿐이다.

따라서 고위험사례대상자의 기대를 무시하고 따를 것을 강요하면서 욕구와 상관없는 기관의 서비스를 일방적으로 제공하는 것 등은 욕구 중심이 아닌 일방적인 제공에 불과하다. 문제 중심의 시각은 통합사례관리사가 견지해야 할 최대의 적이다.

즉, 문제 중심의 개입은 고위험사례대상자에게 나타난 문제만을 집중하게 한다. 문제를 분류하고 문제들이 왜 일어났는지 등 고위험사례대상자의 태도를 개선하고 개입하기 위한 방법을 찾는 데에만 목적을 둔 획일적인 개입이다. 문제의 요인은 고위험사례대상자에게 있으므로 문제의 해결 주체 또한 고위험사례대상자라는 시각을 갖고 있는 통합사례관리사의 잘못된 개입이다.

드러난 문제는 고위험사례대상자의 해결의지와 생활태도에 따라, 통합사례관리사가 알려 준 내용을 꾸준하게 실천했는지에 따라 성과를 판단하는 시각 또한 갖게 한다. 사실 많은 통합사례관리사가 고위험사례대상자의 문제에 개입하지만 성과 없는 서비스를 지원하고 결과 중심으로 진행하는 이유 또한 이와 무관하지 않다. 따라서 문제 중심의 접근은 고위험사례대상자의 변화를 촉구할 수 없다.

7) 문제 중심 슈퍼비전 제공

무언가를 시도할 때는 동기가 있어야만 열심을 내게 된다. 때로 실망하는 일이 생겨도 이겨 낼 수 있는 것은 문제극복을 위한 내면의 의지가 강화되었기 때문이다. 하지만 문제를 거론하고 무엇을 수행하지 않아서라는 얘기가 전부라면, 또는 문제가 개선되지 않았다는 식으로 고위험사례대상자를 핀잔하고 평가만을 하면 사실 대화거리가 없게 되어 진행자체가 의미 없게 된다. 이러한 통합사례관리사의 슈퍼비전은 고위험사례대상자의 문제를 개선하지 못할 뿐만 아니라 영향도 미치지 못한다.

심각한 문제에 노출된 고위험사례대상자도 희망하는 것이 있다. 문제를 개선 받아 안정적으로 생활하고 싶은 욕구, 이 욕구 때문에 통합사례관리사를 만나는 것이다. 희망을 성취하기 위해 통합사례관리사를 찾아오기 때문에 고위험사례대상자에게 문제가 없다면 통합사례관리사를 방문할 이유가 없다. 결국 고위험사례대상자는 원하는 것을 통합사례관리사가 해결해 주기를 바라기 때문에 찾아오는 것이다.

고위험사례대상자의 기대를 저버리지 않기 위해 슈퍼비전 수준을 점검하고 욕구충족을 위한 대안마련에 전력해야 하는데 문제 중심의 접근이 아니라 생활기반 서비스를 지원하기 위한 대안마련에 전력하는 것이 통합사례관리사의 준비이다. 통합사례관리사는 문제가 노출되고 결핍된 욕구로 인해 어려움에 처해 있는 고위험사례대상자와 함께 일을 한다는 것을 잊지 않아야 한다.

8) 지역의 전문가 미참여

고위험사례대상자를 지원하기 위해서는 반드시 해당 전문가가 참여해야 한다. 전문가는 지식과 기술, 태도를 갖추고 있으며 고위험사례대상자를 지원할 수 있는 10년 이상의 경력이 있는 임상경험이 풍부한 사람이 적합하다. 즉, 고위험사례대상자의 상황을 조언하고 필요한 지원을 수행할 수 있으며 해결을 위한 지식과 기술을 갖춘 전문가를 말한다. 전문가는 전문적 지식을 갖추고 있는 해당분야의 전문가와 일반자원을 포함한다.

예로 미혼모가 원치 않는 자녀를 출산하여 방치하면서 이웃에 의해 방임아동으로 신고되었다고 하자. 미혼모는 자녀에 대한 애착이 없어 자신을 돌보는 데에만 관심이 있다.

위의 사례를 지원하기 위해서는 양육과 출산 등에 대한 해박한 지식이 있는 전문가가 개입하는 것이 바람직하다. 출산경험이 없는 전문가는 양육과정에서 겪을 수 있는 모의 아픔을 이해하는 데 제약이 있을 수 있다. 양육에 필요한 다양한 지식을 알려 줄 수 있지만 기저귀를 가는 법, 분유를 적당히 타는 방법 등을 시연하는 데 제약이 있다는 것이다. 분유는 몇 그램을 타야 한다는 식으로 개입하면 교육을 받을 당시에는 이해한다며 할 수 있겠다고 하지만 혼자서 수행할 경우 실수할 수 있다. 미혼모에게 분유 타는 방법을 직접 시연하는 것이 모의 입장에서는 아기를 양육하는 방법을 알게 하는 실무교육이다. 이것을 모델 시연이라고 한다.

이와 같이 임상경험이 부족한 전문가가 개입하면 고위험사례대상자의 문제 규명은 가능하지만 제공되는 서비스는 프로그램의 이용과 가정방문상담 정도에서 문제해결을 시도하게 된다. 결국 문제 규명부터 서비스 제공은 오류는 것은 상황을 방치하는 것과 다름이 없다. 문제를 해결하려는 것 또한 아니다. 통합사례관리는 복합적인 문제가 있는 고위험사례대상자의 여러 문제를 임상경험이 풍부한 지역의 전문가들과 공조해서 해결해 가는 전문적인 사회복지실천활동임을 잊지 말아야 한다.

9) 통합사례관리사의 업무과중

사회복지기관의 많은 통합사례관리사들이 다양한 업무를 처리해야 하기 때문에 매일이 바쁘다. 고위험사례대상자의 지원 외에 처리해야 할 업무가 있어 집중할 수 없는 상황에 처하기도 한다. 사례의 개입범위가 광범위하여 지원 또한 쉽지 않은 경우도 있다. 심각한 사례일수록 지역으로 확대하여 지원해야 하기 때문에 업무과중을 감수해야 할 때도 있다.

한편 사례를 지원할 수 있는 부서의 직원들이 적거나 없다는 제약 또한 감수해야 한다. 여기에 더해 고위험사례대상자에 관한 업무를 혼자서 추진하면 가중된 업무를 고민하지 않을 수 없다. 서비스 계획부터 자원의 개발, 후원자원의 연계, 가정방문, 대상자 상담과 참여의지 독려 등이 예이다.

업무를 수행하는 중에도 방문자 응대와 같이 예기치 않은 업무가 발생할 수 있어 집중할 수 없는 경우도 비일비재하다. 시간을 갖고 처리해야 할 업무가 대부분이어서 마감시간에 쫓기거나 시간 외 근무를 통해 처리해야 할 때도 있다. 중요업무는 업무를 분장하여 처리하거나 회의를 통해 담당자가 지정되기 때문에 회의 또한 잦을 수밖에 없다. 하지만 개별업무로 분류되어 있어 시간관리가 철저해야만 과중된 업무를 효율적으로 처리할 수 있다.

이러한 어려움 외에 통합서비스는 회의 중심의 업무이다. 관리자와의 협의에 의해 지원수준 등이 결정되기 때문에 문제를 규명하는 정도에서 지원수준이 결정되기도 하고 기관의 프로그램 참여를 권유하는 정도에서 지원되는 경우도 있다. 통합사례관리사가 의지를 갖고 지원해도 여건이 미흡하여 지원을 포기하는 경우도 있다.

10) 통합사례관리 예산 미확보

사회복지기관의 서비스는 사회복지프로그램을 통해 지원되는 서비스와 통합사례관리서비스의 확연한 차이는 집단활동이 아닌 고위험사례대상자의 문제해결에 집중하면서 의도적인 변화를 위해 활동한다는 점이다. 때문에 개 기관을 중심으로 지원하는가와 지역의 인적·물적 자원을 연계하는가에 따라 차이가 있다.

고위험사례대상자에게 필요한 통합서비스의 개발은 다양한 자원 가운데 심각한 사례상황의 개선에 도움이 되고 고위험사례대상자의 문제해결에 기여할 수 있는 최적의 자원이 연계될 때 상황개선 등에 효과적이다. 통합서비스의 개발과정은 전문가의 연계에 그쳐서는 안 되고 고위험사례대상자의 상황개선 등 변화정도를 고려해야만 이같은 성과를 얻을 수 있다. 가정을 방문하고 이웃들을 만나는 등 고위험사례대상자를 지원하기 위한 방법 또한 통합사례관리 단계마다 그의 상황에 따라 적절하게 개입되어야 한다. 이런 식의 지원은 가정과 직장, 지역사회에서 진행되기 때문에 항시 비용이 발생한다. 따라서 통합사례관리의 원활한 진행은 재정지원이 필수이다. 재정지원이 없으면 지역자원의 발굴이 불가능하기 때문이다. 대부분의 사회복지기관이 관리운영비와 인건비를 제외하고 10% 이내의 비용을 프로그램사업비로 배정하는 등 예산부족의 어려움이 있지만 통합사례관리사업의 특성을 감안하면 재정이 지원되어야 하고 예산지원은 통합사례관리의 성공을 좌우하는 요소이다.

가정을 방문해야 하는데 기관의 차량을 이용하지 못하면 사비로 출장 또는 외근을 다녀와야 한다. 이러한 상황이 반복되면 가정방문을 하지 않게 된다. 가정방문을 하지 못해 전화로 상황을 파악하고 또는 메일 등으로 정보를 수집하면 결핍된 욕구를 충분하게 파악하지 못한다. 질문과 답변으로 마칠 소지 또한 많다. 통합사례관리사가 기억한 내용 외에는 반영되지 않을 소지 또한 우려스럽다. 이런 상황에서 통합사례회의를 시행하면 참석한 전문가들이 상황을 파악하지 못해 통합사례관리사가 보고한 대로 수용하게 되면 사정오류 또는 지원방향 오류 등 잘못된 서비스가 제안될 수 있다. 결국 문제 규명의 오류로 인해 통합사례관리 운영자체가 의미 없게 된다.

고위험사례대상자의 호소내용 및 문제 규명에 따라 개입방법을 달리해야 하는 통합사례관리의 사업특성을 감안하면 기관의 적극적인 재정지원은 상황해결을 촉진하는 매개이며 통합사례관리사의 활동을 촉진하게 한다.

CHAPTER 04

지역기반 통합사례관리 대상자 유형

통합사례관리 대상자는 일반적인 문제에 노출되었다고 하여도 타 기관 및 전문가들과 협력해서 지원해야 하는 심각한 상황에 처해 있는 긴급한 지원이 필요한 대상자로 지역기반의 통합서비스를 제공받아야 하는 위기사례이다. 사회복지기관 자체적으로 지원하는 사례관리 대상자의 상황보다 더 심각한 상황에 처해 있으며 통합서비스를 제공받지 않으면 상황개선 여지가 없을 정도로 심각한 상황에 처해 있는 고위험사례대상자이다.

통합사례관리 대상자 유형은 긴급대상자, 위기대상자, 일반대상자, 보류대상자, 제외대상자로 구분된다.

1 통합사례관리 대상자 특징

첫째, 사례의 상황이 복잡하고 해결하기 어려운 문제에 노출되어 있다. 기관의 지원만으로는 해결이 어렵기 때문에 지역사회에서 다양한 기능을 수행하고 있는 기관을 연계해서 지원해야 한다.

둘째, 문제 및 결핍된 욕구는 다양한 전문가의 개입이 있어야만 해결이 가능하다.

셋째, 문제에 노출된 기간이 길고 오랫동안 결핍된 욕구를 간직한 채 생활하여 왔기 때문에 해결을 위한 서비스 지원기간이 길다.

넷째, 통합서비스의 원조과정은 지역의 기관들과 협력하면서 일관되게 지원되어야 한다.

다섯째, 고위험사례대상자가 의지를 갖고 문제해결에 적극적으로 참여하도록 통합사례관리사가 이끌어 가면서 통합사례관리의 전반적인 과정을 주도해야 한다. 특히 전문성을 보유한 다양한 전문가가 참여해야만 해결이 가능하다.

여섯째, 서비스 조정, 중재, 연계를 위한 통합사례관리사의 적극적인 의지가 있어야만 해결할 수 있는 사례이다.

일곱째, 고위험사례대상자의 상황은 지역을 기반으로 통합적 차원에서 개입해야만 문제개선 등을 기대할 수 있다.

여덟째, 고위험사례대상자의 문제 등의 개선은 통합서비스 개발과 지원의 토대가 지역에 기반을 두어야 한다.

2 통합사례관리 대상자 유형

1) 긴급대상자

(1) 긴급대상자 상황

긴급대상자는 생계를 이어 갈 수 없을 정도의 어려움에 처해 있어 긴급하게 개입해야 하고, 개입의 방식은 상황의 심각성에 따라 생존의 문제 확인이 먼저이다. 생존과 직결된 문제를 갖고 있는 고위험사례이기 때문이다. 따라서 해결방법은 생존의 필수조건인 의·식·주 해결이 일차 과업이라 할 수 있다. 의·식·주의 해결방법을 모색하였다면 이후 과정은 생존에 위협이 될 만한 장애물 등을 제거하는 데 집중해야 한다.

(2) 긴급대상자 개입

통합서비스의 지원은 관련전문가와 통합사례관리사가 소속된 기관의 인적·물적 자원이 총동원되어야 하고 지역의 전문가가 개입하는 등 긴급하게 개입해야 하는 사례가 해당한다. 긴급대상자는 심각한 문제에 노출되어 있으며, 문제의 심각성으로 인해 생활하지 못할 정도의 어려움에 처해 있다. 생존과 관련된 문제가 발생할 수 있어 통합사례관리사가 개입하지 않으면 심각한 상황에 처해진다.

통합사례관리사의 즉시 개입이 없으면 생존에 심각한 위협을 받는 사례로서 자력으로는 문제 등을 해결할 수 없는 상태이며 전문가의 개입이 있어야만 상황 등이 개선되고 또한 일부라도 해결이 가능하다. 따라서 긴급한 개입이 필요한 고위험사례 대상자는 자력으로 생활이 불가능하고 먹을 것과 입을 것, 자는 것, 생활에 필요한 경제적 문제 등이 심각하여 타인의 도움은 생존과 직결된다. 즉, 긴급한 개입이 필요한 대상자는 생계활동을 하지 못하고 있으며, 생존을 위한 필수조건인 의·식·주 등을 자력으로 해결하지 못해 지원이 가능한 자원을 개발하여 지원대안을 긴급하게 모색해야 한다.

더욱 심각한 상황은 긴급대상자의 신체적 무능력에 관한 것이다. 장애 및 질병 등으로 인해 거동이 불편하고 또는 신체적 상태가 자력으로 식사를 하지 못할 정도로 심각하여 타인의 도움이 없이는 식사조차 할 수 없는 상태에 처해 있다. 오랫동안 투병생활을 해 왔기 때문에 치료비와 약값을 지출하는 것조차 버거운 상황으로 빈곤의 문제가 심각하다. 주거지는 수리가 필요하지만 개조할 비용이 없어 심각하게 훼손된 집에서 가족들과 지내고 있다. 소득이 없고 또는 턱없이 부족하여 생계를 이어가지 못하는 상황에 처해 있으며 생활비 또한 매우 부족한 상황이어서 안정적으로 생활할 수 없는 상황이다.

(3) 긴급대상자 예

소년·소녀가장, 영·유아 및 아동·청소년들은 부모의 전적인 돌봄이 필요하다. 이 시기는 건강한 성인기를 준비하고 이성관계 등 자아가 형성되는 시기여서 올바른 이성관을 형성하기 위해서는 부모의 양육과 돌봄을 받아야 한다. 하지만 부모가 일을 할 수 없는 처지이거나 또는 과도한 빚에 시달리는 등 심각한 어려움에 처해 있으면 자녀들 또한 빈곤하게 지낼 수밖에 없다. 중증의 와상장애인 또한 거동불편의 문제뿐만 아니라 이동, 외출, 식사, 가정위생, 목욕, 신변처리 등 전적인 돌봄이 필요하다. 여기에 더해 생활비를 보존하는 것 등은 자력으로 해결할 수 없는 것이다. 때문에 정부에서 지원하는 보조금으로 생활하는 등 힘겨운 생활일 수밖에 없다. 사회생활을 하는 데에도 도움이 필요하기 때문에 활동보조인의 지원은 생존과 직결된 것이다.

몸을 움직이는 것조차 도움이 필요한 상황은 24시간 내내 돌봄을 받아야만 생활할 수 있는 생존과 결부된 문제이다. 중년의 가장이 실직 후 알코올에 의존하여 생활하면 경제적인 문제 외에 가족관계 훼손, 자녀양육 소홀 등 가족해체의 위험성을 예견할 수 있다.

(4) 전문가 연계협의 지원

긴급대상자는 전문가의 즉시 개입이 아니면 상황이 개선되기는 거의 불가능하다. 심각한 알코올중독, 우울증에 의한 자살시도, 정서적 고립 등은 삶의 의욕을 상실하게 하고 이러한 상황에서 버티듯 생활해 왔으면 치료적 개입이 시급한 것이다. 그럼에도 치료시기를 미루고 방치하고 있어 외부의 개입이 없으면 개선될 여지가 없다.

따라서 긴급한 개입이 필요한 고위험사례대상자는 전문가의 즉시 개입이 필요하다. 신변처리 조차 도움이 필요하다. 생활하기 위한 모든 것들이 돌봄이 필요한 상황이라고 판단해야 한다. 고위험사례대상자 가운데 긴급한 개입이 필요한 대상자는 가장 심각한 상황에 처해 있는 대상자로 자력으로 의・식・주조차 해결할 수 없는 매우 위험한 상태여서 통합사례관리사의 즉시 개입이 없으면 생존에 문제가 발생할 수 있는 대상자이다.

긴급대상자 지원사례

"c't는 스무 살 이른 나이에 결혼하여 시어미니를 모시고 있으며 남편과의 사이에서 세 명의 자녀를 두고 있다. 결혼 후 얼마 지나지 않아 실직한 남편은 직장을 다니지 않으면서 폭력을 휘둘렀고 폭력이 점점 심해지면서 2018년 합의 이혼하고 가출하였으며 어린 자녀를 혼자 양육하고 있다. 시어머니는 자주 남편을 가출하게 만들었다는 이유로 c't를 구박하였으며 양육과 부양의 이중고로 인해 비관하였다. 자녀양육과 부양의 어려움으로 인해 소득이 전혀 없는 상태로 시어머니와의 갈등이 심해지면서 매일 집에서 음주를 하는 날이 많아졌으며 술을 마시지 않으면 잠을 자지 못하는 등 알코올중독 치료가 필요하였고 정신적으로도 불안정한 상태였다. c't는 소득이 없는 상황으로 생계조차 해결하지 못하는 상황이다".

위의 사례를 살펴보면 c't는 남편의 가출 이후 소득이 전혀 없는 상황임에도 시어머니를 부양하고 있다. 어린 자녀를 양육하고 있지만 소득이 없어 생존에 위협을 받는 상황이다. 경제적 문제와 소득문제, 자녀양육, 시어머니 부양 등 생활고로 인해 생계에 위협을 받는 상황이다. c't는 사회활동을 하지 못하고 있으며 부양 및 양육부담과 빈곤, 생계문제 등에 의해 심리적으로 압박을 받고 있어 가족관계 저하가 예측된다. 또한 c't는 부양 및 양육부담을 심각하게 갈등하고 있어 사례관리를 지원 받지 않으면 가족해체를 예측할 수 있다. c't의 심리적 자존감 저하로 인한 스트레스 가중 시 치료적 개입이 필요할 수 있으며, 경제적 어려움을 이겨 내지 못하여 가출하는 경우, 또는 시어머니 부양 부담 가중, 자녀양육 부담에 의해 가족이 해체되는 것 등이다. 위의 사례가 긴급개입 사례에 해당한다.

위의 사례를 지원하기 위하여 통합사례관리사의 개입방법은 다음과 같다.

사례의 발견 및 인테이크 시행, 클라이언트의 욕구 및 문제를 정확하게 사정해야 한다. 특히 가정생활 상황 파악에 집중하고 가정방문을 통해 가족관계 등을 주의 깊게 파악해야 한다. 주의할 사항은 통합사례관리 일반대상자로 선정되면 기관에서 지원하는 사례보다 다양한 지원이 필요한데 필요한 사항을 어떠한 방식으로 지원할 것인지를 명확하게 파악해야 한다.

통합사정, 통합사례관리사는 c't에 대한 문제파악 및 욕구 규명에 집중한다. 파악된 문제와 욕구를 분석하고 전문가의 개입이 필요한 사항을 분류한다. 각각의 문제에 대한 기관자체 해결 사항과 통합사례관리사의 지원사항을 구분하고 외부전문가의 개입이 필요한 사항을 분류한다. 이제 분류된 문제의 해결 가능성을 검토한다. 검토 시 각각의 문제해결에 초점을 두고 어떠한 서비스가 문제해결에 적합한지를 판단해야 한다. 여기에서 중요한 사항은 c't가 문제해결 의지를 갖게 하여 각각의 문제들을 스스로 해결해 나가기 위한 도움제공 방법을 모색하는 것이다. 통합사례관리사는 도움제공방법을 모색하면서 도움제공방법과 시기, 도움제공 외부 및 내부전문가를 확정하고 문제 및 욕구를 사정한 후 c't에게 자세하게 설명한다.

통합서비스 합의 및 실행, 규명된 문제 및 욕구를 토대로 전문가의 견해를 청취하고 확정된 문제를 해결하는 데 필요한 기관 및 지역사회서비스를 검토한다. 검토과정에서 중요한 사항은 지역의 인적·물적 자원 모두를 검토하는 것이다. 이러한 검토가 중요한 이유는 생존에 위협을 받는 대상자의 문제 등의 개선은 c't가 거주하는 거주지를 중심으로 계획되어야 한다. 거주지를 기반으로 통합서비스를 지원해야만 c't 스스로 문제를 개선하면서 종래에는 해결할 수 있는 극복능력을 갖출 수 있기 때문이다. 통합사례관리사는 확정된 통합서비스를 지역기관에 문의하여 제공·연계하고, 전문가 또한 확인하여 제공을 합의한다. c't에게 자세하게 설명하고 통합서비스를 제공하면서 c't 심신의 상태를 살피고, 전문가 및 인적 자원들의 개입을 중재한다.

점검과 평가, 제공된 서비스는 일자를 정하여 점검하고 평가를 통해 c't의 변화를 확인한다. 변화 상태는 미미한 것이라도 소홀하게 인식해서는 안 되며 강점 중심으로 점검하여 종결여부를 판단한다.

사후관리, c't에게 정기적으로 정보를 제공하고 도움제공은 요청하는 사항에 대해 한정한다. 자조적으로 생활하고 있는지를 정기적으로 살피고 필요한 도움제공기관에 대한 정보를 제공하여 c't의 자조생활을 지원한다.

2) 위기대상자

(1) 위기대상자 상황

위기대상자의 상황 또한 긴급대상자와 마찬가지로 심각한 문제에 노출되어 있어 긴급한 개입이 필요한 고위험사례대상자이다. 위기대상자는 생존에는 지장을 받지 않지만 생활의 문제 등이 심각한 상태로 통합사례관리사의 적극적인 개입이 필요하다. 통합사례관리사가 개입하지 않거나 대수롭지 않게 여기면 상황이 급속하게 악화되어 생계문제에 직면하는 등 생존에 위협이 될 수 있는 문제에 노출되어 있다.

위기대상자는 문제해결 방법을 알지 못해 자력으로 해결할 능력이 없다. 문제를 방치하고 있으며 보호자 등의 전적인 도움이 있어야만 생활이 가능하다. 따라서 위기사례대상자는 가족 또는 보호자의 보호를 받아야만 생활할 수 있고 이러한 도움은 상시적으로 제공되어야 한다. 하지만 보호자인, 가족들의 상황은 오랫동안 부양 또는 돌봄으로 인해 심신의 피로가 누적된 상황으로 의지 또한 매우 약화된 상황이다. 그럼에도 생계를 위한 활동을 수행하고 있어 생계에는 지장을 받지 않는 상황이다.

다만 통합사례관리사가 개입하지 않으면 가족해체 등 위기상황에 직면할 수 있어 즉시 개입해야 한다. 따라서 위기대상자 또한 통합사례관리사의 즉시 개입이 필요하고 통합사례관리서비스를 통해 문제 등의 해결에 필요한 다양한 지원을 제공받아야 한다.

다음의 예를 살펴보자.

> 미혼모인 23세 여성은 한 살 된 딸을 양육하고 있다. 딸의 아빠가 가출한 뒤 21세된 남동생과 17세인 여동생, 지적장애가 있는 15세의 남동생과 생활하고 있다. 누나는 직장을 다니고 싶지만 딸의 양육과 동생들을 돌봐야 하기 때문에 취업을 하지 못하는 상황이다. 21세의 남동생이 가장의 역할을 수행하고 있으며 공장에서 받는 월급으로 생활하고 있다. 하지만 최저 임금 수준이어서 생활비를 지출하는 것도 빠듯한 생활이다. 생활비가 부족하기 때문에 지적장애 동생은 재활치료를 받지 않고 있다. 고등학생인 여동생은 학비부담으로 인해 학업중단을 고민 중이다.
>
> 미혼모인 23세 여성은 자녀의 출산이 달갑지 않았다. 임신 후 딸의 출산을 부담스러워 하던 남편이 가출하였기 때문이다. 더욱이 분유 값을 지출하는 것도 버거운 생활이어서 생활비 부족을 고민하는 중이다. 자녀양육기술이 부족하여 동생들을 돌봐야 한다는 것과 딸을 양육해야 한다는 부담으로 인해 스트레스를 가중 받는 상황이다.

위의 가정은 긴급한 개입이 필요한 위기가정의 전형적인 사례이다. 만약 미혼모인 23세 된 엄마가 한 살 된 딸의 양육을 계속 갈등하면 양육을 포기할 수 있다. 공장을 다니는 남동생이 동생들과 누나에 대한 돌봄 부담을 갈등하면 가출할 수도 있다. 방치된 막내는 어떤가, 가정형편으로 인해 재활치료를 받지 못하는 상황이다. 성인기를 준비하지 못하는 것은 물론 평생 타인의 돌봄을 받으며 생활할 수도 있다. 신변처리조차 도움을 받아야 하면 가족들의 부담 또한 가중될 수밖에 없다. 위의 가정은 가장인 남동생이 희망이 없다는 비관적인 생각을 하거나 또는 돌봄부담을 갈등하게 되면 가족해체 등의 문제가 예견되는 사례이다.

(2) 위기대상자 지원

위의 사례와 같이 위기상황에 처해 있는 고위험사례대상자는 생존에는 문제가 없지만 통합사례관리사의 긴급한 개입이 없으면 가족해체 등 생계의 문제에 노출될 수 있는 사례이다.

위기대상자의 상황은 통합사례관리사의 즉시 개입이 필요하고 개입이 지연되거나 방치되면 생존을 위협받을 수 있는 사례가 해당한다. 통합사례관리사의 즉시 개입이 필요하고 적합한 서비스를 지원하지 않으면 긴급대상자로 진전될 수 있는 사례이다.

위기지원대상자 지원사례

> 네 자녀를 양육하고 있는 c'1는 초등학교에 재학 중인 세 명의 자녀와 미취학 자녀를 양육하고 있다. 남편은 직업이 있기는 하지만 수입이 낮은 직종에 근무하고 있어 가계에 보탬이 되지 않고 있는 일을 하고 있다. 오랫동안 이러한 생활에 지쳐 있는 c'1는 자녀양육을 남편에게 맡기고 공공근로를 하면서 생계를 이어가고 있다. 자녀들은 경계선 장애, 지적장애, ADHD 판정을 받았고 막내 또한 비슷한 증상이 나타나고 있으나 자녀의 장애를 받아들이지 않고 있는 상황이다. 생계활동을 하기는 하지만 소득이 적어 다섯 식구가 살아가기에는 빠듯한 생활이다. 자녀들은 정기적인 재활치료 외에 언어치료를 받아야 하지만 소득이 부족하여 치료를 포기한 상황이다. 그럼에도 남편은 고정적인 일자리가 있다는 것에 안주하며 생활비를 벌기 위한 일을 찾지 않는 상황이다. c'1는 남편과 자녀들로 인해 스트레스를 받고 있으며 이렇게 살아야 하는지에 불만을 만나는 사람들에게 얘기하고는 하였다. c'1는 조건부 수급자로 공공근로에 참여하지 않으면 정부보조금을 지급받지 못한다는 걱정을 하고 있다.

위의 사례는 경제적 문제로 인해 자녀양육과 치료, 교육 등의 문제를 겪고 있는 빈곤가정의 전형적인 사례이다. 가장인 남편은 소득이 낮은 직장에 다니고 있으며 네 자녀를 양육해야 하는 자활대상자인 공공근로사업 참여 가정의 사례이다. 공공근로에 참여해야 하는 심리적인 부담을 예측할 수 있고 남편과 네 자녀를 양육하면서 적은 수입으로 재활치료를 포기한 상황이다. 더욱이 자녀의 장애 및 치료적 개입을 인정하지 않는 c't의 태도는 자녀의 치료시기를 놓칠 수 있는 상황이다. 통합사례관리사의 즉시 개입이 없으면 가정해체는 물론 생존에 문제가 생길 수 있는 상황으로 이러한 가정이 위기가정에 해당한다. 사례관리자는 c't에 대한 심리치료를 지원해야 하고 자녀의 상태를 파악하여 즉시 개입해야 한다. c't가 공공근로에 참여하면서 발생한 수입으로 생계를 유지하기는 하지만 통합사례관리사가 즉시 개입하지 않으면 가족관계 단절 등 가족해체를 예견할 수 있다. 이와 같은 사례가 위기에 해당하는 사례이다.

위의 사례를 지원하기 위하여 통합사례관리사의 개입방법은 다음과 같다.

사례의 발견 및 인테이크 시행, 클라이언트의 욕구 및 문제를 정확하게 사정해야 한다. 특히 가정생활 상황 파악에 집중하고 가정방문을 통해 가족관계 등을 주의 깊게 파악해야 한다. 주의할 사항은 통합사례관리 일반대상자로 선정되면 기관에서 지원하는 사례보다 다양한 지원이 필요한데 필요한 사항을 어떠한 방식으로 지원할 것인지를 파악해야 한다. 가정의 상황 및 부부관계의 밀착정도 또한 파악되어야 한다. 신뢰관계인지, 애정의 정도 등이 정보수집 사항이다. 자녀에 대한 c't의 인식 또한 수집되어야 한다. 장애 및 재활치료에 관한 전반적인 정보를 수집한다. 왜곡된 인식이 있는지 또한 파악한다. 특히 위의 사례는 가정환경조사가 반드시 선행되어야 한다. 가정환경조사를 통해 추가적인 정보를 직접 관찰해야 하고 확인된 사항을 통합사정을 통해 문제들을 규명하는 데 활용해야 한다.

통합사정, 사정의 진행은 가족 전체를 대상으로 진행되어야 한다. c't에 대한 사정을 마친 후 남편과 자녀들 또한 사정을 진행한다. 즉, 가족 성원을 대상으로 사정을 진행해야 한다. 먼저 c't는 가장의 역할을 수행하고 있어 심리 · 정서적인 상태와 스트레스 진단을 수반하고, 기대욕구를 명확하게 제시하기 위하여 수집된 정보를 토대로 욕구와 문제들을 분류한다. 진행하면서 c't의 심신의 상태를 고려하여 남편에 대한 신뢰 및 자녀에 대한 왜곡된 인식 등은 집중적으로 사정되어야 한다. c't 배우자인 남편에 대한 사정은 소득이 낮은 직장에 대한 만족도, 직장경험, 직업을 통한 사회활동, c't에 대한 이해, 고충, 생활형편, 가장의 책임성 외에 직업기술, 새로운 직업에 대한 기대 등이다. 자녀사정은 자녀 모두를 개별화하여 사정한다. 파악된 정보를 토대로 전문가의 자문을 받고 통합사례관리사의 관찰을 통해 현재의 상태에 준하는 재활치료 여부를 판단한다. 기능적 일상생활과 학업수준, 대인관계, 의사소통 등 다양한 관점에서 사정하고 재활치료 및 언어치료, 학습 및 대인관계, 학교생활 등 전반적인 사항을 사정한다.

통합서비스 합의 및 실행, 위기지원 사례는 통합사례관리사의 정기적인 개입을 통해 지원하는 사례로 즉시 개입하지 않으면 생존의 문제에 노출될 수 있는 사례이다. 따라서 지역의 전문가들과 공조하여 개입방향을 모색하여야 한다. 따라서 통합사례관리를 통해 장기적으로 지원되어야 할 사례일 수 있어 목표수립은 단기, 중기, 장기목표를 동시에 수립해야 한다. 단기목표는 성취가능한 수준에서 수립하고, 중기목표는 가족관계 회복 및 가족의 소득증대, 남편의 안정적인 일자리 연계 등에 목표를 둔다. 장기목표는 자녀의 재활치료 등이며 건강한 가족의 회복에 있다.

사정내용을 토대로 문제해결 방안을 협의하고 최종 통합서비스를 확정한다. 위의 사례를 지원하기 위해서는 지원계획을 수립하여 지원해야 한다. 수립된 지원계획을 토대로 정기적인 점검과 평가를 선행하고 상담을 통해 개선 및 변화정도를 확인하면서 이끌어 가야 한다. c't의 심리상태에 따라 치료적 개입이 필요한 경우 통합사례관리사는 지역의 치료센터를 연계하여 지원하고 자녀들 또한 마찬가지다. 남편의 경우 직무수행기술을 토대로 가계소득에 도움이 될 수 있는 일자리 연계 및 직업기술 습득, 또는 가정생활 도움 등에 대한 목표를 정해 지원한다. 자녀들은 개별적인 임상상담 및 언어치료, 재활치료, 학습수행평가 등을 토대로 지원계획을 수립하여 지역전문가와 연계하여 정기적으로 성취수준을 평가하면서 서비스를 지원한다. 특히 c't 및 남편의 인식개선과 이해정도를 파악하면서 지원하는 것이 자녀들의 성장에 도움이 되므로 통합사례관리사는 정기적으로 가정방문 계획을 수립하여 지원한다.

점검과 평가, 점검은 통합서비스 지원과정의 점검과 최종평가로 구분하여 진행한다. 통합사례관리사는 c't 및 가족 성원 전체를 대상으로 하는 개별평가 및 가족 성원의 상황변화 상태를 토대로 평가를 진행하고 기대한 변화가 확인되면 종결을 진행한다.

사후관리, c't의 변화는 생활의지와 자녀에 대한 인식개선 및 가족관계 회복을 통한 목표의 달성 여부에 따라 종결 및 사후관리로 진행되어야 할 사례이다. 따라서 자력으로 가정 및 직업을 통한 사회활동, 자녀양육 및 치료지원 등을 수행할 수 있는지를 확인하고 정기적인 가정방문을 통해 지원하는 것이 적절하다. 가급적 일자를 정해 가정을 방문하고 가정상황과 가족관계 상황, 자녀 등의 상태를 파악하는 것이 사후관리 시기에 매우 중요하다. 사후관리 종결은 c't를 비롯하여 가족 성원의 안정적인 생활이 확인된 경우에만 시행한다.

3) 일반대상자

(1) 일반 고위험사례대상자의 문제해결 가능성

생활의 도움이 있으면 문제 등의 해결이 가능한 사례이다. 하지만 생활문제에 직면하였을 때 극복할 수 있는 능력을 개발하고 강화하기 위해 통합사례관리사는 지속적으로 개입해야 한다. 대상자의 역량이 강화되면 고위험사례대상자의 상황은 자력으로 문제 등의 극복이 가능하다. 따라서 고위험사례대상자 중에서 통합사례관리의 성과를 확인할 수 있는 사례이다.

통합사례관리 일반대상자는 긴급·위기대상자와 마찬가지로 지역의 전문가와 자원봉사자의 개입을 통해 해결해야 하는 사례가 대부분인데, 사례의 상황은 오랫동안 결핍된 채로 생활해 왔기 때문에 문제 등의 해결을 위해서는 계획을 수립해서 지원해야 한다. 일반대상자의 요구가 단순하다고 하여 그의 문제가 기관의 지원만으로 모두 해결될 수 있는 것은 아니다. 통합사례관리 대상자로 선정되었다는 것은 대상자의 상황이 기관의 지원여력을 넘어섰다는 것으로 지역의 전문가와 자원의 개입을 통해 해결해야 하기 때문이다. 통합사례관리사의 자원연계 및 지원 정도에 의해 개선이 가능하기 때문에 결핍된 욕구 등의 지원은 기관의 인적·물적 자원을 최대한 지원하고 여력이 부족하면 지원이 가능한 기관을 연계하여 지원한다. 이 과정에서 의뢰는 서비스 지원을 의뢰하는 것을 포함하고 필요시 지역의 자원들을 연계하여 지원해야 한다는 것을 협조요청하고 통합사례대상자로 전환하여 통합서비스가 제공될 수 있도록 조치하는 것을 의미한다. 여기에서 조치는 일반사례대상자의 상황을 개선할 수 있을 정도여야 한다. 자조생활 의지를 갖게 하는 데 역량을 집중하고, 문제극복 능력을 갖추게 하는 등 대처역량을 강화하는 데 목표를 두고 지원에 만전을 기해야 한다.

(2) 일반사례대상자 선정방식

통합사례관리사의 면담을 통해서만 판정되지 않는다. 가정방문과 가족면담 등을 통해 상황의 심각성이 확인되어야 한다. 이후 보호자와의 상담을 통해 상황을 파악하고 자력으로 문제들을 해결하지 못하는 상황인지, 극복할 여력이 있는지 등을 판정받은 후 선정된다. 대상자의 상황이 기관의 사례대상자인지 또는 지역의 인적·물적 자원을 연계해서 지원해야 할 사례인지 또한 판단해야 한다. 하지만 일반사례관리 대상자라도 물질적인 지원이 필요하고 정기적인 자원들의 활동이 필요하기 때문에 문제의 완화 및 개선은 장기적이어야 한다.

(3) 통합사례관리사의 개입

일반사례관리대상자는 기관이 주도해서 문제 등을 개선할 수 있는 사례가 해당하지만 통합사례관리사의 개입 또한 지속적이어야 하는데, 오랫동안 특정 문제에 노출된 채로 지내 왔기 때문이다. 결핍된 채로 지냈다는 것은 문제에 노출된 기간이 길고 의지약화, 동기결여 등을 갖고 생활했다는 것으로 통합사례관리사는 동기부여에 집중하고 의지를 강화하기 위해 다양한 지원을 시행해야 한다. 일반사례대상자가 위기대상자로 확산되지 않도록 자원을 연계하여 사례의 상황해결을 주도해야 한다.

(4) 개입방향 모색

통합사례관리 대상자의 상황은 기관에서 지원하기 어려운 문제에 노출되어 있을 수 있어 사례의 상황을 기관주도로 진행할 것인지, 또는 지역의 전문가들과 공조해서 지원할 것인지를 결정해야 한다. 지원이 결정되면 일반대상자의 문제 등의 해결을 위해 기관의 인적·물적 자원을 개입시켜야 하고 통합사례관리사의 주도하에 자원의 활동을 중재하면서 서비스를 지원한다.

하지만 사전준비가 철저해야 한다. 통합사정위원들에게 문제 및 결핍된 욕구 파악의 필요성을 보고한 후 사례상황 분석 및 의뢰하여 확인된 사항을 확정한다. 위원들은 기관의 통합사례관리사와 관리자, 외부위원을 중심으로 구성하는 것이 사례상황 규명의 질을 높인다. 특히 사례상황의 개선 및 해결방향을 모색하는 데 있어 외부위원은 전문지식과 기술을 보유하고 있는 인물이 적합하다. 가급적 지역에서 오랫동안 활동해 온 전문가들로 구성하는 것이 사례의 상황개선에 효과적이다.

(5) 문제 규명 및 지원계획 수립

또 한 가지 중요한 사항은 문제들을 규명하고 분류하기 위한 자료준비가 철저하고 충실할수록 해결기대가 높아진다는 것이다. 따라서 인테이크 과정에서 충분한 정보가 수집되어야 한다.

획득한 정보를 토대로 문제들을 분류하고, 분류된 문제는 서비스 지원사항, 참여인력, 연계기관, 지원시기 등 지원범위를 계획에 반영하여 수립한다. 확정된 서비스를 지원하기 위해 담당자를 배정하고 지원사항을 분류한 후 지원이 가능한 타 기관 및 외부자원을 발굴하여 연계한다. 부서의 협조와 동료들의 협조를 받기 위해 협조가 가능한 사항을 확인하고 기관의 자원현황을 파악한 후 지원시기를 확정한다. 확정된 자원의 개입시기를 확인하고 협조를 요청한다. 적합한 자원인지를 확인하기 위해 자격, 경력, 지역사회 거주기간 등을 파악한다. 사회복지기관 등에서 활동한 경력을 파악하는 것도 자원의 자격유무를 확인하는 데 도움이 된다. 이렇게 개발된 자원은 일반대상자에 대한 이해를 높이기 위해 사전교육을 실시하고, 연계된 자원들과 지원사항을 조율함으로써 자원의 활동범위와 시기 등을 계획에 반영하여 확정한다.

(6) 지원실행

이제부터는 통합사례관리사의 주도적인 역할이 필요하다. 우선 기관의 자원 및 서비스 내용이 일반대상자의 문제해결에 기여할 수 있는지를 점검한다. 만약 지원이 부족하면 추가적으로 지원할 수 있는 서비스를 확인하고 일반대상자를 지원하기 위한 방법을 협의한다. 여기에서 중요한 것은 일반대상자의 상황을 기관의 지원만으로 해결할 수 있는지 여부이다. 만약 개선이 어렵다면 지역보장협의체의 통합사례분과에 의뢰해야 한다.

(7) 사례대상자 지원을 위한 지역자원 활용

첫째, 경제적 빈곤상태는 기관의 후원만으로 해결이 쉽지 않기 때문에 지역의 후원자원을 개발해서 지원하는 것이 사례의 상황을 개선하는 데 효과적이다.

둘째, 일반자원봉사자의 참여는 단순 자원봉사활동으로 국한해서는 안 된다. 지역사회는 다양한 기술을 보유하고 있는 자원들이 활동하고 있다는 점에서 전문성을 십분 발휘할 수 있는 자원의 개발에 전력해야 한다. 또한 개발된 자원의 역할을 검토하고 지원시기와 역할을 확정한다. 실례로, 가정생활의 문제에 노출된 일반대상자가 가사 및 생계에 어려움을 겪고 있다면 도움을 제공할 수 있는 자원은 가사활동 및 식사 등의 지원이 가능한 봉사자를 섭외하는 것이 효과적이다.

지역사회에는 가사활동을 지원할 수 있는 자원봉사자가 다양한 분야에서 활동하고 있어 참여적 활동이 가능한 자원이 연계되어야 한다. 종교기관은 자원봉사자들이 활동하는 대표적인 조직으로 자영업자 또는 직장인들 또한 정기적으로 자원봉사활동을 수행하고 있는 점을 감안하면 자원들이 보유한 전문성이 봉사활동으로 이어지도록 자원연계에 전력하고 계획에 반영한다.

다양한 영역에서 활동하는 자원봉사자들은 정보가 없어 자원봉사활동에 참여하지 못하는 경우가 더러 있는데 적극적으로 정보를 제공하면 기관 중심의 도움보다 다양한 활동의 수행이 가능하다. 따라서 자원봉사자에게 일반대상자의 상황이 이해될 수 있도록 통합서비스를 제공하는 과정마다 정보를 제공하고 자조생활 등에 기여될 수 있도록 중재하면서 이해를 높인다. 하지만 특정 단계에만 활동하거나 또는 활동해서는 안 되며 종결 이후 사후관리까지 지속적으로 활동할 수 있도록 정보제공에 전력한다.

셋째, 통합사례관리사는 사례의 상황을 지원하기 위해, 전문가의 활동을 분석하고 자원들의 활동을 파악하고 있어야 한다. 예로, 통합서비스를 지원받아야 할 일반대상자의 주거지가 생활의 불편을 가중하는 구조라면 집수리 기술을 보유한 전문가를 발굴해서 연계한다. 식사 등을 할 수 있는 조리설비가 없으면 불편은 가중될 수밖에 없다. 더욱이 집안에 화장실이 없는 빈곤층 주민들이 상당히 많은 점을 감안하면 집수리봉사단의 발굴은 지역 중심의 통합사례관리 운영기반을 조성하는 활동이라 할 수 있다.

일반대상자가 식사를 준비하지 못하는 상황이면 규모 있는 식단을 제공하면서 반찬 만들기 등의 자원봉사활동은 생존을 위한 도움제공이다. 생활비가 부족하여 자녀의 학비지원이 필요한 상황이라면 자녀의 학업수행 등의 문제가 유발될 수 있어 소득보존을 위한 직업알선과 자녀의 학업수행을 지원해야 한다.

이렇듯 일반대상자의 상황은 지역의 전문가 및 일반자원봉사자들이 개입하는 등 다양한 지원을 필요로 한다. 일반대상자의 문제가 자력으로 해결하지 못할 정도로 어려운 상황이면 위기대상자로 확산될 수 있어 지역의 전문가 및 자원들을 연계해서 서비스 지원방법을 다각적으로 검토해야 한다.

일반대상자 지원사례

자활사업에 참여하는 c't는 남편과 이혼 후 자녀 두 명을 혼자 양육하고 있다. 최저 임금을 받으며 생활하고 있어 생계에는 지장이 없지만 학령기 자녀들의 학비 및 지병인 당뇨와 고지혈증 등을 치료하기에는 비용이 부족한 상황이다. 자신의 명의로 된 집을 소유하고 있으나 고등학생인 자녀들과 생활하는 데 불편이 있는 18평의 빌라이다. 생활비 또한 부족하여 공공요금을 납부하면 생활비와 자녀교육비 등이 부족하여 쪼들리는 생활이다. c't는 자활사업을 통해 소득이 안정된 듯하지만 지금보다 나은 생활을 위해 창업을 생각 중이다. 하지만 자녀교육비 등 생활비 부족을 고민하고 있으며 자활사업에 참여하면서 카페를 운영하기 위해 기술을 배우는 중이다.

위의 사례를 살펴보면, c't는 직장생활을 하고 있으며 정기적인 소득이 있는 상태이다. 하지만 소득이 적어 지병을 제대로 치료하지 못하는 상태이며 자녀들의 교육비 및 생활비가 부족한 상황이다. 자신 소유의 집이 있기는 하지만 소득이 적다는 문제가 있다. 그럼에도 미래를 위해 창업을 준비 중이다. 소득부족의 문제로 인해 생활의 불편함은 있지만 생활할 수 있는 능력이 있으며 자력으로 문제를 극복해 나갈 수 있는 여력이 있는 상황이다. 이러한 대상자가 일반사례대상자이다.

위의 사례를 지원하기 위하여 통합사례관리사의 개입방법은 다음과 같다.

사례의 발견 및 인테이크 시행, 클라이언트의 욕구 및 문제를 정확하게 사정해야 한다. 특히 가정생활 상황 파악에 집중하고 가정방문을 통해 가족관계 등을 주의 깊게 파악해야 한다. 주의할 사항은 통합사례관리 일반대상자로 선정되면 기관에서 지원하는 사례보다 다양한 지원이 필요한데 필요한 사항을 어떠한 방식으로 지원할 것인지가 명확하게 모색되어야 한다.

정보수집은 c't의 심신의 상태 및 스트레스 요인, 경제적 문제에 대한 자구책 및 지원사항 등이며 강점개발에 초점을 두고 인테이크를 진행해야 한다.

통합사정, 일반대상자라고 하여도 통합사례관리에서 지원하는 대상자는 기관자체적으로 지원하는 사례보다 복잡한 문제에 노출되어 있다고 인식해야 한다. 따라서 사정은 문제분류가 가장 중요하다. 위의 c't는 경제적 문제를 호소하고 있어 의 · 식 · 주를 위한 공과금 납부, 자녀 교육비, 공공요금 등 소득대비 지출금액을 최소화하기 위한 문제들을 분류하여 규명하는 것이 먼저이다. 또한 자녀교육비 등에 대한 과도한 스트레스를 받지 않도록 욕구와 문제들을 분류하는 데 집중한다.

통합서비스 합의 및 실행, 기관의 지원여력 및 연계가능한 자원을 우선 분류하고 부족한 사항에 대해서는 지역의 기관 및 인적 자원을 연계하여 지원 계획을 수립하여 지원한다. 특히 자녀 교육에 대해 지원이 가능한 지역의 학원, 장학금을 지원할 수 있는 단체 발굴, 과외 또는 학습지 지원이 가능한 후원단체를 연계하여 지원할 수 있다. 통합사례관리사는 통합서비스를 합의하기 위하여 지역의 전문기관 및 전문가를 연계하고 c't에게 설명하여 서비스를 지원한다.

점검과 평가, 위의 사례는 c't가 생활의지가 있어 수시점검보다는 정기적인 점검과 평가가 더 적정하다. 자력으로 생활할 수 있는 능력이 있기 때문이다. 일자를 정해 c't와 상담을 진행하고 서비스 제공에 대한 만족도를 확인한다. 상담을 통해 추가적인 요청사항을 확인하고 필요한 지원을 시행한다. 계획대로 서비스가 제공되고 생활능력이 확인되면 종결 및 사후관리로 진행한다.

> **사후관리,** 유선상담, 이메일 등 정기적으로 상담을 진행한다. 사후관리 종결은 c't의 안정적인 생활과 목표 달성에 의한다.

4) 보류대상자

(1) 보류대상자

통합사례관리에서 보류대상자로 분류되는 사례는 현행의 제도가 영향을 미쳤다고 볼 수 있다. 대상자의 상황이 해당 기관의 서비스 유형에 적합한지를 검토한 후 적격한 경우에만 서비스를 지원할 수 있기 때문이다. 사회복지사업법에는 사회복지기관의 설립 시 지원대상을 명시하게 되어 있다. 지원이 가능한 대상은 설립 당시 지원하기로 하였던 대상자 유형에 대해서만 서비스를 지원해야 한다.

(2) 보류대상자 지원

통합사례관리 대상자는 서비스를 이용할 목적으로 의뢰하기 때문에 대상자의 상황이 기관의 서비스 지원유형에 부합하지 않더라도 지원을 보류해서는 안 된다. 지역의 사회복지기관에 의뢰하여 서비스를 제공받을 수 있도록 조치해야 한다. 보류대상자에게 타 기관 의뢰 이유를 설명하고 동의를 받은 후 제공되는 서비스를 설명하여 이해를 높인다. 기관장의 승인을 받은 후 서비스 지원이 가능한 기관을 확인하고, 해당 기관에서 지원할 수 있는 서비스 유형을 파악한다. 행정업무절차에 따라 공문서를 작성하여 협조를 요청하고 지원계획을 수립한다.

보류대상자에 대한 서비스 지원은 종결과 마찬가지로 서비스 지원계획을 수립한 후 지원해야 한다. 제공된 서비스를 정기적으로 모니터링하면서 간접적으로 지원해야 하는데, 타 기관에 의뢰하여 서비스를 제공받더라도 통합사례관리사가 소속된 기관의 대상자로 등록될 수 있기 때문이다. 즉, 해당 기관에서 보류대상자로 분류되었다고 하여도 현재 상황에 부합하지 않는 것뿐이지 향후 기관의 대상자로 선정될 수 있는 사례가 보류대상자라는 것이다.

보류대상자 지원사례

> 통합사례관리사는 타 기관의 의뢰에 의해 지역에 거주하는 주민을 대면하게 되었다. 그는 사십 대 중반의 남성으로 실직한 상태이다. 자기 소유의 집을 보유하고 있으며 직장생활을 하는 부인과 두 자녀를 양육하는 평범한 가정의 가장이다. 실직으로 인해 직장을 찾던 중 종합사회복지관에서 주민들을 위한 일자리 창출 및 도움을 준다는 얘기를 듣고 방문한 것이다. 대상자의 욕구는 실직 후 소득이 없어 일자리를 알아보던 중 사회복지사에게 도움을 요청하였고 실직수당을 신청하였으며 가족들에게 미안하다는 얘기를 하면서 일자리를 알선해 주기를 기대한다는 것이다. 의뢰한 주민은 수급권자가 아니며 일자리를 소개해 주면 고맙겠다는 것을 통합사례관리사에게 요청하였다.
>
> 위의 사례를 지원하기 위해 통합사례관리사는 어떠한 방식으로 지원해야 하는가? 지원방법은 다음과 같다.
>
> 먼저 욕구 파악에 집중한다. 실직으로 인한 가정의 어려움과 문제를 파악하는 데 초점을 두고 사정을 진행한다. 사정은 욕구 파악을 마친 후 가정생활과 가족관계문제, 대상자의 어려움, 어려움으로 인해 발생하는 문제점을 파악하는 것이 핵심이다.
>
> 이제 실제 지원이 가능한지를 확인한다. 의뢰는 대상자가 도움을 요청하기 위한 목적에서 기관을 방문하였기 때문에 통합사례관리사의 직관력을 발휘하여 즉시 회신해야 한다.
>
> 위의 사례는 수급권자가 아니고 경제적으로도 어려움이 없는 사례로, 직장을 다니는 부인이 있으며 실직상태로 재취업이 가능하다. 통합사례관리사의 직접지원보다 간접지원이 더 필요한 상황이다. 고용촉진공단에 대상자가 직접 의뢰하였기 때문에 현재로서는 지원할 것이 없다. 따라서 고용지원기관을 재차 확인하여 지원하는 것 외에는 지원할 수 있는 사항이 없다. 통합사례관리사가 소속된 기관의 사업을 소개하고 대상자로 적합하지 않다는 것을 명확하게 설명하여 이해를 구해야 한다. 하지만 당장은 서비스 지원사항이 없으므로 보류대상자 명부에 대상자의 인적사항을 기재하여 향후 도움이 필요한 사항이 발생할 경우 서비스를 제공받을 수 있다는 것을 설명하여 만약의 사항을 대비해야 한다. 이와 같이 당장은 서비스 대상자로 부적합하여 지원할 사항이 없는 경우 보류대상자로 분류하는 것이다. 따라서 보류대상자로 판정할 수 있는 사례이다.

5) 제외대상자

(1) 사회복지기관 서비스 이용자 유형

사회복지기관의 통합사례관리 대상자는 기관의 서비스 유형에 적합하지 않는 경우를 제외하고는 제외되는 경우가 거의 없다고 할 수 있다. 범죄와 연루되거나, 긴급한 치료를 요하는 등의 경우가 아니면 대부분 서비스를 이용할 수 있다. 형사법에 저촉

되는 범죄는 인권침해, 폭력 가해자로 확정된 경우, 다른 가족들의 신변에 심각한 위협이 되는 경우 등이다. 이런 경우 대상자의 신변보호와 안전을 고려하면서 관계기관에 신고하여 처리하는 것이 적절한 조치이다.

(2) 서비스 제외대상자 지원

통합사례관리를 제공받지 못하는 제외대상자는 더 심각한 문제에 노출되어 있으며, 지원을 하여도 문제개선을 확신할 수 없는 등 치료적 개입이 우선이다. 우울증을 앓고 있는 경우 또는 알코올중독환자의 경우도 마찬가지다. 치료사의 개입이 필요한 상황, 장기 입원을 통해 건강을 회복해야 할 사례 등은 즉시 개입해야 한다. 즉, 통합사례관리에서 제외되는 대상자는 문제를 개선하고 결핍된 욕구를 해결하기 위해 지역의 기관들과 연계해서 통합서비스를 제공받아야 하지만 치료 등이 더 시급한 대상자이다.

이러한 대상자는 통합사례관리 대상자로 적절하지 않다. 오히려 치료를 받을 수 있도록 지원해야 한다. 따라서 치료를 요하는 상황이거나 범죄 등에 연루되어 있으면 대상자로 적합하지 않다.

제외대상자 지원사례

사회복지기관은 설립 당시 지원대상자를 명시하게 되어 있는데, 기관의 서비스 지원대상자와 부합하지 않거나, 대상자가 시설에 입소한 경우, 대상자가 치료를 거부하는 경우, 서비스 지원보다는 치료를 받아야 하는 경우, 범죄와 연루되거나 민형사상의 사건과 관련된 경우 등은 제외대상자로 분류된다.

통합사례관리사의 지원은 의뢰된 대상자의 욕구와 상황을 파악하고 해당 기관의 서비스 대상자인지를 파악하고 특별한 문제에 노출되지 않았다면 지역의 서비스 제공이 가능한 기관을 확인하여 자세하게 설명하여 이용하도록 안내한다. 치료적 개입이 필요한 경우 관련 전문가를 소개한다. 학대피해자 또는 가해자의 경우도 신고를 통해 적절한 조치를 취한다. 특히 서비스 지원대상이기는 하지만 치료가 필요한 경우 전문가에게 자문을 구하고 기관의 관리자와 상의하여 지원 방법을 모색한 후 전문적인 치료를 받을 수 있도록 조치한다.

서비스 제외대상자의 사례는 긴급한 개입이 필요한 경우를 제외하고는 통합사례관리사의 판단에 의해 결정되기 때문에 대상자의 심리적 상황과 현실적 여건 등을 파악한 후 지원해야 한다. 따라서 통합사례관리사의 임상숙련성이 필요하다.

CHAPTER 05

지역기반 통합사례관리 구성체계

1 통합사례관리사

통합사례관리사의 역할

활동	업무역할	성과목표
지역의 전문가 규합	• 개인, 가족, 집단, 지역사회 통합연계를 통한 안정된 통합사례관리 운영체계 마련 • 지역의 인적·물적 자원 연계 • 고위험사례대상자 잠재력 개발 및 능력강화를 위한 지역전문가 개입 중재	• 업무과중 극복 • 고위험사례대상자의 삶의 변화에 따른 인간다운 생활유지
문제해결 조언자	• 고위험사례대상자 의사전달 및 표현방식 이해 • 상담진행 • 고위험사례대상자의 의도파악 • 적극적인 조언	• 고위험사례대상자의 의지강화를 통한 문제해결 능력 강화
통합서비스 조정자	• 고위험사례대상자 욕구와 문제 규명 • 문제에 부정적으로 영향을 미치는 대상 규명 • 해결 가능성을 높이기 위한 문제해결기획 • 지역사회의 다양한 전문가 개입 및 서비스 조정, 중재 기능 수행	• 문제해결 가능성 확장을 위한 서비스 지원시기의 적절성 • 고위험사례대상자 중심 서비스 지원 • 일원화된 통합서비스 문제개입을 통한 부정적인 환경 개선
옹호자	• 고위험사례대상자 문제극복 역량 강화 • 심리적 지지옹호 • 고위험사례대상자를 이끌어 가는 옹호역할	• 문제의 조기발견 및 신속한 해결 • 안정적인 심리상태 유지
계획 수립가	• 해결방법 모색 • 지원계획 수립 • 부정적인 환경개선 노력	• 문제 등의 해결기대 성취 • 참여의지 강화

⇨

수행결과
지역사회 기반 통합서비스 지원에 의한 고위험사례대상자의 안정적인 생활유지

1) 통합사례관리사의 핵심활동

(1) 지역의 전문가 규합

통합사례관리사의 핵심업무는 원조를 요청하는 고위험사례대상자에게 직·간접적으로 통합서비스를 제공하여 안정된 삶을 살아가도록 이끌어 가는 데 있다. 하지만 안정된 생활의 지원은 개인, 집단, 가족, 지역사회를 연계하면서 상황을 개선하기 위한 통합서비스를 개발해야 하는 과업이 있다. 결핍된 문제에 노출된 주민들이 주 대상이고 사회복지실천 지식과 기술을 토대로 다양한 상황을 대응할 수 있는 능력이 필요하기 때문이다. 따라서 지역의 상황에 적합한 통합사례관리 체계를 마련하는 것은 고위험사례대상자의 문제 등을 조기에 개선할 뿐 아니라 주민복지증진에 기여하는 통합사례관리사의 매우 중요한 과업이다. 지역의 상황에 적합한 통합사례관리 절차구축, 양식 통일, 적용을 위한 체계 마련 등이며 통합사례관리 체계 구축을 위한 필수사항이다.

이를 볼 때 통합사례관리사는 고위험사례대상자의 상황을 개선할 수 있는 능력이 있어야 한다. 사례상황에 적합한 문제해결 능력을 갖춘 전문가와 자원의 연계를 중재하기 위한 역량 또한 출중해야 한다. 통합사례관리의 성공여부는 지역사회 자원인 기관 및 전문가와 물적 자원의 연계가 고위험사례대상자의 상황 등을 개선하는 데 있어 시기적절하게 지원하는 것이 핵심이다.

(2) 고위험사례대상자 잠재력 개발

하지만 더 중요하게 조치할 것이 있는데, 인적·물적 자원을 적절하게 중재 연계하여 고위험사례대상자의 잠재력을 개발하고 직면한 상황을 극복할 수 있는 능력을 갖추게 하는 것이다. 즉, 고위험사례대상자 자력으로 문제극복 역량을 강화에 목표를 두고 통합서비스를 지원해야 한다. 통합사례관리 운영에 참여하면서 다양한 전문가들로부터 배우고 익힌 기술을 생활에 적용하고 자조적으로 살아갈 수 있는 역량을 갖추는 데 목적이 있는 것이다. 심각한 문제에 직면해 있는 고위험사례대상자일수록 지역의 전문가 간의 공조가 더욱 중요하고 필요한 이유이다. 자원의 연계가 충분할수록 해결 가능성이 높아진다는 점에서 고위험사례대상자의 역량강화는 매우 중요한 통합사례관리사의 과업이다.

(3) 업무과중 극복 및 관점정립

하지만 기관의 규모가 작고 재정조달에 어려움이 있거나 인력이 부족하면 여러 업무를 수행해야 하기 때문에 통합사례관리 업무에만 집중할 수 없어 연계성이 저하될 소지가 다분하다. 다양한 역할을 수행하기 때문이며 업무부담 또한 가중될 수 있기 때문이다. 여기에 더해 통합사례관리 양식을 임의적으로 적용 또는 사용하면서 작성방식을 통일하지 않은 것, 통합사례관리의 특정 절차만을 집중하는 것 등이 통합사례관리사의 역량을 저해하는 요인이다. 이를 극복하지 못하면 그의 역량개발은 불가능한 도전일 수밖에 없다.

통합사례관리는 고위험사례대상자의 삶을 변화시켜 인간다운 생활을 지원하는 최적의 복지서비스이다. 통합사례관리는 진행절차에 따라 문제해결에 필요한 자원을 연계하여 고위험사례대상자에게 통합서비스를 제공하는 실천적 활동이다. 직면한 문제를 해결하지 못해 어려움에 처한 고위험사례대상자와 가족들을 돕는 최적의 대안은 종합적인 복지서비스를 제공하는 통합사례관리 외에는 없으며, 이를 실행하는 주체가 통합사례관리사이다.

2) 문제해결 조언자

(1) 고위험사례대상자의 의사전달 및 표현방식 이해-경청과 공감

고위험사례대상자의 심각한 상황은 특정 시기에 겪은 문제와 어려움이 생활에 부정적인 영향을 미치고 있지만 장기간 무기력한 생활로 인해 개인과 그 가족 또는 보호자 등이 해결능력이 없거나 해결할 수 있는 능력이 없는 상태에서 지내는 현재의 생활을 말한다. 더욱이 해결역량이 없는 등 문제해결 방법을 찾지 못하였으면 심각한 상황에 노출된 채로 지내게 된다. 한 가지 문제를 호소하여도 다른 문제에 노출되었을 수 있으며 가족들의 문제로 확산되었을 가능성 또한 예측할 수 있다.

따라서 지역의 전문가 또는 통합사례분과위원들이 해결방법을 모색하기 위해서는 문제에만 집중해서는 안 되며 해결을 목적으로 논의하고 각각의 문제해결을 위해 가급적 많은 전문가가 참여하는 것이 해결기대를 높이는 전략이다. 통합사례회의에 참석한 외부전문가들이 고위험사례대상자의 상황파악을 통해 충분한 이해가 필요한 이유가 여기에 있다.

(2) 상담진행

고위험사례대상자는 자신의 문제를 해결받기 위한 방법을 찾기 위해 통합사례관리사를 만나고 해결을 원하는 간절한 기대를 갖고 사회복지기관을 방문한다. 통합사례관리사가 고위험사례대상자를 응대하면서 마음껏 얘기할 수 있도록 편안한 분위기를 조성하는 것은 그래서 중요하다.

고위험사례대상자를 대면하는 장소 또한 중요하게 고려되어야 한다. 공감하는 표정과 태도로 고위험사례대상자를 처우하고 그의 기대를 이해하기 위해 적절하게 반응하면서 얘기를 경청하는 등 자유롭게 이야기할 수 있는 분위기를 조성한 후 상담을 진행한다.

(3) 얘기하려는 의도파악 집중

일부의 고위험사례대상자는 장애 등으로 인해 자신의 상황을 정확하게 얘기하지 못할 수 있다. 언어장애를 가진 장애인이나, 방임아동, 치매노인 등은 의사표현의 제약으로 인해 생각을 말로 전달하는 데 있어 제약이 있을 수 있다. 즉, 자신의 생각이나 주장 등을 조리 있게 전달하는 의사표현 능력에 제약이 있는 것이다. 그렇다고 자신의 생각 또는 얘기하려는 바를 표현하지 못하는 것은 아니다. 다른 수단을 대체하여 전달하는데 표정과 손짓 등 비언어적인 방법으로 생각을 전달하는 것이다. 따라서 치매노인이나 영유아, 중증의 장애인 등의 상황을 파악하기 위해서는 내담자가 얘기할 때 보이는 표정, 손짓, 태도 등을 주의 깊게 관찰하면서 말하려는 의도파악에 집중하고 무엇을 전달하려는지를 이해하기 위해 주의 깊은 관찰과 내용이해에 집중해야 한다.

통합사례관리사는 고위험사례대상자가 호소하는 사항을 이해하기 위해 관찰하면서 비언어적 표현에 주의하고 의미를 찾기 위해 오감을 활용하는 것이 의도파악에 효과적이다. 어려움 또는 힘든 상황임을 얘기하기 위해 인상을 찌푸리거나 흥분하는 것은 분명 상처가 있는 것이다. 힘든 상황을 기억하거나 회상하는 중에 보이는 표정과 태도 등은 자신에게 상처가 있고 매우 심각하다는 것을 전달하려는 그의 이야기다. 비관적으로 생각하지 않도록 위로하면서 상황을 이해하고 있다는 것을 반응하는 것이 적절한 경청태도이다.

따라서 고위험사례대상자의 얘기에 주의하면서 말투와 표정 등을 살피는 것이 대화를 주도하는 방법이다. 여기에서 통합사례관리사의 공감기술 역량이 발휘되어야 한다. 내면 깊숙이 간직된 결핍된 욕구를 파악하는 데 있어 최고의 방법이 경청이라는 것을 기억해야 한다.

(4) 적극적인 조언

고위험사례대상자가 겪은 사건은 상처가 되는 심각한 것이어서 결핍된 욕구의 주요인인 경우가 대부분이다. 적절한 조언이어야만 자각한다는 점에서 공감기술은 상황을 이해하는 중요한 단서를 제공한다. 통합사례관리사의 공감기술은 고위험사례대상자의 이해를 촉구하고 의지를 갖게 한다. 고위험사례대상자의 상황이 힘들고 어렵다면 조언은 희망을 갖게 하는 에너지 또한 제공한다.

고위험사례대상자가 자신의 문제를 직시하면 해결 대안을 스스로 찾겠다는 의지가 있는 것이다. 하지만 동기를 가졌다고 하여 문제가 해결되는 것이 아니기 때문에 격려와 조언은 문제 등이 해결되기까지 지속적으로 제공되어야 한다. 고위험사례대상자가 기대를 포기하지 않도록 격려하고 최선을 다해 문제해결을 위해 노력할 것임을 진심이 담긴 말로 위로하면서 상황을 이해하기 위해 집중한다. 도움을 받을 수 있다는 위로를 받는 것만으로도 안심하게 되어 의지를 갖기 때문이다.

통합사례관리사의 조언자 역할은 고위험사례대상자 스스로 문제를 인식하고 문제 개선이 쉽지 않다는 것을 인지하게 하는 데 있으며, 제공되는 통합서비스가 상황개선에 필요하다는 것을 자각하게 하는 데 있다. 전문가의 도움이 필요하고 함께 해결해 가는 것임을 인식하는 것이 조언의 목적이다.

3) 통합서비스 조정자

통합사례관리사는 사례의 상황이 심각할수록 더 많은 서비스가 필요하다고 인식해야 한다. 심리·정서적인 문제를 오랫동안 겪어 왔다면 그만큼 힘든 시간을 보냈다고 이해해야 한다. 신체적 제약으로 인해 고위험사례대상자 스스로 상황을 개선할 만한 능력이 없으면 통합사례관리사의 개입이 필요한 것이다. 상황을 직시하지 못하는 상황이라면 심각한 어려움을 겪고 있는 것이다.

고위험사례대상자와 상담을 하면서 문제의 요인을 찾기 위해 주력하고 문제 규명 이후 문제와 관련된 핵심인물을 확인한다. 정확한 문제분석은 사례의 상황을 분류하고 심각한 문제들과 관련된 사람들을 파악하는 것이 먼저 할 역할이다. 위의 사항은 관련 문제 등을 분석하기 위해 반드시 파악되어야 한다.

상황이 문제가 되기도 하는데 핵심인물들[1]이 부정적으로 영향을 미치는 경우가 대부분이어서 문제를 심화시키는 인물들로부터 고위험사례대상자를 분리해야 한다. 각각의 서비스는 고위험사례대상자가 혼란스러워하지 않도록 이해정도에 따라 시계열적으로 지원하는 것이 상황개선 및 변화촉구에 효과적이다.

통합사례관리사의 조정자 역할은 고위험사례대상자의 상황을 개선하기 위해 전문가들의 개입시기 조정, 심각한 문제개입을 위한 통합서비스 개발 및 조정, 통합서비스를 지원하는 전문가의 개입수준 중재 외에 부적절한 환경을 개선하기 위한 역할 등이다.

---

1) 여기에서 핵심인물은 문제를 자극하거나, 대상자의 상황을 심화시키는 관계된 사람들을 말한다.

4) 옹호자

(1) 고위험사례대상자 옹호자 역할의 중요성

통합서비스의 제공은 사회복지실천기법을 활용하여 고위험사례대상자가 대인관계에서 겪는 갈등상황과 힘듦을 극복하기 위해, 또한 직면한 문제를 개선하고 완화하는 옹호자의 역할을 수행하는 때부터 수월하게 제공된다. 지지망의 구축은 통합사례관리사의 옹호자 역할 수행과정에서 형성되고, 지역의 인적·물적 자원을 고위험사례대상자에게 연계하면서 관계개선을 도울 수 있는 사람들과의 신뢰관계일수록 견고하게 구축된다.

(2) 고위험사례대상자 문제극복 역량강화

옹호자 역할이 통합사례관리 과정에서 중요한 것은 내적 역량을 강화하여 문제해결 능력을 갖추도록 하는 목적 때문이다. 옹호자 역할을 통한 역량강화는 고위험사례대상자의 지지와 격려를 통해 강화된다. 통합서비스를 지원받아야 하는 부담을 줄이고 전문가의 개입이 문제해결에 도움이 된다는 이해를 가지면서 의지를 갖기 때문이다. 통합서비스를 제공받으면서 배우고 익힌 문제상황 극복에 필요한 기술을 자조적으로 수행하면 어려운 과업이 주어져도 적극적으로 참여하는 등 해결기대가 높아지면서 더욱 통합사례관리사를 신뢰하게 된다. 통합사례관리사의 옹호자 역할에 대한 두터운 믿음 또한 갖는다. 옹호자 역할은 통합사례관리 운영에 있어 통합사례관리사의 가장 중요한 역할이다.

(3) 심리적 지지 옹호

심리적 지지는 고위험사례대상자가 관계하는 사람들과의 관계정도를 파악하기 위해 관계를 맺고 유지하는 중에 발생하는 모든 상황에서 발휘되어야 하고, 특히 고위험사례대상자의 잘한 점을 격려하고 설사 수행이 어렵거나 불안정하게 수행하는 사항이 발견되더라도 계속 수행되어야 할 역할이다.

여기에서 의미하는 모든 상황의 옹호는 고위험사례대상자의 생활이 주민들과 같은 방식으로 생활하고 있는지에 관한 것이다. 정상적인 생활리듬을 갖고 생활하는 중에 겪을 수 있는 불이익과 어려움 등을 가급적 당하지 않도록 정보제공을 통해 그 피해를 최소한으로 줄이는 데 있다. 주변 사람들과 관계를 맺으면서 불이익을 당하지 않도록 지지하고 상황에 적합한 조언을 하는 등 원만한 관계를 유지하도록 지원하는 것 외에 수행하지 못하는 사항을 조언하고 안정된 생활을 유지하게 하는 심리적 지지를 포함한다.

(4) 이끌어 가는 옹호자 역할

고위험사례대상자의 안정된 생활은 직면한 문제상황을 직시하고 문제극복 능력을 갖출 때부터 강화되고 유지된다. 내면의 통제력을 갖추도록 통합서비스를 지원하는 시점부터 고위험사례대상자가 오해할 수 있는 언어표현과 태도 등에 주의하면서 심리적 상황에 따라 적절하게 이끌어야 한다. 예로 통합사례관리사가 얘기한 것을 잘못 이해해서 심리적으로 압박을 받거나 가중 받으면 할 수 없다는 식의 부정적인 생각에 몰두할 수 있다. 그럼 거부, 또는 회피, 또는 포기하겠다는 얘기를 하고 실제 이러한 행동을 실행한다.

이러한 태도는 심각한 문제에 노출된 고위험사례대상자가 자주 보이는 태도이다. 통합사례관리사를 만나는 것을 부담스러워하고 전문가의 개입을 힘들어 하거나 자신의 상황이 공개될수록 부끄러움을 갖는 등 상황개선이 늦어지는 것을 참기 어려워할 때 보이는 행동이다. 매번 자신의 문제를 거론하면서 사생활이 노출된다는 것을 부담스러워하는 것도 이 같은 부정적인 생각이 영향을 미쳤다고 볼 수 있다. 즉, 부정적인 사고에 매몰되면 문제해결을 위한 자기 노력을 하지 않고 전문가의 개입을 거절하는 등 소극적으로 행동한다.

문제를 발견한 시점부터 통합사례관리사의 옹호자 역할 정도에 따라 고위험사례대상자의 상황은 변화될 수 있고 심리적인 안정 상태에 따라 변화 속도가 빨라지기 때문에 옹호자 역할을 성공하기 위해서는 부담을 갖지 않고 참여할 수 있도록 지지하면서 이끌어 나가야 한다.

고위험사례대상자가 안정적인 심리상태를 유지하는 것은 통합사례관리사의 적극적인 옹호자 역할을 인지할 때 갖는 기대임을 기억해야 한다.

5) 계획 수립가

고위험사례대상자의 상황을 개선하고 완화하기 위한 방법을 모색하면서 지원계획을 수립하기 전에 통합사례관리사가 수행해야 할 중요한 역할이 보호자가 겪은 사건이 생활에 어떠한 영향을 미치는지를 분석하는 것이다. 하지만 사실에 근거한 정확한 자료가 수집되어야만 상황개선을 위한 지원계획을 수립할 수 있기 때문에 대면면담과 가정실태조사 등은 통합사례관리사가 가급적 직접 확인하는 것이 계획 수립에 효과적이다.

정확한 자료가 수집되지 않으면 문제해결은 물론 상황개선을 위한 조치마련 등 대안마련에 실패할 뿐 아니라 문제개선에 제약이 발생하기 때문이다. 이렇다면 고위험사례대상자를 이끌어 가지 못한다. 더욱이 파악된 상황 해결을 위한 계획 수립에 시간을 투자하지 않거나 오랫동안 이러한 방식으로 업무를 수행하였다면 업무 성향으로 고착된다. 이렇다면 통합사례관리 운영은 무의미해진다.

통합사례관리 운영을 위한 계획 수립은 고위험사례대상자의 상황에 적합한 서비스 지원의 우선순위를 통합사례관리사가 판단하는 결정력에 의한다. 고위험사례대상자의 문제해결을 촉진하고 생활한다는 관점에서 지원 계획을 수립하고 그가 살고 있는 터전인 지역사회에서 안정적으로 살아갈 수 있는 최적의 방안을 마련해야 하는데 쉬운 역할부터 배치하는 것이 적절한 계획 수립이다.

쉬운 역할은 긴급한 개입이 필요한 위기상황에 처해 있는 고위험사례대상자가 실행할 수 있을 정도로 활동이 쉬워야 하고 자력으로 수행할 수 있어야 한다. 또한 종결 이후 사후관리 과정에서 안정적으로 생활할 수 있을 정도여야 한다. 통합사례관리사의 사례관리계획은 그 대상이 안타까운 현실에 내몰려 있는 고위험사례대상자이기 때문에 고위험사례대상자의 상황에 적합해야 한다. 상황에 적합한 통합서비스의 제공은 지원되는 모든 서비스를 관리하면서 좋은 통합사례관리서비스를 지원하겠다는 사명감을 갖고, 또한 임할 때부터 고위험사례대상자에게 긍정적으로 영향을 미친다.

2 지역의 서비스 통합

서비스의 어원은 노예라는 의미의 라틴어 'Servus'에서 유래되었다. '사람에게 시중을 들다'의 'Servant', 'Servile'라는 용어를 파생시켰다. 서비스는 남에게 시중을 드는 노예와 같은 일로 오늘날 일상적인 봉사, 무료라는 의미로 사용되고 있다(이정학. 2009. 19재인용).

1) 지역 중심의 통합서비스 개발과 자원조직화

고위험사례대상자가 증가하는 현대사회의 복잡성은 사회복지기관이 보유한 인적 · 물적 자원만으로는 고위험사례대상자 및 가족들의 문제 등을 대처할 수 없다는 한계에서 파생된 생활의 문제가 요인이다. 적극적인 대안마련을 위해 지역의 전문가와 사회복지기관의 전문성을 연계해서 서비스 지원의 다양성을 확보해야만 고위험사례대상자의 문제 등을 효과적으로 개선해 갈 수 있다. 위의 논의는 고위험사례대상자의 상황에 적합하고 적절한 서비스를 제공하기 위해 사회복지전문가 및 사회복지기관이 보유한 인적 · 물적 자원을 통합해야 한다는 의미이다.

전문가 및 기관 간의 연합은 통합사례관리의 성과도출은 물론 고위험사례대상자의 문제 등을 효과적으로 대처해야 하는 현대사회의 요구가 반영된 것이다. 자원의 조직화를 통한 통합서비스의 개발과 지원이 절실한 고위험사례대상자의 생활 편의를 도모하기 위한 사회적 요구라는 것이다. 따라서 전문가 집단의 조직화는 지역의 사회복지기관이 보유한 인적 · 물적 자원의 전문성 등을 통합된 방식으로 지원하는 것을 말하고 통합사례관리 운영과정에 개입하도록 하여 통합서비스를 지원하는 것을 말한다. 이는 고위험사례대상자의 상황을 능동적으로 대처하기 위한 것이며 그 전제가 지역기관 및 전문가의 전문성을 통합서비스로 개발해서 지원해야만 문제 등의 해결이 가능하기 때문이다.

전문가 집단 및 개인들이 보유한 전문성을 어떻게 통합하고 고위험사례대상자의 문제 등에 개입하게 할 것인가?

이는 매우 어렵지만 중대한 과업이며, 고위험사례대상자가 급속하게 증가하고 있는 지역상황의 절박성을 고려하면 지역전문가들의 역량통합은 통합사례관리사의 핵심과업이라 할 수 있다. 전문가 등이 결집된 조직구성은 통합사례관리의 운영 및 통합서비스의 개발과 그 서비스를 고위험사례대상자에게 지원하기 위한 선행조건이다. 사례의 상황해결에 적합한 최적의 통합서비스 지원의 필수체계가 전문가 집단 및 전문사회복지기관의 통합에 있는 것이다. 따라서 반드시 이뤄 내야 할 지역사회의 과업이다.

전문가 간, 자원을 통합하는 조직화는 통합사례관리의 운영에 참여한 전문가를 비롯한 자원들의 합의에 의해 가시화된다. 변화를 촉구하는 데 있어 충분하다는 이해가 공유되어야만 구축될 수 있기 때문이다. 이러한 지원은 고위험사례대상자의 변화상황을 예측하면서 통합서비스가 제공될 때 변화를 촉구할 수 있고 변화가 가능하다는 합의에 의한다. 이 전제에 부합하는 지역의 기관 및 전문가들이 해결이 가능한 서비스를 협의하여 개발했다면 통합서비스 개발은 합의된 것이나 다름이 없다.

지역의 사회복지기관이 연합해서 제공하는 통합서비스는 고위험사례대상자의 상황개선은 물론 문제해결에 적합한 서비스를 제공해야 한다는 당위적 사명달성에 관한 것으로 고위험사례대상자의 상황이 심각할수록 사회복지기관 간, 전문가 간의 연합은 그래서 더욱 중요하다.

통합서비스 지원의 핵심방향은 공식적·비공식적 망을 구축한 후 전문가를 연계시키고 고위험사례대상자의 능력을 확장하기 위해 소속된 기관의 전문가들을 규합하여 언제든 참여할 수 있도록 조직화하는 것을 말한다. 기관 간의 조직화는 지역의 인적·물적 자원을 연합하고 이후 기관 간의 연계를 통해 고위험사례대상자의 문제 등을 협의하면서 해결에 필요한 일치된 서비스를 제공하게 될 때 효과가 나타난다.

2) 사례상황에 적합한 통합서비스 제공

최근 심각한 상황에 처해 있는 고위험사례대상자가 증가하고 있어 사회복지기관의 기능이 확대되어야 한다는 우려의 얘기가 심심치 않게 거론되고 있다. 사회복지기관의 기능이 심각한 고위험사례대상자의 상황을 개선하고 해결할 수 있는 기능으로 재편되어야 한다는 이슈가 제기되고 있다. 이는 심각한 문제에 노출된 고위험사례대상자의 증가 추이가 사회복지기관의 서비스 제공만으로는 대처에 어려움이 있다는 것으로 기관의 전문성을 지역자원에서 통합하여 제공해야 한다는 것을 말한다.

지역자원의 조직화를 위해 통합사례관리사는 다음의 사항을 수행해야 한다. 전문가들은 사례의 상황을 토대로 사전모임을 통해 상황을 분석하고 분석된 문제들의 해결 가능성 등을 타진하기 위해 개입방향을 협의한다. 간접서비스와 직접서비스를 분류한 후 지원시기를 확정하고 역할을 분담한다. 수립된 계획은 통합사례관리사가 취합하여 계획서로 작성하고 고위험사례대상자에게 통보한 후 동의한 경우 통합사례관리사의 주도하에 일정계획을 수립하여 통합서비스를 제공한다.

이제부터 고위험사례대상자를 이끌어 가면서 통합서비스를 제공할 때마다 반응을 살피고 변화가 나타나고 있는지를 확인한다. 변화를 파악하는 모니터링은 통합서비스를 제공하는 중에 전문가들과 의견을 교환하는 등 팀 어프로치를 통해 점검하는 것이 성과확인에 효과적이다. 모니터링은 통합서비스를 지원하는 내내 시행되어야 하고 목적은 서비스의 효과성을 파악하기 위해서다.

고위험사례대상자는 서비스의 수용과 이해, 문제해결 의지에 따라 영향을 받기 때문에 조언과 상담은 통합서비스를 지원하는 중에 상시적으로 이루어져야 한다. 치료적 개입이 필요한 고위험사례대상자인 경우에는 더욱 그러하다.

3) 서비스 정보제공 강화

(1) 사회복지기관에 대한 정보부족

고위험사례대상자는 생활문제를 자력으로 해결하지 못하는 상황에 처해 있어 문제해결에 필요한 전문가 집단과 사회복지기관의 서비스 지원에 대한 정보가 부족할 수 있다. 많은 고위험사례대상자들이 정보부족으로 인해 도움을 받을 곳과 도움을 받을 방법을 몰라 현재의 어려움에 처해진다는 점에서 정보제공은 문제대처능력과 역량강화와 깊은 관련이 있다.

부정확한 정보는 고위험사례대상자를 더 절박한 상황에 내몰리게 한다. 정보부족 및 부정확한 정보의 제공은 통합서비스를 이해하지 못하는 상황에서 더욱 심화되고 심화된 상황을 방치하면 요청한 도움을 거절하는 것과 다름이 없다. 또한 지역에서 지원할 만한 통합서비스가 없다는 것도 문제를 방치하게 한다.

많은 고위험사례대상자들이 사회복지기관을 방문하지 않는 이유는 사회복지기관에서 제공하는 서비스를 이해하지 못해서다. 이해부족은 정보부족과 관련이 많다. 정보부족은 고위험사례대상자는 물론 관계된 가족, 주변 사람들과의 상황을 악화시키는 데 영향을 미친다. 도움이 안 될 것이라는 생각을 무의식적으로 하고 해결되지 않을 것이라는 생각을 갖게 하는 등 부정적인 사고에 매몰되게 한다.

통합서비스를 지원하는 전문가들이 고위험사례대상자에 관한 정보가 없거나 부족하면 사회복지기관에서 수행하는 사업만을 제공하게 될 것이다. 직원들이 이해하는 전문용어를 사용하고 또는 안내하는 것 등 또한 고위험사례대상자에 대한 이해가 부족해서다. 지역주민들 또는 고위험사례대상자, 또한 복지서비스가 필요한 대상자가 이해할 수 있는 용어로 사업을 홍보해야 하지만 전문용어의 표기 또는 사회복지 전문가들이 이해하는 용어를 무분별하게 사용하는 것 등이 예이다.

(2) 고위험사례대상자 정보제공

효과적으로 통합서비스를 지원하기 위해 통합사례관리사는 통합사례관리 절차를 준수하면서 그의 변화상황에 따라 다양한 지원방법을 모색해야 한다. 이를 위해 통합사례관리 운영방법을 토대로 정보제공 방법을 강화하기 위한 대안을 모색해야 한다.

사례의 접수 후, 통합사례관리사는 통합사례관리 과정을 진행하면서 기관이 보유한 자원을 소개한다. 보유한 직원들의 전문성과 시설환경 및 기자재 등을 이해할 수 있도록 소개한다. 필요한 경우 라운딩을 통해 직접 확인하게 한다. 고위험사례대상자가 서비스 제공에 동의하면 관련 전문가들과 공조해서 최적의 서비스를 개발해서 지원할 것임을 설명한다. 이러한 과정까지 이해되면 문제해결에 최선을 다할 것임을 설명하고 향후 진행될 통합사례관리 운영절차와 방식을 소개한다. 통합사례관리 진행과정에 대한 설명 시 이해하기 쉽게 구체적으로 설명해야 한다.

과정 중심의 진행설명을 통해 고위험사례대상자는 체계적인 지원임을 인식하고 자신을 위해 최선을 다하고 있다는 것을 이해하게 된다. 이러한 이해가 있으면 통합사례관리 운영은 시작부터 성공할 가능성이 높다.

사례의 상황에 대한 통합사정을 시행한 후, 사후관리까지 고위험사례대상자의 상황을 개선해 가는 전문적인 사회복지실천방법을 이해하기 쉽게 설명한다. 하지만 일부 사례관리담당자는 통합사례관리 진행과정에 대한 설명을 생략하기도 하는데 그렇다면 일방적인 서비스만을 제공할 우려가 있다.

통합사례관리 과정에서 일부 과정에 집중하거나 특정서비스만을 제공하면 통합사례관리를 잘못 이해한 것이다. 사례회의에 집중하고 모니터링 또는 고위험사례대상자의 상황만을 검토하는 것은 분절된 서비스를 제공하는 요인으로 고위험사례대상자의 상황은 문제에 노출된 채로 지내는 등 방치할 수 있다. 긴급한 개입이 필요한 대상자 또는 위기개입 대상자를 지원하는 통합사례관리사는 위기라고 판단한 문제만을 해결하기 위해 전력하는 경향 또한 통합사례관리에 대한 이해가 부족해서다. 따라서 고위험사례대상자가 호소하는 모든 것들이 지원사항임을 견지해야 한다.

이와 같은 문제점들은 정보제공 기능이 미흡해서다. 황미경(2009. 60-62)은 '공공사회복지전달체계 내 통합사례관리 운영방안에 관한 연구'에서 사후 대응적 복지행정의 문제점 외에 복지사각지대가 지속적으로 발생하고 있어 민간 전달체계와 시·

군・구와의 협력을 강조하였다. 노인 및 질환자, 저소득 가정, 실직자 등 대상자의 특성에 적합한 급여지급, 고용보장, 보건복지 서비스가 제공되어야 한다는 것 또한 강조하였고, 공공 및 민간기관의 연계, 협력을 통해 교육, 보건, 가족 등의 서비스를 통합하고 사례관리 지정기관을 선정하여 기관 간의 서비스 연계를 확대하고 통합해야 한다고 하면서 지역의 사회복지기관 간의 정보공유를 강조하였다. 통합사례관리의 성공은 지역의 전문가를 연계해서 심각한 상황에 처해 있는 대상자에게 적절한 서비스를 제공해야만 문제해결에 기여하기 때문에 전문가 간의 공조 네트워크 구축은 통합사례관리를 성공적으로 수행하기 위해 중요하다고 하였다.

따라서 통합서비스를 효율적으로 제공하기 위해서는 유관 기관의 자원들과 연계해야 하고, 조정 및 중재하는 등 문제해결에 적합한 통합서비스의 개발과 개발된 서비스를 제공하기 위한 조직화가 필수이다. 이러한 과정은 고위험사례대상자에게 적절하게 설명되어야 한다.

3 지역의 전문가

1) 전문가가 소속된 지역사회기관

사회복지기관은 거주시설과 생활시설로 분류되고 사회복지사업을 실행할 목적으로 설치・운영되는 주민복지증진기관이다. 의료사회복지사가 배치된 병원, 지역의 독거어르신의 건강을 돌보는 보건소, 학생복지증진을 위해 사회복지사를 배치한 학교, 정신건강증진센터 외에 각종 협회 및 단체 등 유형이 다양화되고 있는 것도 지역의 수요와 요구 등에 부합하기 위해서다.

2) 지역사회전문가

지역의 전문가는 사회복지기관에 소속되어 활동하는 사회복지사와 사회복지 유관기관인 학교, 관공서 등에 근무하는 사회복지사 외에 간호사, 의사, 의료사회복지사, 정신보건사회복지사, 물리치료사 등 사회복지활동가를 포함한다. 이들 전문가는 통합사례관리 운영에 참여하면서 고위험사례대상자의 위기상황 해결에 따른 통합서비스 제공을 위해 다양한 역할을 수행하게 된다. 전문가는 자신의 전문성을 토대로 통합사례관리사가 개입하기 어려운 문제 등의 대응에 필요한 조언과 슈퍼비전을 제시하고, 때로 직접 고위험사례대상자에게 개입하면서 통합서비스를 제공한다.

3) 지역의 전문가 소집

사례의 상황이 심각하면 통합사례관리사가 주도하는 임시 대책 팀에 소속되어 활동하는데 고위험사례대상자 발견체계 마련, 심각한 상황에 처해 있는 요보호가 필요한 주민의 문제 등의 개선 또는 해결을 위한 전문적인 지식이 필요한 경우, 생존의 문제가 심각하여 전문가의 개입이 필요한 사례, 긴급한 개입이 필요한 경우 등 소집되어 활동한다.

4) 지역전문가 참여 시 효과

통합사례관리사는 지역전문가를 발굴한 후 사례의 발견과 의뢰, 인테이크 과정에 참여할 수 있도록 개입시점을 협의한다. 최적의 시기에 적절한 통합서비스가 제공될 수 있도록 사례관리계획을 수립하고 개입이 가능한 지역의 전문가 또한 확정한다.

고위험사례대상자 자력으로 생활하기 어렵고 이동불편 또는 언어능력의 취약성으로 인해 보호자 등의 동반이 필요한 상황에 처해 있는 사례인 경우 전문가의 도움은 더 절실하다고 할 수 있다.

지역전문가의 참여는 통합사례관리의 성과를 높이는 데 다양하게 기여한다. 통합서비스의 지원과정에서 고위험사례대상자의 기술습득을 위해 함께 활동하고 고위험사례대상자가 수행할 수 없는 일들을 이웃의 입장에서 도울 수 있다. 위의 활동은 단순하다고 할 수 있지만 고위험사례대상자와 함께 활동하는 것, 습득할 기술체득을 돕는다는 점, 사회생활에 필요한 정보를 가까이서 제공하는 등 상황대처 역량을 강화하는 데 기여하기 때문에 반드시 연계되어야 한다.

이러한 역할개입은 고위험사례대상자의 삶의 질을 높이는 데에도 기여한다. 전문가는 통합사례관리 운영의 주체로서 역할하기 때문에 상황이 심각한 고위험사례대상일수록 전문가의 개입은 더욱 중요하다.

5) 지역전문가 참여 시 고려사항

전문가의 참여는 고위험사례대상자의 변화를 위해 활동한다는 목적이 명확해야 한다. 문제해결은 전문가의 지식과 기술, 태도에 의해 성과로 이어지기 때문에 목적이 불분명하거나 지식을 조언하는 수준이라면 고위험사례대상자의 상황은 개선되지 않는다.

또한 개입시기를 고려해야 한다. 시기적절하게 개입해야만 상황개선에 영향을 미치고 문제해결에 기여하기 때문이다. 고위험사례대상자의 상황을 해결할 수 있는 전문자원이 더 많을 때 통합사례관리의 성공 가능성은 그만큼 높아진다.

4 고위험사례대상자[2)]

1) 고위험사례대상자의 문제

(1) 고위험사례대상자가 겪는 문제

통합사례관리사는 통합사례관리 업무를 수행하는 중에 고위험사례대상자가 처해 있는 어려움을 알게 되면서 결핍된 욕구와 문제 등을 발견하고 인지한다. 문제는 다양한 상황에서 언제든 겪는 것이라는 관점에서 개입하는 것은 그래서 중요하다.

고위험사례대상자가 겪는 문제인식은 통합서비스를 통해 해결될 수 있다는 확신을 가질 때부터 해결 가능성이 높아진다. 이러한 인식의 문제는 생활형편에 따라 또는 관계하는 사람들에 의해 심화되고, 관계하는 주변체계와 사람들과의 상호작용 정도 또는 영향을 주고받는 과정에서 겪게 되는 갈등, 가족들은 문제에 노출된 고위험사례대상자의 상황을 문제로 인식하는지 여부 그리고 영향을 받고 있는지 등에 의해 부정적으로 영향을 미치고 고위험사례대상자가 문제를 인식하는가와 아닌지에 따라 개입방법을 달리해야만 상황개선에 따른 대안모색에 효과적이다.

생활하면서 문제는 언제든 생길 수 있어 통합사례관리사의 주의 깊은 확인이 필요하다. 심층면담과 관찰을 시행하여도 그가 고민하는 내면의 갈등은 사실 파악이 쉽지 않다. 그래서 통합사례관리사의 임상경험이 중요한 것이다. 고위험사례대상자가 얘기하려는 바를 이해할 수 있는가? 그는 어떤 사건을 문제로 인식하는가? 왜 상황을 얘기하면서 표정과 태도가 변하는지 등 언어적·비언어적 표현에 주의하면서 내면의 욕구를 파악하는 데 집중한다. 욕구파악이 선행되어야만 문제 규명이 명확하고, 고위험사례대상자와 가족들의 참여를 촉구하고 대안을 모색할 수 있기 때문이다. 이때부터 고위험사례대상자는 문제인식을 갖고 해결하겠다는 의지 또한 갖기 때문이다.

---

2) 이재용. 2017. 사회복지프로그램 개발과 평가. 정민사. 133-166에서 일부 내용을 발췌하여 수정하였음.

(2) 문제유형 파악

① 고위험사례대상자의 호소

고위험사례대상자는 현재의 어려움을 얘기하려고 통합사례관리사에게 자신이 할 수 있는 모든 방법을 동원하여 설명하고 이해시키기 위해 노력을 한다. 자력으로 해결하기 어려운 문제, 가족들이 인식하는 문제, 문제요인, 문제를 대처하지 못해 방치한 이유, 가족관계의 밀착정도 등을 이야기하는 것이다.

생활하면서 겪는 안정적이지 않았던 생활이기 때문에 결핍된 현재를 얘기하려는 시도는 관찰이 가능하다. 호소하려는 것이 문제일 수 있어 고위험사례대상자의 호소에 무관심하면 자료수집의 오류가 발생하기도 한다.

② 개인의 무능력

고위험사례대상자가 문제를 해결할 수 있는 역량이 없는 경우 심각한 상황으로 진전되는 경우가 대부분이다. 고위험사례대상자의 무능력은 문제를 인식하지 못할 때 심화되고 해결 역량이 부족하면 더욱 심각한 상황에 처해지게 된다. 이러한 경험은 통합사례관리사가 자주 겪는 것들이다. 무능력으로 발생하는 상황, 이로 인해 나타난 생활문제 등을 분석한 후 지원 방안을 모색해야만 심각한 상황의 진전을 조기에 예방할 수 있다.

③ 가족의 보호인식 확인

고위험사례대상자를 장기간 돌봐 온 가족들은 대부분 지쳐 있는 상태에서 통합사례관리사를 만난다. 심신의 피로가 극도로 쌓인 상황에서 통합사례관리사를 만나는 것이다. 개인적인 시간을 보내지 못하면서 또는 사회생활을 못할 수밖에 없는 상황에서 더 이상 돌볼 수 없다는 자포자기 상태에서 사회복지기관을 방문하기 때문에 심각한 것이다.

휴식을 갖지 못할 정도로 시간을 낼 수 없는 상황의 답답함은 통합사례관리사를 만나 처지와 상황 개선을 기대하기도 한다. 더 이상 방법이 없기 때문에 도움이 필요하고 상황을 벗어나고 싶다는 생각에 통합사례관리사에게 도움을 요청한 것이다.

사실 중증의 장애인을 돌보는 가족들은 개인적인 시간을 갖기 어렵다. 왜냐하면 돌봄은 단순한 일이 아니기 때문이다. 신변청결부터 옷 입기, 식사도움 제공, 용변처리하기 등은 생존의 조건으로 돌봄은 정신적 에너지를 계속 소비하게 하는 매우 힘든 것이다. 육체적인 활동을 수반하기 때문에 애착이 많아도 스트레스를 가중 받게 하는 주요인이다. 대개 가족 가운데 돌봄이 필요한 성원이 있으면 보호자로 역할해야 하기 때문에 여가생활 등은 엄두가 나지 않는 타인의 일이고 만다.

우리나라는 돌봄의 주체를 가족의 책임으로 규정하고 있다. 조건을 갖춘 사람에게 장애수당이나, 노인수당, 아동수당 등을 지원하고 있으며 지원하는 비용 또한 생계유지를 위한 최저비용을 생계급여로 지원하고 있다. 상당히 많은 부모와 형제, 보호자 가운데 누군가는 희생하면서까지 돌봄에 매달릴 수밖에 없는 구조이다. 가중된 힘듦을 감수하면서까지 헌신하고 남모르게 수행하면서 포기하지 않았던 이유는 가족의 책임을 다하기 위해서일 것이다. 다수의 보호자는 여가 및 문화생활을 할 수 없다고 얘기하고 일부의 보호자는 다니던 직장을 사직하고 돌봄에 전념하면서 사회생활을 포기하기도 한다.

사실 이러한 일들은 고위험사례대상자를 돌보는 보호자들이 자주 얘기하는 것들이다. 문제는 건강하게 돌봄을 수행하는가이다. 대개 돌봄 초기는 소임과 의무감, 가족에 대한 애착심이 강하기 때문에 문제를 인지하지 않지만 오랫동안 돌봄을 수행한 보호자의 경우 가중된 힘듦을 감당하지 못해 지쳐 있는 경우가 많다. 문제는 보호자의 돌봄이 장기화되고, 사회적 도움이 제한적일 때 발생하는 결핍된 욕구이다. 고위험사례대상자를 보호해야 한다는 책임감에 의한 압박이 가중되면서 시설입소를 고려하는 것도 현실적이지 않은 정책, 사회적 관심부재, 개인의 문제로 치부하는 우리 사회의 편협된 시각이 요인이라 할 수 있다. 여기에 더해 빈곤 또는 경제적인 문제가 심각하거나 생계의 문제가 있으면 일탈하기도 하는데, 이런 경우 고위험사례대상자에게 국한된 개입은 도움이 되지 않는다.

통합사례관리사는 문제의 요인과 가족들에게 미치는 부정적인 영향을 파악하고 동시에 가족들을 상담하면서 적극적인 지원방안을 모색해야 한다. 소득이 없으면 이유와 요인을 확인하고 직장을 다니고 있어도 소득수준, 직장만족도, 동료관계 등 돌봄 부담이 가중되는지를 파악해야 한다. 가족들은 고위험사례대상자를 보호할 능력이 있는가? 극심한 경제적 어려움에 처해 있는가? 문제를 인지하는가? 또는 방치하고 있는가? 등 필요한 지원을 서둘러야 한다.

④ 집단 또는 사회문제 확산 정도

고위험사례대상자는 일탈하면서 친구들에게 집착하는가? 이웃들과의 교류중단 또는 단절, 또는 거부, 또는 거절당할 때의 태도 등 부정적인 경험이 많을수록 박탈감을 갖고 비슷한 사람들과 어울리면서 집단의 문제로 심화될 소지가 다분하다.

때로 집단 어울림이 사회문제로 확산되는 경우도 있다. 개인 또는 가족의 문제가 사회문제로 확산되었다는 것은 가족 성원의 관계약화, 애착결핍, 신뢰부족 등이 영향을 미치고 비슷한 처지의 사람들과 바람직하지 않은 행동을 하면서 문제로 드러났기 때문이다. 심각한 경우 부정적인 지지체계를 맺고 폭력을 휘두르면서 적대적으로 행동하기도 한다.

일탈한 개인은 관계를 맺고 또는 소속된 집단의 성원들로부터 부정적인 영향을 받으면서 사회적으로 용인되지 않는 법, 제도 등에 위반되는 행위를 하고 가족과 주변사람들에게 바람직하지 않은 행동을 하는데 고위험사례대상자에게 많이 나타나는 일탈의 문제이다.

(3) 문제 규명

통합사례관리사는 문제분석을 통해 고위험사례대상자의 생활을 이해하게 된다. 문제 분석방법에 따라 바람직하지 않은 상황과 지원해야 할 것 또한 확인할 수 있다.

문제 규명은 사회적으로 용인되는 것인가? 등의 판단기준을 고위험사례대상자에게 안내하고 향후 지원될 서비스에 대한 기초자료로 활용된다.

통합사례관리사는 문제 규명을 위해 다음의 사항이 고려되어야 한다.

첫째, 문제로 인해 고통받는 가족 성원을 확인하고 가족들에게 영향을 미치고 있는지 등을 파악한다.

가족성원은 문제로 인식하는가? 아니면 문제로 인식하지 않는가? 또는 문제로 인해 드러난 현재의 상황이 심각한가? 문제로 인해 이익을 얻는 가족과 고통받는 대상은 누구인가? 등이다.

문제의 규명은 고위험사례대상자를 둘러싼 문제와 연관된 사람들, 도움을 제공하는 사람들을 구별하게 하고 개입의 초점을 명확하게 한다. 고위험사례대상자가 문제를 인식하지 못하면 주변 사람들과 갈등상황인 것이다. 고위험사례대상자의 문제 인지와 전문가의 규명은 통합사례관리 운영과정과 통합서비스 지원의 성과를 좌우하는 핵심요인이다. 누가 문제를 심화시키는 데 영향을 미치고 있는지와 관련이 있기 때문에 고위험사례대상자는 분명 부정적인 자극요인에 의해 일탈할 소지가 많다. 따라서 문제의 심각성에 따라 개입방법을 달리해야 한다.

둘째, 문제는 무엇인가?

문제는 다양한 요인에 의해 심화되는데 주로 대인관계를 맺고, 맺는 과정에서 갈등하면서 발생한다. 때로 개인의 삶을 저해하는 장애물로 작용하기 때문에 문제 규명에 따라 해결기간을 단축할 수 있으며 심화될 상황 또한 예방할 수 있다. 따라서 문제를 규명하는 것은 고위험사례대상자의 변화를 위한 개입방법을 예측하게 한다.

셋째, 문제의 범위와 수준 파악

고위험사례대상자의 문제는 비슷한 양상을 보이지만 개인의 대처방식과 지지 정도에 따라 개입방법을 달리해야 한다. 때문에 문제의 범위와 수준을 파악하기 위한 사전준비가 철저해야 한다. 문제를 해결받기 위해 참여한 고위험사례대상자를 비롯하여 가족들의 반응을 예측하면서 문제해결 능력을 파악하고 자력으로 극복할 수 있는지 등 문제해결 방향을 모색한다.

정보획득에 주력하고, 고위험사례대상자 외에 가족들의 이해 정도, 주변체계와의 교류 등을 파악한다. 생활에 영향을 미치는 문제를 집중적으로 파악하고 문제해결을 위해 전력해야 할 문제가 무엇인지 또한 확인한다.

넷째, 프로그램 목표설정

문제의 핵심목표를 구상하고 목표의 부합 여부를 점검한다. 점검의 협조자는 동료 또는 관리자이며 고위험사례대상자를 비롯하여 가족들이다.

다섯째, 목표에 대한 견해 차이가 있는 이해당사자의 의견 반영
대상자뿐만 아니라 가족들의 의견을 청취하고 기관의 방침에 따라 통합서비스를 지원한다.

2) 고위험사례대상자의 욕구

(1) 결핍된 욕구가 미치는 영향

① 욕구의 정의

미충족된 욕구는 필요한 무언가가 결핍되었다는 것이다. 주변 사람들이 결핍된 욕구가 있다는 것을 알 수 있을 정도로 일탈하였다는 것은 고위험사례대상자의 생활문제가 심각하다는 것이다. 요구는 필요한 무언가를 충족하기 위해 타인에게 요청해야 한다는 인지적 또는 정서적인 반응으로 필요한 무언가를 요청하는 것을 말한다. 욕구는 욕구, 필요, 수요 등의 의미가 내포되어 있다. 욕구결핍은 욕구를 해소할 수 없을 때 발생하기 때문에 욕구가 확인되었다는 것은 내면의 결핍된 욕구가 표출된 것이다(Reid. 1978).

김영종(2013. 88)은 욕구는 개인적 차원과 사회적 차원에서 규명되고, 사회인으로 기능하는 데 필요한 경제적 · 사회적 · 심리적 · 신체적 욕구라고 하였다. 따라서 욕구는 필요한 것으로 정의할 수 있고 누가 규명하는지에 따라 개입수준이 달라진다고 하였다.

Louis Kahn은 욕구란 사회적 요구에 적절하게 대응하면서 사회활동에 참여하고 적절한 수준의 활동력 및 생산력을 유지하기 위해 구하는 것이라고 하였다(김기원. 2007. 389-390; 이창희 외. 2012. 288).

② 결핍된 욕구가 미치는 영향

모든 사람은 살아가는 과정에서 욕구의 결핍을 경험한다. 개인의 능력부족에 의해 결핍을 겪고, 가족, 집단, 사회에서 요구하는 것들을 수용하지 못할 때 욕구의 결핍을 자주 겪는다. 욕구의 결핍이 증가될수록 욕구충족의 필요는 더욱 추구된다. 욕구가 많다는 것은 그만큼 결핍된 욕구가 많다는 의미이다.

중증의 와상장애인은 선천적인 무능력으로 인해 사회생활의 어려움을 겪고 도움을 받아야 하는 생활의 어려움이 결핍된 욕구로 내재될 수 있다. 질병을 앓고 있거나, 경제적 빈곤에 노출되어 있으면 가족 관계 단절 및 보호자 부재 등으로 인해 결핍된 욕구가 증가하고 내면에 간직된다.

신체적 불리함과 환경의 불편함은 욕구결핍을 심화시키고, 도움을 받을 자원이 없거나 단절된 경우 심화된다. 생활의 문제로 확산될 수 있어 시기적절하게 지원해야만 심각한 상황의 진전을 예방할 수 있다.

(2) 요구와 욕구의 차이

사실 욕구는 개인마다 차이가 있어 무엇을 욕구로 정의하고, 이것이 욕구다!라고 명확하게 정의하기 어렵다. 고위험사례대상자의 욕구가 "이걸 원하시는군요"라고 판단하는 것이 쉽지 않은 것이다. 고위험사례대상자의 요구와 욕구를 규명하는 것은 숙련된 임상경험이 있어야만 생활 속 기대가 요구인지, 욕구인지를 규명할 수 있기 때문이다. 따라서 요구와 욕구는 전문가에 의해 규명되어야 한다.

생활에 필요한 것들은 요구이다. 생활요구는 안정적인 상태를 유지하게 한다. 즉, 요구는 매일 반복적으로 나타나지만 충족정도에 따라 안정된 생활에 영향을 미친다. 따라서 요구는 욕구의 전 단계로 이해하는 것이 적절하다.

생활요구는 수시로 변하고 생활환경에 직접적으로 영향을 미친다. 생활에 필요한 것들이 요구로 나타나면 고위험사례대상자의 노력에 의해 충족하기도 하고 보호자에 의해 충족되거나 또는 통합사례관리사의 단독지원을 통해 충족될 수 있다. 하지만 요구사항이 경제적 문제와 24시간 돌봄이 필요하다면 욕구충족은 불가능하다.

요구가 충족되지 않으면 미충족된 결핍이 생활 욕구로 확산되어 결핍된 상태에

놓인다. 미충족된 요구가 많아지면 불만이 내재되면서 생활리듬이 깨지는 등 불안정하게 생활하게 된다. 요구는 요구좌절에 의해 요구거절이 쌓이면서 결핍으로 이어진다. 요구거절을 자주 겪으면 생활의 질을 떨어뜨려 안정된 생활을 하지 못한다.

반면 결핍된 욕구는 요구를 포함하고 성취하고 싶은 기대뿐만 아니라 해야 할 일, 지금보다 나은 미래의 기대 등이 결핍된 것을 말한다. 내면의 결핍이 간직되면 욕구가 결핍된다. 성취하기 어렵고 간직된 채로 남아 있는 결핍된 무언가가 부족한 상태를 결핍된 욕구라고 한다. 욕구는 미래에 성취해야 할 기대를 포함한다. 그래서 욕구는 측정이 어렵고 전문가의 심층적인 분석을 통해 규명되어야 한다.

결국 요구와 욕구는 차이가 없다. 요구는 생활하면서 충족되어야 할 무언가이다. 반면 욕구는 내면의 기대로서 결핍정도에 따라 다른 양상으로 나타나기 때문에 결핍된 정도에 따라 안정된 생활을 방해하는 장애물이 발생하고, 장애물은 생활의 안정을 저해하는 문제를 유발하여 일탈의 요인으로 작용한다.

따라서 결핍된 욕구를 파악하기 위해서는 생활요구의 좌절경험이 파악되어야 한다. 요구 좌절경험과 요구 대처기제를 확인한 후 결핍된 욕구에 미친 영향정도를 규명해야 한다. 결핍된 욕구 규명을 마치면 생활문제를 규명하고 심각성 정도 또한 분석되어야 한다. 규명된 사항을 토대로 개입방법과 지원수준을 정해 지원계획을 수립한다.

평소의 요구가 충족되고 기대성취가 높으면 생활만족이 높아지게 되어 안정적으로 생활하게 된다. 이를 볼 때 생활 속 요구가 결핍되면 욕구 또한 결핍된다고 볼 수 있다.

(3) 욕구파악과 통합서비스 제공효과

요구와 욕구의 차이를 규명하지 않고 욕구로 지원하는 서비스 제공은 제공자의 입장을 우선한 것이다. 수행이 가능한 단순활동조차 통합사례관리사에게 도움을 요청하거나, 사소한 요구를 욕구라며 요구하는 것들이 예이다. 요구가 많을 때 통합사례관리사의 역할이 많아지고 업무 또한 가중된다는 점에서 요구와 욕구를 규명할 수 있어야 한다.

성장 가능한 욕구는 잠재된 재능을 알게 한다. 실현과정에서 성장했다는 자신감 또한 회복하게 한다. 소속된 집단과 주변 사람들에게도 유익을 끼친다.

욕구는 생활실태 및 장애물, 생활상황에 따라 수시로 발생하기 때문에 고위험사례대상자의 욕구가 이것이다라는 것은 그만큼 충분한 면담을 시행하였고 심도 있게 분석했다는 것이다. 반면 욕구조사를 하지 않으면 고위험사례대상자는 통합사례관리사에게 기대하지 않게 되어 심한 경우 참여거부를 선언하는 등 통합사례관리를 진행조차 못하게 된다.

통합서비스를 지원받는 고위험사례대상자의 생활 욕구는 수시로 변한다는 점 또한 간과해서는 안 된다. 통합사례관리사의 주의 깊은 확인이 필요한데, 어떤 욕구는 시간이 지나면 자연스럽게 없어지기도 하지만 결핍된 욕구는 계속 간직되어 생활을 방해하기 때문에 회복을 위한 조치 및 지원이 필요하다.

따라서 고위험사례대상자의 결핍된 욕구파악을 위해서는 다음의 사항이 고려되어야 한다.

첫째, 고위험사례대상자는 결핍된 욕구를 해소하지 못하면 참여 동기를 갖지 않는다.

둘째, 고위험사례대상자의 기대를 충족하기 위해서는 충분한 상담이 선행되어야 한다.

통합서비스의 궁극적인 목적은 고위험사례대상자의 기대부응이다. 기대는 재정을 보조하는 기관과 관계된 사람들의 기대이기도 하다. 따라서 고위험사례대상자의 욕구 미충족은 통합서비스의 실패가 아니라 주변의 기대를 저버린 것이다.

셋째, 결핍된 욕구는 문제를 심화시킨다.

통합서비스는 계획에 의해 추진되는 목적 있는 활동이다. 고위험사례대상자의 욕구를 충족하고 문제들로 인해 파생된 부정적인 영향을 차단하려는 의도가 있어 욕구파악이 충분하지 않으면 결핍된 욕구는 계속 간직된다. 이렇다면 생활의 문제는 더욱 심화될 수밖에 없다. 문제로 확산되기 이전의 조치가 욕구파악을 통한 통합서비스의 지원이다.

넷째, 통합서비스가 사회복지기관의 프로그램을 통해 지원하는 서비스와 다른 점은 개별욕구 파악을 통해 지원되는 특징 때문이다.

조사된 자료를 토대로 실행에 따른 준비를 철저하게 하였는가에 의해 향후 진행될 통합사례관리의 운영에 직접적으로 영향을 미친다는 점에서 고위험사례대상자의 상황을 개선하고 문제들을 완화하는 등 해결되기까지 지원되는 맞춤형 복지서비스가 통합서비스이다.

따라서 단순업무로 인식하면 인력, 시간, 재정적 낭비를 초래하는 등 고위험사례대상자의 변화를 촉구하지 못한다. 통합서비스의 제공은 시간을 투자하고, 참여한 전문가의 노력과 아울러 지역의 기관 및 전문가의 적극적인 참여를 통해 제공되는 종합적인 복지서비스이다. 지원에 신중해야 하고 사전계획을 치밀하게 수립한 후 제공되어야만 성공할 수 있는 전략적인 개별지원서비스이다.

(4) 욕구조사 내용

욕구는 시간의 흐름과 상황에 따라 변한다. 고위험사례대상자의 상황 또한 수시로 변한다. 욕구가 결핍될수록 적극적으로 지지하고 이끌어 가면서 통합서비스를 제공해야 한다.

① 인구학적 특성

지역의 인구학적 변인 등 결핍된 욕구에 영향을 미치는 인구학적 특성 등을 파악한다.

② 고위험사례대상자의 주거실태

주거환경은 고위험사례대상자의 생활수준과 심리적 자존감에 영향을 미친다. 주거환경이 열악하면 욕구결핍에 부정적인 영향을 미친다. 고위험사례대상자는 주변 환경에 직접적으로 노출되어 있고 영향을 받기 때문에 주거지역에 따라 결핍의 정도가 달라진다.

고위험사례대상자의 주거지역은 공업단지, 주택단지, 아파트, 영구임대주거지역, 빈곤지역 등 주거실태를 파악한다. 주거실태는 주거지뿐만 아니라 방의 구조와 생활

편의시설 등 생활환경을 말한다. 부모는 자녀와 한 방을 사용하는가, 거실은 있는가, 보일러 구조는 어떠한가? 등이다.

③ 일상생활 욕구

일상의 욕구는 생활 욕구를 말한다. 일상의 욕구가 충족되면 생활의 질이 높아진다. 반면 결핍된 욕구가 있으면 생활의 질이 저하된다. 고위험사례대상자가 소속된 집단과 비공식적으로 관계하는 모임, 직업, 사회단체 등 활동을 파악하면 생활 욕구의 파악이 용이해진다. 사회활동은 삶의 질에 영향을 미치는 요인으로 교류정도에 따라 존재감을 갖고 욕구를 충족해 간다는 점에서 문제해결 등을 위해 파악되어야 한다.

일상의 욕구는 사회, 경제, 가정, 건강, 직업획득과 유지, 소득 등에 의해 충족된다. 생활 욕구의 파악은 프로그램의 방향수립의 토대라는 점에서 통합서비스의 개발은 욕구를 토대로 기획되어야 한다(김기원. 2007. 395).

하지만 문제를 해결하고 극복하는 방법이 적절해야 한다. 해결방법을 몰라 무리하게 추진하는 경우도 있는데 시간차를 두고 해결해 나가는 것이 적절하다. 문제의 시각을 달리하는 것도 대안이다. 고위험사례대상자에게 해결기대와 욕구를 충족할 수 있는 방법을 설명하고 실행할 수 있는 활동을 제안하는 것 등이다.

④ 내 · 외부 자원조사

사회복지기관의 내부자원은 직원, 자원봉사자, 후원자, 시설물 등이다. 관련된 직원들의 자격증 보유와 경력 외에 시설물과 건물규모, 기자재를 비롯하여 비품과 소모품, 각종 장비(놀이기구, 치료기구 등)를 포함한다. 자원봉사자와 후원자원을 내부자원으로 규정하는 이유는 기관에 소속되어 활동하고 사업에 대한 이해가 있기 때문이다. 물질적 · 정신적으로 다양한 지원을 신속하게 지원할 수 있기 때문이다. 동료 또한 내부자원에 포함하는 이유는 프로그램 수행의 핵심주체로서 통합사례관리사의 활동을 직 · 간접적으로 지원하는 등 역할 수행에 필요한 지지원이기 때문이다.

외부자원은 지역의 인적 · 물적 자원으로 프로그램을 진행할 수 있는 시설이며, 여가문화시설, 문화시설, 모임이 가능한 장소, 관람할 수 있는 편의시설, 식당 등을 포함하고 이를 물적 자원이라고 한다. 인적 자원은 이러한 시설물의 이용 시 참여활동을 수행하는 자원봉사자 등이다. 인적 자원은 친구, 직장동료, 공무원, 지역사회주민, 이웃, 교회관계자, 기업복지재단의 관계자, 타 기관의 직원 등이다.

통합서비스를 제공하는 데 있어 무엇보다 중요한 것이 장소이다. 장소선정이 중요한 이유는 고위험사례대상자의 외부활동을 촉진할 뿐 아니라 활동을 활기차게 만들기 때문이다. 또한 통합서비스를 제공하면서 외부활동을 강조하는 이유는 소집단 활동이라도 자연환경 또는 사람들이 모이는 활동적인 장소 등이 고위험사례대상자의 욕구충족에 긍정적으로 영향을 미치기 때문이다.

⑤ 지지체계 확인

지지체계의 분석은 고위험사례대상자의 생활환경과 지역사회 조사가 필수이다. 조사방식은 관찰, 대면면담 등이다.

1차 조사는 가족들의 밀착 정도를 확인한다. 가족이 지지원으로 역할하고 있는지 외에 지지하는 방식과 지지상황 등을 파악한다.

2차 조사는 사회 내・외의 관계망과 사회활동 등을 조사한다. 사회활동 조사는 고위험사례대상자의 생활정도, 대인관계, 관계망, 관계 횟수, 비공식 모임과 친교활동, 고용훈련, 이웃 또는 친척과의 교류, 직장과 단체에서의 활동, 지자체로부터 수혜 받는 사항 등이다.

통합사례관리사는 내・외부의 지지원의 파악을 통해 통합서비스의 지원사항 등을 고위험사례대상자와 자원들에게 설명한다. 시행 이유와 목표를 제시하고 참여를 독려하되 성취사항을 구체적으로 설명한다.

(5) 욕구기반 통합서비스 지원

① 의・식・주의 결핍된 욕구충족

통합사례관리사는 고위험사례대상자의 결핍된 욕구를 파악하기 위해 고위험사례대상자와 가족들을 만나 대면면담 등을 시행한다. 면담의 목적은 의・식・주의 결핍 정도 외에 경제력, 생활능력, 음식섭취, 주거지 상황, 대인관계 등을 파악하기 위해서다. 의 · 식 · 주는 생존과 직결된 필수조건으로 결핍이 확인되면 즉시 개입해야 한다.

생존의 필수조건이면서 충족이 쉽지 않은 욕구가 주거환경 욕구이다. 주거환경 파악을 통해 통합사례관리사는 고위험사례대상자의 생활문제를 이해하게 되고 생활의 질을 저해하는 환경인지를 판단할 수 있다. 비위생적이고 부적절한 환경이면 관련기관과의 공조를 통해 해결해야 하는데 이 또한 자원을 개발하여 연계해야 한다.

② 주변체계와의 관계 및 교류 확대

고위험사례대상자는 타인으로부터 존중받지 못하고 있다는 것을 인지하는 순간 갈등하고, 심화되면 분쟁하는데 관계를 단절하면서 외톨이 생활을 선택하기도 한다. 사람들과의 교류를 부담스러워하면 고위험사례대상자는 고립되어 있는 것이다.

통합사례관리사가 교제하는 대상과 인물, 기관 외에 소속된 집단과 집단에서의 활동 등을 파악해야 할 이유이다. 고위험사례대상자의 교류수준 파악은 주변체계와의 상호작용 등 사회활동 정도를 이해하게 하기 때문이다.

③ 안전확보 및 위협요소 제거

최근 고위험사례대상자의 인권과 관련된 안전의 문제는 너무나 심각하여 사회적 이슈가 되었다. 인권 침해 예방 및 고위험사례대상자의 보호는 통합사례관리사의 핵심과업이 되었다. 고위험사례대상자의 보호조치는 안전한 생활, 생명유지, 위협으로부터의 보호 등 통합사례관리사의 책무로 부각된 것이다.

고위험사례대상자의 안전생활 유지 조치는 통합사례관리사의 우선 역할이다. 만약 고위험사례대상자가 가정폭력 등의 위험에 노출되었으면 안전한 보호가 먼저 할 조치이다. 사법기관 또는 보호가 가능한 기관에 협조를 요청하는 것이 적절한 개입이다. 단순문제라도 생활을 유지할 수 없을 정도의 문제에 노출되어 있으면 또는 의 · 식 · 주를 자력으로 해결하지 못하는 상황이면 즉시 개입해야 한다.

④ 성장 가능성에 초점을 둔 지원

통합사례관리사는 고위험사례대상자의 잠재력을 파악하고, 가능한 자력으로 수행할 수 있는 활동을 찾고 부족한 사항을 돕기 위해 강점개발에 전력해야 한다. 통합사례관리는 고위험사례대상자의 자아실현을 돕는 최적의 사회복지실천방법으로 욕구충족이 많으면 힘든 상황을 겪는다고 하여도 극복할 힘을 갖는다.

통합서비스는 고위험사례대상자의 자아실현을 돕는 데 있으며 성장을 지원하는 데 목적이 있다. 통합사례관리사는 고위험사례대상자에게 욕구충족 방법을 조언하고 대안을 제시할 수 있어야 한다. 여기에서 조언은 고독, 단절의 외로움 등을 극복하는 방법을 이해하고 판단의 옳은 결정을 내리도록 지지하는 것을 포함한다.

이를 볼 때 통합사례관리사는 통합서비스의 지원을 통해 고위험사례대상자의 욕구를 충족하도록 돕고, 욕구를 충족하기 위한 방법과 대안을 찾도록 안내하는 전문가임을 알 수 있다.

CHAPTER 06

지역기반 통합서비스

지역기반 통합서비스

지원기반	지원내용	비고
지역을 대표하는 통합서비스	• 통합사례관리사의 업무대표성 • 기관의 대표성 • 통합사례관리사의 판단과 결정의 대표성 • 통합서비스의 지역대표성	
지역사회 중심 지원	• 지역기관 및 전문가 등 연계 • 고위험사례대상자 상황연계를 통한 문제해결 • 인적·물적 자원의 시기적절한 규합 • 문제해결을 위한 체계적인 개입	
지역사회 기반 지원	■ **지역기반 통합서비스 지원** • 수행가능한 활동선정 • 거주지 중심 지원 통합서비스 지원 • 생활의지 강화 ■ **종료 후 지원** • 사후관리 중심 지원 • 자조생활 능력강화에 초점	
고위험사례대상자 주거기반	• 생활실태 파악 • 안정된 생활 회복과 유지 • 가족관계 회복지원	
친가족 중심 지원	• 경제력 파악 • 가족관계 중재 • 가족문제 확산예방 • 다양한 재정지원 방안 강구	
지역사회복지기관 연계지원	• 지역사회기관의 인적·물적 전문성 연계 • 통합협의체 구성 • 통합서비스 개발 지원 • 정기적인 워크숍 개최 • 사례발표회	
지역자원 개발 및 연계지원	• 지역자원 분류 • 지역자원의 통합서비스 지원활동 강화 • 전문기술을 보유한 자원의 활동참여 • 자원봉사사 활동 독려 • 정기적인 자원교류	

1 지역을 대표하는 통합서비스

1) 지역기반 통합서비스의 정의

통합서비스는 지역의 사회복지기관의 다양한 서비스 가운데 사례의 상황을 개선하는 데 필요한 서비스를 선별·통합하여 고위험사례대상자에게 지원하는 지역기반 사회복지서비스이다. 사회복지기관이 사례의 상황을 개선하는 데 적합한 서비스가 없거나 또는 개발되어 있지 않으면 통합서비스를 제공할 수 있는 타 기관을 연계해서 지원해야 한다. 또는 통합서비스를 개발해야 한다. 이런 점에서 통합서비스는 지역을 대표하는 사회복지서비스라고 하는 것이다.

2) 통합사례관리사의 업무대표성

통합사례관리사는 사례의 발견부터 고위험사례대상자의 문제가 해결되기까지 직접 주도할 수 있는 권한이 있으며 자원들을 연계할 수 있는 권한 또한 갖는다. 여기에서 권한은 기관장에게 서비스 지원의 필요성을 절차에 따라 보고해서 승인을 받고 기관장을 대리하여 활동하는 대표성을 말한다.

따라서 기관장의 승인은 통합사례관리사가 통합사례관리를 시행하면서 고위험사례대상자에게 통합서비스를 지원하기 위한 기관의 인적·물적 자원을 활용할 수 있다는 의미로서 지원의 권한을 부여받는 등 통합사례관리 업무수행의 정당성을 기관장으로부터 위임받는 대표성을 갖는다.

이렇듯 통합사례관리사는 통합사례관리 업무를 수행하는 중에 기관을 대표하고 기관장을 대리하여 고위험사례대상자에게 통합서비스를 제공하는 대표성을 갖는다. 통합서비스를 제공할 수 있는 기관을 방문한 고위험사례대상자를 만나 이용이 가능한지를 상담하고 응대하는 등 통합사례관리사는 기관을 대표한다.

3) 기관의 대표성

통합사례관리 진행을 위해 언제, 어떠한 방식으로, 무엇을 진행할 것인지를 보고하기 위해 계획을 수립하고, 수립된 계획을 실행하기 위해 문서를 작성하여 결재과정을 거쳐 승인된 문서를 처리하는 과정에서 대표성이 부여된다. 업무를 수행하기 위해 문서를 생성하여 타 기관에 협조를 요청하고, 또는 회의에 참석하는 경우에도 기관을 대표하여 참석한다. 당연히 회의에 참석한 전문가와의 협의는 지역차원에서 고위험사례대상자의 문제 등을 해결하려는 목적에서 수행되기 때문에 지역을 대표하는 것이다. 기관을 방문한 자원들을 응대하는 경우에도 기관을 소개하면서 공식적으로 응대하는 대표성을 갖는다. 이런 점에서 통합사례관리사는 기관장을 대리하여 응대한 것으로 볼 수 있다.

따라서 통합사례관리사가 주도하는 통합사례관리 업무는 기관장으로부터 능력을 인정받았기 때문에 사례관리전문가로 임명을 받은 것이며, 통합사례관리사가 지원하는 통합서비스는 기관을 대표하는 대표성을 갖는다.

4) 통합사례관리사의 판단과 결정의 대표성

통합사례관리 회의의 참여는 전문가들이 소속된 기관의 상황과 입장을 대변하면서 사회복지기관을 대표하는 권한을 기관장으로부터 위임을 받아 참여하기 때문에 지역복지 주체들의 모임이라 할 수 있다. 지역을 대표하는 기관들의 모임인 통합사례분과회의는 소속 기관을 밝힌 상황에서 종사자가 참여하기 때문에 기관을 대표하는 것이다. 따라서 통합서비스의 실천적 지원은 통합사례관리회의에서 확정되기 때문에 지역을 대표하는 통합서비스로 정당성을 인정받는다.

통합사례관리사가 제안한 의견은 개인적인 의견이 아니라 기관의 입장을 대변한 것이다. 해당 기관이 고위험사례대상자의 문제해결을 위해 개입의사를 분명하게 표명한 것으로 볼 수 있다. 이러한 의견제안 등을 통해 통합서비스는 확정되고 지원된다는 점에서 통합사례관리사의 제안은 기관을 대표하는 것이다.

고위험사례대상자는 문제를 해결받기 위해 개별기관에 의뢰하였지만 지역의 기관이 연합하여 합의된 최적의 서비스를 지역사회기관들이 역할을 분담하여 지원하였다는 점에서 통합서비스라고 하는 것이다.

5) 통합서비스의 지역대표성

통합서비스는 기관을 대표해서 참여한 전문가들이 문제 등의 규명과정을 거쳐 확정된다. 전문가 간의 협의과정을 거쳐 합의된 최종의 대안이 통합서비스로 확정되는 것이다. 따라서 고위험사례대상자의 서비스 지원을 의뢰한 기관은 지역을 대표한다고 할 수 있다. 통합사례관리사가 고위험사례대상자를 만나 상담을 하고 타 기관의 사회복지사와 협의하면서 지원의 수준과 방향을 정하는 것 또한 지역을 대표하는 활동이다. 이를 볼 때 통합사례관리사의 활동은 기관에 소속되었을 때 공식적으로 인정을 받고, 기관에 소속되어 사례관리 업무를 수행한다는 점에서 대표성을 갖는다.

통합사례관리 업무의 대표성은 고위험사례대상자로 선정되어 통합서비스를 제공받는 과정에서도 확인이 가능하다. 고위험사례대상자는 지역의 기관에 의해 또는 이웃에 의해, 사회복지사가 활동하는 중에 발견되어 사회복지기관에 의뢰되는 경우가 대부분이다. 이후 의뢰된 기관에 접수되고 인테이크에 참여하면서 대상자로 선정되면 이용자 신분으로 전환된다.

서비스를 의뢰한 기관의 서비스로는 문제 등의 해결이 어렵다면 통합사례분과에 의뢰되어 지역 중심의 서비스 협의가 시행된다. 통합사례분과위원들의 통합사정회의가 소집되고 통합사정위원들이 대상자 선정을 결정하면 통합사례회의에 상정된다. 사정의 정확성을 검토한 후 문제개선을 위한 통합서비스 지원방향이 협의되면서 지원사항과 통합서비스는 확정된다. 고위험사례대상자의 상황개입을 위한 지원계획이 수립되고 문제 등의 해결을 위해 통합서비스의 지원시기 또한 확정된다. 또한 통합서비스 지원이 가능한 기관을 정해 수립된 계획은 실행된다.

이상의 통합사례관리 진행절차를 살펴보면, 고위험사례대상자는 지역의 사회복지기관에 의뢰되었지만 지원할 수 있는 자원의 부족 등으로 인해 또는 문제의 심각성에 의해 전문가가 소속된 통합사례분과에 의뢰되었다. 통합사례분과위원들은 해당 사례의 지원을 위해 기관을 대표하여 참석하였고 고위험사례대상자의 상황개선에 적합한 통합서비스를 결정한 후 기관에 배정되었다. 담당자 또한 확정되었다. 전문가들의 의견을 수용하면서 합의된 결정사항을 통합서비스로 개발하여 지원시기를 확정하는 등 지역 중심의 통합서비스를 지원하기 위한 사전준비를 마치게 된다. 의뢰기관은 고위험사례대상자의 동의를 받아 서비스를 제공하면서 지원역할을 수행하게 된다. 이러한 과정을 거쳐 확정된 서비스가 통합서비스이며 지역을 대표하는 통합서비스인 것이다.

2 지역사회 중심 지원

통합사례관리와 사례관리의 차이는 기관이 주도해서 지원해야 할 사례와 고위험사례대상자의 문제 및 결핍된 욕구를 지원하는 데 있어 기관 자체적으로 시행하는가, 지역을 중심으로 시행되는가 등에 의해 구분된다. 기관의 사례관리사가 주도하여 통합사례관리를 시행하는 것은 차이가 없으나 지역의 전문가 및 사회복지기관이 보유한 인적·물적 자원의 전문성을 사례의 상황에 개입하는가에 의해 차이가 있다.

즉, 사회복지기관의 사례관리사가 주도하고 지역의 기관 및 전문가를 연계하여 운영하면 통합사례관리라고 한다. 타 기관에 의뢰하여 지원하는 경우, 타 기관 및 전문가들과 공동으로 통합서비스를 개발하여 지원하는 경우에도 통합사례관리라고 한다. 반면 사회복지기관이 사례대상자를 선정하고 자체적으로 지원하는 경우에는 기관 중심의 사례관리라고 한다. 즉, 지역기관과 연계해서 지원하는 것이 아니기 때문에 통합사례관리라고 할 수 없는 것이다.

지역에는 사회복지증진을 위해 전문성을 토대로 사업을 수행하는 사회복지 관련 기관이 있으며 전문가 또한 다양한 역할을 수행하고 있다. 전문가에 의해 지원하는 통합서비스는 전문성의 담보가 무엇보다 중요하다. 사회복지기관의 전문가와 시설, 기자재 등을 고위험사례대상자의 상황에 연계해서 문제를 해결하려는 것은 통합사례관리 운영 및 수행의 질을 높일 뿐만 아니라 지역의 복지발전은 물론 사회복지기관의 사명달성에 기여한다는 점에서 사회복지기관의 인적・물적 자원을 규합해야 하는 등 조직력을 갖추어야 한다.

고위험사례대상자의 상황을 개선하고 문제를 해결하려는 의도적이고 계획적인 개입이기 때문에 고위험사례대상자가 발견되면 분명 상황이 심각한 것이다. 지역사회 중심의 통합사례관리 지원은 통합사례관리사가 주도하고 고위험사례대상자의 상황 개선에 도움제공이 가능한 전문가를 슈퍼바이저로 선임한 후 진행하는 것이 통합사례관리의 운영과 통합서비스 제공의 질을 높인다.

3 지역사회 기반 지원

1) 지역기반 통합서비스 개념

지역사회는 고위험사례대상자가 살아왔고 앞으로도 살아갈 터전이다. 지역사회는 사람들과 교류하면서 생활에 필요한 것들을 충족하고, 충족해야 할 터전이기 때문에 지역사회를 고려하지 않는 통합서비스 지원은 의미도 가치도 없다. 사회복지기관에서 일반적으로 시행하는 프로그램과도 차이가 없다.

통합서비스가 지역을 토대로 개발되고 연계해야 할 또 다른 이유는 생활의 필요를 지역에서 충족해야만 통합사례관리가 종결된 이후 자조적인 생활을 도모할 수 있기 때문이다. 고위험사례대상자가 지역을 기반으로 살아가고 안정적인 생활기반의 마련이 지역사회이기 때문이다. 거주지를 중심으로 지역에 기반하는 통합서비스만이 이러한 생활 욕구를 충족하기 때문이다.

지역기반통합서비스는 지역사회 분석이 선행되어야 한다. 편의시설과 대중교통수단, 공공 및 민간기관이 보유하고 있는 물적 자원을 포함하고 자원봉사자 외에 도움제공이 가능한 전문가 등을 파악하고 있어야 한다. 최적의 서비스를 개발하기 위해서이며 통합서비스를 지원할 수 있는 전문 인력의 확보 때문이다.

통합서비스는 지역의 특성에 따라 영향을 받는다. 농・산・어촌지역, 중・소도시, 대도시, 군사도시, 공업도시 등에 따라 통합서비스의 개발은 제약을 받기 때문에 좋은 통합서비스는 지역의 상황에 맞게 개발된다. 그렇다면 지역의 여건에 의해 통합서비스는 개발에 제약을 받을 수 있다는 것을 알 수 있다.

통합사례관리사가 지역의 전문가들과 통합서비스를 개발하기 위해 지역의 여건을 고려하는 것은 자원의 활동과 깊은 관련이 있다. 자원이 부족한 지역은 고위험사례대상자의 상황에 적합한 서비스 개발 및 지원에 제약을 받는다. 지원할 만한 자원이 없거나 부족하기 때문인데 그만큼 생활개선을 위한 지역의 자원이 풍부해야 한다는 것을 의미한다. 반면 자원이 풍부한 지역은 고위험사례대상자를 지원할 수 있는 자원의 발굴 등이 수월하기 때문에 고위험사례대상자를 지원할 수 있는 여건이 마련되어 있다고 볼 수 있다.

하지만 고위험사례대상자의 모든 상황을 지역에서 해결하지는 못한다. 따라서 충족되지 않은 욕구 대처방식을 검토해야 한다. 욕구결핍 정도에 따라 대처하는 방식은 분명 차이가 있다. 고위험사례대상자가 자력으로 생활을 꾸려 가고, 못하는가는 생활의 적응여부에 달려 있다. 부정적인 생각을 갖고 대처하면 불안정한 생활을 하고, 반대로 긍정적으로 대처하면 극복할 능력이 있는 것이다.

2) 지역기반 통합서비스 지원

(1) 통합서비스 지원과정

먼저 통합서비스를 성공적으로 지원하기 위해서는 문제 및 결핍된 욕구를 규명하고 해결대안 모색에 충실해야 한다. 이 시기는 서비스를 지원하는 초기 과정이므로 고위험사례대상자가 수행할 수 있는 통합서비스를 지원하는 것이 동기유발과 참여기대를 갖게 한다. 하지만 참여 독려를 위한 조언과 격려 등 지지하면서 이끌어야 한다.

대안을 모색했으면 시간 점진적으로 계획을 수립한다. 시기 고려는 치밀한 계획수립에 의한다. 치밀한 계획은 통합서비스를 제공하는 고위험사례대상자의 상황을 통합사례관리사가 충분하게 파악하였다는 의미다. 지원하는 사항, 서비스 내용, 참여하는 인력의 개입이 고위험사례대상자가 수행할 수 있도록 쉬운 활동부터 어려운 과업으로 점진적이며 짜임새 있게 수립하였다는 것을 말한다. 상황변화를 위한 최적의 시기를 검토하고 고위험사례대상자가 성취감을 얻을 수 있는 쉬운 역할과 활동을 초기에 반영하는 것이 지원의 적시성을 높인다.

시계열적인 통합서비스의 반영은 고위험사례대상자가 이해하고 수행 가능한 활동이어야 한다. 점차 어려운 역할 및 활동으로 배치하는 것이 핵심이다. 하지만 통합사례관리사가 긴급하고 심각한 문제를 발견하였기 때문에 즉시 개입해야 하지만 문제를 방치하면서 생활해 온 고위험사례대상자는 매일 겪는 어려움이어서 전문가의 개입을 주저할 수 있다. 고위험사례대상자가 수행할 수 있는 쉬운 활동을 제시하는 것이 문제개선 및 해결의지를 갖게 한다. 즉, 쉬운 문제부터 해결해 가는 것이 고위험사례대상자의 이해를 높이고 참여 동기를 강화한다는 것이다. 통합사례관리사의 역할은 고위험사례대상자의 상황보다 수행할 역할이 가중되어서는 안 되고 부족해서도 안 된다. 강한 의지를 갖는 것, 이것이 목표이기 때문에 통합서비스의 지원 전과 제공과정, 지원 후의 운영과정을 모니터링하면서 지원해야 한다.

여기에서 주의할 것은 고위험사례대상자가 심각한 상황에 직면해 있다는 것을 인지하도록 설득하면서 이끌어 가는 것이다. 고위험사례대상자가 문제를 인지하고 극복할 역량을 갖추었는가를 고려해야 한다는 것이다. 통합사례관리를 성공적으로 이끌어 가기 위한 통합사례관리사의 숙련된 기술은 그래서 중요하다. 고위험사례대상자의 상황이 심각할수록 통합사례관리사의 출중한 지원기술과 주도역량 등이 상황변화에 따라 발휘되어야만 강화되기 때문이다. 통합사례관리사의 의지가 설득되어야만 자조생활 능력과 독립생활에 필요한 능력을 갖출 수 있기 때문이다.

통합사례관리사의 대화방법과 고위험사례대상자의 이해정도에 따라 통합서비스 지원이 수월해지고, 이해가 부족하면 지체되어 통합사례관리운영에도 차질이 생긴다. 즉, 고위험사례대상자의 활동을 중재하고 수행활동에 필요한 정보를 수시로 제공하는 등 자조생활을 독려하면서 이끌어 가야만 성공할 수 있다는 것이다.

(2) 통합서비스 종료 후 지원

통합서비스를 지원하는 목적은 사후관리 이후 고위험사례대상자의 독립생활을 지원하기 위해서다. 독립생활은 문제가 규명된 이후 통합사례관리사의 조언이 옳은 것임을 확인하게 하고 더 이상 문제에 노출된 이전의 방식으로 생활하지 않으면서 자력으로 생활하는 것을 말한다. 거주지를 중심으로 이웃들과 원만한 관계를 유지하고 통합사례관리 과정에서 습득한 여러 기술을 생활에 적용하면서 생활하는 것을 말한다. 하지만 모든 것을 혼자 결정하고 판단하는 것을 부담스러워할 수 있다. 해결(참여)의지를 갖지 않으면 이전의 생활로 회귀되기도 한다.

통합사례관리의 목적은 사후관리 이후 고위험사례대상자가 독립적으로 살아가도록 역량을 갖추게 하는 데 있다. 자조적으로 생활하고 주민들과 같은 방식으로 생활할 수 있게 환경을 개선하고 능력을 고양하는 데 있다. 따라서 통합사례관리의 성과는 주민들과 같은 방식으로 고위험사례대상자가 살아가느냐에 따라 자립생활을 유지하고 수행하고 있다는 것이 확인되어야 한다. 통합사례관리의 성공여부는 생활의 문제 등에 직면했을 때 극복할 역량에 따라 확인되기 때문에, 만약 능력이 부족하고 역량이 없으면 통합사례관리는 실패한 것이다.

결국 통합사례관리의 운영과 통합서비스의 지원목적은 사후관리를 위해 시행된다고 할 수 있다. 통합서비스를 제공하는 과정이 적절했는지에 따라 고위험사례대상자의 자조생활 능력을 확인할 수 있기 때문에 통합서비스는 자조생활을 위해 지원된다고 할 수 있다. 통합사례관리의 성과는 지원과정이 적절해야만 긍정적인 결과로 이어진다. 이런 점에서 다양한 서비스를 지원하여도 자조생활 능력이 확인되지 않으면 실패한 것으로 볼 수 있다. 자조생활의 유지는 가정생활과 지역사회에서 이웃들과 원만하게 관계하면서 자기주도적으로 생활하고 있는가, 또한 생활할 수 있는가에 의해 확인이 가능하다.

지역기반 통합사례관리는 통합서비스의 제공과정이 고위험사례대상자의 상황에 적합하게 체계적으로 지원되어야만 성과를 확인할 수 있다. 사례의 발견시점부터 종결 후까지 일관성 있게 지원되어야만 성공하고 지원의 성과 또한 확인할 수 있다. 즉, 통합사례관리의 성과는 고위험사례대상자가 주민들과 같은 방식으로 생활하는 사후관리 과정에서 확인이 가능하다는 것이다. 시행초기인 인테이크 단계부터 목적을 갖고 시행되는 결과 중심의 활동이 통합사례관리이며 고위험사례대상자가 자조적으로 생활할 수 있도록 연계된 자원들의 활동이 가장 활발하게 수행되어야 할 시기가 사후관리라는 것이다.

4 고위험사례대상자 주거기반

1) 생활실태 파악

통합사례관리사는 고위험사례대상자의 주거지 상황을 파악하면서 형편을 이해하게 된다. 고위험사례대상자와 가족들의 생활정도 또한 파악하게 된다. 생활정도라 함은 경제적 수준을 의미한다. 따라서 주거상황을 파악하면 가족상황과 경제적 상태 등을 이해하게 되어 생활수준을 확인할 수 있다.

2) 안정된 생활 회복과 유지

주거지 기반 서비스의 지원목적은 고위험사례대상자의 자기주체성을 회복하고 동시에 가족들의 안정된 생활을 도모하기 위해서다.

첫째, 가족 성원들의 생활편의를 도모하는 공간인지, 주거지에 불만이 있는지, 있다면 어떤 것들이 결핍된 것인지, 무엇이 욕구 결핍을 가중하는지, 기대하는 욕구는 무엇인지 등을 파악한다.

둘째, 주거환경의 위생 상태를 확인한다. 가정 내 환경은 고위험사례대상자와 가족들의 생활에 불편한 구조인지, 자력으로 식사를 준비하고 청소를 할 수 있는지 등이다.

셋째, 이상의 사항이 파악되면 개선을 위해 문제들과 장애물을 분류한다. 분류된 문제에 따라 자원의 개발에 착수한다. 지역의 기관들과 서비스 지원여부를 협의하고 지원이 가능한 통합서비스를 확정한다. 확정된 서비스는 고위험사례대상자의 동의를 받은 후 시기를 정해 지원한다. 주의해야 할 것은 선별된 서비스를 지원하기 위해 고위험사례대상자의 동의만을 받아서는 안 된다는 것이다. 가족들의 협조가 없으면 통합서비스를 지원해도 성과를 담보할 수 없기 때문이다.

3) 가족관계 회복

고위험사례대상자에게 지원하는 주거기반 서비스는 주거문제만을 해결하려는 것이 아니다. 주거문제로 인해 발생된 훼손된 가족관계를 개선하는 것이 더 중요하다. 고위험사례대상자와 가족들은 주거지에서 가족들과 함께 생활에 필요한 것들을 충족해 간다. 주거지는 인간의 생존과 직결되고 인간다운 생활을 위해 반드시 충족되어야 할 필수조건이다. 하지만 주거욕구는 경제력이 없으면 충족될 수 없고 노력을 하여도 극복될 수 있는 것이 아니기 때문에 경제적 문제에 직면해 있으면 사회적 지원을 통해 해결해야 한다. 하지만 가족들이 적대적 관계라면 결속력이 약화되는 등 심각한 문제에 노출된 것으로 판단해야 한다.

통합사례관리사는 심각한 문제와 단순문제를 분류하고 자원들의 역할을 배정한 후 지원방향을 협의한다. 협의사항 중에 지원의 규모와 재정투입 등 기관의 지원 정도를 판단하고 지원범위를 결정한다. 합의사항을 토대로 지원사항과 지원시기 등을 계획하고 지원이 가능한 자원개발에 전력한다.

이제 고위험사례대상자와 가족들의 협조가 필요하다. 협조를 요청할 때는 고위험사례대상자의 상태를 충분하게 설명하고 해결 대안을 마련해서 지원하는 것이 적절한 연계이다. 주거서비스는 고위험사례대상자와 가족들의 안정된 생활과 생활편의를 도모하는 것을 목적으로 한다.

5 친가족 중심 지원

고위험사례대상자가 가정형편이 어려워도 가족들이 애착이 많고 함께 이겨내려는 밀착된 관계이면 생활의 문제 등을 극복할 수 있다. 설사 어려운 상황이라도 결속력을 강화시켜 극복할 수 있는 여력이 있는 것이다.

누구나 가족들의 도움과 보호 등에 의해 어려움을 극복하기 때문에 가족들의 도움을 받지 못하거나, 도움제공 여력이 없으면 고위험사례대상자는 물론 가족 모두 어려움에 처해 있는 것이다. 중증의 장애인과 돌봄이 필요한 아동·청소년, 부양을 받아야 하는 노인 등은 이러한 상황에 더 취약하다.

따라서 고위험사례대상자는 가족 또는 보호자의 지속적인 보호가 필요하다고 판단해야 한다. 타인의 돌봄과 보호가 없이는 생활할 수 없기 때문이다.

고위험사례대상자의 친가족 중심의 통합사례관리 서비스 지원은 다음의 사항을 고려해야 한다.

1) 경제력 파악

대개 가족들의 가난은 소득이 없는 경우 심화되고 경제활동을 하지 못하는 가장의 실직 등이 요인이다. 소득이 없는 가족은 심각한 빈곤상태인 경우가 대부분이다. 가족의 생활주기에 따라 고위험사례대상자의 생활은 영향을 받는다. 오랫동안 빈곤하게 지내면 생활에 필요한 것들을 충족하지 못했다는 것으로 가족관계도 부정적인 경우가 많다.

경제적으로 어려움에 처해 있는 가족을 지원하기 위해서는 가족들의 생활주기를 고려해야 한다. 가족들의 생활주기에 따라 가족 성원 전체가 통합사례관리 대상인 경우가 많기 때문이다. 통합사례관리사는 가족 성원이 직장생활을 하고 있는지, 정기적인 소득이 있는지, 일용직 또는 정규직인지, 소득이 불안정한지, 수급자인지, 이웃들의 도움이나 친척들의 도움을 받는지 등 소득수준을 파악한다. 지출에 비해 소득이 적으면 가족들은 경제적인 어려움에 처한 것이다. 학령기 자녀가 있으면 학비 등의 지출이 늘어날 수밖에 없다. 일을 할 수 없을 정도로 심각한 질병을 앓고 있으면 생활비 부족보다 치료비용의 지출이 더 시급한 것이다. 차비가 없어 걸어 다녀야 할 상황이면 심각한 빈곤에 처해 있는 것이다.

2) 가족관계 중재

가족 성원 누군가가 결핍된 욕구가 있으면 불화를 겪는다. 생활하는 가족이기 때문이다. 오랫동안 갈등하였으면 관계단절 등을 고민할 것이다. 적대적으로 가족을 대하는 분노와 화냄은 불화가 있는 가족들의 예이다. 분노는 결핍된 욕구 때문에 발생한다는 점에서 희망을 갖고 고위험사례대상자의 변화를 기대하면 그나마 극복할 여력이 있는 것이다. 분노와 화를 방치하거나 받아들이면 포기한 것으로 판단할 수 있다.

통합사례관리사는 문제해결을 위해 가족 성원 각자의 역할을 분담하고 관계회복을 위한 방법을 강구해야 한다. 가족을 면담하고 드러난 문제의 요인과 양상을 파악한다. 면담을 마치면 고위험사례대상자의 욕구를 파악하기 위해 가족들과 상담을 시행한다. 이제 전문가들과 협의해서 문제를 규명하고 욕구를 분석한다. 고위험사례대상자와 가족을 지원하기 위해 지역의 전문가를 섭외하고 해결해야 할 문제들의 통합서비스 지원방향을 협의한다. 성원들의 생활방식을 고려하고 지원사항을 수립하는 것만이 이 같은 가족불화를 예방하게 한다.

3) 가족문제 확산예방

고위험사례대상자의 상황이 심각한 것과 마찬가지로 사회생활을 하지 않았거나 교류가 없으면 가족들 또한 힘든 상황이라는 것을 예견할 수 있다. 이런 상황이 오랫동안 지속되어 왔으며 고위험사례대상자에게만 개입하는 것은 적절하지 않다. 개입을 위한 조치는 고위험사례대상자의 문제 외에 가족들의 상황을 파악하고 개입방법을 모색하면서 전문가의 자문을 받고 상황이 심각하면 치료적 개입을 시도하는 것이 가족의 문제 예방에 효과적이다.

가장이 실직하여 소득이 없으면 가족은 힘들게 지낼 수밖에 없다. 일자리 알선, 직업훈련이 가능한 기관에 의뢰하는 것, 자격증을 취득할 수 있는 고용안정센터 등을 소개하는 것 또한 적절한 지원이다. 또는 직업을 알선하기 위해 취업처를 소개하는 것도 안정된 생활을 지원하는 방법이다. 자녀의 학비부담이 가중되는 상황이면 학업지원을 위해 지역아동센터 등을 연계한다.

하지만 이러한 지원을 하여도 빈곤가족의 상황을 단기간에 변화시키기는 어렵다. 근본적인 문제는 가난이고 소득이 없는 현재의 상황이다. 고위험사례대상자는 여러 이유 때문에 가난하게 되었지만 직업이 없다는 문제 때문에 가난해진 것이다. 따라서 의・식・주의 해결방안을 강구해야 한다. 먹을 것, 입을 것, 주거지 등의 문제를 우선 조치하고 심리・정서적인 문제를 해결하는 것이 적절하다.

4) 다양한 재정 지원방안 강구

고위험사례대상자가 경제적인 문제 등에 노출되어 있음에도 수급권자 자격취득 신청을 하지 못하는 것은 정보가 없기 때문이다. 신청방법이 너무 복잡하고 주민센터를 방문하는 것이 힘들기 때문이다. 통합사례관리사는 신청방법을 설명하고 수급권자 자격(서류 작성 등)을 취득할 수 있도록 안내한다. 필요한 경우 동행하여 서류작성을 지원한다. 조건부 수급자라면 지역사회기관에서 제공할 수 있는 서비스를 확인하여 지원이 가능한 사항을 소개하는 등 제공받을 수 있는 서비스를 이해하기 쉽게 설명한다. 또한 후원금을 지원받을 수 있도록 기관의 후원자원을 연계한다.

하지만 이러한 지원만으로는 경제적인 문제를 해결하기는 어렵다. 기관의 지원여력이 충분하여도 또 다른 문제에 노출되는 경우가 대부분이기 때문에 경제적인 문제 외의 어려움은 문제 규명과 아울러 우선순위를 정해 시급한 문제부터 지원하는 것이 지혜롭다 하겠다.

경제적인 어려움은 생계곤란의 문제가 생활 중에 나타나고 있는 것이다. 많은 고위험사례대상자들이 생존의 문제에 직면한 상황에서 통합사례관리사를 만난다. 도움을 요청하기 위해 방문하는 것이다.

> 통합사례관리사는 다음의 사항을 고려해야 한다.
>
> 사회복지기관을 방문한 고위험사례대상자는 사회복지기관의 업무분장과 부서의 직원이 무엇을 하는지, 누가 담당하는지조차 모른다. 그래서 방문한 목적을 위해 기다린다. 이렇게 기다리다 담당자를 만난다. 그리고 도움을 요청한다. 하지만 재방문해야 하는 상황도 있다. 시간약속을 못했기 때문에 서류준비 등이 안 되었기 때문이다. 그렇게 고위험사례대상자는 서류를 준비해서 다시 방문한다. 또다시 자신의 상황을 얘기하고 도움을 받을 수 있는지를 문의한다. 통합사례관리 대상자로 등록이 되어야만 서비스를 제공받을 수 있기 때문에 인테이크 과정부터 참여해야 한다. 만약 기다리다 지쳐 포기하면 어려운 상황이지만 서비스를 지원받지 못하게 된다. 이런 식의 번거로운 지원방식을 개선할 방법은 없을까?
>
> 유능한 통합사례관리사도 고위험사례대상자의 소득문제 등을 해결하지는 못한다. 다양한 자원들과 심층면담을 통해 해결방법을 요청해서 지원가능 여부를 타진하여도 사실 해결이 불가능할 정도로 생활비 충당은 어려운 문제이다. 그만큼 경제적인 문제는 생활의 문제여서 해결이 어렵다는 것이다.
>
> 여기에 더해 고위험사례대상자가 오랫동안 고립된 채로 생활하였으면 지원은 생활전반에 관한 도움이어야 한다. 우선할 조치는 소득보존을 위한 일자리 지원이다.
>
> 재정지원은 통합사례관리사의 지원만으로는 해결이 어렵기 때문에 기관이 지원할 수 있는 모든 자원을 동원해서 지원해야 하고 필요한 경우 지역의 고용 관련 기관과 연계해야 한다. 그럼에도 고위험사례대상자를 지원하는 데 어려움이 있으면 지역의 산업체와 직접 연계해서 지원하는 것이 적절하다. 이러한 지원은 고위험사례대상자의 상황을 개선하고 안정적인 생활을 지원하기 위한 목적에서 시행되어야 한다.

6 지역사회복지기관 연계지원

보건복지부는 사회복지시설 운영과 관련하여 사회복지시설 관리안내를 통해 사회복지기관의 인력 채용기준을 안내하고 있다. 사회복지기관 유형별로 전문 인력의 채용 기준을 제시하고 준수할 것을 강제하고 있어 전문자격증이 없는 직원의 채용을 사실상 불허하고 있다. 이렇다면 사회복지기관의 직원들은 국가에서 인정한 자격증을 취득한 전문가임을 알 수 있다.

따라서 지역의 사회복지기관에는 다양한 전문가들이 근무하고 있으며 그들은 전문성을 갖춘 사회복지전문가이다. 지역사회복지기관을 연계해서 통합서비스를 지원하는 이유가 여기에 있다. 해당 기관에서 근무하는 종사자들의 전문성이 통합사례관리 과정에서 발휘될 수 있도록 전력하면서 고위험사례대상자의 상황개선에 적합한 최적의 통합서비스를 연계하기 위해 사회복지기관의 조직력을 더욱 확장하여야 한다. 전문성을 토대로 지원해야만 고위험사례대상자의 상황개선은 물론 문제해결 등에 기여할 수 있기 때문이다.

통합사례관리의 운영은 지역의 기관들과 공조될 때 효과적으로 운영되고 기관이 보유한 인적·물적 자원의 전문성이 사례상황에 투입될 때 효율적인 개선방안을 도출할 수 있다. 종사자의 역량 또한 더욱 강화된다. 지역의 복지주체임을 견고하게 확신하게도 한다. 따라서 지역의 복지증진에 기여하고 인력의 전문성을 계속 증진하기 위해서는 통합사례관리를 토대로 지역기관 중심 활동이 활발하게 진행되어야 한다. 여기에 더해 전문가 및 지역기관 간의 협의체계를 구축해서 운영하면 지역의 상황에 적합한 최적의 통합사례관리 방식을 정착시킬 수 있다. 고위험사례대상자에게 적합한 통합서비스 또한 개발할 수 있다. 기관 간의 긴밀한 협의체계 구축은 통합사례관리의 성공적인 수행을 위해, 또한 통합서비스 개발과 지원을 위해 반드시 구축되어야 할 지역사회의 과업이다.

지역의 사회복지기관 및 전문가의 연계는 고위험사례대상자의 급속한 증가에 따른 대응체계 구축의 필요성을 더한다. 지역기관 연계는 지역복지증진 전략이다. 통합서비스의 개발이 필요한 이유도 사례상황을 능동적으로 대응하고 고위험사례대상자의 심각한 문제 등을 신속하게 대응하기 위해서다.

연 1~2회 사례 중심의 지원협의를 하거나 또는 워크숍을 개최하는 것이 효과적이다. 지역의 문제해결을 위한 협의체계 구축을 통해 전문가 모임을 정기적으로 시행하고, 사례발표회 등을 시행하는 것도 홍보 전략이다. 또한 기관 간의 교류를 원활하게 하고 협조체계를 강화하는 데에도 효과적이다.

사회복지기관 및 부서의 준비

구분	준비사항	준비내용
사회복지 기관의 준비	통합사례관리 전담부서 설치	• 통합사례관리 운영체계 마련을 위한 부서화 • 지역사회 긴급, 위기, 일반, 보류, 제외 고위험사례대상자 긴급지원체계 구축 • 지역의 잠재적 위험군 등에 대한 고위험사례대상자 지원체계 구축 • 지역사회 고위험사례대상자 조기발견체계 구축 • 사회복지기관의 고위험사례대상자 긴급지원체계 구축 • 사회복지기관의 통합사례관리 운영 및 관리체계 마련 • 지역사회주민 복지증진을 위한 사회복지기관의 위상정립 • 지역기반 통합서비스 지원체계 마련 외
	기관 내부자원	• 기관의 인적 · 물적 자원현황 파악 • 고위험사례대상자 지원을 위한 자원봉사자 후원자 자원현황 관리 • 고위험사례대상자 긴급지원 및 위기지원 개입 자원의 역량강화 • 고위험사례대상자 지원 전문성 강화 • 고위험사례대상자 기관 시설물 이용지원 외
	지역사회 자원연계 및 관리	• 상시적인 기관 외부자원 연계 및 관리운영 • 지역사회의 인적 · 물적 자원 파악을 통한 현황분석 • 고위험사례대상자 상시지원을 위한 전문가 자원 개발 및 연계 • 고위험사례대상자 욕구 및 문제유형에 적합한 슈퍼비전 제공 가능 자원의 발굴 및 연계 • 지역사회 자원관리를 통한 상시적인 전문가 자원 및 일반자원 연계 • 고위험사례대상자 발견 후 통합서비스 실행 시 통합사례관리 운영에 따른 서비스 지원 및 고위험사례대상자 지원체계 마련 외
	직원 전문성 강화	• 고위험사례대상자에 대한 능동적인 통합서비스 지원역량 강화 • 사업부서 직원들의 고위험 일반사례대상자 지원 역량강화 교육시행 • 고위험사례대상자 유형별 사례개입 방안 마련 및 실행능력 강화 • 긴급 및 위기 사례대상자 지역사회 자원연계 역량강화 교육 • 교육체계 마련을 위하여 정기 및 수기교육 진행 • 외부전문가 초청 특강 및 워크숍 주관 외

부서의 준비	전담부서	• 고위험사례관리 대상자 중 긴급 및 위기 대상자 전담 • 고위험사례대상자 통합사례관리 운영관리 • 고위험사례대상자 조기발견체계 마련 • 고위험사례대상자 지역사회 자원연계 • 고위험사례대상자 거주지 기반 통합서비스 지원체계 마련 • 지역사회기관 및 전문가 개발 및 연계 • 정기 또는 비정기적인 통합사례관리 역량강화교육 주관 • 지역기반 통합사례관리 운영체계 구축 • 고위험사례관리 대상자 지원을 위한 외부전문가 연계체계 구축 • 기관 중심의 통합사례관리 네트워크 구축 • 사업부서 및 행정부서 직원에 대한 통합사례관리 역량강화교육 주관 외
	사업부서	• 일반사례대상자에 대한 통합사례관리 운영 및 관리 • 통합사례관리 전담부서 직간접적인 지원 • 지역의 인적 · 물적 자원 개발 및 연계 • 전담부서 의뢰 대상자 서비스 지원 • 고위험사례대상자 기관의 사업 및 프로그램 참여 지원 및 사업개발 • 사회복지기관의 지역기반 통합사례관리 사업 주관 • 고위험사례대상자 가정환경 조사 및 가족 성원 욕구파악 및 서비스 실행 외
	행정부서	• 전담부서 통합사례관리 행정지원체계 구축 • 전담부서 통합사례관리 운영 및 관리에 대한 기관의 인적·물적 지원 • 통합사례관리 운영에 따른 시설물 지원 • 통합사례관리 운영 및 관리에 따른 재정지원 • 통합사례관리 전담부서에 대한 기자재 지원 외

7 지역자원 개발 및 연계지원

1) 지역자원 분류

지역의 전문가들은 다양한 영역에서 활동하여 왔고 활동하고 있다. 전문자원은 사회복지기관에 소속되어 활동하는 전문가와 프리랜서로 활동하는 전문가, 일반자원 등이며 전문기술을 보유한 자원봉사자와 단순 봉사활동을 수행하는 자원봉사자로 구분된다.

2) 지역자원의 통합서비스 제공활동

통합사례관리 과정은 자원의 참여가 없으면 시행할 수 없다는 점에서 자원들은 고위험사례대상자의 생활지원 등에 매우 중요한 역할을 담당해 왔다. 지역의 자원은 통합사례관리의 성공과 실패를 좌우하는 핵심주체로서 전문자원 및 일반자원의 활동이 제약을 받으면 통합서비스를 제공할 수 없는 상황도 발생한다. 그만큼 지역자원의 역할과 활동이 중요하고 고위험사례대상자의 문제해결에 절대적으로 영향을 미친다는 것이다. 고위험사례대상자의 상황이 심각할수록 긴급한 개입이 필요하다는 점에서 위기적 상황이라면 더더욱 자원의 개입과 활동이 필요한 것이다.

지역사회를 기반으로 제공되는 통합서비스는 지역사회 내·외의 인적·물적 자원의 개발과 연계가 핵심이다. 자원을 적절하게 관리하고 연계하는가에 따라 고위험사례대상자에게 다양한 지원을 할 수 있고 삶의 질 향상에도 영향을 미치기 때문이다. 고위험사례대상자의 상황에 따라 자원의 연계가 활발하면 시기적절하게 통합서비스를 지원하게 되어 통합사례관리의 성공확률 또한 높아진다. 반면 자원의 연계에 실패하고 고위험사례대상자의 상황에 적합하지 않는 자원을 연계하면 실패할 수 있다. 고위험사례대상자의 상황에 적합한 자원의 연계는 상황의 조기개선 및 직면문제의 해결능력을 갖추게 한다.

3) 전문기술을 보유한 자원의 활동

전문기술을 보유한 자원은 고위험사례대상자의 생활 또는 주거환경 개선을 위해 이웃의 입장에서 참여하는 장점이 있다. 고위험사례대상자의 거부감을 줄이면서 유연하게 개입할 수 있는 장점도 있다. 고위험사례대상자의 입장에서 조언하기 때문이고 필요한 도움을 언제든 지원할 수 있다는 것 또한 전문자원의 매우 큰 강점이다. 전문가로 참여하는 자원은 전문적인 개입이 가능하므로 지속적으로 관계를 맺는 것은 통합서비스의 지원성과를 높인다.

4) 자원봉사자원의 활동

일반자원의 활동 또한 마찬가지다. 일반 자원의 자원봉사 활동은 개발되지 않은 영역이 상당히 많다. 더 확장된 봉사활동이 필요한 영역이 정서적 문제를 호소하는 고위험사례대상자의 돌봄 분야이다. 모든 인간은 돌봄을 받고, 돌봄을 제공하며, 돌봄을 받으며 살아간다. 이런 점에서 돌봄은 인간다운 생활의 토대라 할 수 있으며, 오늘날 많은 사람들이 가족의 돌봄보다 지역의 인적 · 물적 자원의 돌봄을 더 많이 받는다.

사실 타인으로부터 돌봄을 받는 것은 중증의 장애가 있거나 질병을 앓고 있는 경우 외에 정신적인 문제, 거동불편, 심신의 취약상태가 아니라면 거의 없다. 그럼에도 인간은 이십 년 동안 부모의 돌봄을 받고 난 후 비로소 성인기 사회활동을 준비한다. 성장과정에서 돌봄을 적절하게 받았는지 여부에 따라 사회생활 준비를 마치기 때문에 돌봄은 인간의 독립생활에 매우 중요한 것이다.

사실 사회복지 분야에서 돌봄 논의는 이슈화되지 않았다. 돌봄은 인간의 정서적 안정과 심리적 의지를 강화하는 매우 중요한 것임에도 말이다. 이런 점에서 돌봄은 인간다움을 회복하는 필수적인 것으로 재조명되어야 한다. 예로, 자원봉사자가 장애인시설을 방문하면 장애당사자들과 말벗이나 산책, 외출동행과 같은 봉사활동을 수행하게 되는데 이러한 활동은 장애당사자의 입장에서 볼 때 매우 의미 있는 활동이다. 평소 직원들과 수행하기 어려웠던 정서적인 활동을 자원봉사자들이 대신하여 수행함으로써 당사자의 생활에 활력을 불어넣는 등 정서적인 안정에 상당한 영향을 미친다. 따라서 자원봉사자의 돌봄 활동[1]봉사는 단순한 자원봉사활동이 아니다.

자원봉사자의 봉사활동은 무궁무진하기 때문에 활동 분야가 더 개발되어야 한다. 심리 · 정서적인 분야는 더욱 그러하다. 주민들과 같음을 인식하고 삶의 존재감을 갖게 하는 존중에 의해 고위험사례대상자는 자기존재감을 갖는다. 자원봉사자들은 통합사례관리를 진행하는 과정에서 이웃의 입장에서 봉사하기 때문에 통합서비스에 대한 거리감을 줄이고 회복을 위한 활동을 수행한다.

1) 여기에서 자원봉사자의 활동은 생활 케어 중심의 활동을 말한다.

5) 정기적인 자원교류

통합사례관리사는 지역의 봉사단체 및 개인봉사자를 발굴하고 연계하기 위해 정기적으로 교류한다. 친분 있는 활동가와 교제하는 것도 필요한 시기에 도움을 받을 수 있는 방법이다. 특히 통합서비스를 제공하기 위한 인력의 연계에 효과적이다. 이렇듯 자원들과의 정기적인 교류는 고위험사례대상자의 문제를 조기에 개선하고 해결에 필요한 협력을 강화하게 한다.

통합사례관리는 지역차원에서 대상자의 문제를 해결해 가는 종합적인 복지서비스이므로 자원과의 관계 맺기 및 유지여부에 따라 고위험사례대상자의 문제해결에 기여한다. 다만 고위험사례대상자의 상황에 따라 자원들이 개입되어야 하기 때문에 계획된 시기에 참여할 수 있도록 철저하게 관리해야 한다.

더욱이 자원들은 생업을 갖고 생계를 위한 직업이 있다. 일부의 자원은 참여를 포기하기도 하는데 일정을 맞추기가 쉽지 않기 때문이다. 전문가의 참여를 무한정 요청할 수도 없기 때문에 필요한 때에 개입될 수 있도록 교류가 많아야 하고 이러한 친분 있는 교류는 지속적이어야 한다. 이는 고위험사례대상자의 문제해결을 위한 준비로서 자원들의 조직화 구축에 의해 견고해진다.

통합사례관리 업무를 담당하는 실무자 간의 정기적인 솔루션 회의를 개최하는 것이 자원들과의 교류강화 방법이다. 사례상황을 대처하기 위한 전문가 회의를 상시적으로 운영하는 것 또한 방법이다. 지역기관들과의 유기적인 연계를 통해 자원을 발굴하는 것 또한 효과적이다. 해당 기관은 다양한 자원들이 활동하고 있을 것이므로 필요한 시기에 자원을 개입시키는 것 또한 통합사례관리 운영에 필요한 자원의 개발에 효과적이다.

CHAPTER 07

지역기반 통합사례관리 운영 및 관리체계

고위험사례대상자 중심의 통합사례관리 운영을 위해서는 다음의 조건이 충족되어야 한다.

1 통합사례관리사의 다양한 역할

통합사례관리사의 수행역할

관리체계	보호관리영역	비고
사례상황 관리자 역할	• 문제극복 능력관리 • 고위험사례대상자 주변 환경관리 • 환경변화 예측 외	
자원교류자 역할	• 거주지 자원교류 중재 • 자조생활 중재를 위한 지역자원 교류 확대	
정보수집 및 제공자 역할	• 지속적인 정보제공 • 고위험사례대상자에 관한 정보수집 • 정보수집 범위설정 • 수집된 정보활용	
상황대변자 역할	■ **고위험사례대상자 상황이해** • 직면 상황대변 • 직면 상황파악 ■ **사례상황 보고** • 보고시기 판단 • 자원중재	
상담가 역할	• 적극적인 태도 갖추기 • 친절한 대화 • 진정성 있는 대화	

1) 사례상황 관리자 역할

(1) 문제극복 능력관리

통합사례관리사는 고위험사례대상자의 문제해결에 기여하면서 심신의 상태에 따라 그가 할 수 있는 적당한 역할과 참여활동을 관리하면서 통합사례관리를 주도해야 한다. 고위험사례대상자의 심신의 상태를 모니터링하면서 참여 동기 및 의지를 가질 수 있는 적당한 활동을 제안하는 것이 중요하다.

고위험사례대상자의 활동을 확인하고 수행정도를 판단한다. 심신의 상태에 따라 또는 심신의 상태를 살피고 성취한 활동과 미진한 활동을 분류한다. 성취감을 가질 수 있도록 추가적인 조치가 필요한 활동을 집중 분석한다. 심리적 변화를 의도하기 위한 지원사항을 검토한다. 이제 개입강도를 조절하면서 가장 적절한 시기에 수행해야 할 과업을 제안한다.

통합사례관리사의 유능성 발휘는 지금부터다. 변화를 촉구하는 기술은 고위험사례대상자의 상황에 적합한 활동을 수행하도록 제안하는 데 있다. 고위험사례대상자가 활동에 참여하면서 변화되고 있는지는 스스로 인지할 수 있으며 문제극복 능력은 통합사례관리사가 통합사례관리 운영과정을 적절하게 이끌었는지에 의하기 때문에 미미한 변화라도 놓치지 않고 성취감을 가질 수 있도록 격려하고 지지한다. 역량이 강화되었는가? 성취감이 있는가? 등은 문제를 극복하려는 의지와 자세를 통해 확인이 가능하다. 성취정도를 판단하는 기준이기도 하다. 성취감을 확인하고 성취감을 많이 가질 수 있도록 능력강화에 초점을 두고 이끌어야 한다.

여기에서 중요한 것이 고위험사례대상자의 심신을 보호하면서 문제극복 역량강화에 집중하면서 중도포기 등의 문제가 발생하지 않도록 긍정적인 자극과 동기를 부여하는 것이다. 고위험사례대상자가 수행하는 모든 활동이 매우 가치 있는 것이며 안정된 생활을 위한 것임을 확신시키는 것 또한 중요하다. 고위험사례대상자가 보이는 반응을 모니터링하면서 변화 상황을 판단하고 예측된 행동을 파악하고 기대를 표현하면서 격려를 보내는 것 또한 의지 갖기에 효과적이다. 예측된 상황을 관리하면서 진행하는 것은 상황의 변수를 확인하고 장애물로 인한 부정적인 영향을 최소화하기 위해서다.

고위험사례대상자에게 다양한 참여기회를 제공하는 것은 통합사례관리 운영을 체계적으로 수행하기 위한 목적 때문이다. 성공을 확신하고 효율성을 극대화하는 데에도 효과적이다. 성취감을 높이는 데에도 유용하다. 사례상황에 적합한 여건조성이 과제이지만 성취감이 높으면 동기부여는 물론 적극적인 생활개선 의지를 갖는다.

(2) 고위험사례상자 주변 환경관리

사례상황을 관리하는 것은 고위험사례대상자의 주거지 등의 환경을 관리하는 것을 말한다. 환경이 부적절하고 심각한 문제를 유발하는 주거지 환경은 개선대안 수립이 먼저 할 통합사례관리사의 역할이다.

환경의 변화는 두 가지 측면을 고려해야 한다. 먼저, 가족관계의 회복이며, 둘째, 이웃관계 회복 등 가정 및 사회생활을 관리해야 한다. 다만 가족관계를 회복하기 위해 가족 내 밀착 정도에 따라 관리방법을 달리하면서 개입해야 한다. 관계회복을 방해하는 요인을 찾고 갈등상황을 파악한다. 개입방법을 모색하면서 더 이상 상황이 나빠지지 않도록 수행할 역할을 판단한다. 이제 가족들에게 고위험사례대상자의 상황을 정보로 제공하고 돌봄이 필요하다는 것을 설득하기 위해 개별상담을 진행한다.

지속적인 상담은 고위험사례대상자의 심신의 상태를 안정적으로 유지하게 한다. 통합사례관리사가 제안하는 다양한 서비스 등의 참여를 권유할 수 있는 기반 또한 조성하게 한다. 그 다음이 성취를 위한 적당한 역할을 찾고 실행동기를 부여하는 것이다. 마지막은 실천 의지를 갖도록 부드러운 관계를 맺고, 이 관계를 유지하기 위해 주도해 가는 것이다. 각각의 단계는 참여와 활동을 촉진하고 역량을 강화하는 목적이 있기 때문에 변화과정을 관리해야만 고위험사례대상자의 변화를 촉진할 수 있다.

이런 점에서 통합사례관리는 고위험사례대상자의 심리상태 및 환경관리가 핵심이다. 따라서 사후관리 이후에도 지속적으로 그의 상황을 관리해야 한다. 사례의 상황을 관리하는 것은 고위험사례대상자를 보호하면서 그가 처해 있는 환경을 관리하는 것을 말한다. 상황의 관리는 지역사회의 여건을 분석하고 고위험사례대상자의 주거환경과 가족상황 등 환경을 관리하는 것을 말한다.

통합서비스를 제공하는 초기에는 동기부여, 의지강화, 참여지속을 위한 보호자와 가족들의 지지를 이끌어 내는 데 집중하고, 통합서비스를 지원하는 중에 보이는 고위험사례대상자의 태도에 적절하게 반응하면서 문제극복 능력을 강화하는 데 집중한다. 고위험사례대상자가 동기를 갖지 않으면 변화를 촉구할 수 없기 때문에 상황을 파악하면서 진행한다.

고위험사례대상자의 기대욕구 충족은 주거지를 기반으로 주변 사람들과 어울리는 중에 안정을 갖고 사회참여가 활발해지기 때문에 통합사례관리사의 변화촉구기술은 고위험사례대상자의 주거지 상황과 거주지역의 환경을 관리하는 때부터 더욱 발휘되어야 한다. 가족관계, 이웃관계 등 사회생활 중재를 포함한다. 중재정도에 의해 고위험사례대상자를 비롯해서 주변 환경은 친화적인 관계로 발전되기 때문이다.

2) 자원교류자 역할

(1) 거주지 자원교류 중재

인간다운 생활을 영위하고자 하는 삶의 질에 대한 기대는 모든 사람이 추구하는 것이다. 누구나 가정에서의 생활과 사회생활을 통해 삶의 목표를 찾고 의미 있는 삶을 살기 원한다.

통합사례관리사는 고위험사례대상자의 상황이 심각하여도 기대하는 삶을 추구할 수 있게 안내자의 역할을 수행해야 한다. 통합서비스에 참여하는 것만이 이웃들과 원만하게 지낼 수 있는 방법임을 인식하게 해야 한다. 여기에서 통합사례관리사의 기술적인 개입이 필요한데 왜 참여해야 하는지 등이 이해되지 않은 상황에서 무리하게 통합서비스를 제공받아야 한다는 것을 강조해서는 안 되며 그가 수용할 수 있는 정도에서 개입해야 한다는 것이다. 편안한 상태에서 자연스럽게 교제할 수 있는 방식을 찾아 원조하고 통합서비스를 지원해야 한다는 것이다.

지역사회는 고위험사례대상자가 생활하는 터전이다. 이웃들과 더불어 살아가는 공간이기도 하다. 욕구와 기대를 충족하는 사회생활의 장이 사회이다. 원하는 때에 자력으로 편의시설 등을 이용할 수 있어야 하고 마음껏 자신이 기대하는 삶을 누릴 수 있어야 한다.

통합사례관리사는 고위험사례대상자가 관계하는 개인들과 이웃, 전문가 등과 네트워크를 수립하고 원만한 관계를 유지할 수 있도록 정보를 제공하면서 새로운 관계를 맺을 때마다 관계할 수 있도록 중재하고 관계를 유지하기 위한 방법을 조언하면서 도움을 제공한다. 주민교류 지원을 강화하고 안정된 생활을 분명하게 지원해야만 통합사례관리사의 의도대로 참여하기 때문이다.

(2) 지역자원 교류 확대를 통한 자조생활 중재사정

고위험사례대상자의 자조생활은 심신의 상태에 따라 수행할 수 있는 것과 지원이 필요한 상황이 있으므로 사정이 명확해야 하고 지원수준과 지원강도를 판단할 수 있어야 한다. 반면 사정의 오류가 많을수록 혼란이 가중되므로 의도한 대로 이끌어 가기 위해서는 사정과정이 보다 치밀해야 한다.

여기에서 고위험사례대상자의 상황을 명확하게 규명하기 위해 자조생활 능력을 먼저 규명한다. 수행이 가능한 활동, 수행하지 못하는 사항, 지원이 필요한 사항 등 능력수준을 규명하기 위해서다. 의 · 식 · 주를 자력으로 수행할 수 있는 능력, 사회활동 역량, 주거상황, 경제력(소득수준과 지출규모 외)의 규명은 지역의 전문가들과 함께 사정하면 명확해진다.

고위험사례대상자의 능력정도가 규명되면 지원수준을 결정할 수 있다. 하지만 능력을 발휘하는 것은 심리적 요인이 영향을 미친다. 따라서 능력사정 후 심리상태를 분석한다. 즉, 자조적으로 수행할 수 있는 것과 도움이 필요한 사항을 종합적으로 사정하고 고위험사례대상자의 상황에 적합한 해결방법을 도움제공 정도에 따라 구분하라는 것이다.

이제 사례의 상황을 토대로 실행시기를 정해야 하는데 그 방법이 일정화 계획의 수립이다. 일정화 계획의 수립은 고위험사례대상자의 능력정도에 따라 개입시기를 정하는 것이 핵심이다. 정확한 시기에 자원들을 투입해야만 변화를 기대할 수 있기 때문에 일정화 계획은 전문가 및 참여자원들과 합의되어야 하고 고위험사례대상자에게 참여자원을 설명하고 지원일자, 지원방법, 지원내용 등을 자세하게 설명한다.

아주 간혹 결정하기 곤란한 상황에 직면하거나 결정하기 힘든 상황일 때 고위험사례대상자는 판단을 보류하는 행동이 나타난다. 또는 통합사례관리사에게 의존하는 행동을 한다. 판단하기 곤란한 문제가 생길 때마다 통합사례관리사가 조언하고 중재하는 것은 사실 불가능하다. 고위험사례대상자에게 도움을 줄 수 있는 인적 자원을 연계하는 것이 대안이며, 상황개입이 가능한 전문가를 연계하는 것이 적절한 대처이다. 물질적인 도움을 제공받아야 할 상황이면 고위험사례대상자를 도울 수 있는 후원자 등을 연계하고 자원 교류자 역할 수행을 통해 중재하는 것이 적절하다.

이러한 직·간접적인 도움의 연계를 통해 고위험사례대상자는 스스로 결정하고 권리를 행사할 수 있는 능력이 강화된다. 자조적으로 결정을 내리고 권한을 행사할 수 있는 기회가 많아지면, 상황이 모호하여 판단하기 어렵다고 하여도 옳은 결정을 내릴 수 있다.

이를 볼 때 자원 교류자 역할은 고위험사례대상자의 도움이 필요한 때, 또한 도움을 받아야 하는 상황, 위기상황에 직면해 있지만 도움을 받을 수 있는 자원이 부족하여 생활의 어려움이 가중될 때, 문제가 심각할수록 고위험사례대상자에게 옳은 판단을 내리게 하는 등 실행의지를 강화하게 한다.

3) 정보수집 및 제공자 역할

(1) 지속적인 정보제공

고위험사례대상자의 문제 등을 해결하는 데에는 다양한 정보가 필요하다. 고위험사례대상자는 문제로 인해 가정생활의 어려움이 가중될 때, 이웃들과의 관계 맺기 또는 유지의 어려움 등을 많이 겪을수록 소극적인 태도로 참여한다. 분명 고위험사례대상자 스스로 해결하기 어려운 문제일수록 이러한 태도를 자주 보인다. 이는 정보부족 또는 필요한 정보를 얻지 못해 발생하는 생활의 문제라고 할 수 있다.

많은 고위험사례대상자가 생활하면서 정보부재 등으로 인해 어려움에 처해지고는 한다. 반면 정보를 얻어도 활용하는 방법을 몰라 실행을 주저하기도 한다. 통합사례관리사가 다양한 정보를 충분히 제공할 수 있어야만 고위험사례대상자가 요청하는 시기에 적극적으로 대응할 수 있다. 또한 정보를 제공하는 방법 또한 파악하고 있어야 한다. 고위험사례대상자의 상황을 주도면밀하게 파악하고 그가 원하는 때에 필요한 정보를 언제든 제공할 수 있도록 준비해야 한다. 통합사례관리사의 입장에서도 최적의 통합서비스를 제공하기 위해 정보가 필요하듯이 통합서비스의 제공은 다양하고 많은 정보를 수집하고 있어야 한다.

(2) 고위험사례대상자에 관한 정보수집

문제개선을 위해서는 고위험사례대상자에 관한 정보파악이 우선이다. 장애물에 관한 정보를 수집하고 가정생활을 방해하는 요소 외에 가족들의 인식과 이해 정도 등 고위험사례대상자와 관련된 모든 사항이 수집할 정보이다. 특히 심신의 상태는 통합사례관리를 진행하는 데 있어 매우 중요한 정보이다. 일상생활을 자조적으로 수행할 수 있는지 여부를 판단하는 핵심자료이며 향후 통합사례관리 운영에 있어 통합서비스의 방향을 결정하고 자원연계 등을 결정하는 데 있어 결정적으로 영향을 미치는 정보이기 때문이다.

고위험사례대상자 및 가족상황 등에 관한 정보가 확보되면 주변 환경에 대한 정보를 수집한다. 가족들의 인식 정도는 지지체계와 관련되고 고위험사례대상자의 지원에 있어 매우 중요한 자료원천이다.

고위험사례대상자가 관계를 맺고 있는 모든 체계가 자료수집 사항이므로 가족 성원의 인식, 고위험사례대상자로 인해 발생된 문제, 이웃들의 인식과 관계를 가로막는 장애물, 사회생활, 직업생활, 소득수준, 소득의 출처 외에 교류하는 사람들과 그들의 도움 정도 등 가급적 많은 정보가 수집되어야 한다.

(3) 정보수집 범위

고위험사례대상자에 관한 정보수집의 범위는 수집방법과 관련이 있다. 고위험사례대상자의 주관적 판단에 의한 정보는 제한된 정보만을 습득하게 할 수 있어 상황을 이해하고 파악하는 데 제약이 발생할 수 있다. 보호자의 주관적인 얘기만을 청취해서 수집하는 정보 또한 마찬가지다.

(4) 정보접근 권한활용

통합사례관리사는 고위험사례대상자에 관한 다양한 정보에 접근할 수 있으며 수집할 수 있는 권한이 있다는 점을 감안하면 관계된 사람들의 정보파악에 시간을 투자해야 하고 양질의 정보를 습득하기 위해 전력해야 한다.

통합사례관리사는 고위험사례대상자를 비롯하여 가족들을 만날 수 있으며, 필요한 경우 행정관청의 공무원을 독대하여 지원사항 등을 협의할 수 있는 권한이 있다. 통합서비스를 지원하는 데 영향을 미치는 사람들과도 접촉할 수 있다. 고위험사례대상자와 관련된 외부인사를 만나 정보를 습득할 수 있으며 핵심인물들에게 정보를 요청할 수도 있다. 고위험사례대상자에 관한 정보습득은 통합사례관리사의 권한이기 때문이다.

(5) 정보수집 대상 다양화

통합사례관리사는 정확한 정보수집을 위해 고위험사례대상자와의 면담 시 보호자를 동행하게 하는 등 정보수집 대상을 다양화해야 한다. 보호자가 인식하는 고위험사례대상자에 관한 정보와 지역사회에서 생활해 온 모든 것들이 수집할 정보라는 점에서 고위험사례대상자와 관련된 주변 인물들, 특히 보호자와의 상담은 필수이다. 개별면담을 시행한 후 가정방문을 시행하고 가족관계 정도, 가정환경 실태, 주거상황의 위생상태 등 가급적 많은 정보가 수집되어야 한다.

(6) 서비스 지원방향 결정

고위험사례대상자의 상황에 적합한 정보수집의 중요성은 문제사정의 정확성을 높이기 때문이다. 또한 고위험사례대상자의 상황을 바르게 이해하고 최적의 통합서비스가 무엇인지 선택·판단할 수 있기 때문이다.

어떠한 통합서비스가 고위험사례대상자의 상황개선에 도움이 되는지 등 좋은 통합서비스를 개발하고 개발된 통합서비스를 지원하는 데 있어 관계된 사람들의 전문성을 사례의 상황에 개입하도록 안내할 수 있기 때문이다. 또한 통합사례관리의 전반적인 과정을 원활하게 진행하도록 시행할 사항 등을 예측하기 위해서다. 즉, 고위험사례대상자의 문제 등을 파악하기 위해 상담을 시행하고 수집된 정보를 분석하여 불필요한 정보와 필요한 정보를 분류하는 등 상황개선을 위한 최적의 통합서비스의 지원방향을 결정하기 위해서다.

하지만 수집된 정보의 분류 및 판단, 협의는 통합서비스의 지원방향이 고위험사례대상자의 상황과 일치하는지가 확인되어야 한다. 또한 통합서비스가 고위험사례대상자의 상황에 영향을 미칠 수 있는가와 그 시기가 언제인지를 확신하는 등 시기적절해야 한다.

(7) 수집된 정보활용

고위험사례대상자의 상황해결을 위한 통합서비스의 개발은 가급적 많은 정보를 습득해야 하는 전제가 있다. 정보는 자세할수록 유용하고 수행내용이 구체적일수록 고위험사례대상자와 가족들에게 긍정적으로 영향을 미치기 때문이다. 습득된 정보는 관련 직원과 전문가에게 사전에 제공되어야 하는데 대응방안 마련, 지원방향 수립 등을 위해서다. 통합서비스뿐만 아니라 통합서비스의 제공과정, 기관의 프로그램 이용, 고위험사례대상자의 역할, 가족들의 협조 외에 전문가에게 조언을 받는 시기와 방법 등을 구체적으로 계획에 반영하고 이렇게 수립된 계획사항은 개입하는 모든 자원들이 충분히 이해될 수 있어야 한다.

수집된 정보는 동료 및 관리자에게 전달되면서 의사결정권자인 기관장의 결정에 의해 통합서비스로 개발된다. 하지만 통합서비스로 개발되는 정보는 일부에 불과하다. 기관의 지원방향과 일치해야 하고 지역의 기관과 연계하더라도 실제적인 지원이 가능해야 하기 때문이다.

이렇듯 통합사례관리사의 정보제공자 역할은 제공된 정보가 입장을 대변하는 데 있어 고위험사례대상자와 관련된 정보가 적절하고 충분하고, 이해가 높을수록 상황을 변화시키는 데 효과적이다. 따라서 정확한 정보가 수집되어야 하고 관련된 사람들에게 적절하게 제공되어야 한다.

정보제공을 통한 도움제공 역할은 통합사례관리의 사전활동이며 통합사례관리 종결 시까지 지속되어야 한다.

4) 상황 대변자 역할

(1) 고위험사례대상자의 상황이해

통합사례관리사는 고위험사례대상자의 상황, 즉 사례의 상황을 관리하기 위해 전문가가 상황을 대변할 수 있게 활동을 중재하고 서비스를 연계하는 역할을 수행한다. 통합서비스의 관리는 고위험사례대상자의 심신의 상태에 따라 지원시기를 파악하는 것과 관련이 있는데 통합서비스의 지원강도를 조절하기 위해서다. 각각의 단계마다 동기를 부여하면서 이끌어 가야만 상황관리가 원활해지기 때문이다.

고위험사례대상자는 오랫동안 심신이 지쳐 있는 상태로 생활해 왔다. 가족들의 도움을 받으며 생활해 왔을 수 있고 소득이 없는 상태에서 지내 왔을 수 있다. 수급자로 지낼 수밖에 없었던 이유 또한 있을 것이다. 경제활동을 못했다면 경제적인 문제는 더 심각하였을 것이다. 일을 하고 싶어도 취업할 만한 직장이 없으면 소득이 없는 상태로 지낼 수밖에 없다. 그래서 많은 고위험사례대상자들이 직업을 갖지 못해 수급자로, 차상위수급자로 생활하는 것이다.

사회 내에는 조건이 불리한 고위험사례대상자의 상황을 악화시키는 경쟁적인 문화가 형성되어 있다. 부정적인 사고를 하면서 다른 사람들처럼 평범하게 살아갈 수 있을지를 염려하고 극복할 가능성이 없다면서 고민하는 사람들이 증가하고 있다. 일부의 고위험사례대상자는 도움을 제공하는 타인의 요구를 판단 없이 수용하기도 한다. 판단을 보류하고, 타인의 결정에 따라 행동하기도 한다.

이런 상황에 자주 노출되고 많이 겪으면 자기주장을 얘기하지 않고 그들의 의견을 무조건 수용하는 등 의존적으로 생활하게 된다. 의견을 제안하기보다 결정하는 대로 행동한다. 그렇다고 의지가 없는 것은 아니다. 힘든 생활이기 때문에 주변 사람들에게 주장을 얘기하기보다 따르는 것이 편할 수 있다고 생각하는 것이다. 오랫동안 이러한 방식으로 지내 왔기 때문에 더 편한 선택을 하는 것이다.

고위험사례대상자의 경제적인 문제는 자기결정을 가로막는 장애물로 개인의 문제에 국한되지 않으며 가족의 문제로 확산되는 경우가 대부분이다. 그래서 경제적인 문제에 노출된 일부의 고위험사례대상자는 어려움을 조금이라도 벗어나기 위해 사회복지기관의 후원금품 등을 후원받고 있으며 그것에 의존하여 생활한다. 빈곤에 처해 있으면 도움이 필요하고 도움은 생계를 잇는 유일한 도움처일 수밖에 없다.

하지만 많은 고위험사례대상자들이 통합사례관리사를 만나지 못해 심각한 경제적 문제에 노출된 채로 지내거나, 문제를 알고 있음에도 방치하는 등 자신을 돌볼 수 없는 여건에 처해 있다. 통합사례관리사를 찾아왔다는 것은 생활에 지쳐 있어 더 이상 할 수 있는 것이 없다는 힘겨운 호소라고 이해해야 한다. 고위험사례대상자의 상황은 가정생활과 사회생활을 자력으로 할 수 없을 정도로 심각하여 통합사례관리사의 도움과 지원이 필요하다는 것이다. 사소한 문제조차 도움을 받아야 하는 상황이어서 긴장을 늦출 수도 없다. 긴급한 지원이 필요한 고위험사례대상자는 더욱 그러하다.

(2) 직면 상황파악

통합사례관리사가 고위험사례대상자의 자존감에 상처를 주거나 수급자임을 강조하면서 무조건 참여해야 한다는 식으로 강요하면 의지를 갖지 않고 포기하게 만드는 것이다.

심각한 문제에 노출된 고위험사례대상자는 긴급한 개입이 필요하다. 그렇다면 고위험사례대상자를 지원하기 위한 기관의 대응이 적극적이어야 한다. 사례를 의뢰받는 순간 개입을 위한 사정이 정확하고, 고위험사례대상자로 확정되어 통합서비스를 지원받는 과정에서도 항시 보호하면서 상황을 관리해 나가야 한다. 여기에서 의미하는 관리는 고위험사례대상자의 지친 심신을 위로하면서 안정된 생활을 회복하기 위한 목적을 둔 개입이다. 불안정한 심신의 상태를 회복하는 데 집중하면서 변화를 의도할 수 있도록 역할을 점검하고 필요한 도움을 적극적으로 지원하는 전문가의 역량이 발휘되어야 하는 것을 말한다.

(3) 시기적절한 사례상황 보고

고위험사례대상자의 상황에 영향을 미치지 못하는 통합서비스가 변화를 의도하지 못하는 것처럼, 고위험사례대상자의 상황에 적합하고 필요한 도움을 시기적절하게 지원하는 것을 보고시기의 적절성이라고 한다. 고위험사례대상자의 상황을 대변하는 것은 입장을 이해하고 도움이 필요한 때에 서비스를 제공할 수 있는 지원과 관련된다. 기관의 재정을 비롯해서 자원과 시설물 등은 필요한 때에 언제든 고위험사례대상자의 지원에 활용될 수 있어야 한다. 하지만 고위험사례대상자의 상황을 대변하기 위해서는 기관의 인적·물적 자원을 최대한 지원할 수 있도록 물품과 시설물을 관리하는 관리자를 설득해야 한다. 따라서 설득할 수 있을 정도의 충분한 정보를 보고해야 한다.

다음의 예를 살펴보자.

> 대상자가 극심한 빈곤에 처해 있다고 하자. 그는 오랫동안 질병을 앓고 있어 자력으로 가사생활을 수행할 수 없는 상태이다. 대상자는 통합사례관리사와의 상담과정에서 병원을 다녀와야 한다는 얘기를 하였다. 통합사례관리사는 필요한 도움이 무엇인지를 물었고 병원비와 동행할 보조자가 필요하다는 얘기를 청취한 후 지원을 약속하였다.

최소 일주일 전에 위의 사항은 관리자에게 보고되어야 한다. 그래야만 재정을 지원받을 수 있고 병원진료를 지원할 수 있는 자원봉사자를 배치할 수 있기 때문이다. 하지만 당일 보고하여 고위험사례대상자의 상황이 긴급하니 지원해 줄 것을 요청하면 지원받지 못할 것이다. 독자 또한 이러한 보고 및 업무처리가 시기적절하지 않다는 것을 이해할 것이다.

따라서 고위험사례대상자를 지원하기 위해서는 시기적절한 보고여야 한다. 보고는 통합사례관리사의 역량과 관련된 업무수행이다. 업무능력을 증명하는 유일한 것이라는 점에서 고위험사례대상자의 상황을 지원하기 위해서는 시기적절한 보고여야 한다.

그럼 고위험사례대상자의 상황을 대변하기 위해 무엇을 해야 하는가?

외부재정을 확보하기 위한 공모사업 신청이 효과적이다. 하지만 공모사업은 프로포절 작성능력이 있어야 한다. 그래야만 문제 등을 개선하기 위한 사업의 필요성을 기술할 수 있기 때문이다.

이러한 준비는 고위험사례대상자의 심각한 상황을 대변하기 때문에 서비스 실행의 전문성 등 능력을 갖추고 있다는 것을 증명하게 한다. 또한 재정확보는 물론 고위험사례대상자의 상황을 조기에 조치할 수 있는 기회를 선점하는 등 역량증명에 유용하다.

따라서 조건이 불리한 고위험사례대상자를 지원하기 위해서는 지원목적을 분명하게 견지하고, 신중하고 옳은 결정을 내릴 수 있는 능력을 갖추어야 한다. 통합사례관리사의 모든 결정이 고위험사례대상자의 상황에 영향을 미치기 때문이고, 안정된 생활을 지원하는 유일한 대안이 통합사례관리사의 의지에 있기 때문이다.

5) 갈등 중재자 역할

(1) 갈등상황 중재

통합사례관리사의 핵심활동은 고위험사례대상자의 상황개선에 도움을 줄 수 있는 다양한 체계와의 상호작용 과정에서 갈등을 중재하고 관리하는 데 있다. 고위험사례대상자가 갈등하는 순간 문제해결 능력이 상실되기 때문이다. 여기에 더해 갈등이 깊어지면 불신하면서 위기에 처해질 것이 분명하기 때문이다. 따라서 갈등은 발생 즉시 중재해야 한다.

통합사례관리사가 고위험사례대상자의 위기를 중재하지 못하면 더욱 심각한 상황에 처해질 것이 뻔하다. 예기치 못한 위기상황은 언제든 발생할 수 있어 예측하면서 대비하는 것만이 지혜로운 대처라고 할 수 있다. 더 나아가 위기상황에 내몰리기 전에 갈등을 중재하는 것이 먼저 할 역할이다. 통합사례관리사는 갈등을 중재하기 위해 위기중재 라인을 가동하는 등 신속하게 대처해야 한다.

(2) 위기인지 및 적극적인 개입

고위험사례대상자가 직면해 있는 현재의 상황은 매우 심각한 상황이라고 이해해야 한다. 고위험사례대상자의 긴급한 요청이 있을 때 심각한 상황이라고 인식하고 조치 대안을 마련하는 등 긴급하게 개입해야 한다. 계획에 따라 서비스를 지원하는 경우에도 위기는 발생한다. 위기로 인식하지 못할 수도 있는데 대처하지 못하면 통합서비스를 제공하여도 문제 등의 해결에 기여하지 못하기 때문이다.

고위험사례대상자는 부족한 기술을 습득해야 하지만 심신의 미약 등으로 인해 어려움을 겪을 수 있고, 어려움이 가중되면 감당할 수 없다면서 포기하기도 한다. 이런 식의 대처는 고위험사례대상자의 무기력이 아니다. 무능력 또한 아니다. 부족함 또한 아니다. 오히려 지원이 더 필요한 것이다. 고위험사례대상자의 갈등관리와 중재활동은 통합사례관리사의 가장 먼저 할 역할이라는 것을 분명하게 인지해야 한다.

6) 자원 연계자 역할

(1) 지지체계 구축

자원은 외부자원과 내부자원으로 구분된다. 내부자원은 고위험사례대상자의 성격, 심리적 상황, 신체상태, 또는 선천적 무능력 외에 가족들의 지원능력 등을 포함한다. 외부자원은 고위험사례대상자에게 도움을 줄 수 있는 주변의 자원을 말한다.

통합사례관리사의 자원 연계자 역할은 고위험사례대상자의 역량강화를 위한 지지체계 구축을 먼저 하는 것이다. 전문가의 동기부여 외에 의지강화하기, 문제해결 능력을 강화하는 것이며, 후원자원 연계 또는 직업기술 습득과 같이 소득을 창출할 수 있는 기회부여 및 직업알선 또는 취업처 발굴 등을 통해 지원체계를 마련할 수 있다.

고위험사례대상자의 상황개입은 사실 이보다 더 포괄적이다. 주거지가 열악하면 주거지 개선을 지원할 수 있는 전문가를 연계하고 후원자원을 개발하여 연계함으로써 생활에 필요한 것들을 지원할 수 있다.

통합사례관리사의 자원 연계자 역할은 고위험사례대상자의 상황을 개선하기 위한 지역사회 자원들의 중재역할로서 자원을 개발하고 연계하는 것만이 상황개선에 효과적이다.

(2) 자원 중재

고위험사례대상자의 상황개선을 위한 자원의 중재는 서비스 제공이 가능한 지역의 기관이 다양하고 많아야 한다. 전문가의 활동 또한 유기적이고 활발해야 한다. 하지만 지역의 전문기관과 전문가 집단의 활동규모와 활동이 파악되어야 한다. 사례의 상황을 지원할 수 있는 여부 또한 확인되어야 한다. 소속된 기관 또한 사례의 상황을 개선할 수 있는 여력이 있어야 한다. 즉, 문제개선과 상황개선을 위한 지원여부가 확인되어야 한다는 것으로 고위험사례대상자를 지원하기 위해 통합사례관리사가 중재해야 할 자원은 자원봉사자와 후원자 외에 기관과 관련한 외부 재정공급자와 사업과 관련된 사람들을 포함한다.

따라서 자원 중재자 역할은 이들 자원과의 유기적인 연계에 의해 관리되고, 관리정도에 따라 시기적절하게 개입될 수 있어야 한다. 통합사례관리사가 어떠한 방법으로 관리하느냐에 따라 통합사례관리 과정에 참여하기 때문이다. 고위험사례대상자가 요청하는 시기에 자원을 중재하는 것은 통합사례관리사의 통합사례관리 운영능력이라 할 수 있어 통합서비스를 효율적으로 주도하는 역량인 것은 분명하다.

7) 상담가 역할

(1) 적극적인 태도

통합사례관리사는 고위험사례대상자에게 자신의 문제를 직시하고 자력으로 해결하겠다는 의지의 대상이어야 한다. 직면한 상황을 개선하겠다는 변화의 모델이어야 한다. 이와 같은 변화의 모델 역할은 고위험사례대상자에게 희망을 제시하기 위해서다. 고위험사례대상자의 의지의 대상은 통합사례관리사여야 한다는 것이다. 따라서 말투와 태도, 상황을 극복할 수 있는 능력 등 역량을 강화하는 방법을 모델링하는 존재가 통합사례관리사여야 한다.

고위험사례대상자가 통합사례관리사를 모델링하는 것이 파트너 관계를 형성하는 데에도 도움이 된다. 통합사례관리사를 모델링하는 것은 신뢰관계가 형성되었다는 것으로 동맹관계를 맺고 고위험사례대상자의 이익을 위해 활동한다는 확신을 가졌다는 의미다. 따라서 문제 등의 해결 방향을 수립하면 고위험사례대상자의 능력을 강화하는 데 전력하고 역량개발에 주력하는 등 도움제공 전문가라는 인식을 확신할 수 있게 태도에 주의해야 한다.

(2) 친절한 대화

친절한 대화는 상황을 인지하게 하고 통합사례관리의 진행을 원활하게 한다. 신뢰를 갖게 하는 대화는 통합사례관리사의 의도를 이해하게 하고 참여 동기와 의지를 갖게 한다. 부담이 되는 역할을 제안하여도 통합사례관리사를 신뢰하게 만든다. 제안된 대안이 장애물 극복에 필요하다는 것을 고위험사례대상자도 이해했기 때문이다. 설사 힘들고 어려운 역할이라도 참고 이겨 내게 하는 등 통합사례관리사에 대한 신뢰는 고위험사례대상자와의 협력적인 동반관계를 발전시키는 핵심이다. 동맹관계 또한 더욱 견고하게 만든다. 동반관계의 형성은 문제상황을 명료하게 하고, 해결방향을 정하거나 고위험사례대상자의 변화를 위한 계획 수립을 용이하게 하는 효과가 있다.

하지만 대화 중에 고민을 토로하면서 심리적으로 불안해하고 갈등하면 분명 힘든 일을 겪고 있는 것이다. 고위험사례대상자의 이러한 태도는 설득이 충분치 않아서다. 또는 해결 확신을 갖지 못해서다. 따라서 설득하는 대화를 통해 신뢰를 높이는 것이 관계형성을 위한 적절한 방법이다.

고위험사례대상자가 관점을 바꾸지 않으면 통합서비스 지원은 무의미하다. 활동을 이해하는 것만이 실행의지를 갖게 한다는 점에서 진행사항과 서비스 내용을 설명하고 행동으로 옮길 수 있도록 이끌어 가면서 설득에 집중한다. 고위험사례대상자를 설득하면서 이끌어 가는 통합사례관리사의 친절한 대화는 통합서비스의 지원시기부터 종결 시까지 지속되어야 한다. 동반관계 형성은 통합사례관리 과정을 원활하게 진행하게 한다.

(3) 진정성 있는 대화

통합사례관리사의 진정성 있는 대화는 고위험사례대상자가 겪은 일 등에 대한 자기고백을 통해 더욱 견고한 관계로 발전한다. 드러난 상황은 고위험사례대상자의 어려움이지만 결핍된 욕구로 간직되면 생활양식으로 고착되기 때문에 상황파악에 전력하면서 진정성 있게 대화해야 한다. 고위험사례대상자가 살아오면서 겪은 일, 경험에서 얻은 것 등은 그가 얘기하려는 자신의 생활에 관한 것이다. 통합사례관리사는 관련된 사람들이 고위험사례대상자의 상황을 이해할 수 있도록 대변자 역할을 수행해야 한다.

통합사례관리사는 고위험사례대상자의 얘기를 통해 상황을 이해하고 태도와 표정, 비언어적 행동 등을 통해 요구하는 바를 알게 된다. 갈등과 고민들 또한 이해하게 된다. 대화를 많이 할수록 요구와 문제를 직시하게 되어 고위험사례대상자의 내면세계 또한 파악이 가능하다. 호소하는 문제가 이해되면서 도움을 제공해야 할지 아니면 지역자원을 연계해야 할지 또한 판단할 수 있다. 통합사례관리사의 대화 주도 역량에 따라 고위험사례대상자의 실행의지를 강화하는 데에도 영향을 미친다. 고위험사례대상자 스스로 경험된 정보를 얘기하게 하는 것은 통합사례관리사의 중요한 과업이다.

고위험사례대상자의 자기고백은 통합사례관리의 진행을 수월하게 할 뿐 아니라 다음 단계의 진행을 불안하지 않게 한다는 점에서 경험된 일들이 불안하고 힘겨운 것이라도 더 힘든 상황을 겪지 않기를 기대하는 마음을 헤아리게 되면 의지강화를 위한 대화방식을 찾을 수 있다. 통합사례관리사의 대화능력은 고위험사례대상자의 실천의지를 갖게 한다고 볼 수 있으며, 고위험사례대상자 스스로 강점을 발견하고 참여한 자원들을 협조하게 만드는 데 효과적이다.

이를 볼 때 고위험사례대상자와의 진실한 대화는 상황을 이해하고 현재의 상황을 직시하게 한다. 현실을 극복하겠다는 의지를 강화하는 관계를 맺게 하고 극복해 내기 위한 실행의지 또한 갖게 한다.

여기에서 중요한 대화의 초점이 고위험사례대상자의 자발적인 참여의지를 강화하는 동기부여이다. 진실한 대화만이 고위험사례대상자와의 신뢰관계를 두텁게 만들기 때문에 하려는 얘기를 말하게 하면서 긍정적으로 기대하고 있음을 알리기 위해 적극적인 자세로 대화해야 한다. 대화 중단이 발생하지 않도록 이끌어 가야 할 이유로써 대화 지속은 통합사례관리사의 역량에 달려 있다.

따라서 통합사례관리사는 통합사례관리를 진행하면서 고위험사례대상자가 호소하는 내용을 파악하기 위해 태도와 표정 등 비언어적 행동을 관찰하면서 어려움을 이해하기 위한 공감능력을 갖추어야 한다.

2 통합서비스 개발과 관리

통합서비스 제공체계

관리체계	보호관리영역	비고
통합서비스 개발관리	• 통합서비스 지원체계 마련 • 고위험사례대상자 상황에 적합한 통합서비스 개발 및 지원체계 마련	
통합서비스 지원방법 협의	• 통합서비스 지원방법 협의 • 통합서비스 지원시기, 지원인력 확정 • 통합서비스 지원 유형과 방법 확정 • 통합서비스 지원사항 협의 조정	
통합서비스 지원과정 관리	• 지속적인 정보제공 • 고위험사례대상자에 관한 정보수집 • 정보수집 범위설정 • 수집된 정보활용 • 통합사례관리사의 전문성 고위험사례대상자 상황에 적용 • 고위험사례대상자 상황변화에 따른 적용 및 지원, 개입강도 조절 • 참여자원의 중재 및 활동중재 • 인테이크부터 사후관리까지 지속적인 관리 • 통합서비스 제공 시 적합성과 시기성 고려	

1) 통합서비스 개발관리

통합사례관리는 통합서비스를 지원하는 전달과정을 중요하게 다루기 때문에 지원체계 마련이 필수이다. 통합사례관리의 성공적인 운영은 각각의 단계마다 제공되는 통합서비스가 단절되지 않고 연속적으로 지원되는 체계마련이 필요한데, 이를 통합서비스 지원의 연속성이라고 한다. 통합서비스의 연속성은 통합사례관리를 진행하는 과정마다 고위험사례대상자의 상황에 집중하면서 상황개선에 따른 개입의 여력을 총동원하여 필요한 조치를 강구하는 것을 말한다. 즉, 통합사례관리의 진행과정에서 확인된 고위험사례대상자의 반응과 태도 등을 토대로 기관이 지원할 수 있는 통합서비스를 적시에 제공하는 전문적인 개입방법이라는 것이다(권진숙 외, 2001. 26).

따라서 통합사례관리의 성공여부는 지역의 타 기관 및 전문가를 비롯하여 자원들이 보유한 전문성 및 기술을 고위험사례대상자의 상황에 개입시킬 수 있는가에 의한다. 개입과정에서 고위험사례대상자의 상황을 개선할 수 있는 통합서비스를 개발해서 개입해야만 성공 가능성이 높아지기 때문이다. 통합사례관리사는 고위험사례대상자의 문제해결을 위해 기획된 통합서비스를 지원할 수 있는 전문가의 참여를 중재하고 호소문제에 따라 전문가들과 해결방법을 협의해야 하는데 협의를 통해 확정된 결과물이 통합서비스이다.

2) 통합서비스 지원방법 협의

이제 통합서비스의 지원방법을 합의해야 한다. 최적의 시기에 분담된 통합서비스를 제공할 수 있도록 시기를 협의하고 지원을 수행할 인력을 확정한다. 각각의 통합서비스는 고위험사례대상자의 호소욕구와 규명된 문제에 기반하고, 여가, 교육, 치료, 건강유지, 여행, 대화, 기술 습득 등 다양하게 구성되며 변화시점에 따라 지원되어야 한다. 즉, 고위험사례대상자의 문제해결 수준에 따라 통합서비스를 조정하는 등 중재시점은 행동변화를 고려해서 탄력적으로 지원해야 한다.

3) 통합서비스 지원과정관리

통합사례관리를 진행하면서 통합서비스를 관리하는 것은 통합사례관리사의 전문지식과 축적된 기술을 고위험사례대상자 및 상황에 적용해서 변화를 의도하는 목적달성을 위한 과정의 관리가 충실하다는 것을 의미한다. 때문에 통합서비스를 제공하는 과정은 철저하게 관리되어야 한다. 고위험사례대상자의 상황변화에 따라 지원 및 개입강도를 조절하면서 관리하는 것을 말한다. 고위험사례대상자의 상황변화를 확인하고 통합서비스를 지원하는 시기에 따라 개입하는 자원들의 참여가 적절했는지 등을 확인한다. 개입과정을 관리하면서 자원들의 참여 및 활동을 중재하고 언제든 지원될 수 있도록 진행상황은 철저하게 관리되어야 한다.

통합서비스의 지원은 여러 전문가가 참여하기 때문에 적절한 시기에 지원될 수 있도록 중재하는 역할이 중요하다. 주도할 수 있는 전문가를 연계해서 지원해야만 효과 또한 더 높기 때문이다. 중재역할의 수행은 통합서비스를 주도하는 전문가들과 계속 관계하면서 고위험사례대상자의 심신의 상태에 따라 통합서비스가 제공될 수 있도록 지원강도를 조절하는 것을 말한다. 또한 통합사례관리 진행과정 전반을 관리하는 것을 의미한다. 하지만 고위험사례대상자의 신체 · 정서 상태를 고려해서 지원해야 한다. 그래야만 기대한 변화 등을 의도할 수 있기 때문이다.

따라서 통합사례관리 업무는 그 범위가 상당히 넓다고 할 수 있다. 상황개선을 목적으로 개입하는 전문가 및 자원(인적 · 물적) 외에 투입하는 예산 및 기자재 등의 관리를 포함하기 때문이며, 통합서비스의 시행 전과 진행과정을 상시적으로 관리하면서 고위험사례대상자가 해결의지를 갖고 참여할 수 있도록 독려하기 위해서다. 자원들이 시기적절하게 서비스를 지원하고 있는지, 이러한 지원을 제공받은 고위험사례대상자의 상황은 변화되었는지 등 면밀하게 모니터링하면서 통합서비스를 제공해야 하기 때문이다.

통합서비스의 관리범위는 사후관리 이후까지 계속되어야 하고 고위험사례대상자가 자조생활을 수행할 수 있을 때까지 이끌어 가면서 지원해야 한다. 고위험사례대상자를 이끌어 가는 것은 통합사례관리의 성공여부를 가늠하는 통합사례관리사의 중재역할로서 고위험사례대상자를 보호하면서 통합사례관리를 주도해 가는 것을 의미한다.

즉, 통합서비스의 관리는 통합사례관리를 통해 통합서비스를 지원하는 과정만을 관리하는 것이 아니라 통합사례관리를 진행하는 모든 단계에서 수행되는 활동을 관리하는 것을 말하고, 인적 · 물적 자원의 관리를 포함하여 참여한 자원들이 제공하는 서비스의 관리가 핵심이다. 고위험사례대상자의 문제상황을 개선할 수 있는 지식과 기술을 갖추고 있는 전문가를 연계해서 통합서비스의 제공이 원활하게 진행될 수 있도록 상황 또한 관리해야 하기 때문에 통합사례관리는 사례의 상황이 목적한 의도대로 변화될 수 있도록 운영 전반적인 과정을 통합사례관리사가 주도하면서 관리하는 것을 말한다. 제공되는 통합서비스를 중심으로 관계하는 인적·물적 자원 및 장소, 기자재, 시간 외에 각각의 단계마다 개입해서 중재하는 등 통합사례관리를 마치는 사후관리까지 관리하는 것을 말한다.

여기에서 관리의 핵심은 통합서비스의 적합성과 지원되는 시기성의 관리가 핵심이다.

첫째, 적합성 관리

고위험사례대상자를 지원할 수 있는 전문성을 말한다. 만약 통합사례관리사가 사례의 상황을 개선하는 데 기술이 부족하고 중재 및 주도할 만한 역량이 없으면 고위험사례대상자의 변화 또는 문제해결 등에 기여하지 못할 뿐만 아니라 참여한 자원들의 노력 등이 무의미해진다. 사례를 지원하였던 임상경험이 있어도 고위험사례대상자의 상황이 다르고 다양하기 때문에 전문지식, 기술, 태도 등은 상황을 개선할 수 있을 정도로 출중해야 하는데, 이를 통합사례관리 운영능력의 적합성이라고 한다.

통합사례관리의 진행은 적절한 라포 형성 이후부터 원활하게 진행되기 때문에 주도적으로 이끌어 갈 수 있는 수행역량과 전문성을 갖추고 있는가 또한 운영에 영향을 미친다. 이러한 준비를 무장하였을 때 통합사례관리를 운영할 수 있는 능력을 갖추게 되는데 이때부터 역량이 있다고 평가를 받기 때문이다.

둘째, 시기성

통합서비스를 지원하는 최적의 중재 시기를 말한다. 통합사례관리는 고위험사례대상자의 상황변화가 나타난 최적의 시기에 통합서비스를 제공해야만 성공하기 때문에 참여자원들의 활동을 독려하고 활동에 필요한 정보를 제공하는 등 시기적절하게 개입하고 활동할 수 있도록 관리하는 것이 시기성이다.

통합사례관리사의 중재관리는 최적의 시기를 찾는 항해와 같다. 최적의 시기를 찾아 통합서비스를 제공해야만 의도한 목적을 달성할 수 있기 때문이다. 적절한 지원시기를 찾는 것이 시기성의 핵심이다. 시기성 찾기는 통합사례관리대상자로 선정된 고위험사례대상자가 통합서비스를 지원받는 시기부터 종결 이후 사후관리까지 계속 확인하면서 진행하는 것을 말한다.

참여한 자원은 고위험사례대상자의 변화를 목표로 활동을 수행하고, 통합서비스를 제공하는 과정에서 수행할 활동을 알려 주는 등 심각한 사례의 상황을 변화시키는 데 결정적으로 역할을 한다. 상황개선에 따른 환경을 조성하는 등 문제해결을 목표로 활동하기 때문에 통합사례관리의 운영은 시기성이 핵심이다.

시기적으로 적합한 개입과 활동의 중재는 통합사례관리사의 리더십 발휘에 의한다. 통합사례관리사는 고위험사례대상자의 변화에 따라 문제해결에 적합한 통합서비스가 제공될 수 있도록 자원의 참여를 중재하고 관리하면서 상황에 적합한 환경을 조성하기 위해 진행과정을 확인한다. 또한 자원들과 자원 간, 전문가들과 지원일정을 조정・중재하면서 개선방안 등을 협의한다. 이제 약속된 통합서비스가 시기적절하게 지원되고 있는지를 점검하고 최적의 통합서비스가 제공될 수 있도록 자원들의 개입을 일정화한다. 통합사례관리사의 리더십 발휘는 고위험사례대상자의 능력을 강화하고 문제 등의 해결역량을 갖출 수 있도록 중재하는 것을 포함한다.

여기에서 중요한 것은 고위험사례대상자의 변화를 통합사례관리사가 목격해야만 통합서비스의 지원성과를 확인할 수 있다는 것이다. 또한 사례의 상황에 개입하는 주민들 또한 지원과정에서 자신의 활동이 고위험사례대상자에게 기여되고 있다는 것을 확인해야 한다는 것이다. 즉, 통합사례관리의 성공은 통합서비스의 적절한 지원에 있고, 통합서비스를 제공하는 자원들의 활동이 통합사례관리 진행방향과 일치해야 하는데 활동의 성과는 자원들의 개입시기와 고위험사례대상자를 대면하면서 변화되고 있다는 것이 확인되었을 때 성과로 이어지기 때문이다.

이를 볼 때 통합서비스의 제공은 문제들을 완화하고 해결하는 데 있어 통합사례관리사가 리더십을 발휘해서 각각의 참여자원들이 제공하는 통합서비스를 적절하게 지원하는가 등 중재 정도에 따라 성과로 이어진다는 것을 알 수 있다.

따라서 통합서비스의 관리는 통합사례관리사의 숙련된 중재기술이 필수역량이고, 통합사례관리사가 주체가 되어 지역의 전문가와 주민들을 연계해서 고위험사례대상자의 문제해결에 기여될 수 있을 정도일 때 성공 가능성이 높아진다. 통합사례관리사는 통합사례관리를 운영하는 중에 각각의 과정에서 지원되는 통합서비스가 문제해결에 기여되고 있는지 등을 확인하고 고위험사례대상자의 상황변화에 따라 전문가들이 보유한 전문성이 통합서비스로 제공될 수 있도록 중재하면서 최적의 시기에 개입될 수 있도록 관리하는 역할을 수행해야 한다.

3 고위험사례대상자 역량강화 자원망 구축

자원망 구축

관리체계	보호관리영역	비고
자원망 구축	• 신뢰관계 형성 • 지역사회의 다양한 자원참여 • 시기적절한 자원의 역할 분장	
자원망 구축 주요사항	• 고위험사례대상자 환경분석 • 강점관점의 고위험사례대상자 지원체계 마련 • 사례상황관리를 통한 통합서비스 이해 증진	
자원망 구축의 효과	• 상황에 적합한 개입방법 모색 • 모니터링을 통한 문제 등의 개선 • 분절되지 않는 통합서비스 제공	
지역전문가 및 사회복지기관 조직화	• 자원활동 파악을 통한 연계 • 도움제공 자원연계를 통한 신뢰관계 형성 • 문제 등의 조기개입을 위한 연계강화	

1) 자원망 구축의 의미

고위험사례대상자의 문제극복 역량은 통합사례관리사와의 긍정적인 신뢰관계가 조화롭게 형성되었는지에 따라 강화되기 때문에 참여하는 자원에 대한 이해가 많아야 하고 제공받는 통합서비스의 지원 규모와 성격 등에 대한 이해가 충분해야 한다.

하지만 사례의 상황을 개선할 만한 최적의 통합서비스가 먼저 개발되어야 하고 지역의 다양한 자원을 통합해야 하는 과업이 있다.

여기에서 의미하는 자원의 연계 및 통합은 일반 자원 및 기관의 인적 · 물적 자원 등을 고위험사례대상자의 상황에 따라 활동을 중재하고 관리하면서 진행하는 것을 의미한다.

자원망을 구축하는 데 있어 외부전문가는 고위험사례대상자의 상황에 따라 치료사(물리치료사, 작업치료사 등), 의사, 상담사, 사회복지사, 간호사, 의료사회복지사, 자원활동가 등의 연계와 활동의 중재를 포함한다. 인적 · 물적 자원의 관리는 통합사례관리사의 중재자, 조언자, 이끌어 가는 자 등 슈퍼바이저 역할 수행을 의미하고, 이러한 역할 수행은 자원망 구축 정도에 따라 수월해지고, 반면 통합사례관리사 혼자서 수행하게 되면 업무과중을 유발하는 요인으로 작용하기 때문에 자원연계는 통합사례관리 수행을 위해 매우 중요하다.

2) 자원망 구축 주요사항

통합사례관리사는 통합서비스를 제공하기 전 고위험사례대상자의 주변 환경을 파악하고 가정환경과 지역사회 환경을 분석한다. 분석내용은 고위험사례대상자 및 가족들이 인식하는 문제, 문제로 인한 갈등, 해결에 필요한 서비스 및 참여자원의 개발과 연계, 자원들의 개입시기 결정 외에 고위험사례대상자의 상황 등이다. 자원들의 활동을 독려하면서 중재하고 참여를 주도해야 하는데 강점관점이 적절하다.

자원들의 개입 시 통합서비스의 제공 내용을 소개하고 고위험사례대상자를 비롯하여 참여한 자원들의 활동을 설명한다. 통합사례관리는 고위험사례대상자와의 동맹관계를 적절하게 맺었는가에 따라 진행이 수월해지기 때문에 통합서비스를 거부하지 않도록 사례의 상황을 관리하고 통합서비스에 대한 이해를 높인다. 고위험사례대상자 중심의 통합사례관리 수행은 자원망 구축과 지지체계 구축이 필수인데, 자원망의 구축에 따라 통합사례관리의 성공여부가 결정되기 때문이다(이경아 외역. 2004. 22-29).

3) 자원망 구축의 효과

이러한 통합사례관리사의 역할은 다양하고 포괄적이다. 사실 고위험사례대상자의 상황이 제각각이고 직면한 문제 또한 유형이 다양하여 개입방법을 달리하면서 개입해야 한다. 모든 통합서비스를 통합사례관리사 혼자서 제공할 수 없기 때문에 자원들의 연계를 중재하면서 적절한 시기에 개입되도록 지원계획을 수립한다. 활동의 성과 등을 중재하면서 설명하면 일일이 개입하지 않더라도 수행할 역할과 활동을 이해하게 되어 통합사례관리사의 역할을 다소 줄일 수 있다.

반면 충분한 정보제공에 실패하면 고위험사례대상자에게 자원을 연계하여도 단순 서비스만을 지원하게 된다. 이렇다면 통합사례관리사의 적극적인 중재가 더 확장되어야 한다. 자원들의 참여는 고위험사례대상자의 문제가 규명된 사정 이후부터 활동하기 때문에 모니터링하면서 상황개입 정도, 즉 활동을 중재해야 한다.

개별 기관에 의뢰된 고위험사례대상자의 욕구와 문제 등의 해결이 어려울수록 전문가 및 지역기관과의 공조를 통해 지원되어야 하고, 이러한 활동은 해결방법을 찾는데 효과적이다. 전문가 간의 통합사례관리망 구축은 고위험사례대상자의 상황변화를 예측할 수 있어야 하기 때문에 통합서비스의 지원 일정을 구체적으로 수립하는 것이 중요하다. 시간순서에 따라 지원계획을 수립해야만 통합서비스 지원이 분절되지 않는다.

4) 지역의 전문가 및 사회복지기관 등의 조직화

지역기반 통합서비스 지원은 지역의 자원 간의 망 구축에 의해 활성화된다는 점에서 고위험사례대상자의 상황을 개선하기 위한 통합서비스 제공이 어렵거나 인력이 없으면 지역의 공공의 자원과 비공식 자원을 분석하는 것이 통합서비스 지원에 효과적이고 자원망 구축에도 도움이 된다. 즉, 통합사례관리는 지역 중심의 활동이다. 개기관보다 지역사회는 더 많은 서비스를 제공할 수 있고 기관 자체적인 지원보다 인적·물적 자원이 풍부하다는 것을 십분 활용해야 한다는 것이다.

자원들을 통합하고 통합서비스 제공에 따른 지원체계의 구축은 지역기관 및 전문가들을 조직화하느냐에 따라 수월해지기 때문에 기관의 내부시스템은 언제든 지역기관과 협업할 수 있도록 준비되어 있어야 한다. 지역의 자원은 다양하게 활동하고 있으므로 활동사항을 파악하고 관계유지에 집중하는 것이 지역기반 통합서비스 지원이다.

통합서비스 지원에 필요한 자원의 개발은 의뢰기관을 통해 개발되거나 전문가를 통해 개발되어 연계된다. 고위험사례대상자의 상황을 이해하고 개입의지가 있는 전문가의 참여와 기관의 의지, 통합사례관리사의 열정적인 노력이 고위험사례대상자에게 집중될 때 연계 가능성은 높아진다.

통합사례관리 과정에서 지역의 전문가를 섭외하고 참여시키느냐에 따라 성공확률 또한 높다는 점에서 도움제공이 가능한 자원이 있다는 것을 고위험사례대상자가 인식하면 신뢰를 갖고 문제해결 제안을 수용한다. 통합사례관리사 또한 자원을 개발하고 연계하면서 고위험사례대상자에 대한 개입 및 지원기술 등이 강화된다. 또한 문제들을 즉시 개입할 수 있다.

4 통합서비스 전달체계 조직화

통합서비스 전달체계 조직

관리체계	보호관리영역	비고
통합사례관리체계 구축과 통합서비스 지원	• 통합사례관리 운영단계마다 개입이 가능한 지역의 인적·물적 자원의 네트워크 구축 • 지역의 인적·물적 자원의 연락체계 가동 – 전문가 및 기관의 즉시 협조가 가능한 협의체계 구축 – 고위험사례대상자 중심의 지원체계 구축	

관리체계	보호관리영역	비고
시계열적인 통합서비스 지원	• 고위험사례대상자 상황관리를 통한 활동제안 • 행정업무기반 지원 • 쉬운활동부터 시행 • 성취 중심의 활동으로 구성	
통합서비스 지원체계 구축	• 기관의 서비스 지원체계 간소화 • 조직의 운영시스템 구축 • 직원, 부서, 기관 간 네트워크 구축	

1) 통합사례관리 체계 구축과 통합서비스 지원

통합서비스를 원활하게 지원하기 위해서는 통합사례관리 과정을 체계화해야 하는 과업이 있다. 통합사례관리의 체계화는 통합사례관리의 단계 및 과정마다 참여하는 기관의 인적·물적 자원의 활동이 유기적이고 통합서비스의 지원에 전력하면서 의도한 목적을 달성하는 데 따른 조직화, 즉 네트워크가 구축되어야 한다. 지역의 기관 및 전문가 등이 시기적절하게 개입될 때 조직화는 달성된다. 또한 구축된다. 고위험사례대상자의 상황변화에 따라 분담한 역할을 자발적으로 수행하는 등 통합서비스 지원은 고위험사례대상자를 중심으로 활발해진다.

통합서비스의 체계화는 고위험사례대상자를 의뢰한 사회복지기관 통합사례관리사의 주도역량에 의해 정교하게 구축된다. 따라서 고위험사례대상자를 중심으로 전문가 및 기관 간의 네트워크를 구축한 후 통합사례관리 운영체계가 가동될 수 있도록 연락체계를 마련하는 등 자원 간의 조직화에 전력한다. 고위험사례대상자를 중재하는 과정에서 슈퍼비전이 필요한 사항이나 조정이 필요한 사항에 대해 전문가의 조언과 기관의 즉시 협조가 가능하도록 상시적인 협의체계를 가동하는 등 통합서비스를 지원할 수 있는 네트워크가 구축되었을 때 나타나는 효과이다.

통합사례관리의 체계화는 고위험사례관리대상자의 문제해결에 기여하고 욕구 등을 해결해 가는 것이 운영목적이다. 통합사례관리의 과정을 원활하게 하고 통합서비스를 제공하기 위한 협조와 지원은 고위험사례대상자를 중심으로 연계되어 있는 것을 말한다.

2) 시계열적인 통합서비스 지원

통합사례관리는 고위험사례대상자의 상황을 관리하면서 문제 등을 해결해 가기 위해 시간 점진적으로 추진되어야 한다는 것을 중요하게 다룬다. 즉, 시기적절한 지원을 위해 각각의 과정마다 시계열적으로 일정화하여 쉬운 문제부터 어려운 문제를 해결해 가야만 변화를 의도할 수 있기 때문이다.

이러한 방식은 사회복지기관의 통합사례관리사가 고위험사례대상자의 변화를 촉구하기 위해 활용하는 전략이다. 이 과정에서 중요한 원칙이 행정업무절차를 준수하면서 부서의 협조 및 동료의 지원을 받기 위해 팀워크를 갖추는 것이다.

3) 통합서비스 지원체계 구축

현대사회가 복잡하고 다원화되면서 고위험사례대상자의 욕구와 문제 또한 심각해지고 있다. 고위험사례대상자를 지원하기 위한 사회복지기관의 행정업무절차를 간소화하고 지원체계를 구축하는 등 강화하고 있으나 복합적인 욕구를 지원하기에는 한계가 있어 대안 모색에 전력하는 상황이다(김기덕 외. 2013. 28).

기관의 서비스 지원체계를 간소화하는 것은, 한편으로 통합서비스의 수요가 많아지고 있다는 것이다. 고위험사례대상자의 복합적인 욕구대응을 위한 조직의 운영시스템 구축이 고위험사례대상자의 상황대응을 위한 체계로 전환되어야 한다는 것을 의미하는 것이다. 통합사례관리의 진행은 고위험사례대상자의 상황해결에 있으며 해결성과를 도출을 위해 직원 간, 부서 간, 기관 간의 팀워크가 구축되어야 한다는 것을 의미한다.

성과는 통합사례관리를 통해 달성하려는 목표로서 고위험사례대상자의 변화에 초점을 둔 의도적인 활동이 활발하게 수행될 때 달성된다는 점에서 팀워크의 구축은 통합사례관리의 성공과 실패를 좌우한다.

5 체계적인 행정지원

고위험사례대상자에게 통합서비스를 적시에 지원하기 위해서는 행정절차에 따라 통합서비스가 지원되어야 한다. 통합서비스는 통합사례관리사의 자의적인 판단에 의해 제공될 수 없는 공적 업무이다. 기관의 행정절차에 따라 문서를 작성한 후 기관장의 승인을 받아야만 지원할 수 있는 공식적인 활동이기 때문이다. 통합사례관리의 운영 및 통합서비스 지원은 기관의 행정업무절차에 따라 문서화하여 지원되는 근거 중심의 지원활동이다.

따라서 지역의 전문가를 섭외하고 협력하기 위해서도 문서작성은 필수이다. 통합서비스를 제공하기 위한 준비과정 또한 마찬가지다. 지원협의 및 서비스 지원은 행정업무절차를 반드시 준수해야 한다. 협력해야 할 기관 및 전문가에게 공문을 발송하고 회의일자를 정해 협의하는 것도 공적 업무이므로 근거가 명확해야 하는데 그 근거가 문서작성이다.

합의는 협력을 위해 시행되는 통합사례관리의 사전준비과정으로 고위험사례대상자의 상황에 적합한 통합서비스를 결정하고 역할을 분장하는 등 행정업무절차에 따라 진행되어야만 연계할 수 있는 공적 업무이다.

계획의 수립 또한 마찬가지다. 수립된 계획은 실행을 전제로 지원되기 때문에 자원들의 분장된 역할에 따라 통합서비스의 지원시기가 확정되어야만 지원계획이 완성되었다고 할 수 있다. 완성된 계획서를 토대로 통합서비스의 제공시기마다 고위험사례대상자와 참여전문가에게 정보를 제공하고 그 활동을 중재하는 등 통합사례관리 진행은 행정업무절차에 따라 처리되어야 한다.

6 과정 중심 통합사례관리 체계 구축

과중 중심 통합사례관리 체계

관리체계	보호관리영역	비고
통합사례관리 단계집중	• 통합서비스 지원과정 점검 및 확인 • 통합서비스 지원시기 확인 • 전문가들과의 상시적인 협의를 통한 시기적절한 지원체계 마련	
상황개선과 과중 중심 지원	• 고위험사례대상자 상황개선을 위한 다양하고 많은 전문가 및 자원 참여 독려 • 통합사례관리 진행과정 중심의 일관된 서비스 지원 • 전문가 및 자원들과의 통합서비스 지원 공조	
과중 중심, 쉬운 활동 지원	• 생활안정을 목적으로 한 통합서비스 지원 • 통합서비스 지원의 최적 시기 판단 • 고위험사례대상자가 수행 가능한 최적의 활동계획 수립 후 지원 • 문제개선 및 해결과정에서의 적극적인 중재	

1) 통합사례관리 단계집중

통합사례관리는 통합서비스를 지원하는 과정을 중시한다. 인테이크 과정에서 파악된 정보를 토대로 고위험사례대상자의 상황을 변화시키는 데 집중하면서 규명된 문제 등의 해결을 위해 통합서비스를 개발하여 지원하는 등의 과정은 이전 과정이 충실하게 수행되어야만 다음 단계의 진행이 수월해진다는 통합사례관리의 특성 때문이다. 이러한 과정 중심의 운영을 통해 자원개발 시기 및 고위험사례대상자에 대한 개입시기를 판단할 수 있기 때문에 시기파악은 통합사례관리의 핵심과업이다.

통합사례관리의 단계별 과정은 상호 연관되어 있어 고위험사례관리대상자의 발견단계부터 종결 이후 사후관리 시기까지 일관된 방식으로 지원체계를 마련하여 운영하는 것이 핵심이다. 각각의 단계는 해당 단계에서 성취하고 다음 단계로 진행되어야 한다. 이를 무시하고 다음 단계로 진행하거나 또는 프로그램 참여 또는 서비스를 지원하면 통합사례관리 이후 진행과정은 의미가 없다. 종결이 다가왔음에도 문제해결 및 욕구 등이 충족되지 않아 재사정을 시행하는 대부분의 요인은 통합사례관리를 시행하면서 해당 과정에서 달성해야 할 과업들을 간과하였기 때문이다. 그래서 통합사례관리를 고도의 전문성이 필요한 사회복지실천기법이라고 하는 것이다.

통합사례관리를 시행하기 위해 개발된 통합서비스를 고위험사례대상자에게 지원하기 위해 강조하는 바가 시기성에 따른 적시적인 개입이다. 상황개선에 적합하고 변화를 촉진하기 위해서 등 목적을 갖고 지원하고 지역의 전문가들과 수시로 협의하면서 진행하는 과정을 중시하기 때문에 통합사례관리를 과정 중심의 전문사회복지실천기법이라고 하는 것이다.

2) 상황개선과 과정 중심 지원

고위험사례대상자의 안정된 생활을 지원하는 과정 중심의 통합사례관리는 통합서비스의 개발과 지원이 핵심이다. 궁극적인 목적은 고위험사례대상자의 상황개선에 있다. 하지만 통합사례관리를 운영하는 데 있어 특정 단계에만 집중하면 이러한 목적은 달성되지 않는다.

통합서비스의 연계는 특정 과정에 치중하지 않으면서 다양한 전문가와 가급적 많은 자원들이 고위험사례대상자의 상황개선을 위해 개입하는 것을 중요하게 다룬다. 통합사례관리사는 일관성을 유지하면서 고위험사례대상자의 상황에 충분하게 개입될 수 있도록 자원들의 활동을 중재한다. 즉, 통합사례관리는 회의결정에 의해 획일적인 서비스를 제공하는 것이 아니라 통합서비스가 분절되지 않고 의도한 대로 지원하기 위해 고위험사례대상자의 발견부터 사후관리까지 일관되게 지원해야 하는 과정 중심의 종합적인 사회복지실천방법이라는 것이다.

문제를 완화하고 개선하는 것은 사실 엄청난 노력과 전문성이 필요하기 때문에 고위험사례대상자의 안정된 생활은 전문가 등 자원들과의 공조를 통해 상황개선을 위한 방법을 찾고 수립된 대안이 적절한지 등 다양한 협의를 통해 결정된다. 최적의 시기에 서비스가 지원되어야만 문제 등이 개선될 수 있기 때문이다.

3) 과중 중심, 쉬운 활동 지원

통합사례관리의 최종성과는 고위험사례대상자의 변화에 있다. 변화는 더 이상 문제로 인해 어려움을 겪지 않은 상태로 설사 문제에 직면하더라도 이전과 같이 방치하지 않고 스스로 극복해 낼 수 있는 역량을 갖추었다는 것을 의미한다. 이러한 역량을 갖추게 되면 생활이 안정된다. 이 성과를 위해 인테이크에 집중하고 통합사정회의와 통합사례회의를 시행하는 것이다. 그래서 전문가의 참여가 필수라고 하는 것이다.

이 단계를 마치면 개발된 통합서비스의 지원시기를 결정해야 하는데 확정된 통합서비스를 언제, 어떠한 방식으로 지원하고, 누가 지원을 할 것인지 등을 판단해야 한다. 대개 사회복지기관은 사례관리사가 지원계획을 수립하여 시행하는 것이 일반적이다. 이제 자원의 개발이 남아 있다. 개발된 자원이 통합서비스를 지원하는 시기에 따라 적절하게 개입될 수 있도록 계획을 수립하고 계획된 통합서비스가 제공될 수 있도록 문제개선 방법을 찾고 상황변화에 전력하면서 충분히 공감하고 이해될 수 있도록 설명한다.

여기에서 중요한 사항이 통합서비스를 지원할 때마다 통합사례관리사의 중재가 있어야 한다. 문제개선 및 해결과정은 고위험사례대상자의 심리적 안정과 수용 정도에 의하기 때문에 통합서비스는 쉬운 활동부터 어려운 과업으로 점진적으로 시행하는 것이 상황변화에 효과적이다.

이러한 지원은 고위험사례대상자의 상황에 따라 개입방법과 지원의 강도를 달리해야 하는 것을 의미한다. 상황에 따라 개입시기를 확정하는 경우에도 고위험사례대상자가 충분하게 수용하고 스스로 수행할 수 있는지 등이 고려되어야 한다. 시기성은 통합사례관리를 성공적으로 수행하기 위한 단초로서 참여한 전문가들과 수시로 협의하면서 자조적으로 생활하기까지 지속되어야 한다.

C H A P T E R **08**

지역기반 통합사례관리 실행원칙

1 지역 중심 실행원칙

지역 중심의 통합사례관리 운영체계

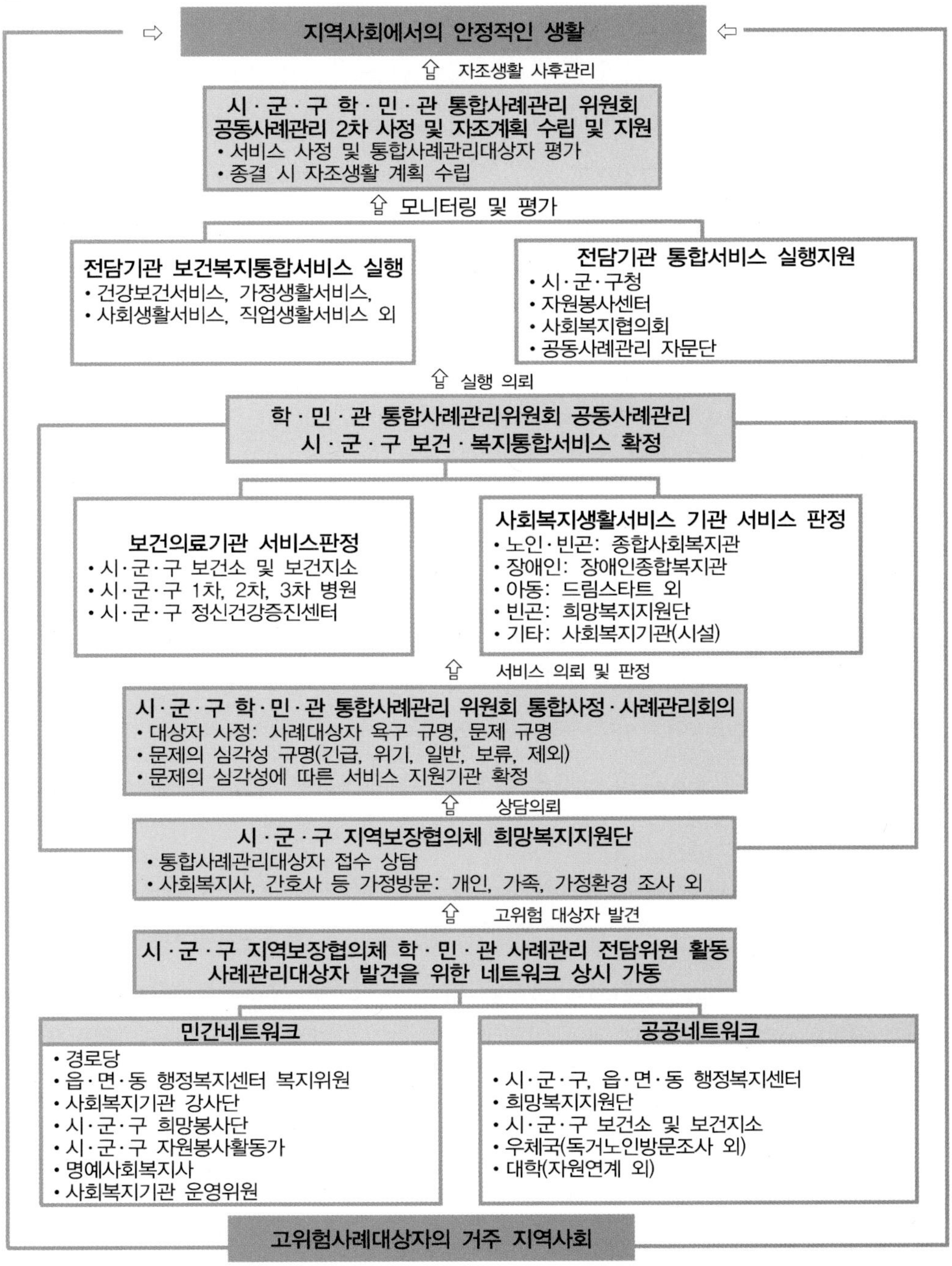

1) 전문가 참여

인테이크 과정에 참여하지 않았던 직원이 고위험사례대상자의 생활실태와 전반적인 상황을 파악하는 것은 불가능하다. 고위험사례대상자의 상황이해는 통합사례회의에 참석하는 것 외에는 방법이 없다. 이마저도 담당하는 직원의 설명과 자료에 의존하기 때문에 이해가 없거나 부족하면 고위험사례대상자에 대한 불확실한 정보습득으로 인해 잘못된 의견을 제안하게 된다. 이렇다면 통합서비스 지원은 실패하게 된다.

예로, 통합사례회의에 당일 참석한 위원들은 담당사례관리사가 배포한 자료를 토대로 설명을 들은 후 궁금한 사항을 질문하며 확인하는 방식으로 상황을 파악한다. 문제 등은 통합사례관리사가 보고하는 정보에 따라 이해되기 때문에 고위험사례대상자의 상황을 파악하는 데 제약이 있다는 것을 알 수 있다. 사례관리사가 회의시간에 보고한 사항을 토대로 서비스의 지원 방향 등이 결정되기 때문에 사례상황과 상관없는 통합서비스가 합의될 수 있고 합의되기도 한다.

위의 예시는 기관의 회의 중심 사례회의 진행의 예이다. 사례상황의 이해부족으로 인해 상관없는 대안이 모색될 수 있고 또는 해결을 위한 논의가 아닌 지원이 가능한 사항만이 합의될 수 있다는 것이다. 따라서 통합사례관리의 운영체계를 구축하고 합리적인 대안을 통합서비스로 개발하려면 기관 중심의 사례관리라도 반드시 고위험사례대상자가 참여해야 한다. 또한 전문지식을 갖춘 전문가가 참여해야 한다. 전문성을 갖춘 전문가의 참여가 사례의 상황을 분석하고 문제개선에 따른 다양한 정보를 제공하기 때문이다.

전문가의 연계는 사례관리 경험이 풍부한 전문가가 적임자이다. 전문가는 임상경험이 출중하고 고위험사례대상자의 상황을 해결하는 데 필요한 지식과 기술을 갖춘 인물이 적합하다. 전문가의 자격은 자격증 취득 후 다양한 사례를 지원하였던 경험이 많고 사례의 상황을 능동적으로 대처할 수 있는 등 지역에서 전문성을 인정받은 인물이어야 한다. 그는 관련 분야에서 오랫동안 활동해 왔다. 지역에서 고위험사례대상자를 비롯하여 심각한 상황에 처해 있는 사람들을 지원한 경험 또한 많다. 이러한 경험을 토대로 다양한 상황을 대응할 수 있는 역량을 갖추고 있는 등 임상경험이 출중하다.

따라서 고위험사례대상자의 상황개선을 위해서는 전문가가 반드시 개입되어야 한다. 사례의 상황을 정확하게 파악하고 사정의 정확성을 높이기 위해서다. 통합서비스 계획의 적합성 및 지원의 신뢰를 담보하고 고위험사례대상자의 문제 등을 조기에 개선하는 데 필요한 정보제공 등 이론적 기반을 마련하는 데 도움을 제공받기 위해서다.

2) 당사자 또는 보호자 참여확대

고위험사례대상자는 통합서비스를 제공받아야 할 주민으로 변화되어야 할 주체이다. 긴급한 개입이 필요한 상황에 처해 있는 통합사례관리의 주 대상자로 통합사례관리 실행의 주체이다.

고위험사례대상자가 의지가 없고 변화를 거부한 채 현재의 생활을 지속하면 통합사례관리의 진행은 차질을 빚게 된다. 고위험사례대상자의 문제를 조기에 해결하고 상황을 개선하기 위해 전문가들이 논의한 내용만을 반영하는 것도 변화를 의도하지 못한다. 담당자로부터 정보를 획득하고 파악된 사항을 확인하면서 문제 규명을 시행하고 통합서비스의 지원방향을 결정하는 방식 또한 진정한 의미의 통합사례관리 운영이 아니다. 고위험사례대상자는 자신의 상황이 심각한지조차 인식하지 못하고 있다면 더욱 그러하다.

이를 효율적으로 대처하면서 상황을 직시하게 하는 방법이 고위험사례대상자의 통합사정회의 및 통합사례회의에 참석시키는 것이다. 상황을 직시하고 문제해결 의지를 갖기 위한 목적 때문이다. 뿐만 아니라 전문가들과 협의하는 중에 자신의 상황을 이해하게 되기 때문이다. 따라서 전문가 및 고위험사례대상자의 참여는 필수이다.

3) 지역자원 참여확대

(1) 통합사례관리 시행 전 자원봉사자 교육의 필요성

통합사례관리에서 지원하는 사례는 긴급, 위기, 일반, 보류, 제외대상자로 분류된다. 각각의 사례는 상황이 심각하여 기관에서 지원하는 사례관리만으로는 해결하기 어려운 사례이다. 사례의 상황에 따라 고위험사례대상자의 지원은 지역기관의 유기적인 협조와 연계가 필수이고 자원들이 참여해야 한다.

하지만 일반자원의 참여는 각별한 주의가 필요하다. 고위험사례대상자를 지원할 수 있는 지식과 기술을 습득하는 등 사례의 상황을 지원하기 위한 교육을 이수해야만 적합한 역할과 활동을 수행할 수 있기 때문이다. 예로, 경력 있는 자원봉사자는 목적을 갖고 활동하기 때문에 지속적으로 활동해 왔다면 신념을 갖고 봉사활동에 참여한다. 하지만 자원봉사자가 경력이 많고 다양한 활동을 수행하여도 통합사례관리에서 지원하는 봉사활동은 사례상황의 개선과 그의 변화가 목적이므로 고위험사례대상자에 대한 이해가 부족하면 참여가 불가능하다. 고위험사례대상자의 상황에 직접 개입하면서 통합서비스를 제공하는 역할을 수행하기 때문이다.

(2) 자원봉사자 교육내용

따라서 활동범위와 방법 등이 교육되어야 한다. 교육내용은 통합사례관리사가 소속된 기관의 사업과 고위험사례대상자의 상황이해, 문제상황을 대처하기 위한 방법, 대화기술, 라포 형성하기, 활동의 중요성 인식 외에 도움제공 역할 등이다. 자원봉사활동의 가치와 활동의 중요성을 인식하고 예기치 않은 상황을 대처할 수 있는 역량을 강화하기 위해서다.

사실 이러한 교육과정을 이수한 자원봉사자는 그리 많지 않다. 아직까지 사회복지 분야의 자원봉사활동은 어려운 이웃들에게 물질적인 도움을 주는 정도만으로도 가치 있는 활동이라고 인식하기 때문이다. 하지만 자원봉사 분야가 다양하고 활동영역 또한 확대되었다는 것과 고위험사례대상자의 생활문제에 참여할 기회가 많아지고 있는 점 등이 교육의 필요성을 더한다고 하겠다.

그동안 사회적 도움이 필요한 사람들의 생활 전반에 걸쳐 깊숙하게 개입해 온 자원봉사자는 다양한 기여를 해 왔다. 자원봉사자의 활동이 얼마나 중요한 것인지를 알게 하지만 이러한 활동은 오래전의 방식이다. 때문에 자원봉사자 교육은 사회복지 증진과 통합사례관리의 효율적인 수행을 위해 실제 투입되어 활동할 수 있는 교육내용으로 구성되어야 한다.

자원봉사자에 대한 전문적인 교육이 필요한 예는 자원들의 활동을 통해 지속적으로 보고되어 왔다. 수십 년을 음식점을 운영해 온 부부가 아동복지시설과 노인복지시설 등을 방문하여 입소자들에게 자장면을 제공하는 봉사활동은 생활을 생기 있게 만드는 가치적인 활동이다. 시설에서 생활해야 하는 그들의 입장을 이해하고 결핍될 수 있는 외식 등의 욕구를 충족하는 기회이기 때문이다.

(3) 자원봉사자의 역량개발

자원봉사활동은 계속 발전해 왔다는 점에서 통합서비스 제공과정에 개입시키기 위한 통합사례관리사의 준비는 다양한 경험과 역량 있는 자원들의 잠재력 개발, 다양한 분야에서 역할을 수행할 수 있는 가능성, 살아오면서 경험하고 체득한 그만의 기술을 봉사활동으로 연계하면서 '생활한다'는 삶의 의미를 알게 하는 데 목적을 두어야 한다. 연계가 가능하면 분명 고위험사례대상자는 힘든 생활을 이겨 낼 힘을 얻게 된다.

(4) 교류강화

통합사례관리사는 지역의 자원을 사례의 상황에 개입하기 위해 다양한 노력을 기울여야 한다. 지역의 자원들이 참여하는 회의에 참석하여 친분을 쌓는 것도 방법이다. 경력 있는 자원봉사자의 연계 또한 마찬가지다. 사례관리담당자와 교류하면서 활동이 가능한 자원을 문의하고 또는 자원봉사센터에 연락하여 전문기술을 보유한 자원봉사자를 섭외하는 것도 방법이다.

2 고위험사례대상자 중심지원

1) 통합사례관리의 시작

고위험사례대상자 스스로 생활할 수 있는가를 확인하는 것이 통합사례관리에서 강조하는 자조생활 지원 목적이다. 통합서비스의 개발은 통합사례관리 운영의 성공과 실패를 좌우하는 매우 중요한 매개이다. 하지만 개발된 통합서비스는 고위험사례대상자의 상황에 적합해야 한다. 즉 통합사례관리는 사후관리를 위해 시행되는 의도적인 자조생활 지원서비스로서 지원과정에서 이 같은 지원이 충분할 때 목적은 달성된다. 이전까지의 지원은 고위험사례대상자와 라포를 형성하면서 상황의 파악에 주력하고 호소문제와 기대욕구 등을 충족하기 위해 전력하는 사후관리 과정의 준비이다.

통합사례관리사가 고위험사례대상자에게 통합서비스를 기획하는 과정은 다음과 같다.

고위험사례대상자를 대면하는 시기는 인테이크 단계이다. 고위험사례대상자에 대한 정보가 전무한 상황이어서 결핍된 욕구와 문제들을 파악하고, 어떤 문제가 요인이 되어 현재의 상황에 처해졌는지를 확인하는 등 정보수집에 집중한다. 확인된 사항이 문제인지, 또는 욕구인지를 규명하기 위해 통합사정회의에 상정하여 전문가의 자문을 받아 대안을 모색한다.

통합사례관리사는 문제의 심각성 등을 분석하기 위해 지역의 전문가들과 공조하고 통합사정회의를 통해 문제를 규명한다. 규명된 문제를 해결하기 위해 통합사례회의를 개최하여 통합서비스 지원방향을 확정한다. 규명된 문제는 긴급하고 우선 개입해야 할 상황의 대처방법을 모색하고 통합사례회의에서 확정된 사항을 분류한다. 이 과정이 통합서비스 계획 또는 기획단계이다.

통합서비스의 계획은 고위험사례대상자의 드러난 문제와 결핍된 욕구, 욕구의 원인과 시기, 결핍을 일으킨 사건 등의 파악이 핵심이다. 생활을 방해하는 장애물을 확인하고 제거하거나 개선하기 위해서다. 문제개선은 고위험사례대상자의 강점관점에서 수립하고 문제의 최소화 또는 해결에 초점을 두어야 한다.

문제 규명 및 해결방향이 수립되었다면, 고위험사례대상자가 문제해결 의지를 가질 수 있도록 참여 동기를 부여한다. 참여 동기를 가진 시기부터 통합사례관리사의 출중한 역량이 발휘되어야 한다. 자력으로 개선하지 못했던 환경변화를 모색하면서 수립된 계획을 토대로 통합서비스를 지원한다. 여기에서 고위험사례대상자를 이끌어 가는 것이 중요하다. 고위험사례대상자가 수행이 가능하고, 수행할 수 있는 활동을 선별한 후 역할을 돕고 성취감을 가질 수 있도록 슈퍼비전을 제공하면서 문제해결 방향을 제안한다.

통합사례관리사는 자력으로 개선하지 못하는 환경에 개입함으로써 문제가 해결될 수 있다는 확신을 줄 수 있다. 주거환경 개선, 가족관계 회복지원, 어려운 문제의 해결대안 찾기 등 기대를 갖도록 개입한다. 통합서비스를 지원하는 내내 통합사례관리사는 고위험사례대상자의 반응에 따라 역할을 강화하고 개입강도를 조절하면서 지원한다.

많은 학자와 실천가들은 이 과정부터가 통합사례관리의 성공적인 수행을 위해 매우 중요한 시기라고 하였다. 고위험사례대상자의 상황에 따라 개입방법을 모색하면서 실행해야 한다는 것을 강조한 것이다.

한편 이러한 역할이 충실하여도 변화가 나타나지 않는 경우가 있다. 통합사례관리사에게 과도하게 의존하는 등 이 시기는 고위험사례대상자의 의존성이 확장되기 때문이다. 라포 형성이 부족한 서비스 실행 초기에 주로 나타나는 반응으로 실제 변화가 일어났는지를 가늠하기 어렵고 변화가 나타나지 않으면 원인을 찾는 등 지원방법을 찾기 위해 전력해야 한다. 통합서비스의 지원시기와 방법 등을 점검하고 고위험사례대상자의 반응을 살피면서 지원방향을 설정하고 심층상담을 진행하는 등 다각적으로 방법을 모색해야 한다.

통합사례관리사가 검토할 사항은 확인된 문제들의 개선방법이 적절한지 여부이다. 또한 문제해결에 적합한 인물을 연계하였는지를 확인해야 한다. 고위험사례대상자의 결핍된 욕구는 생활의 어려움을 가중하는 문제를 유발한다. 상황을 더욱 심화시킬 수 있어 단순서비스로는 해결되지 않는다. 따라서 고위험사례대상자의 주거지를 기반으로 생활에 필요한 것들을 충족할 수 있는 통합서비스가 개발되어야 하고 자원의 참여가 활발해야 한다.

여기까지 모색하면, 고위험사례대상자의 결핍된 욕구해결을 위한 계획이 수립된 것이다. 통합사례관리사의 계획은 문제개선에 기여하고 고위험사례대상자가 수용할 수 있을 정도여야 한다. 고위험사례대상자에게도 개발된 통합서비스가 이해되면 자조적으로 생활해야 한다는 의지를 갖는다.

통합사례관리는 사후관리 이후 자조생활을 목표로 계획되는 종합적인 복지서비스여야 하는 이유가 여기에 있다. 즉, 통합사례관리는 사후관리를 목적으로 진행되는 통합사례관리사의 의도적인 계획이고 실천이다. 사후관리 이후 자조생활을 유지하고, 자력으로 살아갈 수 있도록 태도의 변화를 의도하는 통합사례관리사의 목적 있는 사회복지서비스이다.

이 목적을 달성하기 위해 지역자원의 통합사례관리 운영이 필요한 것이다. 과정마다 사례의 상황을 관리하면서 진행하는 것이 중요한 이유이다. 통합사례관리사가 통합사례관리 과정을 주도하는 중에 지원의 방향을 설정하고 고위험사례대상자에게 참여하는 것이 옳은 것임을 인지하게 되면 사례의 상황은 충분히 관리될 수 있다. 이것이 통합사례관리의 성공을 좌우하는 핵심이다.

3 통합사례관리사의 사례개입

1) 통합사례관리사의 지원 역량강화

(1) 관리자의 슈퍼비전 역량강화

통합사례관리는 사회복지기관의 필수사업으로 반영된 지 이십 년이 넘었다. 고위험사례대상자의 문제를 해결해야 하는 절실함 없이 일반 업무와 같이 처리하거나 중요성을 인식하지 않으면 전문성을 의심받게 된다. 사회복지기관의 여러 사업 가운데 사회복지사의 전문성을 증명하고 고위험사례대상자의 변화 성과를 확인할 수 있는 사업은 오직 통합사례관리 외에는 없다.

통합사례관리사의 슈퍼비전은 문제해결 역량을 강화하는 데 있다. 심각한 문제에 노출된 고위험사례대상자라도 통합사례관리사의 지식과 기술, 태도가 충분하면 문제를 개선할 수 있는 능력을 갖추게 된다. 사회복지기관의 관리자가 통합사례관리 업무를 이해하고 통합서비스를 이해하면 고위험사례대상자의 문제해결에 따른 슈퍼비전 체계 구축에 필요한 지원이 강화된다.

(2) 통합사례관리사의 전문성 강화

통합사례관리사의 지식, 기술, 태도는 고위험사례대상자의 문제해결 역량을 갖추게 하는 전문성을 말한다. 전문성은 고위험사례대상자의 상황을 파악하는 지식에 관한 것으로 상황개선에 필요한 역량과 실천기술을 의미하고 심각한 상황에 처해 있는 고위험사례대상자에게 용기와 희망을 심어 주는 통합사례관리사의 환대하는 태도에 관한 것이다. 지식, 기술, 태도를 발전시켜야만 사례상황을 지원할 수 있고 심각한 사례인 경우에는 더욱 그러하다.

고위험사례대상자의 문제해결 능력을 갖추고 생활을 유지하는 것은 통합사례관리사의 지원역량에 달려 있다. 분명 이 논의는 옳다. 통합사례관리사의 전문성은 심각한 사례를 지역차원에서 해결하기 위한 필수조건인 것은 분명하다.

통합사례관리사가 통합사례관리를 수행할 수 있는 역량을 강화하기 위해 준비하지 않으면 고위험사례대상자의 문제해결을 의도하지 못할 뿐만 아니라 상황을 개선하지 못한다.

> "빈곤을 겪지 않았던 통합사례관리사는 가난한 고위험사례대상자의 생활을 이해하지 못한다. 자녀에게 공부해야 한다는 말을 하면서 버스 탈 돈이 없어 걸어가라는 말을 해야 하는 부모의 안타까운 마음을 이해하지 못하면 통합사례관리사는 자격이 없다.
> 밥을 먹어야 하는데 조리하지 못하는 장애인의 빈곤한 생활 속 어려움을 이해하는 것은 더더욱 불가능하다. 장애가 있는 고위험사례대상자에게 화장실의 턱은 높은 벽이다. 가난을 이해하지 못하는 부자가 어찌 나사로의 아픔을 이해하겠는가, 아픔을 겪지 않은 부자가 어찌 천 원의 소중함을 알겠는가, 심각한 문제는 정말 심각한 것이다.
> 통합사례관리사가 고위험사례대상자의 마음을 이해하지 못하면서 기관의 서비스를 나열하듯이 얘기하며 참여를 강요한다면 그는 위선자일 뿐이다."

통합사례관리사가 고위험사례대상자를 지원하기 위해 최선을 다해야 하는 것은 전문가의 기본자세이다. 그의 아픈 현실을 이해하기 위해 정말 최선을 다해야 한다. 고위험사례대상자에게 성실하게 통합서비스를 지원하는 태도는 기본적으로 갖추어야 할 자질이다.

2) 통합서비스 이용목적 부응

(1) 통합사례관리사의 업무

통합사례관리사의 업무 활동은 사회복지사의 업무와 현격한 차이가 있다. 서비스를 이용하는 목적이 분명하게 구별되기 때문이다. 이용자는 사회복지기관의 다양한 시설물과 프로그램을 이용하면서 생활에 필요한 것들과 욕구를 충족해 간다. 고위험사례대상자는 사회복지기관을 이용하면서 서비스를 제공받아야 하고 결핍된 욕구와 문제 등의 해결을 위해 전문가가 참여해야만 해결을 기대할 수 있다. 이것이 사회복지기관의 이용자와 고위험사례대상자의 분명한 차이이다.

통합사례관리 대상자는 통합사례관리사와 인테이크를 시행한 후 통합사정회의와 통합사례관리회의를 통해 문제를 규명받은 후 서비스 대상자로 선정된다. 이후 자원을 연계하면서 통합서비스를 제공받는다. 여기까지의 과정만으로도 여러 전문가가 참여해야 하고, 기관의 지원이 가능한지 등이 확인되어야 한다.

해결방법 또한 복잡하다. 방법이 모호하고 불투명하면 문제해결이 어렵기 때문에 상황개선 등에 영향을 미치지 못하는 통합서비스는 의미가 없다. 더욱이 고위험사례대상자 스스로 문제의식을 갖지 않으면 통합서비스 지원은 불가능하다. 문제는 사례의 상황이고 고위험사례대상자의 생활을 방해하는 문제가 요인이다. 따라서 문제 등을 개선하지 못하면 대상자의 생활은 달라지지 않는다. 사례상황이 심각하면 더욱 그러하다. 일부 심각한 상황에 노출되어 있는 고위험사례대상자는 문제에 집착하면서 일탈된 생활을 방치한다. 심각한 상황일수록 달라질 것이 없다는 생각을 하면서 포기하는 경향을 보인다.

"중증의 장애 때문에 자력으로 식사하지 못하는 장애인이나, 몇천 원의 돈을 벌기 위해 유모차를 끌며 휴지를 주워 생계를 잇는 노인들은 하루하루가 힘든 생활이다. 질병 때문에 하루 종일 방에서 생활하는 와상장애인이 방치되어 있다면 생계를 위한 식사지원과 위생적인 생활 등이 서비스 지원계획에 포함되어야 한다.

이렇듯 사회복지기관을 이용하는 이용자와 고위험사례대상자의 서비스 이용목적은 분명 차이가 있다. 따라서 기관의 지원이 충분하여도 고위험사례대상자의 상황에 적합하지 않거나 상황을 개선하지 못하는 서비스라면 도움이 되지 않는다.

(2) 통합서비스의 지원목적과 방향

통합서비스의 지원목적은 고위험사례대상자의 문제해결을 통해 안정적으로 생활하였던 시기로의 회복에 있다. 통합서비스의 진행 초기부터 고위험사례대상자를 설득하면서 서비스 지원에 참여한 자원들을 소개하는 등 고위험사례대상자의 이해를 돕는다. 부족한 기술과 활동을 조언하고, 이해가 부족하면 설득하고 실망하지 않도록 격려와 지지를 보낸다. 문제해결에 목적을 두고 자원들과의 원만한 관계를 유지할 수 있도록 중재하고 의지를 가질 수 있도록 중재하면서 이끌어 나간다.

계획된 서비스를 지원하는 과정에서 문제의 해결 정도를 확인한다. 성과확인은 고위험사례대상자의 자조생활 능력에 대한 통합사례관리사의 확신 갖기다. 자조생활을 자력으로 수행할 수 있다는 확신이 있어야만 통합사례관리 운영성과 및 통합서비스의 성과확인이 가능하기 때문이다.

고위험사례대상자는 분명한 목적을 갖고 통합서비스를 이용한다. 통합사례관리사가 전문성이 부족하면 인력과 시간, 시설물과 기자재 지원, 재원의 낭비를 초래할 뿐 아니라 삶을 방치하는 치명적인 문제를 야기한다. 따라서 통합사례관리사의 전문성은 고위험사례대상자의 삶을 변화하기 위해 반드시 갖추어야 할 역량이다.

3) 지역상황에 적합한 통합서비스 개발

(1) 지역기반 통합서비스 개발

통합서비스의 개발 이후 수행하는 인력이 적정해야만 성공할 확률이 높아지는 등 고도의 전문성이 필요한 업무가 통합사례관리이다. 통합사례관리는 사례의 상황에 적합한 통합서비스의 개발을 통해 고위험사례대상자의 상황을 관리하면서 문제 등을 개선해 나가야만 성과 확인이 가능한 업무이다. 성공확률을 높이기 위해 고위험사례대상자의 드러난 문제에 개입하는 등 전문성은 통합사례관리 수행의 기본이다. 서비스가 개발되어도 인력의 전문성이 부족하거나 고위험사례대상자의 상황에 적합한 문제해결 능력을 갖춘 전문가가 참여하지 않으면 변화를 의도할 수 없다는 점 때문이다.

만약 기관의 인적·물적 지원이 부족함에도 관리자가 아무런 조치를 취하지 않고 통합사례관리사의 담당업무임을 강조하면서 알아서 처리하라고 요구하면, 성과도출(문제해결 및 고위험사례대상자의 변화 등)이 불분명해지는 것은 물론 통합서비스의 질 또한 저하된다. 빠른 대처를 하지 못해 문제해결 시기 또한 놓치게 된다. 기대성과 미흡은 사례의 상황에 대한 통합사례관리사의 이해 부족이 요인이고 기관의 지원이 부족해서다.

통합사례관리사와 자주 만나는 고위험사례대상자라도 잘 지내는지를 물어보면서 관리자에게 보고하는 것으로 마치면 이해가 부족한 것이다. 고위험사례대상자 또한 생계를 이어 가기 위해 사회생활을 수행하기 때문에 생활 정도는 반드시 확인되어야 한다. 가벼운 얘기로 치부하거나 전달하는 얘기로 마치면 가정생활과 사회생활 중에 겪는 어려움으로 인해 처지를 실망하고 심각한 경우 관계 맺기를 거부하기도 한다.

고위험사례대상자의 가장 힘든 것, 어려움은 벗어나기 힘든 극심한 빈곤 등 생활의 곤란 때문이다. 의욕이 없는 고위험사례대상자가 통합사례관리사를 찾는 이유겠지만 기관의 지원만으로는 해결하기 불가능하기 때문에 통합사례관리사를 방문하는 것이다. 고위험사례대상자를 자주 만나는 전문가가 통합사례관리사이다. 그렇다면 고위험사례대상자의 상황에 적합한 문제해결 방법을 찾아야 할 역할은 통합사례관리사의 책무이다.

지역사회는 고위험사례대상자의 생활터전이고 삶의 공간이다. 고위험사례대상자는 오랫동안 이웃들과 교제하며 지내왔다. 지역을 기반으로 통합서비스를 연계하고 연계 후에도 중재가 필요한 이유는 고위험사례대상자가 살아야 할 터전이 지역사회이기 때문이다. 지역의 상황을 파악하고 대안을 모색하는 것은 통합사례관리의 성공적인 수행을 위해 필요한 준비이다. 이러한 준비가 전문성이고 전문성을 계속 발전시켜 나가야 할 통합사례관리사의 책임감이다.

통합사례관리사가 지역의 상황과 사회변화를 이해하지 못하면 역할이 제한된다. 알고 있는 서비스만을 제공하거나 기관에서 수행하는 프로그램을 소개하는 정도에서 제한적인 서비스만을 제공하게 된다.

이와 같이 통합사례관리는 사회복지기관의 인적·물적 자원을 연계하고 기관 중심의 서비스 지원에서 지역 중심의 통합서비스 개발과 수행을 위해 전력해야만 성공할 수 있는 전문분야이다.

(2) 사례상황에 적합한 통합서비스 제공

통합사례관리사는 단순 서비스를 제공하는 사회복지사가 아니다. 통합사례관리사는 지역의 복지를 증진하는 전문가로서 지역복지를 실천하는 주체이다. 지역의 다양한 문제를 토대로 주민들의 직업군과 성별, 취약한 인구집단 등 지역을 조사하고 통합서비스가 필요한 주민들에게 도움을 제공하기 위해 서비스를 개발해서 지원하는 전문가이다. 이러한 전문가들이 활동하는 단체가 사회복지기관이고 전문가가 사회복지기관의 종사자이다. 사회복지서비스를 필요로 하는 고위험사례대상자에게 도움을 제공하는 전문가가 통합사례관리사인 것이다.

사회복지기관의 시설규모가 넓고, 쾌적한 환경을 갖추어도 이용하는 주민들이 없으면 공공의 복지기능을 상실하는 것처럼, 또한 통합사례관리사의 역할이 무의미한 것처럼, 고위험사례대상자의 변화를 주도하지 못하는 통합사례관리사는 전문가가 아니다. 그가 지원하는 통합서비스는 제공에 불과한 형식적인 서비스일 뿐이다.

지역의 상황에 적합한 통합서비스를 개발하지 못해 기관의 서비스만을 제공하면 고위험사례대상자의 생활은 변화되지 않는다. 지역을 토대로 한 서비스는 기관의 인적·물적 기반이 충분하여도 지역사회보다 다양한 자원을 보유하고 있다고 할 수 없으며, 뛰어난 인재를 배치하여 능률적으로 업무를 수행하여도 지역사회의 다양한 전문가보다 뛰어날 수 없다.

고위험사례대상자를 지원하기 위한 업무를 일반 업무와 같이 처리하면 전문성이 없는 것이다. 통합사례관리사가 사회복지사업의 핵심 주체이고 사회복지기관의 중요인물로 부각된 오늘의 현실이 이를 알게 한다. 고위험사례대상자에게 집중하면서 문제해결에 필요한 최적의 통합서비스를 개발하고 전문가를 연계해서 지원하는 특성화사업이 통합사례관리이기 때문이다. 생계를 이어 가기 힘든 고위험사례대상자의 상황을 지원하는 분명한 목적을 갖고 전문가들이 연합해서 활동하는 유일한 서비스가 통합서비스이다.

4) 지역자원 개발 및 연계확대

통합사례관리는 자원봉사자 및 후원자를 비롯하여 지역의 기관 및 직원들을 연계해서 수행된다는 특징이 있다. 자원들과의 교류 정도가 통합서비스 지원에 영향을 미치기 때문에 새로운 서비스를 기획하고 실행하기 위해서는 자원의 연계가 필수이다. 통합사례관리의 성공여부는 지역사회 자원의 연계에 있다. 통합사례관리사가 고위험사례대상자의 문제해결 의지가 있어도 자원을 연계하지 못하면 성공하지 못한다. 경험이 부족한 자원을 연계하는 것도 실패하게 된다.

따라서 경험이 많은 자원을 확보하기 위해 전력하고, 지역의 자원을 잘 파악하고 있어야 한다. 그들의 활동 또한 이해하고 있어야 한다. 자원의 역량 또한 파악하고 있어야 한다. 통합사례관리사가 자원들과 원만한 관계를 맺고 유지하는가에 따라 자원의 개발이 수월하기 때문이다.

하지만 자원의 관리는 시간과 노력이 투자되어야 한다. 협조에 의해 활동한다는 점 때문이며 적절한 관계를 유지할수록 통합사례관리의 운영에 필요한 인적・물적 지원이 확대되는 등 지역의 자원은 고위험사례대상자의 인접된 지지 체계로서 다양하게 기여하기 때문이다.

4 통합사례관리 지원절차

1) 고위험사례대상자의 상황 파악과 사례관리 방향 수립

환경분석, 통합사례관리사는 결핍된 욕구가 고위험사례대상자의 일상에 어떠한 문제를 발생시키는지를 확인해야만 개입의 방향을 판단할 수 있다. 문제로 인한 생활실태 및 부정적인 영향 또한 파악해야 한다. 생활실태 파악은 상황의 심각성과 심각한 상황으로 인한 가족 성원의 상황에 영향을 미치는 환경이 파악되어야 한다.

생활실태 분석, 일상과 생활실태의 파악을 통해 통합사례관리사는 고위험사례대상자의 심각한 상황을 이해하게 되어 긴급한 개입이 필요한 상황, 중요하게 인식해야 할 일상, 시간적 여유를 두고 개입하거나 또는 격려, 지지 등을 통해 자력으로 해결할 수 있는 문제를 분석하게 되어 개입방향을 확정한다. 문제의 해결을 위한 사례관리 방향을 정하기 위해서다. 사례관리 방향의 수립은 고위험사례대상자의 일상과 생활실태 파악을 통해 확정하는 것이 계획 수립에 효과적이다.

사례개입전략수립, 사례관리 방향의 수립은 고위험사례대상자의 상황의 심각성을 토대로 어느 정도 심각한지를 통합사례관리사가 확인하고 통합사례관리 운영방향을 설정하는 것을 말한다. 통합사례관리 운영방향의 수립에 포함되는 사항은 고위험사례대상자 주거상황 파악, 주거생활실태, 가족관계, 핵심문제 유발자, 그에 대한 지원방향 등이다.

이제부터 개입전략을 수립한다. 개입은 시설의 지원사항과 서비스 담당자, 개입시기, 재정투자, 참여인력 및 추가 지원이 가능한 사항 등 지원 정도를 판단한다. 문제의 심각성으로 인해 외부자원을 연계해야 할 문제해결 필요에 의해 전문가와 타 기관의 협조·연계해야 할 사항을 결정한 후 통합사정과 통합사례회의 참여인력을 확정한다.

장애물 파악, 여기에서 한 가지 더 통합사례관리사가 확인할 사항이 있다. 일상을 방해하는 장애물의 파악이다. 장애물은 생활의 문제 등을 유발한다. 유발된 생활의 방해상황을 확인하기 위해 장애물인, 생활의 방해 요소를 파악한다. 생활의 문제인 장애물이 확인되었으면 조기에 개선, 또는 해결하기 위한 대안을 마련한다. 고위험사례대상자의 심각한 상황은 해결이 가능한지, 또한 고위험사례대상자는 상황을 해결할 만한 능력이 있는지를 확인[1]하기 위해서다. 만약 문제해결을 자력으로 수행할

1) 사례관리자가 대상자의 능력을 감안하는 것은 드러난 문제를 토대로 연령, 성별, 문제유형 등을 감안하여 문제해결에 적합한 전문가를 선별하기 위해서다. 해당 분야의 전문가의 섭외는 자문 및 슈퍼비전을 제안할 수 있을 정도여야 하는데 임상경험이 풍부해야 한다. 사정이 정확해야만 문제해결에 적합한 대안

수 없으면 도움제공이 가능한 전문가를 발굴하여 통합사정에 참여시켜야 한다.

문제해결은 전문가를 참여시켜 결핍된 욕구를 규명하고, 문제의 요인과 부정적인 영향을 최소화하는 데 있다. 전문가의 연계는 문제로 인한 어려움과 장애물을 제거하기 위해서다. 따라서 직접 개입하게 하는 것이 적절하다.

2) 통합사례관리 지원절차

지역 중심 통합서비스, 지역의 기관과 전문가 등이 협력적인 관계를 유지하면서 고위험사례대상자의 심각한 상황을 개선하는 데 적합한 서비스가 개발되었을 때 통합서비스라고 한다. 기관의 전문성이 발휘될 수 있게 사례관리담당자가 참여하고, 고위험사례대상자가 거주하는 지역을 중심으로 서비스는 개발된다. 사례를 발견하여 의뢰한 기관이 개발된 서비스를 지원시기에 맞춰 지원하고 중재 관리하면서 의도한 변화가 나타났는지를 확인하는 등 통합서비스를 관리하기 위해서다. 따라서 고위험사례대상자의 변화를 의도적으로 개선해 가는 역할은 통합사례관리사가 담당해야 한다. 통합적인 서비스 지원방법의 체계구축을 통합사례관리라고 하며 지원되는 서비스를 통합서비스라고 한다.

통합서비스 개발, 여기까지만 성공해도 상당한 진전을 이룬 것이다. 이제 참여한 기관, 전문가 및 자원들의 전문성을 토대로 서비스를 개발해야 한다. 통합서비스의 개발은 문제들을 토대로 개발되어야 한다. 문제는 긴급한 문제, 위기적 문제, 일반적인 문제를 분류한 후 문제해결을 위한 최적의 대안이 무엇인가를 토대로 해결에 적합한 최적의 서비스로 개발되어야 한다는 원칙을 적용해야 한다.

개발과정 또한 기관이 보유하고 있는 전문성과 종사자의 전문성을 토대로 개발되어야 한다. 분류된 문제를 개입할 수 있는가를 협의하고 지원에 적합한 서비스를 합의한다. 개입시기를 정해 지원사항과 필요한 지원사항을 파악한 후 확정한다.

을 제안할 수 있어 향후 진행되는 통합사례관리 서비스 개발에 유용하기 때문이다.

각각의 문제들을 분류하고 기관 및 전문가들이 개입해야 할 문제에 대해 개입이 확정되면 개입사항을 점검하고 고위험사례대상자의 변화상황을 확인하기 위한 중간 점검 회의시기를 결정한다.

이러한 식으로 통합서비스는 기관과 전문가, 자원들의 전문성을 최대한 고위험사례대상자의 문제들의 해결에 집중하게 하면서 최적의 대안으로 개발되어야 한다.

지역의 인적 · 물적 자원연계, 통합서비스의 지원은 지역을 토대로 지원체계를 구축해야만 성과확인이 가능하다. 통합서비스의 개발부터 지역의 전문가가 참여해야 하고 통합서비스를 제공할 수 있는 인적 · 물적 자원 또한 연계되어야 한다. 고위험사례대상자의 문제 등을 개선 · 완화할 수 있도록 다양한 인적 · 물적 자원이 충분하게 확보되어야 한다.

지역기반 서비스 지원체계, 통합서비스를 지원하기 위해서는 지역의 다양한 인적 · 물적 자원이 상호 연계, 협력해야 하고 개발된 서비스를 지원하기 위한 역할이 분담되어야 한다. 또한 합의한 시기에 지원할 수 있어야 한다. 지원된 서비스가 고위험사례대상자의 문제개선 또는 완화와 같이 영향을 미치고 있는지 등을 정기적으로 모니터링하면서 문제해결에 기여되고 있는지를 확인한다.

개발된 통합서비스는 지역의 기관이 각각의 전문성의 발휘에 의해 체계적으로 지원된다. 고위험사례대상자의 심각한 상황을 공유하고 연계 및 연합을 통해 협력적으로 활동하면서 문제 등의 개선에 기여된다는 것이다.

지역 중심 통합서비스 지원체계, 통합사례관리체계가 구축되어야만 통합서비스를 지원할 수 있다. 통합사례관리체계는 지역을 토대로 구축되어야만 통합서비스의 지원이 가능하다. 통합서비스를 지원하는 궁극적인 목적은 고위험사례대상자가 직면해 있는 심각한 상황의 변화 및 개선 또는 완화하는 데 있다. 심각한 현재의 상황을 벗어날 수 있는 능력 강화에 있다. 이러한 목적을 달성하기 위해 통합사례관리 대상자로 선정된 고위험사례대상자에게 통합서비스를 제공하는 것이다.

하지만 고위험사례대상자가 통합서비스를 제공받기도 전에 포기하는 고위험사례대상자가 많은 것 또한 심리・정서적인 문제가 요인이기는 하나 생업을 위한 활동이 더 중요하기 때문이다. 따라서 통합사례관리사는 해결이 어려운 문제 등을 파악하고 분석하는 것이 일차 과업이다. 확인된 문제 등을 규명하기 위해 관련 전문가들이 모여 통합사정을 통해 문제분석과 결핍된 욕구를 파악하기 위해 협의회의를 개최한다.

여기까지의 과정 또한 만만치 않은 과업이다. 각각의 기관은 고유한 업무가 있고 종사자 또한 담당하는 업무가 있어 통합사정은 통합사례관리사의 중재노력 등 지역의 기관 및 전문가들을 연계・규합해야 한다. 지역의 전문가들이 모일 수 있는 시기를 합의할 수 있는 회의일자 정하기, 협의된 사항을 합의하여 결론짓기, 각각의 역할을 분담하는 등 다양한 노력을 기울여야 한다.

통합서비스 지원, 개발된 통합서비스의 지원은 긴급한 문제부터 지원하도록 하고 점차 일반적인 문제로 개입할 수 있도록 일정을 조정하여 확정한다. 때로 발견된 문제가 매우 심각하여 여러 기관이 동시에 개입해야 할 때가 있다. 이런 경우 합의된 서비스와 고위험사례대상자의 상황은 동시에 고려되어야 한다. 심각한 상황조치에 적합한 개입방법을 모색하는 것을 의미한다. 더욱 중요한 것은 사례를 발견하고 의뢰한 기관이 적극적으로 중재해야 한다는 것이다. 고위험사례대상자의 설득을 포함하고 사례상황이 해결되기까지 필요한 조치를 강구해서 자원들의 활동을 중재하는 등 역할을 주도해야 한다.

장애물 제거, 고위험사례대상자의 생활을 방해하는 장애물을 제거하고 안정적으로 생활할 수 있도록 통합사례관리사는 통합사례관리 운영 전반을 관리해야 한다. 문제를 심화시키는 방해물인 장애물의 제거에 전력하고 파생된 문제가 없는지 주의 깊게 고위험사례대상자를 살펴야 한다. 장애물 제거는 통합사례관리 운영을 성공적으로 진행하게 할 뿐 아니라 생활의 질을 높인다. 인내를 갖고 지지와 격려를 통해 포기하지 않도록 이끌어야 한다.

정리하면, 이렇듯 통합사례관리 과정은 단순하지 않다. 지역의 기관과 전문가 및 일반자원이 고위험사례대상자가 직면한 문제 등을 개선하기 위해 그들이 보유한 전문성을 토대로 해결을 위한 최적의 서비스를 개발하여야 하는 과업이 있고, 개발된 서비스를 고위험사례대상자의 상황에 맞게 지원시기를 정해 지원해야만 성공적으로 운영되기 때문이다. 그래서 통합사례관리 및 통합서비스는 사회복지 분야에서 사회복지실천을 위한 전문적인 원조방법이라고 하는 것이다. 통합사례관리를 통해 지원되는 모든 서비스를 통합서비스라고 하는 것이다.

즉, 사례의 상황은 복합적인 문제로 인해 어려움에 노출되어 있어 상황이 심각하고, 상황의 심각성은 문제들로 인해 가중 받는 상황이다. 개별기관의 서비스로는 해결하기 어렵다는 제약도 있다. 통합사례관리사는 고위험사례대상자의 상황을 관리하기 위해 사례의 상황을 조기 개선 또는 해결할 수 있는 지역의 전문가 또는 기관[2)]들과 공조체계를 구축한 후 해결에 필요한 인적・물적 자원을 연계해야 한다. 고위험사례대상자를 지원하기 위한 협력계획을 수립하고 지원 시에도 중재해야 한다.

고위험사례대상자의 변화를 도모하기 위해 통합사례관리를 수행하면서 지원되는 모든 활동을 통합서비스라고 한다. 통합서비스는 심화된 문제를 완화해 가면서 문제들이 해결되기까지 계획된 시기에 지원되는 전문적인 원조활동이다. 종래에는 고위험사례대상자의 문제 등의 해결에 목적이 있으며 그의 거주지에서 안정된 생활을 유지하기 위해 전문적인 사회복지실천방법인 통합사례관리를 통해서만 지원되는 전문적인 서비스이기 때문이다.

2) 여기에서 의미하는 기관은 사회복지기관을 포함하고 직・간접적으로 고위험사례대상자를 지원할 수 있는 지역의 기관을 의미하고, 고위험사례대상자를 지원하는 기관은 병원, 관공서, 읍・면・동사무소, 보건소, 학교, 각종단체와 협회 등 다양하다.

5 성공적인 통합사례관리 실천전략

1) 사례상황 중심 통합서비스 구조화

통합사례관리는 고위험사례대상자의 상황에 초점을 두고 문제를 규명해야만 적합한 대안을 마련할 수 있다. 문제 등의 해결을 위해서는 고위험사례대상자의 상황, 즉 심리상태, 현실적인 생활문제, 그가 수용하고 받아들일 수 있는 접점인 최적의 시기를 찾아 통합서비스를 제공해야 하는데 이를 통합서비스의 구조화라 한다.

지원계획을 수립하여도 통합서비스 구조화 단계에서 시기 및 장소, 서비스 지원, 서비스를 지원하는 전문가의 불참 등의 발생 시 통합서비스 지원은 실패하게 된다. 이 단계를 실패하면 문제 규명 및 통합서비스 개발, 전문가 개입 등은 의미가 없다.

따라서 고위험사례대상자가 통합서비스를 거부하지 않고 받아들이는 최적의 시기를 확인한 후 통합서비스를 제공해야 한다. 변화촉구시기 확인, 적극적인 참여 등을 의도하는 것은 의미 있다 하겠다.

2) 사례대상자 이해증진

하지만 고위험사례대상자가 서비스를 제공받는 초기는 변화가 필요하다는 통합사례관리사의 얘기를 따르지만 수행을 부담스러워할 수 있다. 자신의 문제가 이해되지 않을 수 있기 때문이고 문제가 있으며 해결해야 한다는 것과 전문가에게 의존해야 하는 상황, 통합서비스를 제공받아야 하는 자신의 처지를 고민하는 것이다.

서비스를 제공하는 초기에는 성취감을 얻을 수 있는 단순하고 쉬운 역할을 제안하면서 문제해결에 자신감을 가질 수 있도록 이끌어 가야 한다. 격려와 지지 등 또한 지속되어야 한다. 성취감을 얻는 활동을 통해 고위험사례대상자는 자조적으로 생활해야 한다는 자신감을 회복하고 자신의 상황을 이해하기 때문이다. 이 시기는 통합사례관리사가 이끌어 나가야 하고 상황을 이해하는 데 전력해야 한다. 통합사례관리 운영과정을 이해할 수 있게 진행사항 등을 자세하게 설명하고 이해를 높인다. 통합사례관리사는 고위험사례대상자의 이해 정도를 확인하면서 적절한 설득방법을 모색한다. 최대한 배려하고 의지를 가질 수 있도록 격려하면서 이끌어 간다.

여기까지 진행하면 고위험사례대상자는 자신의 상황을 이해하고 문제가 무엇인지를 고민한다. 자신의 문제를 묻는 등 방법을 고민한다. 이러한 반응이 나타나면 고위험사례대상자는 해결을 위한 동기를 가졌다고 볼 수 있다. 통합사례관리사는 고위험사례대상자가 이해할 수 있는 용어를 사용하면서 이해를 돕는다. 그러나 분명하게 제안해야 할 사항이 있다. 무엇이 문제이고 생활을 방해하는 장애물과 현재의 생활을 지속하게 되었을 때 나타나는 결과상황을 설명하는 것이다. 이를 문제 규명이라고 하는데 이는 통합사례관리사의 신중하고 지혜로운 설득을 수반한 설명능력에 따라 고위험사례대상자가 이해하고, 또는 반발하면서 참여를 거부하기도 하는데 반응을 살피면서 용어 선택을 잘 해야 한다. 통합서비스를 제공받는 과정에서 확실하게 해결될 것임을 설득해야 한다는 것이다.

3) 문제 규명과 해결방향 제시

고위험사례대상자는 수십 년간 문제를 갖고 힘들게 지내왔다. 문제만을 부각하는 것은 참여해도 해결할 수 없다는 마음을 갖게 한다. 더욱이 살아온 지난 사건의 치부를 통합사례관리사와 대면하여 얘기해야 하기 때문에 이해한다는 말로 위로와 격려, 조언 등을 적절하게 전달해야 한다. 마음을 여는 것은 웬만한 용기가 아니면 결단이 필요한 것이다. 고위험사례대상자의 마음을 헤아릴 수 있어야만 마음을 열기 때문이다.

사실 통합사례관리사가 고위험사례대상자의 얘기를 들은 후 현실을 규명하고 설득에 필요한 조언을 하는 것은 쉽지 않다. 상황이 심각할수록 해결이 불투명하기 때문에 과거 경험이 어떠한 문제가 있었는지, 현재의 생활은 무엇이 문제인지를 밝혀내고 조언하는 것은 임상경험이 많아도 쉽지 않은 것이다. 여기에 더해 고위험사례대상자가 의존하는 성향이거나 의지가 없으면 문제 규명조차 난관에 부딪힐 것이 뻔하다. 통합서비스의 지원방향을 수립하기도 전에 포기할 수 있어 노련한 언어구사는 통합사례관리사의 능력에 해당한다. 참여결정과 수용에 결정적으로 영향을 미치는 용어를 설득 있게 전달할 수 있어야 한다. 문제 규명의 실패는 통합사례관리사의 이러한 역량이 부족할 때 나타난다. 앞으로 진행될 통합사례관리 운영 및 지원을 의미 없게 만들기 때문에 고위험사례대상자의 설득은 성공적인 운영의 단초임을 분명하게 견지해야 한다.

4) 문제해결 집중

고위험사례대상자가 어느 정도 자신의 상황을 이해하면 통합사례관리사는 가족관계 등으로 화재를 전환하여 가족상황 파악에 집중한다. 경제적인 문제 등으로 인해 가족들이 어려움에 처해 있으면 대처하였던 방식, 대처 정도 등을 파악한다. 방치하면서 가족 부양을 회피하였다면 요인과 대안을 찾는 데 집중한다. 직장이 없기 때문인지, 또는 가족 성원의 수입에 의존하는지 등 요인을 찾아야 한다. 자녀양육 상황을 파악해야 하는데 자녀양육을 소홀히 하는 가장의 역할에 불만을 갖고 생활하면 불화를 겪는 경우가 대부분이어서 통합사례관리사의 설득은 가족관계 회복에 매우 중요하다. 고위험사례대상자 또한 상황을 개선하지 못해 자책하는 등 관계가 악화되고 있음에도 관계개선을 시도하지 않았다면 매우 심각한 상황이라고 인식해야 한다.

통합사례관리사는 고위험사례대상자의 복잡한 상황을 파악하고 해결의 단초를 마련하기 위해 전문가에게 자문을 요청하고, 관리자와 상의하는 등 개선방법을 찾아야 한다. 지역보장협의체의 통합사례분과에 상정하여 지역의 통합사례관리 대상자로 선정하여 지원하는 것도 대안이다. 이 경우 기관의 절차에 따라 공식적으로 의뢰하고 사례상황에 대한 충분한 정보를 제공하여 대안마련을 요청해야 한다.

지원계획 수립, 확인된 정보를 토대로 규명된 문제를 해결하기 위한 서비스 지원계획을 수립한다. 시기, 장소, 참여자원, 재원투입, 지원결과 등을 자세하게 설명한다.

이해가 되었다고 판단되면 최초의 지원시기를 설명하고 자원을 소개하는 등 이해를 높인다. 서비스 지원방향을 이해하게 되면 참여 동기를 갖고 의지를 갖는다.

서비스 방향 제안은 고위험사례대상자의 심각한 상황을 개선하기 위한 방법을 찾기 위해 결핍된 욕구 및 문제와 연관된 장애물의 분석과 대안을 찾기 위한 필수 과정이다.

통합서비스 개발과 설득 실행, 이제 실행방법인 통합서비스를 개발하는 데 전력한다. 기관의 인적・물적 자원만으로는 결핍된 욕구 또는 문제 등을 해결하기 어렵다. 지역의 자원을 연계하는 것이 통합사례관리 운영에 효과적이다. 전문자원의 개발과 연계는 반드시 선행할 사항으로 규명된 각각의 문제들을 완화하고 제거하는 데 필요한 통합서비스의 개발이 전제되어야만 통합사례관리는 성공 가능성이 높아진다. 하지만 각각의 단계에서 고위험사례대상자의 이해를 높이기 위한 전략을 수립해야 한다. 대상자가 수용하고 의지를 가질 수 있는 용어 선택과 사용, 이해될 수 있는 내용의 전달, 상황파악과 해결해야 할 것들, 지원방향 등이며 이해를 높이기 위한 전달방법과 설득방법을 찾는데 최선을 다해야 한다.

통합사례관리의 실패요인

첫째, 사정오류로 인한 문제 규명 실패

문제 규명의 실패는 결핍된 욕구 규명 실패와 문제의 심각성을 분석하지 못하는 통합사정의 오류 때문이다. 사정오류는 발견과 의뢰, 인테이크를 한 번에 시행할 때 자주 발생한다. 통합사례관리를 담당하는 사회복지사에게 전담하도록 일임하면서 발생하고, 고위험사례대상자를 주도면밀하게 파악하지 않을 때 자주 나타난다.

더욱 심각한 오류는 통합사례관리 과정에서 가장 중요한 단계인 인테이크를 진행한 후 사정, 사례회의를 한 번의 회의를 통해 시행하고 협의사항을 결정하는 데 있다. 더욱이 통합사례회의에서 결정된 사항에 따라 고위험사례대상자는 살아온 방식을 바꿔야 하는 것 자체가 불가능에 가까운 도전이지만 문제 규명과 서비스 지원 등을 한 번의 회의를 통해 결정하는 무리한 시행을 많은 사회복지기관에서 시행하고 있어 대상자의 상황이 명확하게 규명된 것인지가 불분명하다.

사례관리담당자의 소집요구가 있을 때 관련된 기관의 직원들이 회의에 참석하고 고위험사례대상자의 상황을 청취한 후 지원사항을 기관장 또는 관리자의 지시에 의해 수동적으로 지원하는 것은 문제 등을 개선하는 데 제약이 있다. 이러한 사정오류는 기관의 대응방식이 회의 중심으로 진행될 때 자주 나타난다.

둘째, 회의 중심 사례회의

여기에 더해 사정보고서를 작성 후 구두로 보고하는 것이 전부라면 대안을 마련하였다고 볼 수 없다. 대안마련의 실패는 주로 회의 중심의 사례관리방식이 요인이다. 회의참석자들은 사례의 심각성을 이해하기는 하지만 사례관리자의 보고에 의존해야 한다. 보고된 사항을 토대로 회의과정에서 논의한 사항이 전부이기 때문에 초기상담 이후 보고자료를 준비하면 문제 또한 없다. 사례회의를 통해 진행하기 때문에 회의참석자에게 답변만 무리 없이 하면 관리자의 결정을 따르면 된다. 사례의 상황보다 기관장 또는 관리자가 결정하는 대로 조치하면 문제가 없는 것이다.

많은 기관에서 사례대상자를 발견한 시점에 대면면담을 안내하고 인테이크 일자를 정해 시행한다. 수집된 자료를 보고서로 작성하여 사례회의를 통해 보고하면서 문제사정과 서비스 지원을 결정한다. 또한 고위험사례대상자와 관련이 없는 타 부서의 직원들이 회의에 참석하면서 고위험사례대상자의 문제와 상황을 결정하기 때문에 문제개선 등에 적합하지 않는 서비스가 결정되기도 한다.

이러한 식으로 결정된 사항이 고위험사례대상자의 상황에 영향을 미칠 것인가?는 업무의 일환으로 회의에 참석하였기 때문에 결정사항은 업무의 일환이라는 것을 판단할 수밖에 없다. 안타깝게도 이러한 방식이 사회복지기관에서 수행되는 사례관리방식으로 정착된 상황이다. 그럼에도 많은 사회복지기관은 이러한 방식이 사례관리이고 사례관리운영방식으로 오해하고 있다. 사회복지기관을 이용하였던 다수의 고위험사례대상자는 문제를 해결 받지 못한 채 제공하는 서비스를 이용하면서 실망하고 더 이상 기대할 것이 없기 때문에 이용하지 않기도 한다.

셋째, 회의 중심 서비스 결정

더욱 안타까운 것은 회의 중심의 사례관리방식을 통합사례관리로 오해하는 사회복지기관의 개선되지 않는 통합서비스 제공 방식에 있다. 고위험사례대상자의 상황을 개선하기 위해 회의참석자들이 결정한 사항을 서비스로 제공하는 것이다. 사회복지기관의 일반적인 사례관리방식으로 정착된 현실임을 감안하면 무엇을 개선하고 누구를 위해 지원하려는 것인가?에 대한 의문을 갖게 하는 사항이다. 많은 고위험사례대상자들이 서비스 공급자인, 사회복지기관의 서비스를 일방적으로 제공받아야 하기 때문에 필요한 서비스를 생산하거나 제공받지 못하는 것은 당연하다.

회의를 통해 결핍된 욕구를 규명하고, 드러난 상황의 문제들에 대한 합의식의 규명, 해결대안을 논의한 후 서비스 방향을 정해 담당자를 지정하여 지원하는 것 등이 사례관리방법이라면, 이는 인간의 회복불능, 포기, 희망 없음에 대한 현실부정이라 할 수 있다. 사회적 소통불능에 대한 갈등을 당사자로부터 수용하라는 요구이기 때문에 "그래, 더 이상 이 사회는 가능성이 없는 사람들에게 기회를 주지 않는다"는 것을 인정한 셈이다.

넷째, 사례상황과 관련 없는 서비스 지원

사례의 상황에 적합하지 않는 통합서비스는 업무수행의 연장선에 불과한 제공하는 업무일 뿐이다. 통합사례관리대상자의 상황(긴급, 위기, 일반, 보류, 제외대상자)과는 거리가 있는 서비스를 제공하면서 지원이 가능한 서비스만을 획일적으로 제공하는 것에 불과하다. 고위험사례대상자를 이끌어 나가야 하는 안타까운 사례도 있지만 선택할 수 없기 때문에 따를 수밖에 없다. 기관에서 지원하는 서비스를 소개하는 정도에서 제안만 하여도 사실 고위험사례대상자는 의견을 얘기하지 않기 때문에 그대로 진행되는 경우가 대부분이다.

다섯째, 전문성이 없는 통합사례관리사의 무능

이런 식으로 사례관리를 운영하는 기관의 사례관리사는 통합서비스를 지원하기 위해 갖추어야 할 핵심기술 또한 미흡하여 대화기술, 관계기술, 설득기술 등을 활용하지 못한다.

인테이크 상담을 마친 후 고위험사례대상자의 문제를 파악하고 사정보고서를 작성하는 것이 전부이다. 그러곤 회의시간에 직원들이 물어보는 내용을 답변하고 의견을 피력하면서 '최선을 다했다'는 얘기를 하면 질문 또한 받지 않기 때문이다. 더 이상 논의할 것도 없다. 때문에 회의를 마친다는 관리자의 얘기에 사례회의는 종료된다.

지역보장협의체의 통합사례관리분과에서 시행하는 사례회의 또한 비슷하다. 의뢰기관의 사례관리자로부터 대상자의 상황을 보고받은 후 참석한 기관의 담당자들이 질문하면 답변하는 식이다. 그러곤 문제의 요인과 상황의 심각성을 파악하기 위해 문제 등을 규명한다. 어느 정도 이해가 되면 회의를 주도하는 슈퍼바이저가 기관의 담당자를 정해 서비스를 제공할 수 있는지를 문의한 뒤 "이제부터 서비스 제공은 귀 기관에서 역할을 해 주셔야 합니다" 등으로 마친다.

문제로 인한 상황을 파악하였지만 해결을 위한 논의 및 전문가의 개입도 없이 참석한 직원들에게 역할을 구분한 뒤 마치는 것이다. 따라서 고위험사례대상자는 문제해결도 없이 계속 힘들게 생활할 수밖에 없다.

그럼에도 할 일이 있기 때문에 통합사례관리사의 관심 밖의 대상자일 뿐이다. 다른 대상자를 지원해야 한다는 등 사례상황을 지원하는 상황이 버겁다고 여기면서 성과 없는 일에 몰입하고 다양한 사례를 지원하고 있다고 착각하면서 지원을 종료하는 것이다.

CHAPTER 09

지역기반 통합사례관리 준비단계

통합사례관리 과정

사례의 발견과 의뢰	c't 자발적 의뢰 또는 보호자, 관련기관 및 행정기관, 이웃주민, 사례관리자 또는 동료 등에 의해 발견되어 기관에 의뢰된다.
사회복지사의 접수 및 개별면접 (스크리닝)	• 접수는 사례관리자 본인 또는 동료 사회복지사 누구나 가능하다. • 공문으로 접수한 경우 문서접수대장에 등재한다. • 접수 시 확인할 사항은 면접일정을 정한 후 의뢰자가 준비해야 할 서류를 통보한다. (수급자 증명서, 건강진단서(장애등록증), 등본, 가족관계증명서 외) • 면담을 시행하는 사례관리자는 스크리닝을 통해 대상적격성 심사를 진행한다. 부적합한 경우 지역의 기관을 확인한 후 소개한다. • 사례의 적합성이 확인된 경우에만 인테이크로 진행된다.
인테이크 (사례대상자 및 가족, 보호자)	• 참석자: 기관장, 국장(또는 부장), 부서장, 사례관리자, 간호사 등 • 성장배경, 기본정보, 주 호소문제와 욕구 파악 등 • 사례관리자는 인테이크 진행 후 가정방문을 통해 주거환경 및 가족관계 등을 파악한다 • 사정회의 준비: 기안작성, 인테이크 결과작성, 사정위원회 소집
통합사정회의	• 통합사정회의는 내부 참석 직원을 선발하고 외부전문가가 참여해야 한다. 문제해결에 적합한 지역의 전문가와 기관의 협조를 받아 공문 발송을 통해 시행된다. 자료 및 다과 등을 준비한다. • 사정보고서 작성, 기관장 결재 및 통합사례회의에 상정한다. 재사정 사례의 경우 진행된 서비스를 재점검하고 욕구 등을 파악한다.
통합사례회의	참석위원은 지역의 전문기관에서 활동하고 있는 임상전문가이다. 기관의 직원은 사례를 지원하고 결정할 수 있는 담당직원 및 관리자가 참석한다. 사례관리자는 참석위원들이 사례상황을 파악할 수 있도록 사정보고서를 중심으로 보고한다. 회의결과는 회의록 작성 후 위원들의 날인을 받는다.
서비스 기획	사정회의 결정사항 점검, 회의에서 결정된 사항을 토대로 사례관리자가 계획을 수립한다. 계획 수립 시 참여자원을 확인한다. (기획서 작성 후 팀, 부서장, 기관장 승인)
자원의 개발과 의뢰	기관 내부 및 지역의 자원을 확인하여 시행한다.
서비스 동의 및 계약	사례관리자와 사례대상자의 서면계약을 체결(서비스 내용, 자원참여 및 개발, 연계방향 및 사례대상자의 개입목표 소개 외)한다.
서비스 진행	계획된 서비스 진행(전문가, 사례대상자, 자원참여, 환경 및 외부 활동 등)
모니터링 및 평가	서비스 지원내용, 자원참여 및 활동내용 점검 후 사례대상자 변화 정도를 모니터링하고 평가(평가 시 사례대상자 만족도, 서비스, 자원, 재원, 환경 등의 효과성과 효율성 평가)한다.
종결	계약에 의한 서비스 지원완료, 사례대상자 욕구 및 문제해결 또는 더 이상의 서비스가 지원되지 않게 된 경우 종료된다. 단, 종결 시 종결회의를 시행(내부 직원 및 사례대상자, 가족 및 보호자 참여)한다. 종결동의서 작성은 필수이다.
사후관리	사례대상자 스스로 문제해결 이전의 생활을 유지하기 위해 계획을 수립하여 지원한다. 자조적 생활은 스스로 살아가는 것을 말한다.
자조적 생활	사례대상자 스스로 자조적인 생활을 시행한다. 사례관리자는 조언자와 지지자로서 역할한다. (멘토-멘티 관계정립)

출처: 이재용. 2016. 〈표8〉 통합사례관리 과정. 177에서 재인용.

통합사례관리의 시작

대부분의 사회복지기관이 사회복지사에게 사례관리 업무를 배정하여 문제에 노출된 고위험사례대상자를 관리하는 방식으로 통합사례관리 업무를 수행하고 있어 통합사례관리의 본질적인 목적과 일부 부합하지 않는 사항이 발견되고 있다.

사회복지기관의 통합사례관리 수행이 실효적이어야 한다는 이슈만큼이나 통합서비스를 지원하는 데 있어 지역의 전문가와 주민들을 규합해야 한다는 논의가 증가하고 있다. 그만큼 고위험사례대상자의 문제해결에 기여할 수 있는 통합서비스가 필요하다는 의미일 것이다. 아쉽게도 이러한 요구는 통합사례관리사와 관리자들이 사례의 상황을 사정하기 위해 익숙해 있는 회의 중심의 사례회의방식에 의해 여전히 미흡한 실정이다. 또한 통합사례관리사가 소속된 사회복지기관의 서비스가 고위험사례대상자의 상황에 적합하지 않거나 지원인력이 부족하여 해당 기관에서 수행하는 서비스 또는 프로그램의 참여를 권유하는 정도에서 지원되는 등 통합사례관리의 성과는 논의의 중심에 있으며 성과 없이 마치는 것 또한 부인할 수 없는 사실이다.

문제해결을 위한 통합서비스가 적정하고 개인의 욕구에 부합되어야만 해결방법 등을 모색할 수 있지만 고위험사례대상자의 상황에 적합한 서비스 부재 등 기관의 서비스만을 지원하는 방식은 분명 개선되어야 한다. 고위험사례대상자의 상황이 절박하고 통합서비스가 필요한 때에 통합사례관리사를 만나기 때문에 실효적인 통합서비스가 지역을 토대로 개발되어야 한다.

통합사례관리의 중요성이 민간사회복지기관과 공공기관의 핵심사업으로 부각된 이유는 다양한 사회복지서비스 가운데 통합서비스만이 고위험사례대상자의 문제해결 대안이기 때문이다. 지역의 전문 인력이 참여하고 기관의 인적·물적 자원을 규합해서 지원하는 유일한 서비스가 통합서비스이기 때문이다.

통합사례관리는 사회복지기관의 다양한 사업 가운데 고위험사례대상자의 상황에 따라 전문가와 자원봉사자 등이 문제해결을 목적으로 연합하고, 통합서비스를 개발해서 지원하는 실천을 전제로 시행되는 사회복지사업이다.

이를 증명하듯 공공영역과 민간영역에서 가장 화두가 되는 사업이 통합사례관리이다. 분명 고위험사례대상자의 문제 등을 개선해야 한다는 사회적 요구의 부응과 사회복지 분야의 대안적 실천 활동은 통합사례관리를 통해 제공되는 통합서비스 외에는 없다. 그래서 많은 통합사례관리사들은 통합사례관리의 성과를 확인하고 도출하기 위해 다양한 노력을 경주하고 있으며, 실효적인 지원의 성과를 도출하기 위해 최선을 다하고 있다.

이제부터 통합사례관리를 진행하기 위한 방법과 절차를 알아보고자 한다. 여기에서 제시하는 통합사례관리의 운영과정은 통합사례관리사가 주도하면서 질 높은 통합서비스를 지원하기 위한 대안을 제시하는 데 목적을 두었다.

질 높은 통합서비스를 제공하기 위해서는 통합사례관리의 운영과정에 대한 이해가 높아야 한다. 각각의 과정에서 요구하는 실행 원칙을 숙지하고 자신만의 실행 방법 또한 체득되어야 한다. 이 점을 감안하여 기관의 실정과 비교하면서 검토하면 더 높은 수준의 통합사례관리 실행방법을 이해하게 될 것이다. 또한 높은 수준의 통합사례관리 운영방법을 체득하게 될 것이다.

1 고위험사례대상자의 발견과 의뢰

사례의 발견 경로

경로	의뢰내용	사례관리자 역할
사례발견	• 사례발견 후 결재 절차에 의한 보고 및 승인	• 사례대상자 연락(기관소개, 방문일자 확정) • 기관주소, 연락처, 방문방법, 기관위치, 담당자 성명 등 소개 • 파악사항: 대상자의 대화가능 여부, 보호자 동행여부, 사회복지기관 이용 경험 외
자발적 요청	• 대상자 또는 보호자에 의해 문의 • 방문, 유선을 통해 문의 • 도움가능 여부 외	• 심리적 안정감 조성 • 서비스 내용, 이용시간, 이용자격, 이용가능 프로그램, 이용시설, 직원의 전문성 등 소개
비공식 절차에 의한 사례의 발견	■ **이웃에 의한 발견** • 지역주민 또는 관계된 사람에 의한 발견 • 유선 또는 방문을 통한 문의 ■ **가족 또는 보호자에 의한 발견** • 보호자 또는 가족의 의뢰 • 자녀의 미래준비에 따른 문의 외	• 기관의 사업 소개 • 이용 가능한 서비스 소개 • 돌봄 부담을 줄이기 위한 서비스 안내 외
공식적 절차에 의한 발견	■ **행정기관에 의한 발견** • 주민이 행정기관에 의뢰 • 읍·면사무소, 시청, 희망복지지원단, 드림스타트 외 ■ **사회복지기관에 의한 발견** • 사업수행 과정에서 발견 • 이용자에 의한 발견 후 의뢰 • 해당 기관 지원대상에 부합해야 함	• 의뢰 시 공문접수 후 기관장 승인준비 • 대상자 연락 후 접수진행 • 기관 서비스 등 소개
사례관리자에 의한 발견	• 이용하는 주민 또는 자원봉사자가 발견하여 의뢰 • 프로그램 수행과정에서 발견 • 실습지도 과정에서 발견 • 가정방문 과정에서 발견	• 기안 후 발견된 사례 보고 • 대상자 면접일정 확인 • 대상자에 대한 실태조사 외

출처: 이재용. 2016. 〈표9〉 사례의 발견 경로. 178에서 재인용.

1) 고위험사례대상자 발견체계 구축

통합서비스를 제공받는 고위험사례대상자는 사례로 발견된 이후 인테이크에 참여하기까지 지역기관들의 협조를 통해 의뢰된다는 점에서 외부기관 간의 네트워크가 구축되어야 한다. 고위험사례대상자의 발견이 쉽지 않은 상황에서 지역기관 간의 연계를 통해 위기상황에 노출된 고위험사례대상자를 발견하는 것만으로도 주민복지증진에 기여한다고 볼 수 있다. 고위험사례대상자로 발견만 되어도 다양한 전문가로부터 서비스를 제공받는 것은 물론 상황개선을 위해 종결 이후 자조적으로 생활하기까지 다양한 통합서비스를 지원받을 수 있기 때문이다.

2) 사례의 의뢰와 접수

고위험사례대상자가 발견되면 외부기관에서 의뢰하던, 직원에 의해 발견되었던, 오래전부터 사회복지기관을 이용하고 있는 이용자가 의뢰하였던 간에 심각한 문제에 노출되어 있는 상황이라고 인식해야 한다.

3) 방문사항 관리자 보고 및 대면장소 점검

통합사례관리사는 고위험사례로 의심되는 방문자(당사자)[1] 또는 보호자(가족)가 방문할 수 있도록 유선 또는 메일로 방문일자를 안내한다. 방문자 및 보호자와의 미팅을 준비하기 위해 상담 장소와 시간, 방문자 등에 관한 사항을 관리자에게 보고하고 참석여부를 확인한다. 위의 준비를 마치면 기관을 소개할 수 있는 책자(기관소개

1) 여기에서 의미하는 방문자는 고위험사례대상자로 선정되기 이전의 대상자이다. 즉, 통합사례관리대상자로 적합한지를 판정받기 전이므로 방문자로 표기하였다. 통합사례관리대상자로 선정되는 것은 전문가 및 기관의 관리자 등이 참여하여 인테이크 이후 통합사정과정에서 판정된다. 따라서 이전까지는 대상자로 선정되지 않은 것이므로 방문자로 표기하였다.

서), 간단한 다과와 음료 등을 준비하고 방문자 등이 이해할 수 있는 내용인지 검토한다.

의뢰 이후 예정된 방문자와 보호자는 긴장하면서 불안해 할 수 있기 때문에 편안한 장소에서 상담(스크리닝, 또는 인테이크)이 진행될 수 있도록 점검하고 사전준비를 마친다.

통합사례관리 준비절차

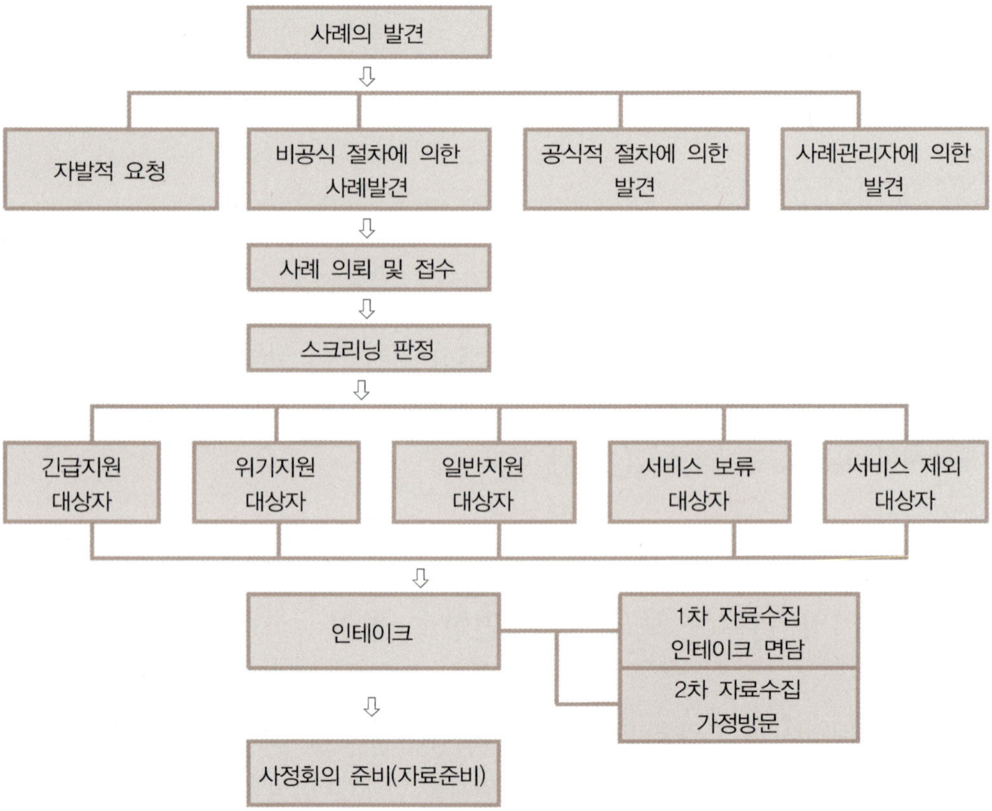

출처: 이재용. 2016. 〈표7〉 통합사례관리 준비단계 절차. 176에서 재인용.

4) 접수 후 사전안내

내관(원)하려는 방문자가 보호자와 동행하여 방문예정인 경우 기관을 소개하면서 핵심사업과 부서, 담당자를 소개하고, 이해를 돕기 위해 기관의 안내책자 등 비치해 둔 자료를 토대로 자세하게 설명한다.

기관의 소개는 보호자 및 방문당사자가 이해할 수 있는 용어를 사용하고 가급적 쉽게 설명해야 한다. 통합사례관리대상자로 선정된 이후 제공받는 서비스와 향후 진행될 통합사례관리 과정 또한 자세하게 소개한다. 이해가 되지 않는 사항이 있으면 이해를 돕기 위해 재설명한다.

충분한 설명을 마쳤다고 판단되면 스크리닝을 진행하기 위해 사전방문 일자[2]를 확정한다.

사례의 접수

경로	업무 역할	사례관리자 역할
사례의 접수	• 유선, 메일 또는 우편으로 이루어지고 공문으로 접수됨 • 접수대장 기재 및 기관장 보고 • 기관장 면접 승인 후 면접일자 확정	• 사례대상자 통보(유선 또는 문서: 방문장소 및 시간 등) • 준비서류 전달: 건강진단서, 수급자 증명서, 주민등록등본, 초본, 가족관계증명서, 장애인인 경우 장애진단서, 장애등록증 외

출처: 이재용. 2016. 〈표11〉 사례의 접수. 183에서 재인용.

2) 많은 사회복지기관이 스크리닝을 인테이크 과정에서 시행한다. 아마 대상자가 여러 번 방문하는 것을 예방하고 신속하게 지원하기 위해서일 것이다. 스크리닝은 대상자의 서비스 적격성을 심사하는 것이다. 스크리닝을 시행하기 전에 방문자(당사자)에게 연락하여 기본서류를 준비하게 한다. 장애가 있으면 장애인등록증, 수급자 증명서, 가족관계증명서 등이다. 위의 서류는 기관의 유형에 따라 차이가 있다.

2 스크리닝 심사-대상적격성 판정 원칙과 기술

스크리닝 절차

경로	사례관리자 역할
서류 확인	건강진단서, 수급자 증명서, 주민등록등본, 초본, 가족관계증명서, 장애인인 경우 장애진단서, 장애등록증 외
⇩ 스크리닝 면접	안정적인 분위기에서 면접이 진행될 수 있는 장소에서 진행
⇩ 대상적격성 판정	서비스 적합성, 사업부합성, 거주지역, 호소욕구 등을 기초로 판정
⇩ 욕구 및 요청사항 파악	문제의 현실성, 보호자와 대상자의 욕구 일치성, 기관의 수용 가능성 및 해결 가능성, 보호자 또는 대상자의 해결의지 등
⇩ 문제유형에 따른 대상자 판정	긴급지원대상자, 위기지원대상자, 일반지원대상자, 서비스 보류대상자, 서비스 제외대상자 판정
적합 인테이크로 진행	⇩ **부적합** 종결 또는 타 기관 소개: 약도, 전화번호, 담당자 등 소개

출처: 이재용. 2016. 〈표12〉 스크리닝 절차. 186에서 재인용.

1) 스크리닝 면접

스크리닝의 진행은 방문자와 보호자가 준비한 서류 확인에 의해 진행된다. 방문자의 상황이 기관의 서비스 대상 및 지원유형에 적합한지를 판정하는 과정이다. 즉, 기관의 지원 대상자로 적합한지를 판정하기 위해 인테이크 이전에 서류검토 및 면접을 통해 '대상자의 적격성을 심사'하는 과정이다. 스크리닝의 판정은 통합사례관리사의 주도하에 진행되는 것이 일반적이다.

따라서 스크리닝은 인테이크 이전에 시행되는 것이 일반적이다. 통합사례관리사가 주도하고 방문자와 보호자와의 면담으로 진행된다. 또는 대상자가 방문한 일자에 진행되기도 한다.

방문자의 상황이 통합사례관리 대상자로 적격하면 긴급, 위기, 일반 대상자로 분류[3]되고 인테이크로 진행된다. 적합하지 않은 경우 지역의 기관에 의뢰하여 서비스를 제공받을 수 있도록 지원한다.

2) 대상자 적격성 심사

고위험사례대상자 선정은 대개 인테이크 후 사정과정을 통해 확정되므로 스크리닝의 판정은 인테이크 대상자로 적합한지만을 판정한다. 통합사례관리사가 대상자의 유형을 파악하기 위해 긴급, 위기, 일반 대상자로 분류하는 사전 사정과정이며 인테이크로 진행될 수 있는 사례인지 등을 파악하는 사전과정이다. 따라서 스크리닝 과정은 인테이크를 진행하기 위한 통합사례관리사의 의견일 수밖에 없다.

통합사례관리사의 판단은 대상자가 준비한 서류에 근거하고, 상황의 심각성 정도와 기관의 사례관리대상자로 적합한지만을 판단한다. 따라서 기관의 서비스 지원 대상자로 적합한 경우에만 인테이크로 진행된다.

방문자의 상황 규명은 통합사정회의에서 결정할 사항이기 때문에 스크리닝의 과정은 기관의 서비스 대상자로 적합한지만을 판정한다.

3) 여기에서 의미하는 대상자 분류는 설명이 필요하다. 스크리닝 과정에서 시행하는 대상자의 분류는 기관의 서비스 대상자로 확정된 것이 아니라 방문자의 서류에 기초해서 서비스 대상자로 적격한지만을 판단하는 사전과정이다. 따라서 스크리닝 과정에서 제안되는 통합사례관리사의 의견은 대상자 유형을 분류하기 위한 의견일 뿐이다. 따라서 스크리닝 과정에서 통합사례관리사가 제안하는 의견은 방문자가 사례관리대상자로 선정이 가능한지 여부만을 판단하기 위한 사전 확인과정이다. 통합사례관리사가 서류검토와 면담을 시행한 결과, 그의 상황이 어느 정도 심각한지를 확인하는 통합사례관리사의 판단이므로 서비스 대상자로 확정된 것이 아니라 의견임을 다시 한 번 설명한다.

3) 대상자 분류

긴급한 사례와 위기사례는 통합사례관리사가 판단하기 애매할 수 있으므로 의견을 제안하는 정도여야 한다.

통합사례관리사는 의뢰된 대상자가 사례관리대상자로 적합한지를 확인하고 적정한 경우 스크리닝 기준표를 작성해서 인테이크 과정에 참여할 수 있도록 지원한다.

스크리닝은 방문자의 문제 및 결핍된 욕구가 현재의 생활에 어느 정도 영향을 미치고 있는지에 따라, 또는 상황의 심각성 정도를 판단하는 것이 핵심이다. 따라서 다음의 사항이 확인되어야 한다.

첫째, 방문자의 상황이 드러난 문제와 관련되기 때문에 생활과 관련된 문제가 있는가? 문제로 인해 일상생활을 방해받고 있는가? 문제들은 방문자와 가족들에게 어떠한 영향을 미치고 있는가? 드러난 문제는 어느 정도 심각한가? 등이다.

둘째, 결핍된 욕구와 문제들의 영향력을 확인한다. 고위험사례대상자는 주민들과 같은 방식으로 일상생활을 유지하고 있는지는 반드시 확인되어야 한다. 만약 생활주기를 일탈하고 가족들을 보호하지 않고 있으면 장애물 또는 방해요인 등을 파악해야 한다. 방문자의 상황이 긴급하면 즉시 인테이크를 시행한다. 대개 사회복지기관은 스크리닝과 인테이크를 동시에 시행하는 경우가 일반적이다.

셋째, 스크리닝을 마친 후 인테이크 진행 대상자로 적격한 경우 인테이크 일자를 확정하고 대상자와 보호자가 동반하여 방문할 수 있도록 안내한다. 스크리닝 결과 및 인테이크 일자 등에 관한 사항을 관리자에게 보고하여 인테이크를 준비한다.

스크리닝 기준표

횡성군종합복지관에서는 스크리닝 기준표에 의하여 대상자를 판정한다.

1. 긴급지원대상자

- 생존에 직접적인 어려움을 겪고 있는 대상자
- 자력으로는 생활의 문제를 해결하기 어려운 대상자
- 문제의 심각성으로 인해 생명에 위협을 가지고 있는 대상자
- 문제가 심각하여 긴급한 개입이 필요한 대상자
- 중증 질환으로 인해 긴급한 치료적 개입이 필요한 대상자

- 대상자 및 가족 구성원이 생존의 위협에 노출되어 있는 대상자
- 자력으로는 생존에 필요한 물질적 충족이 불가능한 대상자
- 기타 긴급한 개입이 필요한 대상자

2. 위기지원대상자

- 생존에는 문제가 없으나 개입하지 않으면 생존에 위협을 줄 수 있는 문제에 노출된 대상자
- 경제적·물질적·건강 문제에 노출되어 있으며, 사회활동 제약 등 타인의 도움과 전문사회복지기관의 개입이 없다면 개선될 여지가 없는 대상자
- 자력으로 생활하는 것이 불가능한 대상자
- 폭력 등에 노출되어 있는 대상자
- 기타 위기개입이 필요한 대상자

3. 단순지원대상자

- 문제는 생활과 관련되어 있으며 긴급 또는 위기사례가 아닌 대상자
- 인적, 물적이 있어야만 욕구 및 문제가 해결될 수 있는 대상자
- 연계와 도움이 필요한 대상자
- 단순욕구와 문제를 호소하고 있지만 문제 등이 복합적이고 다른 문제와 연계되어 있는 대상자
- 기타 일반지원대상자로 적합하다고 판정된 대상자

4. 서비스 보류대상자

- 기관의 서비스와 부합하지 않는 대상자
- 문제의 해결의지가 없는 대상자, 하지만 문제에 대한 개입을 받아야 할 대상자
- 서비스를 거절하지만 서비스에 부합하는 대상자
- 당장 개입하지 않아도 생활에 문제가 되지 않는 대상자
- 기타 서비스 보류대상자로 판정된 대상자

5. 서비스 제외대상자

- 사례관리 서비스 개입을 거절하는 대상자
- 사례관리 서비스를 지원한다고 하여도 개선될 소지가 없는 사례
- 사례관리 개입보다는 정신질환 등으로 인해 치료가 시급한 사례 등

■ **판정결과**

구분	긴급지원	위기지원	단순지원	서비스 보류	서비스 제외
판정					
판정사유					

2018 년 02 월 22 일

________________(서명)

출처: 이재용. 2016. 창지사. 〈표13〉 스크리닝 기준표. 192-193에서 재인용.

3 인테이크–통합사례관리사의 정보수집

인테이크 절차

경로	파악내용	인테이크 기술
인사 및 기관 소개	■ **참석자 확인** • 사례대상자, 가족, 보호자, 사례관리자, 슈퍼바이저 외	• 반가운 인사 • 사례관리자 소개 및 기관의 주요 현황 소개 • 관심사항에 대한 대화 나누기 외
⇩		
대상자 서류 확인	대상자가 준비한 서류	스크리닝 과정에서 확인하였다면 다음 단계로 진행
⇩		
대상자와 보호자 요청사항, 욕구 청취	■ **객관적, 주관적 정보파악** • 문제의 심각성, 관련된 사람들의 이해 정도 • 주거지 상황, 문제요인과 노출된 기간, 사례대상자와 보호자의 해결의지 • 인식하고, 경험하는 문제 중심으로 청취 • 위의 사항을 토대로 문제의 영향요인, 주변체계와의 관계성, 상호작용 정도파악 등	■ **방문목적과 이유 찾기** • 지지와 격려를 통한 방문사유와 목적 질문하기 • 문제인식 정도 확인 등 ■ **감정 다루기** • 부정적 감정 다루기 • 문제의 과거 회상하기 • 사례대상자의 이해한다는 관점에서 대화하기 등 ■ **긍정적 관계 형성하기** • 라포 형성 • 관심 표명 • 돕는 인상 • 공감 등 ■ **관계회복을 위한 조언** • 사회활동 제약을 극복하기 위한 기대욕구의 구체화 • 유대감 형성을 위한 진솔한 대화 나누기 등
⇩		
자료수집	■ **표준화된 양식 활용** • 사례대상자 직접 기술, 사례관리자의 질문, 보호자 또는 관계된 사람의 정보 외	■ **수집방법** • 기본서류 확인 • 사례대상자 또는 가족의 진술

	■ **사례대상자의 진술** • 사례대상자와 가족의 의도 파악 • 인식하고 있는 문제 확인 • 문제로 인식한 상황으로 인해 겪는 어려움 • 과장된 표현과 축소한 문제 파악 • 주변체계와의 연관성 • 적극적인 지지를 통한 관심 표명 ■ **주의 깊은 관찰** • 비언어적 행동 확인(표정, 태도, 손짓 등) • 비언어적 행동의 의미 분석 등	• 사례관리자 관찰 • 가정방문 등
⇩		
가정방문	• 가족의 사회적 관계 파악 • 생활수준 파악 • 가족의 생활주기 파악 • 주거상황 파악 등	가족상황 이해
⇩		
문제 규명	• 문제분류와 관련된 사람 파악 • 문제 규명을 위한 사정보고서 반영내용 확인 • 기관장 보고	• 사례대상자의 참여의지 확인 • 원하는 기대 질문하기 등
⇩		
사정보고서 준비	사례의 긴급성, 위기성, 일반사례 규명	• 사정보고서 작성 • 표준서식 활용 • 객관적 사실 기재 • 현재의 어려움, 문제, 호소내용, 욕구 등

출처: 이재용. 2016. 〈표14〉 인테이크 절차. 195에서 재인용.

1) 인테이크의 중요성

통합서비스는 사회복지서비스 유형 가운데 유일하게 고위험사례대상자의 문제해결을 위한 전문가와 지역기관, 일반주민, 직원 등이 연합하여 지원되는 전문적인 종합서비스이다.

고위험사례대상자의 상황을 개선하는 유일한 사회복지 대안이 통합서비스이다. 통합사례관리를 통해 지원되는 통합서비스는 그 개발의 시점이 인테이크 시기라는 점에서 사회복지전문가들의 전문성이 십분 발휘되어야 할 통합사례관리 과정에서 가장 중요한 단계이다. 이 시기는 고위험사례대상자인지, 또는 기관의 서비스를 이용하는 대상자인지를 판단하는 중요한 시기이므로 업무역량이 최대로 발휘되어야 할 통합사례관리의 핵심과정이다.

사회복지사가 되고 복지업무가 누구나 수행할 수 있는 업무였다면 통합사례관리사업은 중요하게 인식되지 않았을 것이다. 통합사례관리사의 전문성만이 고위험사례대상자의 문제를 해결할 수 있다는 점에서 역량을 드러내는 유일한 업무가 통합사례관리라는 것을 확신해야 한다. 사회복지사의 여러 업무 가운데 통합사례관리만이 고위험사례대상자의 아픔과 힘겨움, 문제 등을 개선할 수 있는 확신을 제안하는 서비스는 통합사례관리 외에는 없다.

사례의 발견부터 종결 이후 고위험사례대상자 스스로 자조적으로 생활하기까지 통합사례관리사의 역량을 쏟아야만 변화를 의도하고 개선할 수 있다는 점에서 단편적인 대응으로는 문제 등의 해결에 기여할 수 없다. 이러한 이유에서 사회복지사가 통합사례관리 업무를 담당하면 그의 신분은 통합사례관리사로 전환된다. 기관의 사업과 부서를 대표하면서 지역의 기관들과 자유롭게 연계할 권한도 갖는다.

2) 통합사례관리사의 인테이크 진행기술

(1) 라포 형성

① 고위험사례대상자와의 최초의 만남

통합사례관리사는 인테이크 단계에서 서비스가 필요한 다양한 고위험사례대상자를 만난다. 하지만 일부의 고위험사례대상자는 직면해 있는 문제가 심각하여 긴급한 개입이 필요한 경우가 더러 있다. 여기에 더해 처해 있는 상황이 주변 사람들 때문이라고 생각하면 가족들과 주변 사람들은 생활을 방해하는 원망의 대상일 뿐이다. 어느 고위험사례대상자는 어린 시절에 받은 충격으로 인해 결핍된 채로 지내면서 일탈하고 알코올중독자 가운데 일부는 이러한 성향을 보인다.

상처가 있는 사람은 사소한 일에도 과민하게 반응하는 경향이 있다. 또한 상처를 치료하기 위해 노력하지 않으면서 지내기도 한다. 예민한 성격의 고위험사례대상자는 쉽게 화를 내고 사소한 일을 심각하게 고민하는 등 심리·정서적으로 안정되지 않은 불안한 상태에 처해 있는 것이다.

이러한 고위험사례대상자를 지원하기 위해 통합사례관리사는 의지가 확고해야 한다. 또한 통합사례관리를 운영하면서 통합서비스를 왜 지원해야 하는지에 대한 목적의식이 명확해야 한다. 고위험사례대상자의 안정된 생활을 지원하는 것에 더해 통합서비스의 지원 목적을 분명하게 인지하고, 문제 등을 최소화하는 데 집중하면서 서비스 지원 이유를 설득하기 위해 현재보다 나은 삶이라는 것을 확고하게 심어 주어야 한다. 더 이상 문제에 노출되지 않도록 고위험사례대상자를 보호하겠다는 의지를 전달하고 통합사례관리사의 역할을 인지할 수 있도록 설득해야 한다.

② 라포 형성

고위험사례대상자는 여러 문제에 노출되어 있어 복잡한 상황이다. 따라서 문제 등의 해결을 위해서는 다양한 전문가가 통합사정에 참여해야 한다. 또한 통합사정이 정확해야만 사례의 상황에 최적화된 통합서비스가 개발된다. 이때부터 고위험사례대상자는 자신의 상황을 직시하고 변화를 기대하기 때문이다.

통합사례관리사는 고위험사례대상자가 오랫동안 어려움에 처해졌으며 힘들게 생활해 왔다는 것을 대면과정에서 알게 된다. 대화가 많아질수록 지내 온 생활의 힘듦을 이해하게 되어 통합서비스를 지원받아야 한다는 것 또한 절감하게 된다.

관계형성이 잘 되면 통합사례관리사를 신뢰하면서 의지를 갖는다. 통합사례관리사의 진정성 있는 대화는 심신을 안정시키고 생각을 이야기하게 하여 긍정적인 라포를 형성하게 한다. 고위험사례대상자와의 긍정적인 라포 형성은 의지를 강화하고 문제들이 해결된다는 기대를 갖게 한다. 하지만 지원의 필요성을 설득하기 위해 고위험사례대상자의 입장에서 이해하기 쉽게 설득해야 한다. 기대를 의지로 강화하고 참여하게 만드는 활동가가 통합사례관리사이다.

(2) 통합사례관리사의 인테이크 상담

인테이크는 향후 진행될 통합사례관리의 방향을 모색하는 데 있어 정보 및 자료를 습득하는 핵심과정이다. 따라서 정확한 정보를 습득하기 위해 의뢰대상자의 상황(생활실태) 등을 파악하는 데 집중하면서 가급적 대상자가 직접 얘기하도록 의도하여 정보를 수집하는 것이 인테이크의 질을 높인다.

정보는 객관적이고 주관적인 정보 모두 중요하다. 의뢰대상자가 인식하는 사항과 보호자가 갖는 시각의 차이를 확인할 수 있고 문제 등을 예측하면서 대안을 모색하는 데 필요한 핵심자료를 수집하는 데에도 효과적이다. 통합사례관리를 진행하기 위한 방향을 모색한다는 점에서 반드시 대상자 및 보호자 또는 가족의 참여는 중요하다.

① 통합사례관리사

방문자 및 보호자가 심리적으로 안정이 되었다는 확신이 들면 방문 사유와 도움이 필요한 사항, 힘겹거나 어렵다고 인지한 사항 등의 설명을 요청한다. 가급적 안정된 심리상태를 유지하기 위해 질문하기보다 방문자 자신이 설명할 수 있도록 경청하는 것이 정보수집에 효과적이다. 이야기할 수 있는 분위기가 조성되면 부드럽게 대화하고 경청에 집중한다.

② 경청

통합사례관리사의 통합서비스 제공을 위해 매우 중요한 기술이다. 경청기술은 표정 관찰하기, 힘들고 지친 심신의 피로 누적 등 현재의 상황을 파악하는 데 효과적이다. 도움호소 내용과 보호자의 설명의 일치성, 대상자의 관찰, 요청사항 등을 파악하는 데에도 유용하다.

사례관리자의 인테이크 면담기술

기술	핵심활동	기대결과	성취결과
안정을 위한 첫 대면	• 부드러운 인사를 통한 반가움 표시 • 가벼운 대화주제 선정 • 기관 및 주요 사업 소개	• 편안한 분위기 조성 • 사례대상자의 안정감 유지 • 방문사유에 대한 기대감	⇨ 욕구와 문제에 대한 충분한 정보 획득과 기대감 부여
방문목적과 이유 찾기	• 사례관리자의 격려와 지지 • 방문사유와 이유, 목적 설명해 주기 요청 • 사례대상자의 얘기에 대한 반응 보이기	• 방문사유와 목적 이해 • 자신의 의사표현 기회의 확보 • 기관에 대한 이해 증진	
부정적이고 긍정적 감정 다루기	• 사례대상자의 부정적 감정파악 • 사례대상자의 긍정적 감정파악 • 생활과 관련한 문제 파악 • 자연스러운 감정표현을 하도록 유도	• 해결의지 부여 • 부정적 감정의 해소 • 긍정적 사고	
긍정적 관계형성하기	• 라포 형성 • 관심표명 • 돕는 인상 • 공감	• 사례대상자의 감정이해 • 호소문제 파악 • 불안감 해소	
관계회복을 위한 조언	• 대인관계 수준 확인 • 대인관계의 어려움 파악 • 심리·정서상태 확인 • 회복을 위한 대안 제시	• 자신감 회복 • 대인관계의 문제점 인식 • 사례관리자와의 허심탄회한 대화	
기대욕구 이해	• 예기치 못한 문제의 파악 • 문제의 요인분석 • 문제해결을 위한 개입시기 확인 • 문제 규명 • 사례대상자의 인식 확인	• 문제해결을 위한 시각 확대 • 문제해결을 위한 노력 • 문제와 관계된 사람들의 해결을 위한 실마리	

출처: 이재용. 2016. 〈표16〉 사례관리자의 인테이크 면담기술. 206에서 재인용.

3) 인테이크 진행

방문자와 보호자가 기관을 이용할 자격이 있는지를 확인하기 위해 인테이크는 시행된다. 통합사례관리사의 입장에서도 보호자와 방문자의 상황이 심각한지를 파악하는 탐색의 시간이 인테이크 과정이다.

(1) 사례의 상황개선을 위한 집중적인 사례상황 파악

사례의 상황은 고위험사례대상자가 처해 있는 현재의 어려움으로, 현실적인 어려움은 개인의 문제대처 능력 부족을 비롯하여 내면의 결핍된 욕구로 인한 동기결여, 의지부족에 의한 부정적인 태도, 거주지 환경 등에 의해 영향을 받고 있는 생활상을 말한다. 따라서 변화 또는 개선되어야 할 현재의 실태가 사례의 상황이다.

고위험사례대상자는 삶의 질을 저하하는 문제에 노출되어 있지만 해결능력이 없어 그대로 지내는 등 문제와 장애물을 극복하지 못하는 상황이다. 결핍된 욕구로 인해 생활의 질이 저하된 채로 생활방식을 개선하지 않으면서 지내기도 한다. 또한 어려움을 오랫동안 겪어 왔기 때문에 심리적으로 낮은 자존감을 갖는 등 부적절한 환경에 노출되어 있다. 현실부정은 부정적인 심리상태를 드러내는 고위험사례대상자의 현실 회피이다. 하지만 현실을 벗어나려는 의도만 있을 뿐 실제 벗어나는 경우는 거의 없다. 불안한 심리상태를 보이면서 주변 사람들과 관계 맺기를 멀리하고 또는 피하는 등 문제를 회피하면 상황이 심각하다고 인식해야 한다. 더욱 심각한 문제는 문제를 알고 있음에도 개선할 능력이 없는 것이다.

부정적인 사고는 고위험사례대상자가 인식하는 현실자각으로 의지와 신념이 있으면 개선이 가능하지만, 의지가 없으면 힘들게 지낼 수밖에 없다. 이런 점에서 고위험사례대상자가 상황을 개선할 수 있는 기술이 부족하고 또는 개선할 능력이 없으면 역량을 강화하기 위한 방법을 찾아야 한다. 따라서 고위험사례대상자의 상황이 심각할수록 빠른 개입이 필요하다. 고위험사례대상자는 자력으로 문제를 개선할 수 없고 생활을 방해하는 장애물 또한 극복할 여력이 없는 상태이기 때문이다.

문제는 고위험사례대상자의 생활을 방해하는 무기력, 약화된 의지, 선천적 무능력, 이웃관계 거부, 또는 관계 단절, 경제적 무능력, 실직, 위축된 사회생활 등에 노출되어 있으면서 생활한다는 것이다. 조기에 발견하면 빠른 회복을 위해 조치할 수 있지만 오랫동안 이러한 생활을 해 왔다면 전문가들과 해결대안을 모색해야 한다. 또한 개발되어야 할 그의 잠재력을 어떻게 강화시킬 것인가? 상황을 심각하게 만드는 요인은 무엇인가? 어떠한 방법으로 해결해 나갈 것인가? 등 생활의 질을 저해하는 장애물의 제거에 따라 생활의 질이 높아지기 때문에 다양한 대안을 모색해야 한다.

(2) 상담장소 선정

경계심을 갖지 않도록 편안한 분위기에서 진행될 수 있는 장소를 선정한다. 대상자가 낯설어 할 수 있으므로 가급적 대상자의 상황(성별, 나이, 장애 등)을 고려해서 심리적으로 부담을 갖지 않는 장소가 적정하다. 외부소음이 적고 간섭을 받지 않으면서 비밀이 보장되는 장소가 인테이크 장소로 적합하다.

대개 사회복지기관은 인테이크 양식지를 활용하여 방문자의 상황을 파악한다. 따라서 자료수집이 한정될 수 있어 추가적인 자료습득이 필요하다는 판단이 되면 별도로 메모하는 것이 문제 및 욕구 파악에 효과적이다.

(3) 상담기법 활용

확인해야 할 사항을 파악하기 위해 질문기법을 사용하는 것이 효과적이다. 예로 "어린 시절 상처를 받았다고 하는데 무슨 일이 있었는가요. 또는 사업이 부도난 이후부터 아버지가 술을 드셨다고 하셨는데 구체적으로 어떤 일이 있었는지 설명해 주시겠어요!"라는 식의 개방형 질문을 통해 방문자의 고민을 파악할 수 있다.

하지만 통합사례관리사를 대면한 고위험사례대상자 또는 보호자는 통합사례관리사의 얘기를 신뢰해야 할지, 아닐지를 판단하면서 이러한 질문을 왜 하는지 이해되지 않을 수 있다. 자신이 겪은 일을 얘기해야 하는지, 또는 내면 깊숙이 간직된 욕구를 말해야 할지, 아닐지를 판단하면서 답변을 주저할 수 있다. 방문자는 지금껏 도움을 받기 위해 여러 경험을 하였기 때문에 도움을 받을 수 있는지를 판단하는 것이다. 따라서 대화를 지속하고 분위기를 조성하는 데 결정적으로 영향을 미치는 것이 통합사례관리사의 친절한 태도에 의한 대화방식에 따라, 또한 우호적인 태도에 따라 라포가 형성되기 때문에 가급적 부드러운 말투로 질문하는 것이 효과적이다.

일단 사회복지기관을 찾아왔다는 것은 도움이 필요하다는 것이지만 누구를 만나느냐에 따라 생각을 바꿀 수 있기 때문에 통합사례관리사의 태도에 민감하게 반응할 수밖에 없다. 어떤 인상을 받는가에 따라 순조롭게 진행되기 때문에 대화를 지속하기 위해서는 편안한 분위기를 조성하는 것이 중요하다.

(4) 통합사례관리사의 대화기술

인테이크의 순조로운 진행은 전적으로 통합사례관리사의 태도에 달려 있다. 대화하는 말투와 표정, 대화방식 등이 영향을 미치는 것은 분명하다. 방문자의 심리상태를 살피면서 거부감을 갖지 않도록 대화를 주도하는 것이 그만큼 중요하다는 것이다.

통합사례관리사의 첫 마디는 대화를 지속하는 데 있어 결정적인 반응유발 기저로서 방문이유를 설명하고 요청할 때는 "방문해 주셔서 감사합니다. 그동안 어려움이 많으셨을 텐데 이제 저희 기관을 방문하셨으니 걱정하지 마시고 얘기해 주시면 최선을 다해 돕겠습니다. 도움이 필요한 사항에 대해 말씀해 주시면 감사하겠습니다" 등으로 환대하는 대화를 통해 마음을 열고, 반가움을 표현한다. 악수하기 등의 스킨십은 대화를 자연스럽게 만든다. 하지만 과도한 스킨십은 거부반응을 일으킬 수 있어 주의해야 한다.

(5) 가정방문

보다 정확한 정보파악을 위해 가정을 방문하는 것이 상황이해 및 파악에 효과적이다. 가정방문은 방문자 및 그 보호자와의 밀착관계 외에 가정환경을 파악하고, 주변환경이 방문자의 문제를 심화시키는지 등을 확인하게 한다. 인테이크 이후 진행되는 것이 일반적이며 보호자 및 방문자에게 사전동의를 받아야 하기 때문에 가정방문은 필요한 경우에만 시행한다.

4) 인테이크 확인사항

인테이크 과정에서 파악해야 할 사항은 다음과 같다.

스크리닝에서 확인된 방문자의 결핍된 욕구와 문제, 문제를 심화시키는 요인과 장애물, 장애물로 인한 문제, 지내 온 생활방식 등이다. 특히 장애물로 인한 생활의 방해요인은 구체적으로 파악되어야 한다. 통합사례관리사는 고위험사례대상자와 보호자의 생활에 심각한 문제를 초래하고 있는 장애물과 유형 등을 구체적으로 확인하고 규명해야 한다. 생활을 방해하는 장애물 등은 대개 고위험사례대상자 자력으로 극복하기 어렵고 문제가 심각할수록 방치하면서 심화시키는 경향이 많다. 해결방법을 모르고, 또는 문제를 알고 있으나 방법이 없기 때문에 방치하는 경우가 많다.

따라서 인테이크 과정에서 먼저 파악해야 할 사항이 장애물이고, 장애물로 인해 발생된 현재의 문제와 문제들이 생활에 어떠한 영향을 미치고 있는지, 적절하게 대처하고 있는지, 아니면 방치하고 있는지 등은 반드시 확인되어야 한다. 이러한 문제들로 인해 심각한 상황에 처해지는 경우가 대부분이어서 생활을 방해하는 장애물과 그로 인해 발생된 문제 등은 실제 대상자의 생활 등에 어떠한 영향을 미치고 있는지를 철저하게 파악해야 한다.

개인이 직면한 상황은 현재의 상황이고 직면한 현실이다. 결국 장애물의 제거가 통합사례관리 과정에서 가장 중요하고 핵심사항이다.

(1) 의뢰대상자의 결핍된 욕구와 문제 등을 파악하는 절차

먼저 문제를 파악한다. 문제양상을 확인한다. 문제는 생활과 관련되어 있는 경우가 대부분이어서 고위험사례대상자의 생활의 질을 떨어뜨리는 결정적인 요인이다. 또한 일탈된 생활의 주요인이다.

장애물이 발견되면 분명 생활의 질을 떨어뜨리는 등 파생된 또 다른 문제가 있고 다른 문제를 유발하게 되므로 인식하는 장애물과 관련된 가족의 상황을 파악한다. 대개 문제는 문제가 아니라 생활의 질이 저하되는 등 생활을 방해하는 장애물이 요인이다. 이제 장애물로 인한 문제의 심각성을 규명하기 위해 문제들의 양상을 파악한다.

문제의 심각성 분석, 따라서 문제를 규명한 후에는 어떤 상황에서 의뢰대상자와 가족들을 힘들게 하는지 등 심각성 정도를 파악해야 한다. 심각성 정도가 확인되면 문제들을 나열하고 문제들을 해결할 수 있는지 등을 규명한다. 문제해결 가능성의 확인은 문제들의 심각성 정도에 따라 사례관리사 차원, 부서 차원, 기관 차원에서 해결해야 한다. 기관의 여력만으로 해결하기 어렵다면 지역의 기관에 의뢰하는 것이 상황개선에 효과적이다. 이러한 규명은 향후 통합사례관리 진행에 있어 매우 중요한 자료로 활용된다.

결핍된 욕구파악, 결핍된 욕구는 과거의 상처받은 사건에 의해 주로 발생한다. 당시는 모르지만 시간이 지나면 확인되는데 충격적인 사건과 관련이 있고, 또는 반복적인 공포심을 조장하였던 힘든 상황을 대처하지 못했던 무력감, 불만족스러운 사건의 경험, 폭력 피해 등 간직된 충격을 해결하지 않고 그대로 지내면서 유발되는 경우가 대부분이다.

예로, 실직한 아버지가 실직의 충격으로 인해 매일 술을 먹고 가족들에게 불만을 표시하며 폭언을 하고 폭력을 행사하는 것 등이다. 이런 경우 피해자와 가족들은 당시는 표출하지 않았지만 아버지의 폭력에 대한 분노의 감정을 간직한 채 성장하면서 성인기를 기다리고 진입하게 된다. 아버지에 대한 적대감정은 계속 간직된다. 결국 아버지와 갈등하는 상황이 발생하면 분노하고 비슷한 상황이 재연되면 결핍된 욕구를 표출하는데 아버지와 같은 방식으로 표출하는 학습된 폭력을 행사하는 것이다. 심한 경우 관계를 단절하거나, 또는 폭력을 행사하는 식으로 결핍된 욕구를 표출하기도 한다.

따라서 결핍된 욕구는 간직된 무언가의 결핍의 상태로 충격적인 사건을 당하거나 또는 감당하기 힘든 일을 겪었을 때 무의식적으로 표출된다. 감당하기 힘든 사건을 방치한 채 또는 그 시기에 해결하지 못하였기 때문에 현재의 문제로 나타난 것이다.

많은 고위험사례대상자들은 결핍된 욕구를 해결하지 못했거나 극복하지 못하였기 때문에 현재의 상황에 처해진 것이다. 따라서 결핍된 욕구를 파악해야만 문제해결 방법을 모색할 수 있다.

따라서 인테이크는 통합사례관리 운영방향을 설정하고 운영의 내실화를 위해 매우 중요한 과정이다. 인테이크 과정의 핵심은 충분한 자료 수집에 있으며 다양한 방식으로 진행하는 것이 정보수집에 효과적이다. 즉, 인테이크를 시행하면서 방문자 동의에 의한 녹음, 인테이크 참여직원을 통합사례관리사로만 국한할 것이 아니라 간호사,

물리치료사, 재활상담사 등 방문자의 상황에 따라 다양하게 참여해야 하고, 기관에서 활용하는 인테이크지가 미흡하면 양식 외의 기록방식을 활용하는 것이 적절하다. 인테이크 양식지가 미흡하면 단순 정보만을 파악하게 되어 이후 진행될 통합사정과 통합사례관리회의 등 통합사례관리 운영은 부실하게 진행된다.

5) 고위험사례대상자의 상황인지를 위한 자세한 설명

고위험사례대상자의 심화된 문제를 해결하기 위해서는 다음의 사항을 고려해야 한다.

첫째, 문제를 해결할 수 있는 전문지식과 기술 등 역량이 출중한 전문가들의 개입이 많아야 한다. 고위험사례대상자의 현실기대를 높이면서 문제들이 해결된다는 확신을 가질 수 있도록 독려하기 위해서다. 통합사례관리를 효과적으로 수행하고 고위험사례대상자의 기대를 높이면서 문제해결 의지를 갖게 해야만 해결의지를 갖고, 또한 해결된다는 확신을 갖기 때문이다.

이러한 의지 발현과 유지는 통합사례관리사가 고위험사례대상자에게 확신을 심어주는가에 의해 구체화되고 의지로 나타난다. 의지를 가졌다는 것은 통합사례관리사를 신뢰한다는 말로 표현되고 때로 수행해야 할 것들을 스스로 수행하면서 나타나기도 하며 할 수 있다는 얘기로 표현되기도 한다. 통합사례관리사는 확신을 가질 수 있도록 설득하고 설명을 통해 끝까지 이끌어 갈 것임을 분명하게 전달해야 한다.

둘째, 고위험사례대상자 자신의 상황에 대한 심각성이 인지되어야 한다. 또한 명확한 문제 규명이 선행되어야 한다. 상황의 명확한 규명은 매우 복잡하기 때문에 일방적인 설명보다 현재의 상황이 이해될 수 있도록 규명된 문제를 중심으로 설명하는 것이 이해를 높인다. 문제를 규명하기 위해 시행된 사항을 설명하고 이해 정도를 확인한다.

셋째, 결핍된 욕구 분석이 필요한 이유는 다음과 같다. 왜 문제가 발생하였는지,

문제는 무엇인지, 문제들의 발생시기와 지속기간, 문제들의 양상은 무엇인지, 문제들이 고위험사례대상자에게 어떠한 영향을 미치고 있는지, 그래서 문제를 해결할 의지를 갖고 있는지, 혹은 문제를 인지하고 있고 해결을 위해 시도해 본 적이 있는지, 있다면 어떠한 방법으로 대처했고 또는 문제를 방치하였는지, 문제를 인지하지 못하고 있는 것인지 등 고위험사례대상자가 인지할 수 있도록 구체적으로 설명한다.

넷째, 통합서비스 지원이 필요한 이유를 설득하고, 왜 자원들이 참여해야 하는지를 설명한다. 하지만 현재로서는 자원이 개발되지 않았기 때문에 개발시점과 서비스 지원시점을 설명하면서 이러한 시도는 계획된 일정임을 이해시킨다. 상황을 개선하기 위한 계획된 활동이며 문제 등의 해결을 위해 다양한 시도를 시행할 것임을 설명하면서 방안 또한 모색하기 위해 최선을 다할 것이라는 설명을 통해 이해시킨다. 필요한 기자재 및 시설물 또한 충분하게 지원되어야 하기 때문에 설사 일부의 사항이 불충족하거나 부족하여도 이해를 구하고, 문제해결에 적합한 전문가를 발굴하고 그의 전문성을 통합서비스에 녹여 낼 수 있도록 최선을 다할 것임을 구체적으로 이해시킨다. 왜냐하면 고위험사례대상자가 자신의 상황을 이해해야만 문제 등이 해결될 수 있다는 기대를 갖기 때문이다.

다양한 활동이 필요하다는 것을 이해시키려는 통합사례관리사의 노력이 필요한데, 사전준비가 철저하면 고위험사례대상자는 문제해결 기대를 갖는다.

6) 부실한 인테이크

첫째, 부실한 정보습득

의뢰대상자가 지원이 필요하다는 얘기를 조심스럽게 하는 것조차 부담스러운 분위기라면 침묵하게 되어 파악해야 할 내용은 제한된다. 통합사례관리사가 '절차를 따지면서 시간을 지체하거나 또는 급한 업무를 처리하다 늦었다는 식으로', 또는 '바쁘니 얼른 얘기하라'는 식으로 필요한 말만 얘기하면 시작부터 정보습득을 방해 받게 되어 정확한 상황을 파악할 수 없게 된다.

당연히 방문자의 상황파악에 실패하였으므로 결핍된 욕구를 규명하지 못하는 것은 물론 문제 규명이 불확실해진다. 통합사례관리는 시작부터 성공할 가능성이 없다고 할 수 있다. 이렇다면 불편한 관계가 형성되어 긍정적인 라포 형성 또한 실패하게 된다. 그래서 통합사례관리를 시행하는 데 있어 사례의 발견도 중요하지만 인테이크를 핵심과정이라고 하는 것이다.

이런 식의 면담은 통합사례관리사의 업무수행 중에 언제든 발생한다. 기관장 또는 관리자가 단위사업으로 인식하거나, 통합사례관리 업무를 단순업무로 인식하는 것, 통합사례관리를 중요하게 인식하지 않는 것 등이 예이다. 이렇다면 특정과정에만 치중하는 등 통합사례관리는 기관에서 시행하는 단순업무로 시행된다.

둘째, 문제해결과 관련이 없는 단순서비스 제공

통합사례관리사는 정보획득을 위해 인테이크에 장시간을 보내지만 정작 방문자의 상황파악은 그가 보고하는 내용뿐이다. 중요한 정보인지의 판단은 의뢰 대상자가 얘기하는 사항 외에는 획들할 수 없기 때문에 사례를 담당한 사회복지사의 역할에 따라 정보의 질 또한 가감되거나 축소된다. 중요정보를 파악도 못한 채 불필요한 정보만을 수집하기도 한다. 충분한 정보를 파악하지 못한 상황임에도 인테이크를 종료하기도 한다.

따라서 계획을 수립하고 그에 적합한 통합서비스 개발을 통한 지원계획의 수립, 이후 통합서비스 제공은 동의서를 작성한 후 강사에게 일임한 프로그램의 참여, 또는 기관에서 시행하는 프로그램의 참여만을 독려하면서 가정방문과 도시락 배달 등과 같은 서비스를 제공하는 수준에서 성과확인도 못한 채 종료될 소지가 다분하다.

가정방문 이후 상담을 진행하여도 별다른 성과 없이 종료될 수 있다. 고위험사례대상자가 서비스를 제공받고 있는지만을 확인하고, 다른 문제가 발견되더라도 개입하기 어렵기 때문에 종료할 수밖에 없다는 식이다.

상황이 심각하여 지원해야 할 서비스를 발견하여도 이용이 가능한 타 기관의 서비스를 제안하지 않는다. 기관의 서비스를 검토하면서 지원할 수 있는 서비스를 확인하였지만 이용자가 정해져 있는 서비스에 참여할 것을 권유하는 정도에서 제안할 뿐이다.

근본적인 문제는 인테이크가 충분하지 않아 필요한 지원이 무엇인지를 파악할 수 없다는 데 있다. 따라서 방문자가 기관의 서비스 대상자로 확정되어도 그가 이용할 수 있는 서비스는 기관에서 지원하는 프로그램의 참여 외에는 지원할 수 있는 것이 없기 때문에 단순 서비스를 지원받게 되는 등 제한된 서비스만 이용할 것이 뻔하다.

이와 같은 인테이크의 부실은 다양한 문제를 유발하고 통합사례관리사의 입장에서 강제하는 등 통합사례관리의 진행 자체를 의미 없게 만든다.

셋째, 통합사례관리 성과부실

인테이크 부실은 통합사례회의의 결핍된 욕구사정과 문제 규명 등을 실패하게 하는 요인이다. 이로 인해 대상자의 상황은 더욱 심각한 상황에 처해질 수 있다. 정보가 부실하기 때문에 서비스를 이용하거나 프로그램에 참여하여도 또는 통합사례관리사가 가정방문을 하고 상담을 진행하여도 성과 없이 마치는 것도 정보수집에 실패하였기 때문이다. 설사 대상자가 활동에 적극적으로 참여하고 서비스를 제공받는다고 하여도 통합사례관리의 모든 과정은 성과 없이 마칠 소지가 다분하다.

즉, 인테이크 부실은 고위험사례대상자의 상황개선을 위한 문제의 해결보다 기관에서 시행되는 서비스 제공에 집중하게 만든다는 것이다. 다분히 통합사례관리사의 입장에서 강제하였던 유명무실한 논의에 불과하여 통합사례관리사도 고위험사례대상자도 성과 없는 단순활동에 노력과 시간을 투자하는 결과를 초래하게 된다.

이런 식의 진행이면 통합사례관리를 성공적으로 수행하였다고 볼 수 없다. 다른 대상자들 또한 이런 식으로 지원하였기 때문에 통합사례관리의 성과확인도 못한 채 종결하고, 사후관리는 사실상 진행되지 않는다.

넷째, 고위험사례대상자와 상관없는 진행

더욱 심각한 문제는 종결이 다가오면 즉시 종결하고 더 이상 개입하지 않는 것도 인테이크를 부실하게 수행하였기 때문이다. 이러한 통합사례관리 진행은 두 가지 문제가 제기된다.

하나는 통합사례관리사는 고위험사례대상자의 변화를 확인하지도 못한 채 자신이 무엇을 위해 통합사례관리 업무를 수행하는지 알 수 없는 상황에서 업무를 수행하고 있다는 것이다. 결국 사회복지사업의 가치를 상실하게 만들고 있는 것조차 인식하지 못한 채 업무를 수행하는 것이다. 따라서 통합서비스의 효과성은 의심받을 소지가 많다.

또 하나는 사회복지기관에 대한 신뢰를 훼손시키는 결과를 초래한다는 것이다. 전문성이 담보되어야만 지원할 수 있는 통합서비스조차 고위험사례대상자의 문제해결에 기여하지 못하였으므로 사회복지서비스에 대한 신뢰와 기대를 주민들이 갖지 않게 만들었다. 주민복지증진을 위한 사회복지기관이라는 이해보다 프로그램을 시행하는 기관으로 인식하게 조장함으로써 수급자가 아니면 이용할 수 없다는 이해만을 갖게 하였다. 일부 극빈층의 사람들을 위해 도움을 주는 기관이라는 단편적인 이해만을 지역주민들에게 인식하게 한 것이다.

통합사례관리 인테이크 면담기록지	결재	담당	팀장		원장

면담자 성명		면담동행자	외 명(관계:)
면담일자		면담장소	
면담참석자		면담시간	
면담경로	□ 방문( ) □ 유선( ) □ 연탄( )	연락처	집: 핸드폰:

면담자 기본정보				
현거주지				
동거자여부		나이	세(만 세)	
종교		성별		
직업	있음( ) 없음( )	직장명	출근 방법	대중교통( ) 자가용( )

수입과 지출	월 소득	소득근거	월지출	지출방법
				카드 현금

장애 또는 질환여부	없음( ) / 있음( ) 질환명: 유병기간: 부터 치료내용: 치료병원:
장애 또는 질환원인	

가족사항

성명	나이	관계	성별	직업	동거여부	면담자와의 관계정도
	세		남 / 여		○ / ×	밀착( ) 소원( ) 갈등적( )
	세		남 / 여		○ / ×	밀착( ) 소원( ) 갈등적( )
	세		남 / 여		○ / ×	밀착( ) 소원( ) 갈등적( )
	세		남 / 여		○ / ×	밀착( ) 소원( ) 갈등적( )

결혼여부	□ 결혼(결혼시기:) □ 미혼 □ 이혼 또는 별거(사유:) □ 기타( )

학력			
중학교		□ 졸업(졸업일자:)□ 기타( )	
고등학교		□ 졸업(졸업일자:)□ 기타( )	
대학교 이상	대학	□ 졸업(졸업일자:)□ 기타( )	
기타			
검정고시			

타기관 이용경험	이용기관명	이용내용	이용기간	기타
			–	

가계도		상태도	
설명		설명	
주거상황	□ 자가: 평 (단독주택( )/아파트( )/빌라( )/기타( ) □ 전세: 평 원 (단독주택( )/아파트( )/빌라( )/기타( ) □ 월세: 평 원 (단독주택( )/아파트( )/빌라( )/기타( ) □ 기타정보:	주거상황 기타	○ 보일러: 월 원 □ 기름( ) □ 도시가스( ) □ 연탄( ) □ 기타( ) ○ 주거구조 □ 방 칸 □ 화장실( ) □ 거실( ) □ 목욕실( ) □ 기타( )

<table>
<tr><td>주
거
지
역</td><td colspan="2">□ 주택가 □ 공장지대
□ 아프트단지 □ 상가밀집지역
□ 유흥가 □ 기타( )</td><td>수급자
여부</td><td>□ 수급권자(수급금액: 원)
□ 조건부수급권자(수급금액 원)
□ 수급권자 아님( )
□ 기타</td></tr>
<tr><td colspan="2">면담신청
사유(본인)</td><td colspan="3"></td></tr>
<tr><td colspan="2">면담신청
사유(보호자)</td><td colspan="3"></td></tr>
<tr><td colspan="2">기타
요청사항</td><td colspan="3"></td></tr>
<tr><td colspan="2">면담자
기본정보</td><td colspan="3">① 성장과정 특성
② 아동청소년기
③ 성인기 이후
④ 직업생활
⑤ 대인관계(이웃 등)
⑥ 생활하면서 어려운 점
⑦ 기타</td></tr>
<tr><td colspan="2">통합사례
관리와
관련된
상황여부</td><td colspan="3">○ 긴급지원문제:
○ 위기개입문제:
○ 일반지원문제:
○ 보류지원문제:
○ 기타:</td></tr>
<tr><td colspan="2">면담자
특이사항</td><td colspan="3">○ 의사소통
○ 신체적 특성
○ 대인관계
○ 기타</td></tr>
<tr><td colspan="2">사례관리자
소견</td><td colspan="3"></td></tr>
<tr><td colspan="2">비 고</td><td colspan="3"></td></tr>
</table>

출처: 이재용. 2016. 〈표15〉 통합사례관리 인테이크 면담기록지(204-205에서 재인용).

CHAPTER 10

지역기반 통합서비스 협의단계

1 통합사정 – 대상자의 문제 규명과 분류

통합사정 및 통합사례관리 협의단계 진행

경로	파악내용	사례관리자의 역할
사례문제 규명	• 문제원인과 심각성 • 주변체계와의 연관성 • 문제 지속기간 • 문제의 영향력과 개선 가능성 등	• 사정보고서 준비 • 대상자에 대한 보고
⇩		
문제 우선순위 선정	긴급, 위기, 일반적인 문제	객관적 사실에 의한 문제유형 1차 분석(의견으로 제시)
⇩		
사정	■ **사정영역** • 결핍된 욕구 확인 • 결핍된 욕구와 연관된 문제 • 욕구를 지원한다는 설명 • 욕구 규명 기준 제시 • 욕구 달성 과정과 목표 수립 ■ **사정방향 설정** • 사례관리자, 부서, 기관, 지역사회, 전문가 차원에서의 사례 판정 • 내적능력을 강화하기 위한 대안 모색 등	• 사례대상자 상황(개인, 가족, 주변체계 분석 외) • 사례대상자 능력 파악(내적·외적 역량)
⇩		
자원분석	■ **내부자원** • 사례대상자의 잠재력과 가능성 • 가족 ■ **외부자원** • 공식 자원 • 비공식 자원	• 내외부 장애물 극복을 위한 약화된 능력 강화 • 인적·물적 자원 연계 • 사회적 관계 정도 분석 • 사정도구를 활용: 가계도, 생태도, 사회적 관계망 그리드 외
⇩		
통합사정회의	• 사정자료 보고 • 참석위원 확인(내부/외부) • 심의 및 확정 • 대상자 판정(긴급, 위기, 일반, 보류, 제외대상자)	• 동의 및 거부의사 확인 • 회의결과를 회의록에 작성하여 위원 날인

⇩

통합사정회의 결과 및 지원계획 1차 수립	• 통합사정회의 결과 취합 • 타 부서 협조사항 파악 • 지원사항 분석 등	기관장 보고 후 통합사례회의 상정

⇩

통합사례회의	■ **회의참석자** • 지역의 전문가 초빙 • 전문가 연락사무 외 ■ **회의시기**: 전문가 간 일정을 조율 후 확정 ■ **회의진행**: 통합사례관리 회의 절차준수 ■ **운영체계** • 통합사정회의 결과의 적정성 확인 • 지원계획 수립 등	• 회의개최 기안 작성을 통한 통합사례회의의 보고 • 회의진행에 따른 사전 자료 준비 • 위원들의 보충자료 요청 및 추가답변 요구 시 설명 • 회의록 작성 • 정기회의, 수시 또는 긴급회의의 개최에 따른 연락사무 등

출처: 이재용. 2016. 〈표18〉 통합사례관리 협의단계 진행. 224-225에서 재인용.

1) 통합사정 개선사항

(1) 통합사정 진행방식과 기존의 관행

관행적으로 시행되어 온 사회복지기관의 사정방식은 통합사정과 통합사례회의를 한 번의 회의를 통해 시행하는 것이 일반적이다. 회의에 참석한 직원들이 제안한 의견을 합의하고 문제를 규명하는 식이다. 규명된 문제를 분류해서 기관의 지원이 가능한지를 해당 부서 담당자에게 확인하여 서비스를 확정하고, 참여가 가능한 자원을 선정하는 등 회의 자리에서 결정하는 방식이다.

통합사례회의에 참여한 직원들은 대상자의 상황을 파악하기 위해 인테이크에 참여한 담당자로부터 보고를 받고, 질의사항에 대한 답변을 듣고 사정을 진행한다. 지원사항 또한 제안한다. 문제 규명과 제안된 서비스의 연계성이 높은지에 따라 지원범위를 확정한다. 즉, 문제, 욕구사정과 지원사항을 그 자리에서 확정하는 것이다. 지원사항이 결정되면 담당자에게 확인하고 계획을 수립하도록 지시한 후 회의는 종료된다.

규명된 서비스는 별도의 검증 없이 회의참석자들의 회의록 날인을 마치면 통합사례관리사에게 일임하는 식으로 진행된다. 기획서 작성, 실행계획 수립, 자원연계, 서비스 지원 및 상담 등을 통합사례관리사 혼자서 추진하도록 배정하기도 한다. 고위험 사례대상자의 문제의 심각성을 고려하기는 하지만 회의참석자들의 결정이 곧 문제 사정이고 지원방향이기 때문에 서비스 지원은 기관의 프로그램 참여로 국한될 수밖에 없다.

통합사례회의를 마치면 통합사례관리사는 서비스를 계획하는 등 모든 과정을 혼자서 진행해야 한다. 이런 식의 사정 및 계획 수립은 향후 진행될 통합사례관리 운영에 오류를 유발할 것이 분명하다. 계획 수립 시작부터 충분한 정보습득에 실패하였기 때문이다. 지원계획의 수립 또한 담당자가 회의결과를 토대로 알아서 수립해야 하기 때문이다. 사례관리를 담당하는 사회복지사가 인터뷰를 통해 확인한 정보만을 수집하고, 수집한 자료만으로 사정을 시행한 후 서비스 지원계획을 수립하였기 때문이다. 이러한 통합사례회의의 진행은 사정의 정확성을 떨어뜨린다.

인테이크에 참석하지 않은 직원들의 이해를 높이기 위해 궁금한 사항을 질문하고 답변하는 방식에 더해 보충 설명으로 진행되는 회의방식이 과연 대상자의 상황을 정확하게 사정할 수 있을 것인가는 반드시 제고되어야 한다. 당연히 회의에 참여하지 않는 직원은 담당자가 설명하는 내용 외에는 정보를 습득할 수 없다. 보고자가 어떤 관점에서 보고서를 작성했는지 등도 확인할 수 없다. 보고내용을 토대로 문제 등을 규명하고 그 자리에서 서비스까지 확정하기 때문에 담당자가 보고하는 내용 외에는 파악도 불가능하다. 의뢰대상자의 문제 등의 개선은 사실상 담당자의 보고내용에 달려 있다고 보아야 한다.

분명 이러한 진행방식은 개선되어야 한다. 회의 당일 인테이크에 참석하지 않은 직원들의 질문에 답하는 식으로 문제들을 규명하고, 지원할 사항을 결정하는 방식은 사정의 정확성을 떨어뜨린다. 하지만 많은 사회복지기관의 사례회의 방식으로 정착된 상황이다.

이것은 담당자에게 또 다른 업무가중을 유발하게 한다. 회의를 진행한 관리자는 향후 진행될 모든 서비스를 담당자에게 일임하여 적정한 지원을 주문한다. 담당자의 판단에 의해 서비스는 축소되고, 지원되어야 할 서비스가 지원되지 않을 소지 또한 상당부분 예측할 수 있다. 그럼에도 이런 식으로 진행하는 이유는 통합사례관리에 대한 지식과 기술이 부족해서다.

(2) 지역 중심의 통합사정을 위한 개선점

사실 통합사정단계는 통합사례관리사가 지역을 토대로 자원을 연계하기 위한 대안을 모색하는 최초의 과정이다. 통합사정 이후부터의 모든 단계는 통합사례관리사가 소속된 기관이 중심이 되어 고위험사례대상자의 상황을 개선하기 위해 이끌어 가면서 각각의 과정을 분리하여 시행하는 것이 적절하게 진행하는 방법이다.

따라서 지역의 기관을 연계하고 협조가 가능하도록 중재하는 것은 통합사례관리의 운영에 있어 성공을 가늠하는 데 매우 중요하다. 지역의 다양한 전문가들과 유기적으로 협조하는 가운데 고위험사례대상자가 의지를 갖고 참여하면서 규명된 역할을 분담해서 문제 규명에 집중해야만 향후 진행될 서비스 지원이 원활해진다는 점 또한 중요성을 더한다고 할 수 있다.

따라서 이 시기는 통합사례관리사의 자원연계 역량이 최대로 발휘되어야 한다. 또한 이 시기는 네트워크 구축이 핵심이다. 기관들의 네트워크 구축은 통합사례관리사의 자원연계 역량에 의해 가시화되어 양질의 통합서비스를 제공하게 된다. 이러한 과정이 충실하면 문제해결 가능성 또한 높아진다.

2) 통합사정의 핵심사항

(1) 사례상황 분석

이제부터 진행되어야 할 과정이 결핍된 욕구의 요인을 찾아 문제를 규명하고 분류하는 통합사정을 시행하는 것이다. 욕구 규명과 분류는 고위험사례대상자의 현재의 생활이 분석기준이다. 고위험사례대상자의 생활실태를 파악하고 그가 어떠한 어려움에 처해 있는지, 무엇이 문제인지, 문제의 심각성과 그 분류를 시행하는 유일한 통합사례관리 과정이 통합사정단계이다.

통합사정은 인테이크에서 파악된 정보를 토대로 규명된다. 그리고 규명된 문제가 불확실하거나 정보파악이 미흡하다고 판단되면 추가적인 면담 등을 통해 상황을 파악하는 과정이다. 인테이크 자료를 토대로 통합사례관리사가 작성한 사정보고서를 검증하는 목적도 있다. 여기에서 가장 중요한 핵심사항이 결핍된 욕구의 파악이다. 결핍된 문제가 문제를 발생하고 생활과 관련된 여러 문제를 유발하기 때문이다. 통합사례관리사는 문제의 발생 원인과 지속기간, 영향을 미치는 요인 외에 문제들로 인해 발생된 생활실태, 즉 개인의 문제, 사회참여 외에 가족관계와 가족상황, 어떠한 문제가 현재의 상황을 초래하였는지 등을 다각적으로 분석하여 결핍된 욕구와 문제를 규명하게 된다.

심각한 현재의 상황은 요인이 있다. 그것은 결핍된 욕구가 요인인 경우가 많다. 결핍 정도와 결핍의 요인을 파악하고 영향을 미치는 것들, 영향을 받는 가족들과 주변사람들, 현재의 생활상황 등을 토대로 고위험사례대상자와 관련된 인물들의 문제와 연관된 문제를 다각적으로 분석하는 과정이 통합사정이다. 따라서 통합사정과정은 지역의 인적·물적 자원을 연계하는 초기과정으로 통합사례관리사의 역량이 발휘되어야 할 시기가 통합사정 단계이다.

중재역량 또한 발휘되어야 하는데 고위험사례대상자와 가족, 보호자가 상황을 정확하게 얘기하지 않거나 또는 회피하려는 태도를 보이고 어떤 경우 자신의 상황을 숨기면서 잘못된 선택에 의한 문제발생 상황을 회피하기 위해 거짓 얘기를 사실처럼 얘기하는 경우 때문이다. 이를 분별할 수 있다면 통합사례관리사는 역량이 있다고 할 수 있다. 하지만 아쉽게도 많은 통합사례관리사는 다양한 업무와 행정업무를 처리하면서 고위험사례대상자를 지원하기 때문에 이를 놓치는 경우가 많다.

그럼에도 통합사례관리는 고위험사례대상자의 상황 규명이 명확하게 진행되어야만 향후 진행될 지원방향이 바르게 제안될 수 있어 명확한 규명을 위한 통합사례관리사의 예지력이 총동원되어야 할 통합사례관리 운영 초기과정이다. 이러한 역량이 있어야만 통합서비스의 지원방향을 모색하고 지원계획의 수립이 원활해지기 때문이다. 통합사정이 적절해야만 문제해결을 위한 방향 등 대안을 마련할 수 있기 때문이다.

(2) 발견된 문제 사정

고위험사례대상자가 처해 있는 상황에 집중하면서 드러난 문제가 생활을 저해하는지 여부 등을 파악한다. 문제를 규명하기 위한 사정은 결핍된 욕구, 욕구 결핍으로 인해 나타난 문제, 문제를 심화시키는 장애물 파악이 핵심이다. 생활과 관련된 사정이 중요한 이유는 고위험사례대상자의 상황이 복잡하고 또 다른 문제로 확산될 여지 때문이다. 만약 다른 문제로 인해 문제가 확산된 상태에서 통합사례관리사를 방문하였다면 이미 심각한 상황으로 진전되었다고 판단해야 한다.

통합사정은 고위험사례대상자와 문제를 별개로 이해하고 문제는 누구나 갖고 있다는 시각에서 출발한다. 따라서 문제 규명을 위해 고위험사례대상자의 상황을 먼저 분석하고 상황을 가시화하는 문제들의 요인을 찾아 규명하는 것이 먼저다. 고위험사례대상자의 안정된 생활을 방해하는 사항이 있는지를 확인하고 해결에 필요한 서비스가 무엇이고, 어떤 서비스가 안정을 도모하는지가 확인되어야 한다. 이러한 과정이 중요한 이유는 고위험사례대상자의 안정적인 생활을 지원을 위한 방향수립을 위해서다.

3) 통합사정회의 진행

통합사례관리사는 통합사정회의에 참석하는 순간부터 고위험사례대상자를 이끌어야 할 책무가 주어진다. 지역의 전문가들을 연계하는 임무 또한 부여된다. 이 임무를 회의 중심으로 진행하면 고위험사례대상자의 상황을 정확하게 파악할 수 없다.

(1) 고위험사례대상자 동의

반드시 처리할 업무가 고위험사례대상자의 동의를 받는 것이다. 또한 사정의 정확성을 높이기 위해 통합사정위원들에게 사정보고서를 발송하고, 사정자료의 검토를 요청하는 것이다.

(2) 통합사정일자 확정

통합사정회의의 핵심은 고위험사례대상자의 상황 규명에 있다. 즉, 문제를 규명하고, 결핍된 욕구 등으로 인해 발생된 생활문제의 해결에 필요한 통합서비스를 개발하는 데 있다.

이제 고위험사례대상자의 참석을 권유하고 가급적 원하는 날짜에 참석할 수 있도록 일자를 조정한다. 문제상황의 당사자인 고위험사례대상자는 반드시 참여해야 한다는 것이다. 문제 등을 직면하게 하는 것은 진행될 통합사례관리의 성공적인 수행을 위해 반드시 필요하기 때문이다.

(3) 대상자 또는 보호자 참여독려

고위험사례대상자의 참여를 독려하고, 참여가 어려우면 관계가 깊은 인물, 즉 보호자 등이 참여할 수 있도록 안내한다. 그들이 핵심참여자이고 고위험사례대상자의 변화에 직접적으로 영향을 미치는 등 문제해결과 변화를 촉구하는 주체이기 때문이다.

하지만 문제를 규명하는 데에는 드러난 상황만이 전부가 아니라는 시각을 견지해야 한다. 고위험사례대상자의 내면 깊숙이 간직된 결핍된 욕구 규명이 선행할 조치이기 때문이다.

(4) 내외부 위원 참여확인

위의 사항은 관리자로부터 슈퍼비전을 받은 후 처리하는 것이 일반적이다. 왜냐하면 타 기관의 전문가 등이 참여하고, 전문가들이 제안한 슈퍼비전 사항을 토대로 통합서비스의 지원계획을 수립해야 하기 때문이다. 이와 같이 통합사정회의 개최일자 및 장소 외에 추가 자료를 확인하고 준비를 마친다.

통합사정회의는 고위험사례대상자의 문제와 욕구를 규명하고 서비스의 지원 방향을 수립하는 통합사례관리의 핵심과정이다.

4) 고위험사례대상자 거주지 중심 통합사정: 내외부 장애물 사정

생활실태 파악, 고위험사례대상자의 문제를 사정하기 위해 진행과정을 통합사정회의에 상정하여 진행하는 것이 사정의 정확성을 높인다. 통합사정회의는 고위험사례대상자의 안정된 생활을 방해하는 장애물과 문제, 결핍된 욕구 등을 규명하기 위해 시행된다는 점에서 결핍된 욕구 등의 규명은 과정이 충실해야 한다. 진행과정의 충실은 통합사정회의에 상정하여 결핍된 욕구 분석의 정확성, 규명된 문제들의 요인과 양상, 문제의 심각성, 지원되어야 할 서비스와 참여해야 하는 자원, 서비스 성과 정하기, 성과도출을 위한 목표수립, 기대하는 결과 등 지원방향을 모색하고 통합사례회의에서 확정될 수 있도록 자료의 충실한 정도에 의해 명확해진다.

따라서 통합사례관리사는 고위험사례대상자의 생활을 파악하는 것이 먼저이다. 지역의 주민들과 같은 방식으로 생활하는지는 질문을 통해 간단하게 파악할 수 있다. 주민들의 생활방식이 아니라면 원인을 확인해야 하는데 장애물을 확인하고 생활의 방해요인과 문제 그리고 영향을 미치는 주변인물을 파악하고 교류 정도 등을 확인한다.

내 · 외부 장애물 파악, 고위험사례대상자는 오랫동안 결핍된 욕구로 인해 문제 상황에 노출되었고 이러한 기간이 길수록 불안정하게 지내 왔기 때문에 자력으로 개선하기 어렵다. 문제에 노출된 기간이 오래될수록 회복에 필요한 기간이 길고 많은 자원이 개입해야 한다. 이를 효과적으로 수행하기 위해서는 고위험사례대상자 입장에서 통합사례관리를 시행하는 것이 가장 좋은 방법이다.

따라서 통합서비스의 개발 전에 고위험사례대상자의 결핍된 욕구와 장애물을 분석하고 어려움을 가중하는 문제들을 규명하여 최적의 서비스를 지원하기 위한 분석이 먼저 선행되어야 한다. 고위험사례대상자의 복합적인 욕구 등을 대응하려는 목적 때문이고 지역의 전문가가 보유한 전문지식과 기술 등을 사례의 상황에 개입하게 함으로써 최적화된 통합서비스를 지원하여 개선하고 해결하기 위해서다.

특히 장애물 파악에 집중한다. 생활리듬을 방해하고 삶의 질 저하에 직접적으로 영향을 미치는 장애물 파악은 신중해야 한다. 장애물은 고위험사례대상자의 심신의 상태를 불안정하게 하는 내적 장애물과 고위험사례대상자를 둘러싼 환경 등이 부적절한 경우 생활을 방해하는데, 이를 외부 장애물이라고 한다.

내적 장애물, 불안정한 심리상태와 결핍된 욕구에 의해 발생한다. 심리 · 정서적인 것과 관련된 불안정한 마음상태를 조장하는 방해물로, 장애물은 심리적 불안을 조장하고 생활의지를 갖지 않게 하는 주요인이다. 무기력한 상태로 지내면서 부정적으로 사고하고, 건전하지 않는 가치관을 형성하는 데에도 영향을 미친다.

장애물은 불안정한 상태를 조장하고 부정적인 영향을 많이 받을 때 자주 나타나기 때문에 반드시 요인을 찾아 제거해야 한다. 장애물이 제거되어야만 통합사례관리의 진행이 수월해진다.

내적 장애물은 내면의 심리상태에 영향을 미치는 요인이다. 때로 신체적 조건의 불리함을 너무 의식한 나머지 불안정한 심리상태에서 지내고, 장애 또는 질병 등을 의식한 나머지 일상생활을 자조적으로 살아갈 수 없을 것이라는 무기력한 상태에서 해결을 위한 노력을 수행하지 않는 것 등이다.

정서적 고갈은 무기력한 생활과 관련이 많다. 자신을 돌보지 않는 등 방치하게 만드는 주요인이다. 고위험사례대상자의 심리적 불안을 가중하며 자포자기 상태로 내몰리게 하는데, 불안은 매우 위험한 정서적 고갈의 주요인이다. 불리한 신체조건을 극복하기 위해 다른 재능의 개발을 방해하고 할 수 없다는 등 부정적인 생각을 사실인 양 더욱 의식하게 만든다. 불안이 많아지지만 상황을 방치하고 일탈을 선택하게 하는데 이러한 방식의 생활에 위안을 삼는 등 생활주기를 벗어난 생활이 정상인 것처럼 착각하게 만들면서 더욱 추구하게 한다.

따라서 고위험사례대상자가 생활할 수 없을 정도의 무기력한 상태이면 개입이 시급한 것이다. 내면의 심리상태는 정도의 차이가 있지만 문제해결 시기를 앞당기는 중요한 변수로서 반드시 파악되어야 한다.

(1) 외부 장애물

고위험사례대상자의 일상생활과 사회생활을 위축하게 만드는 요인이 외부 장애물이다. 외적 장애물은 고위험사례대상자의 심리・정서 상태 및 신체적 조건과 달리 주변의 환경과 결부된 사회체계와 관련이 많다. 고위험사례대상자를 둘러싼 주변 환경으로 부정적으로 영향을 미치는 모든 것들을 외부 장애물이라고 한다. 따라서 고위험사례대상자에게 영향을 미치는 장애물과 방해요인을 제거해야만 통합사례관리의 운영과 서비스 지원이 원활해진다.

가족관계의 밀착 정도 외에 갈등하는 상황인지, 관계가 소원한지 등을 집중적으로 파악한다. 또한 일상생활에 방해가 되는 주거환경인지 여부와 대인관계의 부정성, 부정적으로 영향을 미치는 주변 환경과 아웃들과의 바람직하지 않은 관계 등을 포함한다.

내적・외적 장애물의 파악을 통해 통합사례관리사는 고위험사례대상자의 호소문제와 문제와 관련된 인물들을 파악할 수 있다. 부정적인 영향요인과 영향의 결과로서 생활의 방해요인 등도 이해하게 된다. 환경이 미치는 영향들 또한 파악할 수 있다.

<table>
<tr><td colspan="3" rowspan="2">통합사정회의록</td><td rowspan="2">결재</td><td>담당</td><td>팀장</td><td></td><td>관장</td></tr>
<tr><td></td><td></td><td></td><td></td></tr>
<tr><td colspan="2">시행일자</td><td></td><td colspan="2">장소 및 시간</td><td colspan="3"></td></tr>
<tr><td colspan="2">참석자현황</td><td colspan="6"></td></tr>
<tr><td colspan="2">안건</td><td colspan="6"></td></tr>
<tr><td rowspan="4">통합사정회의내용</td><td>대상자 욕구 및 상황</td><td colspan="6"></td></tr>
<tr><td>보호자 욕구 및 상황</td><td colspan="6"></td></tr>
<tr><td>주요문제</td><td colspan="6"></td></tr>
<tr><td>협의내용</td><td colspan="6"></td></tr>
<tr><td colspan="2">확정사항</td><td colspan="6"></td></tr>
<tr><td colspan="2">사례판정</td><td colspan="6">□긴급개입사례대상자 □위기개입사례대상자 □일반사례대상자 □보류대상자
□제외대상자</td></tr>
<tr><td colspan="2">사례판정 사유</td><td colspan="6"></td></tr>
<tr><td colspan="2">주지원기관 및 담당자</td><td colspan="6"></td></tr>
<tr><td colspan="2">협조기관 및 협조사항</td><td colspan="6"></td></tr>
<tr><td colspan="2">지원기간</td><td colspan="6"></td></tr>
<tr><td colspan="2">기타협의</td><td colspan="6"></td></tr>
</table>

출처: 이재용. 2016. 〈표20〉 통합사정회의록. 248에서 재인용.

5) 지역전문가 연계

통합사정은 고위험사례대상자가 직면한 현재의 상황을 토대로 규명되어야만 결핍된 욕구와 문제, 심각성 등을 파악할 수 있다. 그래야만 문제의 요인을 파악할 수 있기 때문이고 정확한 사정 또한 가능하기 때문이다. 하지만 관련 분야의 전문가가 참여해야 한다.

(1) 전문가 연계

통합사례관리를 성공적으로 수행하기 위해서는 지역의 기관 가운데 고위험사례대상자의 문제유형을 해결할 수 있는 자원을 확인해야 한다. 해결을 목적으로 통합서비스 지원이 가능한 자원을 연계하기 위해서다. 또한 통합서비스를 개발할 필요가 있는 경우 통합서비스 개발에 참여할 수 있는 기관과 전문가 등을 연계하여 참여할 수 있도록 독려해야 한다. 이것은 고위험사례대상자의 상황개선과 문제 및 결핍된 욕구 해결을 위해 반드시 필요한 사전조치이다.

따라서 통합사례관리를 지원하는 데 있어 고도의 전문성에 기반해야 한다는 의미는 전문가들의 참여를 통해 합의된 서비스가 고위험사례대상자의 상황을 개선하는 데 효과적이고 긍정적인 변화를 촉구하면서 고위험사례대상자의 상황을 개선할 수 있어야 한다는 목적을 달성하기 위해서다.

즉, 지역의 전문가들과 공조체계가 견고해야 한다는 것을 의미한다. 공조체계가 구축되어야만 문제 규명은 물론 통합서비스의 지원방향 등의 수립이 명확해지기 때문이다. 사례의 상황이 확인되어야만 지원의 규모와 활동방향, 자원의 참여수준 등을 예측할 수 있기 때문이다. 또한 통합사정 과정에서 고위험사례대상자가 문제를 직시하면서 대응할 수 있는 역량을 강화하고 변화를 확인하는 데 결정적으로 정보제공자 등의 역할을 수행하기 때문이다. 고위험사례대상자의 현실 직시는 전문가의 조언과 상황분석 등에 의해 명확해진다.

결핍된 욕구는 문제의 요인이고 고위험사례대상자의 생활을 방해하기 때문에 대상자 본인, 가족, 보호자 등이 규명하기 어렵기 때문에 임상경험이 풍부한 전문가들이 고위험사례대상자의 상황을 종합적으로 규명한 후 제안해야만 통합사정의 정확성을 높일 수 있다.

(2) 지역자원 참여연계

통합사례관리사는 전문가의 역량을 통합서비스의 제공에 활용하기 위해 전력하는 것과 마찬가지로 지역의 인적·물적 자원을 개발하는 데에도 전력해야 한다. 고위험사례대상자의 심각한 상황 해결에 적합한 전문성을 보유하고 있는지 여부를 확인한다. 고위험사례대상자의 상황이 복잡하고 심각할수록 여러 분야의 전문가 및 지역자원이 참여해야 하기 때문이다.

다양한 자원의 참여는 통합사정회의 및 통합사례회의를 통해 사례의 상황을 명확하게 규명하고 양질의 서비스를 지원하는 데에 효과적이다. 다만 통합서비스를 제공하는 과정에서 고위험사례대상자를 보호하면서 이끌어 가는 역할 또한 수행한다. 따라서 성공적인 통합서비스 진행을 위해서는 지역의 다양한 자원이 참여해야 한다.

(3) 전문가의 규명

전문가의 사정 참여는 정확한 사정을 위한 단서를 제공한다. 또한 고위험사례대상자의 상황을 정확하게 사정하는 데 있어 결정적인 역할을 한다. 고위험사례대상자의 복합적인 문제마다 요인이 있고, 각각의 요인이 영향을 미쳤기 때문에 불안정한 생활을 하면서 심각한 상황에 처해진 것이다. 고위험사례대상자의 생활실태와 드러난 문제 등의 요인을 파악하는 것이 사정의 정확성을 높인다는 점에서 전문가는 가급적 많이 참여하는 것이 사례의 문제 규명에 효과적이다.

통합사례관리가 지역을 토대로 문제 등을 해결하려는 것은 지역에는 다양한 전문가가 있고 지역 중심으로 해결해야만 주민들과 같은 방식으로 생활할 수 있다는 기대를 충족하기 위해서다. 따라서 사례의 상황을 개선하는 데 있어 적합한 인물 선정이 중요하다. 고위험사례대상자의 복합적인 문제를 대처할 수 있는 지식과 기술이 출중한 전문가를 연계해야 한다.

통합사례관리는 고위험사례대상자의 문제해결을 위한 유일한 서비스로 전문성을 요구하는 사회적 기대를 부응하는 사회복지 분야의 대안으로 자리매김되었다. 고위험사례대상자는 한 가지 문제를 호소하기보다 복잡하고 다양한 문제를 호소하기 때문에 통합서비스 지원은 사회복지서비스 가운데 전문성이 필요한 분야임에는 틀림이 없다.

통합사정기록지	결재	담당	팀장		관장	대상자	보호자

성명	(나이:)	연락처	대상자: 보호자:
사정일자		기록자	직위: 성명:
평가척도	□ 긴급(5점) □ 위기(4점) □ 일반(3점) □ 보류(2점) □ 제외(1점)		

구분	세분류	평가항목	내·외부 장애물	욕구/문제	평가	심각성판단
1. 가정생활	가사생활	식사준비			□5점 □4점 □3점 □2점 □1점	□긴급 □위기 □일반 □보류 □제외
		재료구입				
		다양한 요리법				
		설거지				
		기타				
	위생청결	집안청소			□5점 □4점 □3점 □2점 □1점	□긴급 □위기 □일반 □보류 □제외
		쓰레기 처리				
		생활용품 정리정돈				
		집기가구의 정돈				
		불유쾌한 냄새 유무				
		비위생적 요소				
	의복	4계절 의복구비			□5점 □4점 □3점 □2점 □1점	□긴급 □위기 □일반 □보류 □제외
		의복의 세탁				
		나이에 어울리는 의복				
		의복 청결 및 관리				
	외모상태	두발 청결			□5점 □4점 □3점 □2점 □1점	□긴급 □위기 □일반 □보류 □제외
		깔끔한 이미지				
		신체에서의 냄새 유무				
	일상생활	외출의 자유로움			□5점 □4점 □3점 □2점 □1점	□긴급 □위기 □일반 □보류 □제외
		원하는 곳의 방문				
		물품구매				

<table>
<tr><td rowspan="8"></td><td rowspan="3"></td><td>친구방문</td><td rowspan="3"></td><td rowspan="3"></td><td rowspan="3"></td><td rowspan="3"></td></tr>
<tr><td>이웃관계</td></tr>
<tr><td>공공기관 방문</td></tr>
<tr><td>여가생활</td><td>활동/미활동</td><td></td><td></td><td>□5점 □4점 □3점
□2점 □1점</td><td>□긴급 □위기 □일반
□보류 □제외</td></tr>
<tr><td>기타</td><td></td><td></td><td></td><td></td><td>□긴급 □위기 □일반
□보류 □제외</td></tr>
<tr><td>약점</td><td colspan="5"></td></tr>
<tr><td>강점</td><td colspan="5"></td></tr>
<tr><td>판정소견</td><td colspan="4"></td><td>□긴급 □위기 □일반
□보류 □제외</td></tr>
<tr><td rowspan="17">2.
신체
상태</td><td rowspan="4">장애
유무</td><td>장애명:</td><td rowspan="4"></td><td rowspan="4"></td><td rowspan="4">□5점 □4점 □3점
□2점 □1점</td><td rowspan="4">□긴급 □위기 □일반
□보류 □제외</td></tr>
<tr><td>발생시기:</td></tr>
<tr><td>중복장애:</td></tr>
<tr><td>도움유무</td></tr>
<tr><td rowspan="4">질병
유무</td><td>질환명:</td><td rowspan="4"></td><td rowspan="4"></td><td rowspan="4">□5점 □4점 □3점
□2점 □1점</td><td rowspan="4">□긴급 □위기 □일반
□보류 □제외</td></tr>
<tr><td>발생시기:</td></tr>
<tr><td>치료기간:</td></tr>
<tr><td>약복용 여부:</td></tr>
<tr><td rowspan="5">건강
일반</td><td>알코올 섭취:</td><td></td><td></td><td>□5점 □4점 □3점
□2점 □1점</td><td rowspan="3">□긴급 □위기 □일반
□보류 □제외</td></tr>
<tr><td>치아상태:</td><td></td><td></td><td>□5점 □4점 □3점
□2점 □1점</td></tr>
<tr><td>보행:</td><td></td><td></td><td>□5점 □4점 □3점
□2점 □1점</td></tr>
<tr><td>안색:</td><td></td><td></td><td>□5점 □4점 □3점
□2점 □1점</td><td rowspan="2">□긴급 □위기 □일반
□보류 □제외</td></tr>
<tr><td>기타</td><td></td><td></td><td>□5점 □4점 □3점
□2점 □1점</td></tr>
<tr><td>건강상태
요약</td><td colspan="4"></td><td>□긴급 □위기 □일반
□보류 □제외</td></tr>
<tr><td>약점</td><td colspan="5"></td></tr>
<tr><td>강점</td><td colspan="5"></td></tr>
<tr><td>판정소견</td><td colspan="4"></td><td>□긴급 □위기 □일반
□보류 □제외</td></tr>
</table>

3. 경제생활	월소득	30만 원 이하			□5점 □4점 □3점 □2점 □1점	□긴급 □위기 □일반 □보류 □제외
		60만 원 이하				
		100만 원 이하				
		120만 원 이하				
		150만 원 이하				
		복지기관 후원			□5점 □4점 □3점 □2점 □1점	□긴급 □위기 □일반 □보류 □제외
		자녀(친척) 도움				
		없음				
		기타				
	부채	100만 원 이하			□5점 □4점 □3점 □2점 □1점	□긴급 □위기 □일반 □보류 □제외
		200만 원 이하				
		200만 원 이상				
	저축	있음/없음			□5점 □4점 □3점 □2점 □1점	□긴급 □위기 □일반 □보류 □제외
	보호수준	일반			□5점 □4점 □3점 □2점 □1점	□긴급 □위기 □일반 □보류 □제외
		빈곤가정				
		조건부 수급권자				
		수급권자				
	기타				□5점 □4점 □3점 □2점 □1점	□긴급 □위기 □일반 □보류 □제외
	약점					
	강점					
	판정소견					□긴급 □위기 □일반 □보류 □제외
4. 사회생활	의사소통	가능			□5점 □4점 □3점 □2점 □1점	□긴급 □위기 □일반 □보류 □제외
		알아듣기 어려움				
		불가능				
	교류 정도	교류/단절			□5점 □4점 □3점 □2점 □1점	□긴급 □위기 □일반 □보류 □제외
	활동	모임참여			□5점 □4점 □3점 □2점 □1점	□긴급 □위기 □일반 □보류 □제외
		간헐적				
		없음				
	기타				□5점 □4점 □3점 □2점 □1점	□긴급 □위기 □일반 □보류 □제외
	약점					
	강점					
	판정소견					

5. 사회적 관계	집단활동	5개 이상			□5점 □4점 □3점 □2점 □1점	□긴급 □위기 □일반 □보류 □제외
		3개 이하				
		없음				
	지지체계	5개 이상			□5점 □4점 □3점 □2점 □1점	□긴급 □위기 □일반 □보류 □제외
		3개 이하				
		없음				
	대인관계	5인(집단) 이상 교류			□5점 □4점 □3점 □2점 □1점	□긴급 □위기 □일반 □보류 □제외
		3인(딥단) 이하 교류				
		없음				
	약점					
	강점					
	판정					□긴급 □위기 □일반 □보류 □제외
6. 직업 준비/ 직업 활동	직장생활 수행	직장명:			□5점 □4점 □3점 □2점 □1점	□긴급 □위기 □일반 □보류 □제외
		입사시기:				
		업무:				
		보수:				
		만족도: 만족/불만족				
	직장생활 미수행	무직:			□5점 □4점 □3점 □2점 □1점	□긴급 □위기 □일반 □보류 □제외
		무직시기:				
		무직기간:				
		사유:				
	직업훈련	받고 있음			□5점 □4점 □3점 □2점 □1점	□긴급 □위기 □일반 □보류 □제외
		없음				
		경험: 있음/없음				
	취업의지	높음			□5점 □4점 □3점 □2점 □1점	□긴급 □위기 □일반 □보류 □제외
	자격증	있음/없음			□5점 □4점 □3점 □2점 □1점	□긴급 □위기 □일반 □보류 □제외
	기타				□5점 □4점 □3점 □2점 □1점	□긴급 □위기 □일반 □보류 □제외
	약점					
	강점					
	판정소견					□긴급 □위기 □일반 □보류 □제외

구분	항목	내용			점수	판정
7. 가족관계	부양(돌봄)자	1명			□5점 □4점 □3점 □2점 □1점	□긴급 □위기 □일반 □보류 □제외
		2명				
		3명 이상				
	생계책임	부/모			□5점 □4점 □3점 □2점 □1점	□긴급 □위기 □일반 □보류 □제외
		형제				
		본인				
		국가				
		친척/복지기관				
	관계정도	원만/갈등			□5점 □4점 □3점 □2점 □1점	□긴급 □위기 □일반 □보류 □제외
	기타				□5점 □4점 □3점 □2점 □1점	□긴급 □위기 □일반 □보류 □제외
	약점					
	강점					
	판정소견					□긴급 □위기 □일반 □보류 □제외
8. 주거환경	주거상황	자가			□5점 □4점 □3점 □2점 □1점	□긴급 □위기 □일반 □보류 □제외
		전세				
		월세				
	주거지역	생활적합			□5점 □4점 □3점 □2점 □1점	□긴급 □위기 □일반 □보류 □제외
		생활미적합				
	주거형태	생활적합			□5점 □4점 □3점 □2점 □1점	□긴급 □위기 □일반 □보류 □제외
		부분보수요				
		전면개보수요				
		이전요				
	자녀(가족생활) 양육환경	적합			□5점 □4점 □3점 □2점 □1점	□긴급 □위기 □일반 □보류 □제외
		부적합				
	주거비 납부	월10만 원 이하			□5점 □4점 □3점 □2점 □1점	□긴급 □위기 □일반 □보류 □제외
		월20만 원 이하				
		월30만 원 이상				
		없음				
	주거지 특징				□5점 □4점 □3점 □2점 □1점	□긴급 □위기 □일반 □보류 □제외
	기타				□5점 □4점 □3점 □2점 □1점	□긴급 □위기 □일반 □보류 □제외
	약점					
	강점					
	판정소견					□긴급 □위기 □일반 □보류 □제외

<table>
<tr><td rowspan="17">9.
심리
정서
특이
행동</td><td rowspan="13">심리적
특이행동</td><td>폭력(언어)
행동</td><td rowspan="7"></td><td rowspan="7"></td><td rowspan="7">□5점 □4점 □3점
□2점 □1점</td><td rowspan="7">□긴급 □위기 □일반
□보류 □제외</td></tr>
<tr><td>자해행동</td></tr>
<tr><td>비관적 생각</td></tr>
<tr><td>자살시도</td></tr>
<tr><td>우울증세</td></tr>
<tr><td>알 수 없는
언어표현</td></tr>
<tr><td>이상행동</td></tr>
<tr><td>낮은 자존감</td><td rowspan="3"></td><td rowspan="3"></td><td rowspan="3">□5점 □4점 □3점
□2점 □1점</td><td rowspan="3">□긴급 □위기 □일반
□보류 □제외</td></tr>
<tr><td>소극적 태도</td></tr>
<tr><td>외톨이생활</td></tr>
<tr><td>성적 피해의식</td><td rowspan="3"></td><td rowspan="3"></td><td rowspan="3">□5점 □4점 □3점
□2점 □1점</td><td rowspan="3">□긴급 □위기 □일반
□보류 □제외</td></tr>
<tr><td>성학대 경험</td></tr>
<tr><td>성 기타</td></tr>
<tr><td>기타</td><td colspan="3"></td><td></td><td></td></tr>
<tr><td>약점</td><td colspan="5"></td></tr>
<tr><td>강점</td><td colspan="5"></td></tr>
<tr><td>판정소견</td><td colspan="4"></td><td>□긴급 □위기 □일반
□보류 □제외</td></tr>
<tr><td colspan="7">대상자 및 의뢰자 욕구</td></tr>
<tr><td colspan="2">대상자 욕구</td><td colspan="5"></td></tr>
<tr><td colspan="2">보호자 욕구</td><td colspan="5"></td></tr>
<tr><td colspan="2">가정방문
결과 요약</td><td colspan="5"></td></tr>
<tr><td colspan="2">사례관리자
관찰사항</td><td colspan="5"></td></tr>
<tr><td colspan="2">기타 사항</td><td colspan="5"></td></tr>
<tr><td colspan="2">사례관리자
의견</td><td colspan="5"></td></tr>
<tr><td colspan="7">종합판정소견</td></tr>
<tr><td colspan="2">판정구분</td><td colspan="5">□긴급개입사례대상자 □위기개입사례대상자 □일반사례대상자 □보류대상자 □제외대상자</td></tr>
<tr><td colspan="2">판정사유</td><td colspan="5"></td></tr>
<tr><td colspan="2">통합사정위원 의견</td><td colspan="5"></td></tr>
<tr><td colspan="2">통합사례회의
검토사항</td><td colspan="5"></td></tr>
</table>

출처: 이재용. 2016. 〈표19〉 통합사정기록지. 237-241에서 재인용.

2 사정보고서 작성 – 고위험사례 보고

1) 통합사정보고서 작성

통합사정이 원활하게 진행되면 사례의 상황을 정확하게 기록하는 사정보고서 작성이 남아 있다. 사정보고서는 통합사례관리사가 인테이크 과정에서 얻은 정보에 기초하므로 통합사정 결과에 따라 진행될 서비스와 지원방향을 결정하는 근거자료로 활용된다.

사정보고서의 작성은 고위험사례대상자의 문제와 문제로 인한 생활의 어려움을 기술하는 것이 핵심이다. 양식을 토대로 작성되기 때문에 고위험사례대상자의 상황이 구체적으로 기술되어야 하고 현재의 생활이 이해되어야 한다. 즉, 직면한 문제가 이해될 수 있어야 한다.

2) 사정보고서의 주요 내용

첫째, 일상생활능력

드러난 문제와 관련된 생활의 어려움을 기술하고 일상생활을 방해하는 장애물 등 생활의 문제가 상세하게 기술되어야 한다. 예로, 식사를 준비하고 음식을 만들 수 있는지 등 생계유지를 위한 필수조건에 관한 사항은 일상생활능력(ADL)을 토대로 자조적으로 수행할 수 있는지가 기술되어야 한다. 기능적 일상생활(IADL)에 대한 사항 또한 자세하게 기술되어야 한다. 도구를 활용해서 가정생활 및 사회생활 등을 자력으로 수행할 수 있는 사항과 수행이 불가능한 상황 또한 파악되어야 한다. 더욱이 자조생활 수준은 향후 지원될 서비스와 지원방향을 결정하는 데 활용되기 때문에 일상생활 및 기능적 일상생활기술은 고위험사례대상자의 자조생활 유지에 필수조건이라 할 수 있어 반드시 파악되어야 한다.

둘째, 사회적 지원사항

이제 사회활동을 자력으로 수행하고 있는지, 직업생활을 하고 있는지 등 사회적 지원이 필요한 사항을 기술한다. 즉, 사회활동 사항 등에 관한 전반적인 내용이 기술 사항으로 이웃관계, 마트 이용, 친구 만나기, 대중교통수단 이용, 원하는 지역사회 시설물 이용 등을 스스로 수행할 수 있는지를 파악하기 위해서다. 사회활동은 직장생활을 통해 확장되기 때문에 직장생활 유무와 재직기간, 급여수준, 직업유형 등을 포함하여 기술한다.

셋째, 통합사례관리사의 의견기술

이상의 내용이 파악되면 통합사례관리사의 의견을 기술한 후 사정보고서 작성을 마무리한다.

넷째, 결재 절차에 따른 보고

통합사례관리사는 통합사례회의 전 완성된 사정보고서를 결재 절차에 따라 기관장에게 상신하여 결재를 받는다. 기관장의 결재를 득한 후 통합사례관리 위원들에게 참석공문을 발송한다. 공문 발송 후 회의 성립 요건을 갖추기 위해 위원들의 참석 여부를 파악한다. 만약 참석하지 못하는 위원이 있으면 위임장을 작성하여 회신을 받고 통합사례회의에 상정한다.

3 통합사례회의 – 규명된 문제와 결핍된 욕구 해결을 위한 서비스 확정

1) 통합사례회의의 기본 방향

사정보고서를 재검토하여 고위험사례대상자의 상황에 적합한 통합사정이 진행되었는지를 점검하고, 결핍된 욕구와 문제 등을 규명하는 것이 통합사례회의의 목적이다. 규명된 욕구를 확인하고 대안으로 모색된 통합서비스의 지원방향을 모색하기 위해서다. 즉, 문제들의 해결에 적합한 통합서비스를 개발하기 위해서다.

통합사정에서 규명된 사항이 고위험사례대상자의 현재 상황을 개선하는 데 충분한지와 추가적인 문제가 있는지를 점검한다. 즉, 문제를 규명하고 결핍된 욕구를 충족하기 위해 서비스가 적정한지 등을 점검하고, 통합서비스의 지원 방향이 고위험사례대상자의 현재 상황에 부합하는지를 확정하는 회의가 통합사례회의라는 것이다. 전문가들이 참여하여 진행하는 것이 일반적이다.

2) 통합사례회의 진행절차

(1) 통합사례회의

진행절차는 통합사정회의 준비절차와 동일하다. 통합사례관리사는 고위험사례대상자의 상황을 위원들에게 정확하게 보고해야 한다. 고위험사례대상자의 상황에 집중하면서 처해 있는 상황이 이해될 수 있도록 자료 중심으로 보고하는 것이 정확하게 보고하는 방법이다. 여기에서 보고는 인테이크에 근거한 자료, 정확한 사정, 통합사례관리사의 주관적 견해에 의한 보고를 말한다. 그래야만 고위험사례대상자의 상황을 이해하게 되어 규명된 문제가 명확해지고 해결해야 할 문제들의 분류에 따른 오류 등을 예방할 수 있기 때문이다. 또한 규명된 문제와 분류된 문제들을 토대로 통합서비스가 개발되기 때문이다.

다만 통합사례회의는 통합사정회의에서 결정된 사항을 검증하고 통합서비스를 확정하는 것이므로 전문가들의 결정은 통합서비스의 확정이라고 할 수 있다. 고위험사례대상자에게 추가적인 통합서비스가 필요한지를 확인하고 포함되어야 할 서비스가 있다면 설명하여 필요한 지원 또한 설득해야 한다.

(2) 회의 종료

회의록을 작성하고 위원들의 검토를 거친 후 날인을 받는다.

3) 통합사례회의 확인사항

통합사례회의는 고위험사례대상자의 상황에 적합한 서비스를 지원하는 것만이 변화를 촉구하고 문제개선에 도움이 된다는 전제에서 시행된다. 때문에 통합사례회의에서 다루어야 할 핵심사항은 생활의 문제와 결핍된 욕구 규명, 결핍된 욕구의 요인, 파생된 문제, 문제들로 인해 발생된 부정적인 영향 외에 일상생활을 방해하는 장애물 등의 제거에 적합한 서비스가 무엇이고, 어떤 서비스가 변화를 촉구하는지를 밝히는 데 있다. 이렇게 개발된 통합서비스를 고위험사례대상자에게 제공했을 때 나타나는 변화 등을 점검하고 확인하는 데 있다.

따라서 위의 확인사항 등이 통합사정회의에서 다루어졌는지를 확인하는 과정이 통합사례회의다.

4) 통합사례관리사의 역할

통합사례관리사는 고위험사례대상자가 호소하는 문제에 집중하면서 드러난 문제의 해결 가능성을 점검하고 통합사정회의에서 규명된 문제를 토대로 해결방향과 방법을 요청해야 한다. 통합서비스의 진행시기를 토대로 최적의 자원을 개입시키기 위한 방법 또한 모색해야 한다. 이후 서비스 진행에 필요한 기자재 및 시설물 확보와 서비스 제공에 소요될 예산을 재정부서와 협의한 후 예산의 규모와 지출시기를 확정한다.

자원들의 개입을 가시화하고 지역의 인적・물적 자원을 연계하기 위한 계획 또한 수립해야 한다. 물론 고위험사례대상자의 참여 동기와 의지를 부여할 수 있는 대화방법을 강구한 후 개입하는 것이 효과적이다. 고위험사례대상자의 상황에 맞게 변화를 촉구할 수 있는 이야기를 준비하는 것이 통합사례관리를 원만하게 이끌어 가는 전략이라 할 수 있다.

이제 통합사례관리사는 지역기관의 전문가들과 전문가의 개입 범위를 파악하고 연계 가능한 최적의 전문가를 선별한다. 개별적으로 연락해서 개입이 가능한지를 확인한다. 수락한 전문가의 사전미팅을 주선하고 회의일자를 확정한다. 회의 참석 전 고위험사례대상자의 상황을 파악하기 위해 정보를 제공하고 질문사항을 검토한다. 회의일자는 전문가 외에 참석위원, 고위험사례대상자가 참석이 가능한 일자로 정하는 것이 참석률을 높이는 방법이다.

<table>
<tr><td colspan="3" rowspan="2">통합사례회의록</td><td rowspan="2">결재</td><td>담당</td><td>팀장</td><td></td><td>관장</td></tr>
<tr><td></td><td></td><td></td><td></td></tr>
<tr><td colspan="2">시행일자</td><td></td><td colspan="2">시행장소 및 시간</td><td colspan="3"></td></tr>
<tr><td colspan="2">참석자 현황</td><td colspan="6"></td></tr>
<tr><td colspan="2">안건</td><td colspan="6"></td></tr>
<tr><td rowspan="3">통합사정보고</td><td>대상자 욕구 및 상황</td><td colspan="6"></td></tr>
<tr><td>보호자 욕구 및 상황</td><td colspan="6"></td></tr>
<tr><td>통합사정회의 결과 요약</td><td colspan="6"></td></tr>
<tr><td colspan="2">통합사례회의 내용</td><td colspan="6"></td></tr>
<tr><td colspan="2">확정사항</td><td colspan="6"></td></tr>
<tr><td colspan="2">사례판정</td><td colspan="6">□긴급개입사례대상자 □위기개입사례대상자 □일반사례대상자 □보류대상자 □제외대상자</td></tr>
<tr><td colspan="2">주지원기관 및 담당자</td><td colspan="6"></td></tr>
<tr><td colspan="2">협조기관 및 내용</td><td colspan="6"></td></tr>
<tr><td colspan="2">지원기간</td><td colspan="6"></td></tr>
<tr><td colspan="2">재점검회의</td><td colspan="6"></td></tr>
</table>

출처: 이재용. 2016. 〈표21〉 통합사례관리회의록. 252에서 재인용.

4 통합서비스 기획-통합서비스 제공전략

1) 통합서비스 개발

통합사례관리는 고위험사례대상자의 결핍된 욕구 및 문제 규명을 통해 안정된 생활을 저해하는 장애물을 발견하고 생활의 위협 또는 심각한 상황의 개선, 해결하기 위한 목적에서 수행되는 전문적인 사회복지실천활동이다. 이러한 활동의 목적을 달성하기 위해 지역기반 통합서비스를 개발해서 제공하는 것이다.

통합서비스의 개발은 전문가 간의 합의에 의해 개발되어야만 전문성을 담보할 수 있어 규명된 문제를 해결할 수 있는 전문가의 참여가 반드시 전제되어야 한다.

2) 통합서비스 지원기획

통합서비스의 기획은 통합사례관리사의 역량에 달려 있다고 해도 과언이 아니다. 고위험사례대상자를 이끌어 나가기 위한 전략을 수립하는 과정이 통합서비스의 기획단계이다. 고위험사례대상자에게 집중하면서 문제개선을 위한 방법을 찾고 서비스를 지원하는 과정 또한 치밀해야 한다.

통합사례관리사의 통합서비스 기획 역량은 고위험사례대상자의 상황변화를 촉구하기 위해 이끌어 나가는 능력을 갖추는 것과 통합사례회의에서 결정된 사항을 시간 점진적으로 계획에 반영할 수 있는 계획적인 안목, 통합서비스의 제공방식이 고위험사례대상자의 입장에서 이해될 수 있도록 수행하기 쉬운 활동부터 성취감을 얻는 활동을 일정화하는 능력, 실행이 가능하도록 구조화하는 계획 수립 능력 등을 말한다.

통합서비스의 지원시기를 확정하고, 통합서비스를 지원하는 인력의 배치, 통합서비스의 효율적인 수행을 위한 기자재 배치 등 고위험사례대상자가 통합서비스를 수용하고 변화를 촉구할 수 있는 시기를 예측해야만 지원의 적시성을 높일 수 있다.

성공적인 변화 시기를 예측하면서 기획될 때 실행 가능성과 성공확률이 높아지는 것은 분명하다.

3) 통합서비스 지원계획 수립

통합사례회의에서 확정된 사안을 토대로 수립하는 것이 일반적이다. 통합사례관리사는 고위험사례대상자의 상황을 점검하고 통합사례회의에서 결정된 사항을 재검토한다.

규명된 문제를 우순순위에 따라 분류한다. 긴급한 개입이 필요한 문제와 위기문제, 일반적인 문제를 검토하고 통합서비스의 지원이 불가능하여 제외할 문제, 지금 당장 지원하기 어려운 문제를 분류한다. 분류를 마치면 우선 지원해야 할 긴급한 문제와 위기문제를 지원하기 위해 일정화 계획을 수립하고, 부서지원과 기관지원, 또한 타 기관 지원이 필요한 사항을 분류한다. 통합서비스를 제공할 수 있는 전문가와 일반자원 또한 분류한다.

4) 자원개입 여부결정

사전에 검토한 전문가와 일반자원의 참여여부를 확인한다. 자원들과 서비스 지원 방향을 협의한 후 지원시기를 확정한다. 확정된 사항은 지원일자와 지원시기, 장소, 필요한 자원을 확인하고 예산규모 및 지출시기를 확정한다.

5) 지역의 자원연계

지역자원의 연계는 단순히 참여만을 의미하지 않는다. 해당 자원의 전문성을 고위험사례대상자의 상황에 개입시킴으로써 문제해결 시기를 앞당기고 조기에 개선하려는 목적이 있다. 그렇다면 자원의 연계는 고위험사례대상자를 중심으로 통합서비스를 제공하기 위한 조치임을 알 수 있다. 지역자원들의 참여가 많을수록 고위험사례대상자의 문제해결에 기여한다는 점에서 통합서비스의 제공은 자원주도형 전문서비스이다.

통합사례관리사가 지역을 토대로 활동할 때 고위험사례대상자의 문제는 해결 가능성이 높아진다. 검증된 전문가와 일반 자원봉사자들의 참여가 많을수록 고위험사례대상자의 문제해결 가능성 또한 높아진다. 이러한 준비만이 통합사례관리를 성공적으로 이끌어 갈 수 있다. 따라서 통합서비스의 지원계획의 수립은 사전준비가 철저해야 한다.

하지만 통합서비스 지원사항에 따라 참여할 인적·물적 자원이 확보되어야 한다. 지원할 수 있는 자원이 부족하면 타 기관의 협조 또한 주저 없이 요청해야 한다. 여기에서 의미하는 타 기관의 협조요청은 고위험사례대상자의 상황이 심각하여 기관의 지원만으로는 통합서비스의 지원이 불가능한 경우 또는 결핍된 욕구를 파악하였지만 지원할 수 있는 내부 자원이 없거나, 문제해결을 위한 조치가 미흡하다고 판단되는 경우, 또는 전문가의 참여가 필요한 경우 등을 대비하기 위해서다.

협조는 동료 및 부서, 기관의 지원과 지역의 전문가와 타 기관의 전문가가 참여하는 합의를 전제로 한 지원활동이다. 또한 기관의 서비스만으로는 지원에 어려움이 있다는 것을 확인한 후 통합서비스가 단절되지 않도록 계속 제공하려는 의도이다. 통합서비스 지원을 위한 연계 및 지속성은 통합사례관리의 성공적인 수행과 문제해결 가능성을 높인다는 점에서 타 기관 및 전문가, 자원의 연계는 중요하다.

6) 통합서비스 최종확정

중요한 것은 통합서비스의 질을 담보할 수 있어야 한다는 것이다. 통합사례관리회의에서 확정된 사항은 고위험사례대상자의 문제해결과 변화를 촉구하기 위한 지원의 목적이 분명하다. 전문가 등이 합의과정을 거쳐 최적의 대안을 모색하였기 때문이다. 따라서 통합서비스의 성공적인 지원은 통합사례관리 회의에서 결정된 사항을 통합서비스로 계획하고, 계획은 고위험사례대상자 자력으로 수행할 수 있어야 한다. 통합사례관리사 또한 제공해야 하는 통합서비스에 대한 이해가 많아야 하고 고위험사례대상자의 변화상황에 따라 지원할 통합서비스 지원의 적시성을 최대한 높일 수 있게 일정화해야 한다는 점 또한 주지해야 한다.

7) 서비스 지원계획 수립

통합서비스의 시행시기와 장소, 기자재, 서비스를 제공하는 전문 인력 등을 통합서비스의 지원시기에 따라 구조화해야만 성과로 이어지기 때문에 시기성의 고려는 중요하다.

8) 통합서비스 지원계획 설명

통합사례관리사는 지원계획을 수립하면서 적합성 여부를 검토하고, 기관장의 결재를 받은 후 통합사례회의 위원들에게 자료를 발송하여 해결대안이 적정한지 등을 확인받는다. 통합서비스의 지원계획의 적합성 여부를 확인받기 위해서며 적정하다는 회신을 받으면 고위험사례대상자에게 연락하여 통합서비스의 지원계획을 설명한다.

9) 통합서비스 지원역할 분담

상황분석이 정확해야 한다는 점과 지역의 환경을 고려한 통합서비스가 개발되어야 하고 어느 기관에서 무엇을 담당하여 지원할 것이며, 전문성을 담보한 전문가가 누구인지가 확인되어야 한다. 또한 언제 지원할 것인지 등을 협의해서 확정해야 한다. 서비스의 개발은 지역마다 다른 특성이 있고 환경이 상이하여 지역 환경에 최적화된 통합서비스는 고위험사례대상자가 거주하는 지역을 토대로 개발되어야 한다. 하지만 통합서비스의 지원성과를 담보하기 위해 적시성을 반드시 고려해야 한다. 통합서비스를 시기적절하게 제공하는가에 따라 고위험사례대상자의 문제해결에 기여되기 때문이다.

10) 제공방법 합의

개발된 통합서비스는 장기적으로 지원될 수 있도록 수립해야 한다. 자원 또한 시기적절하게 참여할 수 있도록 일정화 계획을 수립한 후 지원해야 한다. 여기에서 가장 중요한 사항은 개선 방향이 명확해야 한다는 것이다. 단기 성취목표와 중기 성취목표, 장기목표를 수립해서 반영한다. 다만 통합서비스의 지원은 고위험사례대상자의 상황에 적합해야 하는 과제가 있는데 문제로 인해 야기된 상황을 개선하고 보호자 등에게 미치는 부정적인 영향을 차단하기 위해서다.

통합서비스 지원계획서	결재	담당	팀장	실장	원장

성 명		나 이		성 별	남 / 여
대상자 주소			연 락 처	집: 핸드폰:	
지 원 기 관		지 원 담당자		계획수립일자	
지 원 기 간	. . . ~ . . .				

구분	지원사항
사례대상자 유형	□긴급개입사례대상자 □위기개입사례대상자 □일반사례대상자 □보류대상자 □제외대상자
대상자 욕구 및 현 상태	
보호자 욕구 및 현 상태	
통합사례회의 결과 및 지원계획	
주요 장애물	
장애물 제거계획	

	지원유형	지원내용	합의목표	지원시기	자원연계사항	지원기관(담당자)
지원계획	긴급					
	위기					

1차 점검시기		점검자	
2차 점검시기		점검자	
추가 지원사항			
타 기관 협조사항			
슈퍼비전 시기			
비고			

출처: 이재용. 2016. 〈표24〉 개별지원계획서. 270에서 재인용.

5 서비스 동의 확인–동의서 작성

1) 계약서 작성

계약서 작성은 통합사례관리를 진행하기 전에 통합사례관리사와 고위험사례대상자 간의 계약체결을 말한다. 대개 계약은 합의서 작성에 의해 체결되는데 동의서 작성이 일반적이다.

고위험사례대상자가 동의했다는 것은 통합서비스 제공을 수락하고 그 활동에 참여할 것을 동의한 것으로 이해해도 무방하다. 제공되는 통합서비스를 성실하게 제공받겠다는 약속을 의미한다. 따라서 동의서의 작성은 고위험사례대상자의 동의를 받기 위한 목적도 있지만 제공되는 통합서비스에 대한 정보를 제공하기 위한 의미가 있다.

통합사례서비스 이용계약서

본인은 ○ ○ ○종합사회복지관의 통합사례관리 서비스 대상자로 다음과 같이 계약을 체결한다.

- 다 음 -

○ 기관의 역할과 책무

1. 사례대상자 00씨의 서비스 제공을 위해 최선을 다한다.
2. 사례대상자가 이용하는 서비스에 대한 최대한의 편의를 제공하고 참여하는 자원은 성실하게 서비스 제공을 위해 노력한다.
3. 본 계약서에 명시된 서비스 지원에 만전을 기하고 최선의 성과를 이루기 위해 노력한다.

○ 대상자의 역할과 책무

1. 서비스 이용 과정에서 지켜야 할 제반의 규칙을 충실히 준수한다.
2. 대상자의 부주의 등으로 발생하는 사고에 대해서는 참여하는 자원과 기관과 담당자에게 책임을 묻지 않는다.

3. 계약기간 중에 지원되는 서비스 및 프로그램에 성실하게 참여한다.
4. 다음과 같은 사유가 발생한 경우에는 계약기간 중이라도 해지한다.
 1) 대상자 또는 보호자가 서비스 지원을 거절 또는 중단을 요청하는 경우
 2) 개인적인 사정으로 더 이상 참여하지 못하는 경우
 3) 서비스 참여가 불성실하고 문제해결 의지가 없어 지원하기 어려운 경우
 4) 기타 사유로 인해 더 이상 참여가 곤란한 경우

○ 이용 혜택
 1) 기관에서 지원되는 모든 활동프로그램을 이용할 수 있다.
 2) 개인이 원하는 요구사항에 대해서는 언제든 면담할 수 있다.
 3) 원하는 활동 또는 프로그램에 대해 요구하고 지원한다.
 4) 본인의 결정에 의해 자유롭게 지역사회 활동을 보장한다.
 5) 서비스 제공기간에서 알게 된 개인에 관한 신상 등에 대한 비밀을 보장받는다.
 6) 기타 생활에 필요한 모든 내용을 정보로 제공받는다.

○ 지원서비스 내용
 1) 월 2회 정기적인 개별상담
 2) 00기관의 물리치료실 및 보건팀 의료지원 서비스(주 2회)
 3) 계절별로 시행하는 하계캠프
 4) 음악, 미술, 놀이 치료실 이용 및 프로그램 참여
 5) 가정봉사원 파견을 통한 가사활동 서비스

○ 이용기간: 2020.03.20. - 2020.12.20.

이용자:	㊞	사례관리자:	㊞
보호자:	㊞	슈퍼바이저:	㊞

20 년 월 일

○○ 종합복지관 관장 귀하

출처: 이재용. 2016. 〈표 22〉 통합사례서비스 이용계약서. 262-263에서 재인용.

2) 지원사항 설명

문제해결을 위해 노력할 것을 설득하면서 인테이크 과정과 마찬가지로 고위험사례대상자의 표정과 비언어적 태도에 주목하고 의지를 갖도록 구체적으로 설명한다. 통합서비스의 내용과 진행과정, 지원시기, 제공받는 혜택, 참여자원 등을 설명하고, 설명을 마치면 준비한 동의서에 서명을 받고 최초의 통합서비스 지원내용과 지원시기를 설명한다. 서비스 제공 전에 유선 또는 방문하여 전달한다.

이런 점에서 고위험사례대상자가 동의서에 서명하기 위해 기관을 방문하는 것은 자신의 문제를 이해하고 있으며 해결하겠다는 의지가 있는 것이다. 더더욱 이끌어 나갈 수 있는 기회이기 때문에 확신을 갖게 하는 통합사례관리사의 설득에 따라 신뢰관계가 형성된다. 이때 변화될 수 있다는 기대 또한 갖는다. 따라서 통합사례관리사의 역할과 고위험사례대상자의 참여활동을 분명하게 설명되어야 한다.

3) 고위험사례대상자의 불안감 해소

동의서를 작성하는 시기는 통합서비스를 제공받아야 하는 상황을 불안해 할 수 있다. 오랫동안 문제 등으로 인해 어렵고 힘든 시기를 보냈기 때문에 도움을 받을 수 있는 유일한 도움처가 사회복지기관이고, 도움을 줄 수 있는 전문가가 통합사례관리사 외에는 없기 때문이다. 더욱이 문제 등이 해결될 수 있는지를 확신하지 못한 상황에서 동의하였기 때문에 적극적으로 이끌어 가겠다는 확신을 주어야 한다.

문제해결을 위해 최선을 다하겠다는 설명을 통해 이해시키고 고위험사례대상자의 참여활동과 역할을 설명하는 것이 도움이 된다. 불안을 최소화하기 위해 참여하는 전문가와 자원봉사자, 활동시기 또한 설명해야 한다.

CHAPTER 11

지역기반 통합사례관리 지원단계

1 통합서비스 실행-지역기반 통합서비스 지원

1) 통합서비스 실행 구조화

통합서비스 실행 구조화는 고위험사례대상자가 보였던 행동과 연관된 문제들, 즉 복합적인 문제를 하나씩 해결하기 위해 서비스를 분류하고 시간 점진적으로 일정화하는 것을 말한다. 일정화의 핵심은 참여할 자원과 투입비용, 시행장소, 필요한 기자재, 동료의 협조를 받아야 할 사항과 부서협조가 원활하게 진행되는 시기를 가정해서 수립해야 한다. 즉, 통합서비스를 지원하면서 고위험사례대상자의 이해를 높이고 변화를 촉구할 수 있는 시기를 예측할 수 있어야 한다.

구조화된 통합서비스는 통합사례관리사의 통찰력을 토대로 작성된다. 고위험사례대상자의 기대를 충족하면서 성취할 수 있는 내용부터 반영되어 있다. 쉬운 활동부터 점차 어려운 활동으로 구성되는 등 통합서비스의 지원사항이 시계열적인 구조로 계획되어 있다. 시간 점진적인 일정의 구조화는 고위험사례대상자의 이해를 높인다는 점에서 적극적으로 참여할 수 있게 실천 가능하도록 수립되어 있다.

구조화된 서비스 기획 및 계획의 수립은 고위험사례대상자의 가정생활 파악을 통해 더욱 체계적이 된다. 자녀양육과 경제력, 식비 등의 문제를 호소하였다면 가정방문을 통해 형편을 살피고 호소하는 문제로 인해 예견되는 어려움을 개선하기 위한 일상생활 지원사항이 포함되어 있다. 직면한 상황의 해결을 위해 무엇을 시도해야 하는지 등을 파악할 수 있도록 계획되어 있다.

2) 문제해결 대안검증

통합사례회의에서 결정된 사항을 검토하고 고위험사례대상자가 호소한 문제들의 연관성을 확인한다. 문제해결에 기여할 수 있는 자원의 개발과 연계시기를 계획에 반영한다. 여기서 중요한 원칙은 각각의 문제들을 개별화하고 한 가지씩 해결해 가야만 변화를 의도할 수 있다는 것이다. 즉, 문제들을 한꺼번에 해결할 수 없기 때문에 시간 점진적으로 수립하고 지원시기에 따라 서비스를 제공한다는 원칙을 적용하는 것이다.

문제해결 과정에서 고위험사례대상자에게 장애물이 발견되면 전문가들과 방법을 모색하는 등 협력하면서 지원방향을 협의하는 것도 방법이다. 각각의 문제를 분석한 후 기관 수준에서 해결할 사항과 지역의 전문가들과 협의해서 해결해야 할 사항, 타기관과 공조해서 지원할 사항, 지원이 불가능한 사항을 분류한 후 최종적으로 통합서비스를 확정한다.

자원의 연계는 문제들의 해결에 기여할 수 있는 최적의 인물을 확정하는 것이 중요하다. 평소 지역의 전문가를 파악하고 있으면 연계가 수월하겠지만 관계하지 않았다면 계획의 수립부터 차질이 발생할 수 있다. 따라서 평소부터 지역의 자원들을 파악해 두는 것이 계획 수립에 도움이 된다.

3) 전문가와의 역할분담

이제 종합서비스를 제공할 수 있는 전문가를 섭외하는 것이 남아 있다. 해당 문제의 해결에 최적의 자원을 연계하는 것은 계획의 실행 가능성을 높인다. 드러난 문제를 사안별로 분류하고 통합서비스를 지원할 수 있는 최적의 인물을 선정하는 것이 중요하다. 유능한 전문가라도 복합적인 문제를 동시에 모두 처리할 수는 없다.

사전문의를 통해 일정을 파악하고 고위험사례대상자의 상황에 개입할 수 있는지 등을 의뢰한다. 전문가들의 일정을 확인하고 참여여부를 문의하고 수락하면 개입시기를 확정한다. 이를 통합서비스의 구조화라하고 시계열적인 문제해결이라고 한다.

4) 통합서비스의 실행과 지원

서비스 실행과정

단계	진행내용	확인사항
단계 1	서비스 진행 양식 선정	프로그램, 자원, 활용기자재, 사례대상자 반응, 활동평가 등
단계 2	통합서비스 지원담당자 연락	• 2주일 전 연락을 통한 일정 확인 • 4일 전 재연락 후 사례대상자, 장소, 프로그램 진행 등에 대한 정보제공
단계 3	사례대상자 사전정보 제공	참여 동기 확인, 강사 및 자원의 전문성, 서비스 내용 및 활동, 사례대상자의 역할과 과업 등
단계 4	긍정적 지지	사례대상자 지지 및 격려, 참여 동기 격려, 해결기대 및 동기 확신 등
단계 5	기관 및 사례관리자 준비사항 점검	지원시기 및 내용확인, 장소점검, 타 부서 협조요청, 기관 일정확인 등
단계 6	서비스 실행	장소 및 물품점검, 진행내용, 대상자 변화 및 만족도, 강사와의 라포 형성 정도 등
단계 7	자원관리와 역할 확정	활동영역 확정, 활동시간 및 서비스 역할 제시, 개인의 잠재적 역량 강화 등
단계 8	평가	서비스 시작 전, 진행 과정, 종료 시 사례대상자의 반응 및 변화정도, 회기별 평가, 성과도출, 사례관리자 및 자원 활동 등 계획된 사항을 토대로 평가

출처: 이재용. 2016. 〈표25〉 서비스 실행과정. 272에서 재인용.

(1) 고위험사례대상자와 참여자원 중재지원

통합서비스의 제공은 통합사례관리의 주체인 고위험사례대상자를 중심으로 진행된다. 하지만 그의 입장에서 사고하고 상황에 적합한 서비스를 제공하기 위한 노력이 필요하다. 통합사례관리사의 중재역할에 따라 고위험사례대상자의 변화를 촉구할 수 있고, 그의 변화를 촉진하는 전문가 간, 고위험사례관리자 간의 관계형성에 영향을 미치게 되어 통합사례관리 진행이 원활해지기 때문이다.

따라서 통합사례관리사의 적극적인 중재역할이 필요하다. 여기에서 통합사례관리사의 중재역할은 통합사례관리 과정마다 고위험사례대상자의 상황을 살피면서 역할을 수행하는 것을 의미하고 전문가의 참여와 자원의 참여 등의 중재를 포함한다. 상황에 따라 개입방법을 달리하면서 그의 입장을 충분히 고려하는 등 변화상황에 따라 어떻게 이끌어 갈 것인지를 심사숙고하면서 진행하는 것을 말한다.

(2) 고위험사례대상자의 심경 변화에 따른 상황 중심 지원

직면한 문제를 직시하게 하면서 상황에 적합한 대화를 시도하고 의지를 갖도록 동기를 부여한다. 더 나빠질 수 있는 상황을 가정하여 옳은 행동을 제안한다. 더 이상 고통받지 않도록 정서적 자극을 강화하면서 안정된 생활이 얼마나 중요한 것인지를 알게 하는 것이 최종의 목적이다.

수시로 격려와 지지 등을 고위험사례대상자에게 보내고, 풍요롭고 즐겁게 생활할 수 있다는 기대를 갖도록 설득하면서 이끌어 가야 한다는 것을 의미한다. 고위험사례대상자의 심리적 변화에 주목하고 민감하게 반응하면서 대처해야 하는데 상황은 심경의 변화에 의해 수시로 바뀔 수 있어 부드럽게 대화하면서 이끌어 가는 상황 중심의 진행방법을 활용한다.

통합사례관리사의 이끌어 가는 것의 의미

> 통합사례관리사는 지역의 전문가들과 고위험사례대상자의 어려운 상황을 수시로 상의하면서 문제해결을 목적으로 개입방법을 협의한다. 일반자원을 관리하고 전문가의 연계를 중재하면서 문제해결에 필요한 서비스를 협의하는 등 고위험사례대상자의 주거지역을 토대로 지원방법을 모색한다. 전문가들이 제안한 사항을 점검한 후 서비스를 기획한다. 고위험사례대상자의 상황 개선에 적합한 장소와 시기를 고려하고 통합서비스의 실행방법을 결정한다.
>
> 이러한 역할 수행은 숙련된 기술이 필요하기 때문에 임상경험이 많아야 한다. 고위험사례대상자의 변화를 의도적으로 이끌어 가는 것은 통합사례관리사의 숙련된 역량에 의해서만 수행이 가능하다. 따라서 임상경험이 많은 사회복지사를 통합사례관리사로 임명하는 것이다.
>
> 통합사례관리는 고위험사례대상자의 문제해결을 위해 통합사례관리 운영 내내 이끌어 가야 한다. 그의 문제를 해결하기 위해 상황에 적합한 통합서비스를 개발하고 연계하는 것만이 해결기대를 높일 수 있기 때문이다.
>
> 문제해결을 위한 통합서비스의 지원은 전문가의 참여를 통해서만 가능하다. 전문가 간의 연계와 공조를 위한 협력관계를 유지하기 위해 최선을 다하고, 고위험사례대상자의 반응 등을 수시로 협의하면서 최적의 시기에 통합서비스가 지원될 수 있도록 상시체계를 구축한다. 그래야만 고위험사례대상자의 상황을 개선할 수 있기 때문이다.

(3) 통합서비스 지원

고위험사례대상자가 여러 가지 요인으로 인해 자신을 돌보지 않고 지내 온 현재의 상황이 심각하고, 심각한 상황에 처해졌음에도 방치하면서 지낸 결과로 나타난 결핍된 욕구와 문제들을 해결하기 위해 통합사례관리사가 주도하여 전문가와 자원들의 연합관계를 형성한 후 사회복지실천방법에 따라 직・간접으로 통합서비스를 제공하여 문제 등을 개선하고 해결해 나가는 것이 실행이다.

통상 통합사례관리에서 통합서비스의 실행은 세 가지 방법으로 실행된다. 통합서비스의 지원 전 단계, 통합서비스의 지원단계, 통합서비스의 지원 후 단계로 분류하는 것이 일반적이다. 각각의 단계는 통합서비스의 성공적인 지원을 위해 구분하여 지원되어야 한다. 각각의 단계는 지원목적이 다르지만, 단계별 실행이 의도대로 수행되면 의도한 성과를 도출할 수 있다. 또한 고위험사례대상자의 성공적인 변화 등을 주도할 수 있게 된다.

첫 번째 단계인 통합서비스의 실행 전 단계

사전준비 단계이다. 통합사례관리사는 통합서비스를 지원하기 위해 서비스 지원의 모든 사항을 점검하면서 실행을 준비한다. 변화목적 달성을 위한 자원들의 연합관계 구축, 그들의 활동사항 확인, 지원의 적시성을 높이기 위한 시기 검토, 마지막으로 시행 장소인 편의시설 및 시설환경의 적절성 외에 기자재의 충분성 등을 점검하고 통합서비스의 제공을 위한 사전준비를 마친다.

이제 고위험사례대상자에게 마음의 준비를 할 수 있도록 준비사항을 설명하고 자신감을 불어넣기 위해 참여의지를 강화하기 위해 동기를 부여한다. 기대한 변화상황과 변화를 위한 역할 등을 설명한다. 아무리 좋은 통합서비스를 개발하여도, 뛰어난 전문가가 참여하더라도 고위험사례대상자가 의지를 갖고 참여하지 않으면 실패하게 된다. 이를 방지하기 위해 동기를 부여하는 것이다.

여기에서 중요한 것이 통합사례관리사의 존중하는 태도이다. 통합사례관리사의 전문가다운 태도는 고위험사례대상자의 의지를 강화하는 역할 수행이 필수이다. 친절하면서 부담을 주지 않는 대화방식으로 진행하는 태도 갖추기는 고도의 전문성을 겸비한 전문가만이 구사할 수 있는 대화기법이다. 대화기술에 의해 고위험사례대상자는 안심하고 참여하겠다는 의지를 갖는다. 따라서 부드러운 미소를 짓고 최선을 다해 노력할 것임을 이해시켜야 한다.

두 번째 단계인 통합서비스의 진행과정

통합서비스의 진행사항 이해, 변화성취 및 목적달성, 의도한 기대역할 수행 등을 위해 통합서비스를 고위험사례대상자의 상황에 개입시키는 것을 말한다. 따라서 실행은 사전단계에서 준비한 통합서비스를 고위험사례대상자에게 적용하고 실행하는 것을 의미한다.

통합서비스의 성공적인 지원은 개입시기가 적절한지 여부에 달려 있다. 고위험사례대상자가 동기를 갖고 변화를 보이면 성공적으로 수행된다. 이때를 놓치지 않고 실행되어야 하는데 고위험사례대상자의 변화 시기를 알아채는 것은 전문가의 개입기술과 역량에 따라 확인되기 때문에 변화를 촉구하기 위해서는 변화가 일어난 시기 파악이 중요하다. 그래서 통합서비스의 성공적인 수행을 전문가 간의 팀워크가 좌우

한다고 하는 것이다. 참여한 자원들의 역할을 분담하고 지원사항이 영향을 미치고 있는지를 철저하게 분석하면서 최적의 시기를 확인한 후 지원해야만 성공 가능성은 높아진다.

전문가 간의 팀워크가 중요한 또 다른 이유는 고위험사례대상자의 태도를 변화하는데 있어 태도가 바뀌면 통합서비스 실행의 효과를 바로 확인할 수 있기 때문이다.

태도는 마음의 발현이다. 의지를 갖고 있으면 분명 태도가 달라진다. 동기 또한 마찬가지다. 동기가 많은 사람은 의지가 강하다. 실행하려는 바가 뚜렷하기 때문에 목적을 갖고 참여한다. 따라서 동기를 높이기 위한 목적에서 긍정적인 자극을 제공하면서 지원하면 긍정적인 태도로 참여한다.

긍정적인 자극을 많이 받을수록 실행의지는 강화된다. 실행의 궁극적인 목적은 실행과정에서 고위험사례대상자가 보이는 반응과 태도에 따라 달성 정도를 확인할 수 있다. 또한 통합서비스를 제공하는 목적이 달성되고 있는지를 확인하기 위해서다. 통합사례관리사가 고위험사례대상자의 반응과 태도에 민감해야만 실행의 성과를 확인할 수 있다는 점에서 성과달성의 확인은 통합사례관리 운영이 적절하였다는 것을 확인하게 한다.

세 번째 단계인 통합서비스의 지원 후 단계

통합서비스 지원 후 관리 단계이다. 실행과정에서 고위험사례대상자의 반응과 보였던 태도 등의 변화는 진단과 평가를 통해 성취 정도를 확인하게 한다. 성과를 확인하면 변화를 촉구하기 위한 대안을 모색할 수 있다.

세 번째 단계는 통합서비스 제공의 종료가 아니므로 평가는 다음 단계의 원활한 준비와 시행을 위해 시행되는 것이 일반적이다. 따라서 지원한 통합서비스의 전반적인 사항을 평가하는 것은 서비스 지원의 효과를 높이기 위한 목적에서 시행되고 자원들과 함께 시행되었을 때 객관성과 타당성이 높아진다. 고위험사례대상자의 참여반응, 자원들의 개입역할, 지원수준 등 통합서비스의 전반적인 과정이 평가사항이다.

이와 같이 성취정도를 매 회기마다 평가하면 고위험사례대상자의 변화를 예측하게 되어, 예측된 변화를 성취하기 위한 개입전략의 수립이 수월해진다. 지원 후 단계는 사후관리의 의미가 있어 통합서비스 지원의 효율성을 높이고 진행과정을 충실하게 한다. 초기 의도한 변화목표 달성에도 효과적이다.

이상을 볼 때 통합서비스의 실행은 다양한 자원과 전문가 및 자원들이 참여해야만 성공적으로 수행된다. 참여한 전문가들이 역량을 발휘해야만 성공 가능성 또한 높다. 따라서 사전과정, 진행과정, 진행 후 관리 과정은 연계되어야 하고, 특정 과정만을 치중해서는 안 된다. 고위험사례대상자의 변화를 목표로 지원한다는 분명한 원칙을 갖고 진행해야만 성과를 달성할 수 있다.

주간 서비스 지원계획 및 결과표	결제	담 당	팀 장		관장	대상자

성 명		작성일자	20 년 월 일
사례관리자		기 간	20 년 월 일 ~ 20 년 월 일
참여기관		협조자	

구분 \ 요일	월( )	화( )	수( )	목( )	금( )	토( )	일( )
오전	약복용 00복지관 재활 서비스 이용	약복용 가정방문	약복용 고용촉진공단 직업교육	약복용 병원 동행	약복용	약복용	약복용 교회 방문
점심 식사							
오후	물리치료실 이용	외출 동행	보호자 상담	00복지관 프로그램 참여	영화관람		
지원사항	물리치료 동행 시 활동보조인 동행지원		고용촉진공단 등록지원		자원봉사자와 영화 관람동행		

기타 서비스	
필요한 기자재 및 물품	- 외부활동 시 차량지원 서비스 - 병원 동행 약 타기 지원
협조 요청사항	- 00복지관 자원봉사자 지원 - 가정생활 지원을 위한 가정봉사원 파견 협조요청(00복지관)
지원결과	

출처: 이재용. 2016. 〈표27〉 대상자 주간서비스 계획표. 277에서 재인용.

5) 지역 중심의 통합서비스를 개발하기 위한 대안

(1) 지역사회서비스 통합

많은 사회복지기관이 의뢰된 고위험사례대상자의 상황을 개선하기 위해 통합사례관리사를 임명해서 사례관리 업무를 수행하고 있지만 개별기관의 사례관리만으로는 고위험사례대상자의 문제해결이 어렵고 불가능한 사례 또한 증가하면서 통합사례관리의 필요성은 사회적 요구로 확대되었다. 지역을 기반으로 다양한 통합서비스의 개발이 더 시급하다는 것을 알 수 있다.

하지만 고위험사례대상자의 상황이 통합사례관리사가 소속된 기관의 서비스로는 해결하기 어려운 경우가 더러 있는데 상황이 심각하기 때문이다. 고위험사례대상자의 상황이 심각하다는 것은 문제에 노출된 기간이 오래되었고 그만큼 해결이 어렵다는 것으로 자력으로 해결할 수 없는 상태임을 의미한다. 전문가가 개입해야만 해결할 수 있기 때문에 개입시기를 늦추거나 지원시기가 늦춰질수록 회복을 위한 지원이 많아야 하고, 늦춰진 시기만큼 지원기간 또한 길어질 수밖에 없다. 문제는 해결이 불확실하다는 것이다. 고위험사례대상자의 상황이 심각할수록 전문가의 개입이 필요하고 전문가의 개입이 없이는 해결을 예측할 수 없기 때문에 개선을 위한 대안마련은 모호할 수밖에 없다. 더욱이 통합사례관리사가 소속된 기관이 고위험사례대상자를 지원할 여력이 없거나 다른 사업을 추진해야 하는 등 상황해결에 적합한 통합서비스가 아니라면 문제 또한 심화될 수밖에 없다.

따라서 통합사례관리는 지역의 전문가 간의 공조가 필수이고 지역의 전문가들과 함께 문제를 규명한 후 참여인력을 개발해서 연계해야만 사례의 상황 해결에 적합한 실마리를 찾을 수 있다.

해결방법의 모색이 통합사례관리에서 중요한 이유이다. 고위험사례대상자의 복합적인 문제는 그만큼 다양한 지원이 필요하다는 의미다. 지원해야 할 것들 또한 많다는 의미이다. 많다는 것은 다양한 전문가가 참여해야 한다는 것을 말한다.

(2) 사례상황 해결에 적합한 통합서비스 개발

통합사례관리사는 고위험사례대상자가 통합사례관리대상자로 선정되면 상황의 심각성을 파악해야 한다. 일을 하고 싶어도 취업을 하지 못했다면 소득이 없을 수밖에 없다. 경제활동을 하지 못하면 생계곤란 등의 문제에 노출될 수밖에 없다. 오랫동안 실직상태로 지내면 취업을 포기할 수 있다. 이러한 상황에 처해 있는 고위험사례대상자는 무기력하게 지내고 소득이 없는 것은 물론 빈곤상태로 생활할 수밖에 없다.

그의 심각한 문제와 욕구는 소득이 없다는 것이다. 자녀의 문제로 고민하는 많은 고위험사례대상자가 실직 등으로 인해 소득이 없는 상태로 생활한다. 과도한 음주는 처지를 고민한 다른 일탈을 선택한 고민이다. 가정을 돌보지 않는 것 그것 또한 방법이 없기 때문이다.

음주를 즐기는 것이 아니라 음주에 빠져 지내기 때문에 가족들과 갈등하면서 일탈을 선택하고 불안정한 생활을 보낸다. 더욱 심각한 문제는 희망이 없다는 부정적인 생각을 하면서 신경을 쓰지 않아도 될 일에 집착하는 등 대인관계가 엉망이 되어가고 있는데도 회복을 위해 아무런 노력을 하지 않는 것이다.

생계를 이어 가지 못할 정도로 경제적인 어려움에 처해 있지만 경제활동을 하지 않는 등 오랫동안 이런 식으로 지내면 가족들과 불화를 겪을 것이 뻔하다. 상황을 벗어나거나 개선하려고 시도하지 않는 것, 질병이 있음에도 치료를 방치하고, 자녀들의 학업 수행을 상관하지 않으면서 일탈하는 것 등은 전문가의 도움이 없으면 개선할 수 없는 처지여서 개입을 서둘러야 한다.

통합사례관리를 시행하면서 통합서비스를 개발하고 지원하기 위해서는 다음의 사항을 고려해야 한다.

첫째, 통합사례관리를 통해 제공되는 통합서비스는 고위험사례대상자의 심각성을 개선할 수 있을 정도로 충분하고 이를 전담하여 지원할 수 있는 전담기구가 설치 · 운영되어야 한다. 하지만 문제해결과 문제해결에 영향을 미치는 주변 환경이 분석되어야 한다. 규명된 문제의 심각성에 따라 전문가 등이 연계되어야 하고 지역의 사회복지기관 간의 네트워크를 구축해서 지원해야만 통합서비스를 개발할 수 있다는 점에서 지역의 인적·물적 자원의 연계 및 합의할 수 있는 체계가 마련되어 있어야 한다. 전문가들과 공조하는 네트워크가 구축되어야만 통합사례관리 체계는 지역 중심으로 지원된다는 점에서 반드시 지역의 기관과 전문가 등이 연합하고 합의할 수 있는 기구가 설치되어야 한다. 이 기구는 고위험사례대상자를 대응하기 위한 전담기구로서 통합서비스를 개발하고 지원범위와 방법, 참여자원 개발 및 연계 등을 주도하고 고위험사례대상자가 거주하는 지역 및 거주지 상황에 적합한 서비스를 제공하는 기능을 수행한다.

둘째, 개발된 통합서비스는 고위험사례대상자의 상황을 개선할 만큼 적합해야 한다. 고위험사례대상자는 지역의 사회복지기관의 사례관리 대상자로 등록된 후 인테이크 및 사정과정을 거쳐 호소문제와 드러난 상황이 심각하다는 것을 판정 받아야 한다. 통합서비스의 지원은 통합사례관리사가 소속된 사회복지기관에 접수된 후 대상자로 등록된 이후부터 제공되기 때문이다. 이런 점에서 기관에서 제공하는 서비스 가운데 참여할 수 있는 프로그램을 소개하고 참여를 조언하는 것은 통합사례관리가 아니다.

셋째, 통합사례관리의 핵심목적은 고위험사례대상자의 상황에 적합한 통합서비스를 개발해서 문제를 해결하고 생활의 안정을 찾기 위한 방법을 모색하는 데 있다. 사례의 상황이 심각할수록 해결할 수 있는 전문가의 개입이 필요하기 때문에 고위험사례대상자를 변화시키는 데 있어 지역 중심의 통합서비스 개발에 전력해야 한다. 오랫동안 문제에 노출된 채로 생활해 왔거나 문제가 심각하다면 더더욱 전문가의 개입이 필요하기 때문에 고위험사례대상자의 상황개선 및 해결에 적합한 서비스는 통합사례관리를 통해 제공되는 통합서비스가 유일하다.

이상을 볼 때, 지역의 기관 및 전문가들이 연합해서 제공하는 통합서비스는 지역을 대표한다고 볼 수 있다. 변화 가능성을 예측하고 문제해결에 기여하는 서비스만이 지역의 통합서비스이다. 통합서비스는 지역을 토대로 개발된다는 점에서 고위험사례대상자의 상황 해결을 위한 조치인 것은 분명하다.

<table>
<tr><td colspan="3" rowspan="2">통합사례대상자 상담록</td><td rowspan="2">결
재</td><td>담당</td><td>팀장</td><td></td><td>원장</td></tr>
<tr><td></td><td></td><td></td><td></td></tr>
<tr><td>상담일자</td><td></td><td colspan="2">상담장소 및 시간</td><td colspan="4"></td></tr>
<tr><td>대상자 성명</td><td></td><td colspan="2">상담받은 사람</td><td colspan="4"></td></tr>
<tr><td>사례지원유형</td><td colspan="7">□긴급개입대상자 □위기개입대상자 □일반사례대상자 □보류대상자
□제외대상자</td></tr>
<tr><td>상담요청
안건 및 요약</td><td colspan="7"></td></tr>
<tr><td>주 상담내용</td><td colspan="7"></td></tr>
<tr><td>기타</td><td colspan="7"></td></tr>
<tr><td>지원계획</td><td colspan="7"></td></tr>
<tr><td>회신일자</td><td></td><td colspan="2">회신담당자</td><td colspan="4"></td></tr>
</table>

출처: 이재용. 2016. 〈표26〉 통합사례대상자 상담록. 275에서 재인용.

6) 통합서비스 개발 시 고려사항

첫째, 사실 사회복지기관이 주도적으로 시행하는 통합서비스는 전문화되어 있다고 볼 수 없다. 그 이유는 통합사례관리에서 지원하는 고위험사례대상자의 유형이 다양하고, 결핍된 욕구와 문제 또한 제각각이어서 사례상황에 적합한 통합서비스가 개발되었다고 볼 수 없기 때문이다. 상황변화마다 적합한 통합서비스를 개발해서 적용하기 어렵다는 특징도 있다. 엄밀하게 보면 통합서비스의 개발은 고위험사례대상자의 상황에 적합해야 하기 때문에 수시로 개발되고 지원되는 방식 또한 상황에 따라 달리 적용해야 한다.

고위험사례대상자의 상황에 적합한 통합서비스는 획일적이지 않고 유동적이라는 점에서 지역의 기관이 연합하고 전문가의 개입을 통해 개발된 통합서비스가 지역을 대표한다. 고위험사례대상자의 상황변화를 위해 자원들과 연계해서 개발되는 서비스가 통합서비스라는 것이다.

둘째, 전문성을 담보하기 어려운 또 다른 이유는 사례의 상황이 제각각이고 고위험사례대상자만을 지원할 수 없기 때문이다. 기관 자체적으로 지원하는 서비스는 프로그램의 개설 후 이용자를 모집해서 참여하였을 때 서비스가 제공된다. 프로그램을 중심으로 지원되기 때문에 이용하는 대상이 정해져 있다. 주민들 또한 참여하기 때문에 고위험사례대상자의 상황에 적합하지 않다. 따라서 참여하는 고위험사례대상자가 거의 없다고 할 수 있다. 새로운 고위험사례대상자가 발견되더라도 그만을 위한 통합서비스의 개발이 쉽지 않은 이유 또한 이와 무관하지 않다.

이러한 이유들로 인해 많은 사회복지기관이 통합사례관리를 시행하고 있지만 고위험사례대상자의 문제대응에 제약을 갖고 서비스를 지원하는 상황이다. 인력 부족 등의 어려움이 예이며, 많은 경우 고위험사례대상자를 의뢰받더라도 기관의 프로그램 또는 서비스만을 지원하는 것도 이 같은 요인 때문이다. 고위험사례대상자의 상황이 제각각이고 일률적이지 않다는 점과 지역의 전문가를 연계해서 지원하는 것이 사실상 어렵고, 쉽지 않다는 점 등 때문이다.

셋째, 또 하나 고려해야 할 것은 통합서비스를 제공하면서 고위험사례대상자의 참여의지를 강화하고 해결의지를 지속할 수 있게 격려하면서 해결된다는 확신을 갖게 해야만 성공할 수 있다는 것이다. 이것은 통합사례관리의 성공을 가늠하는 매우 중요한 과업에 해당한다. 통합서비스를 제공하면서 이끌어 가야만 문제들의 해결 가능성이 높아진다는 것과 동일한 의미다. 의지 또한 갖기 때문에 이끌어 나가는 것은 실행의 성공확률을 높인다. 하지만 통합서비스가 고위험사례대상자의 상황을 변화시키는 데 적합해야 한다.

넷째, 통합사례관리의 쟁점은 고위험사례대상자의 문제 및 결핍된 욕구를 해결할 수 있는 지역의 서비스가 부족하고 개발이 이루어지지 않고 있다는 것이다. 통합사례관리의 주체인 고위험사례대상자의 상황개선에 필요한 통합서비스의 개발논의가 없을 뿐더러 사례유형에 적합한 대응체계 구축이 기관을 중심으로 진행되는 등 회의방식이 일반적이라는 점 또한 개선되어야 한다.

위의 쟁점은 일부의 실무담당자로부터 제기되고는 하는데, 고위험사례대상자의 상황에 최적화된 통합서비스가 개발되어야 하지만 마땅히 요청할 기관이 없거나, 전문가 또한 연계하기 어렵다는 점을 제기하는 것이다. 지역의 통합사례분과에 의뢰하여도 기관에서 진행하는 회의방식과 별반 차이가 없다는 현장의 이슈일 것이다. 여기에 더해 사례유형이 다양하고 고위험사례대상자의 상황이 천차만별이어서 담당하는 사례 수가 많을수록 기관의 지원에 국한될 수밖에 없다는 점을 제기하면서 업무가 많아 개별적인 지원은 사실상 불가능하다는 것 등을 호소하고 있다.

좀 더 살펴보면, 통합사례관리사는 고위험사례대상자의 발견 후 문제 및 결핍된 욕구를 규명하기 위해 인테이크를 진행하고, 통합사례관리사 혼자서 인테이크 내용을 토대로 문제를 규명하는 것은 사정의 문제가 제기될 수 있다. 규명된 내용을 토대로 사정보고서를 작성한다. 이후 통합사례회의에 상정하여 결정된 사항을 서비스 지원계획으로 수립하여 가정방문을 하고 여러 서비스를 제공한다. 이 과정에서 일부의 고위험사례대상자는 만남 거부, 서비스 거부, 화냄 등을 표출하기도 한다. 이후 과정 또한 통합사례관리사가 주도해야 한다.

사실 통합사례관리사 혼자서 고위험사례대상자의 상황을 해결하기 위해 서류작성부터 복합적인 문제를 모두 해결하는 것은 불가능하다. 통합서비스를 개발해야 하지만 기관에서 시행하는 서비스를 연계하는 것만도 벅찰 수 있고 또 다른 업무를 처리해야 하기 때문에 자원의 연계를 포기하는 경우도 있다. 통합사례관리의 전반적인 과정을 주도하면서 지역의 전문가와 자원을 섭외하고 통합된 방식의 서비스를 개발하는 등 사례가 심각할수록 역할이 다양하고 많아지기 때문에 일부에 한정된 지원을 할 수밖에 없는 것이다.

그럼에도 많은 사례관리사들이 기관에서 지원할 수 있는 서비스만을 제공하면서 프로그램의 참여를 권유하는 정도에서 지원의 소임을 다했다고 판단하는 경향을 보인다. 의뢰된 대상자가 고위험사례인지, 일반적인 사례인지 등을 확인하기 위해 인테이크를 시행하고, 대상자의 태도와 언어표현, 진술된 문제 등을 파악하기 위해 다양한 질문을 하고 진술된 논의를 정리하여 사정을 동시에 진행하기도 하는데 사례의 상황이 심각하다는 판단의 과정까지는 사례관리자가 주도하여 진행하는 것이 일반적이다. 이후 과정은 기관장에 보고한 후 사례회의 개최를 요청하여 회의 중심으로 진행하고 문제 규명과 지원방향 모색, 서비스 등을 결정한다. 만약 회의사항이 충분하지 않으면 지역보장협의체의 통합사례분과에 의뢰하기도 하는데 서비스가 변경되는 경우는 거의 없는 실정이다.

더욱이 이러한 방식을 통합서비스를 제공하였다고 인식하면서 사례상황에 적합한 서비스를 개발하지 못하였음에도 불구하고 제공을 위한 논의는 기관에 한정된 서비스를 제공하고 있어 통합서비스 개발을 위한 근본적인 대책마련이 필요한 실정이다. 즉, 사례의 상황을 파악했지만 문제해결에 적합한 통합서비스를 개발하지 못하고 있으며 지원의 필요성 또한 인식하지 않는다는 점 등은 개선되어야 한다. 지역을 중심으로 사례관리 네트워크 구축을 위한 논의가 지금보다 더 활발하게 시행되어야 한다. 이러한 요인 등으로 인해 지역의 상황에 적합한 통합서비스의 개발이 시급한 것이다.

다섯째, 역할과중 극복

고위험사례대상자의 욕구 및 문제 규명을 하였다면, 이는 고위험사례대상자로 선정된 것이다. 대개 회의를 통해 통합사정 이후 확정된다. 이제 통합사례관리를 수행하기 위해 지원수준을 정하고 변화를 도모하기 위한 통합서비스의 개발 및 지원방향을 확정하는 통합사례회의가 남아 있다.

하지만 많은 사회복지기관이 통합사정회의와 사례회의를 구분하지 않고 통합해서 진행한다. 그럴 만한 이유는 사례 수가 많고 굳이 통합사정회의와 통합사례회의를 구분할 필요가 없기 때문이다. 또 다른 요인은 다양한 역할을 수행하는 통합사례관리사의 역할과중 때문이다.

통합사례관리사는 통합사례관리 과정을 운영하면서 사례관리 업무 외에 수행할 사업이 많아 업무과중과 역할모호를 고민하고는 한다. 역할모호는 해결이 불투명한 경우 더 자주 겪는 업무혼란 상태를 말한다. 이러한 이유들로 인해 통합사례관리 업무를 담당하는 통합사례관리사는 사례지원에만 집중할 수 없다는 여건을 호소하고는 한다. 역할이 다양하고, 여러 업무를 담당하기 때문에 모두 처리할 수 없다는 것이다.

다양한 업무를 수행하기 때문에 업무가 가중될 수 있어 일부의 지원만을 시행하는 것도 업무과중 때문이라는 것이다. 기관장이 통합사례관리의 중요성을 인식하는가에 따라 더 많은 사례를 지원할 수 있고 인식하지 못하면 단위 업무로 처리하는 경향도 이 같은 요인이 영향을 미쳤다고 할 수 있다.

2 모니터링－통합사례관리 진행확인

1) 모니터링의 시행

통합서비스를 제공하면서 모니터링을 시행하는 이유는 통합서비스 등을 제공하기 위해서가 아니라 참여하는 전문가 및 자원봉사자들과 함께 고위험사례대상자의 변화를 목격하고 통합서비스의 제공이 일관성이 있을 때 성공 가능성이 높아지기 때문이다. 모니터링은 통합사례관리의 성공을 좌우하는 매우 중요한 통합사례관리사의 역량이다.

통합서비스의 제공에 따른 고위험사례대상자의 변화상황을 모니터링하면서 시기적절하게 제공하는 것이 핵심이다. 이유는 간단하다. 매 회기마다 지원되는 통합서비스는 고위험사례대상자의 변화를 의도하고 촉구하는 목적에서 지원되어야만 상황개선이 적절한지 등을 파악할 수 있기 때문이다. 또한 통합사례관리사의 의도대로 진행되고 있는지를 확인할 수 있어야만 추가적인 지원사항이 발견되더라도 바로 개입할 수 있기 때문이다.

참여한 외부자원들은 소속된 기관에서 고유 업무를 수행하기 때문에 시간절약을 위해서도 상황개선은 조기에, 신속하게, 한 번의 개입이 있을 때마다 즉시 성과로 나타나야 한다. 시기적절한 개입은 일정을 조정하는 등 중재 정도에 따라 성과로 이어져야 한다.

2) 모니터링의 중요성

미미한 변화라도 민감하게 반응하지 않으면 고위험사례대상자의 심리상태를 파악하지 못해 지원시기를 놓치는 문제가 발생한다. 그렇다면 다음 회기 진행에 차질이 발생하는 것은 물론 뛰어난 전문가가 개입하여도 시기를 놓치는 문제가 발생한다. 이를 예방하기 위해 통합서비스를 제공하면서 통합사례관리사의 중재와 조언이 수시로 제공되어야 하는 것이다. 또한 주의 깊은 관찰이 필요한 것이다.

3) 통합서비스의 제공과정에서 통합사례관리사의 판단능력

지역기관과 전문가 및 자원들의 참여를 중재하면서 고위험사례대상자의 변화를 주도하고 촉진하는 데 있다. 고위험사례대상자는 통합서비스를 제공받으면서 표정과 태도, 언어로, 때로 행동으로 자신의 상황을 알린다. 심경의 변화를 직·간접적으로 표현하기 때문에 세심하게 관찰해야 할 이유가 심경변화를 알아채야만 통합사례관리의 운영과정이 수월해지고 통합서비스의 적시성을 높일 수 있기 때문이다. 심경의 변화를 인지해야만 고위험사례대상자를 깊이 이해하게 되어 필요한 시기에 적절하게 지원을 할 수 있기 때문이다.

심리적인 변화를 일으킬 만한 상황인지를 확인하면서 통합서비스를 지원하는 것이 지원의 효과를 높인다는 점에서 시기 파악은 중요하다. 하지만 변화상황마다 심리상태를 확인하고, 그의 변화를 예리하게 관찰하면서 지원시기와 변화를 촉구할 수 있는 판단능력이 있어야 한다. 고위험사례대상자는 외부전문가들과 일반 자원봉사자들의 참여를 받아들일 정도로 안정을 찾았는가? 또는 불편해 하는가? 등 적절한 때에 개입할 수 있는 시기성과 적시성을 판단할 수 있어야 한다. 따라서 반드시 갖춰야 할 핵심능력이다.

하지만 이러한 역량은 오랫동안 고위험사례대상자를 지원하면서 체득되는 임상능력이다. 위의 능력을 갖추기 위해 최선을 다해야 만 통합사례관의 원활한 운영과 고위험사례대상자에게 적합한 통합서비스를 지원할 수 있기 때문이다.

4) 모니터링 시행원칙

모니터링은 다음의 원칙에 의해 시행되어야 한다. 첫째, 통합서비스를 효과적으로 관리하기 위해서다. 둘째, 고위험사례대상자의 변화를 확인하기 위해서다. 셋째, 주변 인물들의 지지와 격려가 지속적인지를 확인하기 위해서다.

<table>
<tr><th colspan="6">통합서비스 진행기록지</th></tr>
<tr><td>대상자명</td><td colspan="2"></td><td>지원기간</td><td colspan="2"></td></tr>
<tr><td>사례대상자 지원유형</td><td colspan="5">□긴급개입사례대상자 □위기개입사례대상자 □일반사례대상자 □보류대상자 □제외대상자</td></tr>
<tr><td>주지원기관</td><td colspan="2"></td><td>주무담당자</td><td colspan="2"></td></tr>
<tr><td>지원일자</td><td>내 용</td><td>활동장소</td><td>추가지원사항</td><td>지원담당자</td><td>대상자확인</td></tr>
<tr><td></td><td></td><td></td><td></td><td></td><td></td></tr>
<tr><td></td><td></td><td></td><td></td><td></td><td></td></tr>
<tr><td></td><td></td><td></td><td></td><td></td><td></td></tr>
<tr><td></td><td></td><td></td><td></td><td></td><td></td></tr>
<tr><td></td><td></td><td></td><td></td><td></td><td></td></tr>
<tr><td></td><td></td><td></td><td></td><td></td><td></td></tr>
<tr><td></td><td></td><td></td><td></td><td></td><td></td></tr>
<tr><td>총평</td><td colspan="5"></td></tr>
</table>

출처: 이재용. 2016. 〈표31〉 통합서비스 진행평가. 293에서 재인용.

5) 통합서비스 지원과정과 통합사례관리사의 모니터링 수행

(1) 지원하는 통합서비스 설명

이제 본격적으로 통합서비스 지원과정과 통합사례관리사의 역할에 대해 살펴보고자 한다. 고위험사례대상자에게 통합서비스를 적용하고 지원하는 실행은 통합사례관리사의 역량이 최대로 발휘되고, 역량발휘에 따라 성공적인 실행의 목적은 달성된다.

사실 통합사례관리는 대인관계 정도에 따라 성과가 달라지는 변수가 많은 전문분야이다. 사람을 중심으로 시행되는 특별한 서비스이기 때문에 고위험사례대상자의 심경의 변화를 살피면서 지원해야만 지원의 목적을 달성할 수 있다. 문제상황 등을 대처하면서 지원해야만 의도한 목적대로 이끌어 갈 수 있다. 이러한 특징으로 인해 통합사례관리를 사회복지기관의 대표적인 서비스라고 하는 것이다.

통합서비스가 필요한 고위험사례대상자에게 통합서비스를 제공하기 위해 통합서비스 제공에 참여한 전문가와 자원봉사자 등의 활동을 이해시켜야 하고 이해된 사항을 실천하기 위해 그들을 규합해야 한다. 여기에서 지원의 가치이슈를 설득해서 도움이 필요한 고위험사례대상자의 상황에 맞는 최적의 통합서비스가 제공되어야 하는 지극히 상호적이고 관계 중심의 전문사회복지실천방법이 통합서비스 실행관리이다.

(2) 참여자원 협의

참여한 자원들과의 정기적인 미팅은 고위험사례대상자의 변화상황을 점검하는 데 효과적이다. 변화를 촉구하고 더 나은 통합서비스를 지원하기 위해 어떠한 방식으로 개입할 것인지를 모색하게도 한다. 이는 고위험사례대상자의 상황변화 촉구 방법이다.

참여자원들과의 협의는 서비스 지원 초기부터 통합사례관리를 진행하는 내내 시행되어야 할 가장 중요한 활동이다. 고위험사례대상자의 변화를 위한 방법을 모색하는데 있으며 필요한 지원을 수립하기 위해 회의방식으로 시행되는 것이 일반적이다.

지원사항을 점검하고 확인하는 것은 자원들과의 공조체계를 견고하게 구축하기 위해서다. 견고한 공조체계는 통합서비스와 지원방법을 질적으로 높이는 데 기여할 뿐 아니라, 고위험사례대상자의 변화를 촉구하게 한다. 따라서 통합사례관리 및 통합서비스를 지원할 때에는 반드시 협의체계를 구축한 후 진행해야 한다.

(3) 고위험사례대상자의 변화확인 후 진행

고위험사례대상자의 변화확인은 통합사례관리의 최종의 성과이고 목적이기 때문에 변화를 확인하는 것은 통합사례관리사의 핵심역할이다. 변화상황 파악은 주의 깊은 관찰을 통해 확인이 가능하다. 추가적인 문제가 발견되더라도 대안을 마련하게 한다. 다만 기관의 인적·물적 자원 외에 시설물과 최적의 장소, 충분한 재정 지원, 지원 시기 등이 고려되어야 한다.

(4) 통합서비스를 제공하는 최적의 시기

고위험사례대상자가 참여하는 활동에 전문가를 비롯해서 지원인력 등을 거부하지 않고 통합서비스를 제공받겠다는 동의를 표명한 후 안정된 심리상태를 갖는 시기를 파악해서 통합서비스를 지원한다. 통합서비스를 제공받는 데 있어 최적의 환경을 조성하고 적합한 인력을 투입하는 것이 핵심이다. 이것은 매우 중요한 통합사례관리사의 통합사례관리 운영 능력과 관련된 역량이다. 이 시점을 파악하지 못하면 최적의 서비스를 제공하여도 개선 및 변화될 시기를 놓쳤기 때문에 더 많은 노력을 기울여야 한다.

(5) 통합서비스의 지원

통합사례관리사를 비롯해서 전문가 및 자원들이 연합하고, 고위험사례대상자의 상황개선과 변화촉구를 위한 사전협의가 충분하고, 심리상태에 따라 적합한 통합서비스를 제공하면 성공적으로 통합사례관리가 운영되고 있는 것이다. 여기에서 의미하는 성공적인 지원은 변화를 의도하기 위한 최적의 시점에 지원하는 것을 말한다. 따라서 통합사례관리사는 심각한 상황을 변화하기 위한 변화시점을 판단할 수 있어야 한다.

정기적인 모니터링은 고위험사례대상자의 변화 상태를 확인하는 데 효과적이다. 변화 상태를 확인하는 데 결정적인 단서 또한 발견하게 한다. 관계된 사람들의 협조를 구하고 섭외된 자원들의 협조받기와 같이 지원체계를 구축하는 데에도 효과적이다. 따라서 자원들이 참여하는 프로그램을 진행하는 경우에는 협의체계가 더욱 견고해야 한다. 이러한 준비는 통합서비스의 지원의 효과를 높이고 변화를 촉구하게 한다.

여기에서 중요한 것은 고위험사례대상자의 상황을 이해할 수 있도록 무엇을 설득할 것인지를 사전에 협의하는 것이다. 수행사항에 대한 이해를 높이기 위해 참여한 자원들에게 정보를 전달하는 것 또한 중요하다. 고위험사례대상자의 이해를 높이기 위한 설명은 통합서비스를 지원 중에 지원받을 사항이 이해될 수 있도록 설명하고, 가정을 방문하여 설명하거나 또는 별도의 공간에서 통합서비스를 제공하는 중에도 정보는 계속 제공되어야 하는 것을 말한다.

(6) 지역자원의 연계와 관리

통합서비스 제공에 참여하는 자원은 전문자원과 일반자원으로 분류된다. 각각의 문제해결 시기에 따라 이제 통합서비스의 지원을 위해 연계해야 할 자원을 서비스 계획과정에 반영하고 어떠한 자원이 서비스 제공에 적합한지를 판단한다.

통합사례관리사가 인적·물적 자원을 연계하는 시기는 통합사례회의 후 결정사항에 따라 문제들의 개선에 필요한 통합서비스를 계획하는 단계부터 연계한다. 즉, 고위험사례대상자의 문제를 토대로 상황개선에 필요한 자원을 확인하고 통합서비스를 제공할 수 있는 최적의 인물을 연계하기 위해 섭외준비에 전력해야 한다는 것이다.

자원의 연계는 고위험사례대상자의 문제상황을 이해하고 서비스 지원 또한 출중한 자원을 선별하는 것이 중요하다. 때문에 심각한 문제를 지원해 본 경험이 많은 자원이 적합하다. 사회복지서비스에 대한 이해가 높아야 하는 것은 물론 통합사례관리사의 요구에 적극적으로 협조할 수 있는 인물이어야 한다. 전문가는 사례의 상황을 개선하기 위해 직접 개입하면서 고위험사례대상자의 변화를 주도할 수 있는 인물이 적합하다.

일반자원봉사자는 고위험사례대상자의 일상을 살피면서 생활에 필요한 일들을 돕고, 돌봄 역할을 수행하면서 외출 동행과 편의시설 이용 등을 돕는다. 이러한 역할이 단순하게 보이지만 고위험사례대상자의 입장에서는 자조생활의 모델이 된다는 점에서 자립생활의 준비라 할 수 있다. 통합사례관리사는 고위험사례대상자의 상황을 개선하기 위해 일반자원들과 상시적으로 공조하면서 변화를 모니터링해야 한다. 자원의 활동을 통해 고위험사례대상자는 상황의 변화뿐만 아니라 문제해결 시기를 앞당길 수 있기 때문이다.

하지만 통합사례관리사의 업무는 관리자의 승인을 받은 후 처리되어야 한다. 때문에 기관의 공식 업무로서 전문가의 참여가 필요하면 타 기관의 직원들과 연합관계를 형성한 후 추진해야 한다. 의견을 교환하면서 합의하기 위해 회의에 참여하고, 정보교환을 위해 유선 또는 전자우편을 주고받는 등 고위험사례대상자의 상황개선을 위해 다양한 정보를 공유하면서 진행해야 한다.

지역의 전문가와의 교류는 통합서비스를 지원하는 초기부터 서비스 종결시점까지 활발하게 이루어져야 한다. 통합서비스의 지원과정에서 예기치 못한 상황이 발생하거나, 또는 지원을 종료하는 과정에서 정보교환이 많고, 활발할수록 고위험사례대상자의 문제해결에 기여하기 때문이다.

(7) 전문가 집단 조직화 및 관리

통합서비스를 제공하기 위해 전문가 등을 조직화한 후 최적의 시기에 지원하고 효과를 극대화하기 위한 사전준비가 철저해야 한다. 시기에 따라 통합서비스를 제공하는 것이 중요한 것이 아니라 서비스를 제공할 수 있는 자원을 연계하고, 자원이 보유한 지식과 기술 등이 최대한 고위험사례대상자의 상황해결에 집중하게 하면서, 그들의 역량이 발휘되도록 중재하는 것이 더 중요한 것이다. 통합사례관리사의 지원의도가 충분하게 전달되어야만 이러한 의도는 달성된다.

자원들이 고위험사례대상자의 문제해결에 집중하도록 주도하는 것은 오직 통합사례관리사의 역량 발휘에 의한다. 문제가 감소하고 상황을 개선하기 위한 준비는 통합서비스를 제공할 수 있는 전문가 등의 참여에 의한다. 전문가의 참여를 확대 강화하기 위해 연계체계를 마련하고 네트워크 구축이 관건이다. 고위험사례대상자의 상황을 개선하고 적합한 통합서비스를 제공할 수 있는 자원들의 개입이 원만하게 이루어져야 한다는 것이다. 통합서비스의 개발과 지원에 참여한 전문가들을 조직화하고 규명된 문제들의 해결을 목표로 규합되어야 한다.

(8) 기관의 동료와 재정관리

통합사례관리는 기관의 재정이 투입되는 사업이다. 부서 담당자의 이해가 부족하면 협조에 미온적일 수 있어 지원의 필요성이 이해될 수 있도록 설득해야 한다. 서비스를 제공하는 과정에서 고위험사례대상자가 의지를 갖고 참여하는 것도 설득되었을 때 나타나는 반응이다. 이끌어 가기 위해서는 더 나은 서비스를 지원하기 위해 누가 지원하면서 협조하고 필요한 것들이 무엇인지를 정확하게 설명해야 한다. 도움이 필요한 사항과 지원시기 등을 설명하고 협조를 요청한다. 여기에서 중요한 것이 자원들과 동료들을 조직화[1]하는 것이다. 조직화는 통합사례관리를 종결하기까지 지속적으로 수행되어야 한다. 기관의 전폭적인 지원을 받기 위해서도 통합사례관리를 진행하는 내내 관리되어야 한다. 관리는 통합사례관리사의 중재활동에 의해 체계화된다.

(9) 통합서비스 지원과정 관리

① 통합서비스 제공 초기

문제해결 의지를 갖는 매우 중요한 시기다. 하지만 통합서비스를 제공받지 않았고 실제 개입이 이루어진 것이 아니기 때문에 불안정한 심리상태를 보이기도 한다. 통합서비스를 제공받겠다는 결심을 하였지만 변화를 확신하기 어렵고 심리적으로 불안하기 때문이다. 사람들과 잘 지낼 수 있을지를 걱정하고 문제들이 해결될 것인지를 염려하는 것도 낯선 사람, 적응되지 않은 환경 때문이다.

1) 여기에서 의미하는 자원들은 통합사례관리사가 통합사례관리를 수행하면서 부서 및 동료 등의 협조가 필요하고 지역의 기관에 소속된 통합사례관리사의 자문을 받으면서, 가장 효율적인 대안을 찾아야 하기 때문이다. 하지만 이러한 노력을 수행하여도 실제 도움을 제공하여도 대상자의 막연한 상황은 해결할 수 없는 경우가 있어 관련분야의 전문가가 참여해야 할 필요 등을 경험할 수 있다. 그래서 해당 분야에서 오랫동안 활동해 온 전문가의 참여가 필요한 것이다.

불안함은 서비스를 제공받는 중에도 계속될 수 있다. 통합서비스를 제공받아야 하는지 등을 주저하면 참여를 고민하고 있는 것이다. 잘 참여할 수 있을지를 걱정하면서 선택과 결정을 후회하기도 한다. 이때 부담이 가중되고 스트레스가 많으면 사소한 일조차 예민하게 반응하면서 불안감은 증가한다. 통합사례관리사가 고위험사례대상자의 불안정한 심리상태를 개입하지 않으면 주저하면서 참여를 포기하기도 한다.

통합사례관리사가 고위험사례대상자의 감정상태를 이해하는 데 최선을 다하면, 절제할 것과 실천할 것을 설득할 수 있는 기회를 놓치지 않게 된다. 통합서비스를 제공하는 전문가들과 대안을 모색하고, 모색된 대안을 설득하기 위해 고위험사례대상자에게 방문, 유선 연락을 하는 등 지속적으로 관심을 보이는 것이 방법이다. 심리상태와 행동의 변화에 주의하고 부담스러워하지 않도록 설득하는 것이 고위험사례대상자의 불안감을 줄이는 통합사례관리사의 중재기술이다.

고위험사례대상자는 통합서비스가 적절하고 필요하다는 확신을 가질 때 심신이 안정된다. 통합서비스를 수용할지를 판단하는 고비이므로 신중하게 개입해야 한다.

② 자원의 개입관리

이제 개발된 통합서비스를 고위험사례대상자에게 적용하는 것이 남아 있다. 전문가 및 일반자원의 개입시기와 통합서비스를 지원하기 위한 지원시기를 검토한다. 그래야만 문제들의 해결 기회를 의도할 수 있기 때문이다. 문제들은 오랫동안 내재된 것일 수 있어 하나의 서비스는 문제해결을 위한 대안이어야 한다.

하지만 문제해결을 위해 고위험사례대상자를 주도적으로 이끌어 갈 수 있는 숙련된 자원을 연계하는 것이 핵심이다. 자원의 개입 전 고위험사례대상자의 상황을 충분하게 설명하고 왜 통합서비스가 필요한지를 설득한다. 그래야만 처신에 주의하면서 최선을 다해 활동하기 때문이다. 이러한 이해가 있으면 통합사례관리사의 주도적인 역할에 따라 참여방식과 활동의 질이 달라지기 때문이다.

자원들이 고위험사례대상자를 지원하는 과정에서 참여와 수행활동에만 관심을 두면 고위험사례대상자의 상태는 변화되지 않는다. 반면 고위험사례대상자의 변화의도를 명확하게 인지하고 변화를 위한 목적 있는 조언을 하면서 독려하는 등 의지가 있으면 사려 깊게 행동한다. 이 같은 역할 수행은 통합사례관리사가 통합사례관리 과정을 어떻게 관리하느냐에 따라 달라진다.

통합서비스 관리의 필요성

> 문제들이 분명할수록 통합서비스를 지원할 수 있는 최적의 전문가들이 참여해야 한다. 어떤 문제를 먼저 해결할 것인가? 어느 시기에 서비스를 제공해야 하는가? 각각의 문제들을 해결할 수 있는 최적의 전문가는 누구인가? 문제를 해결하는 데 있어 최적의 서비스는 무엇인가? 상황을 개선하고 변화를 일으킬 수 있는 최적의 시기는 언제인가? 어떤 자원이 문제해결에 적합한가? 등은 통합사례관리를 성공적으로 수행하기 위해 통합사례관리사가 고민해야 할 과업이다. 이를 고려해서 통합사례관리운영에 적용하면 통합서비스의 관리효율성을 높이게 되어 의도한 변화를 조기에 달성할 수 있다. 또한 그의 상황을 개선하기 위한 적합한 지원계획을 수립하게 된다.

③ 변화상황 파악

고위험사례대상자가 통합사례 관리에 참여하면 통합서비스에 대한 신뢰를 갖게 하는 것이 통합사례관리사의 먼저 할 역할이다. 기대에 걸맞은 역할수행은 이 시기에 가장 중요한 통합사례관리사의 과업이다. 통합사정회의에서 도출된 문제들을 점검하고 고위험사례대상자의 이해를 높이기 위한 방법을 모색하는 것도 방법이다. 지원과정마다 상황변화를 확인하고 제공된 통합서비스가 계획대로 진행되고 있는지, 투입된 서비스의 효과, 고위험사례대상자의 상황변화 등 통합서비스의 효과성과 효율성을 점검하는 것도 지원의 효과를 높이는 방법이다.

통합사례관리사는 수립된 계획이 고위험사례대상자의 기대에 부응하고 있는지를 수시로 파악해야 한다. 고위험사례대상자가 참여하겠다는 의지를 표명하면 해결의지를 가진 것이므로 태도에 신중하고, 지원사항이 기여되고 있는지를 확인한다. 통합서비스를 받아들이고 있는가? 또는 고민하고 있는가? 고민하고 있다면 새로운 문제에 직면해 있는 것이다. 아니라면 통합서비스가 마음에 들지 않거나, 해결되지 않은 문제가 있는 것이다. 따라서 진행사항만을 소개하면서 참여를 강요하면 참여해야 한다는 의무감만 갖게 되어 필요하지 않는 지원에 시간과 에너지를 낭비하게 된다.

분명한 것은 고위험사례대상자는 오랫동안 문제에 노출된 채로 생활해 왔다는 것이다. 이를 감안하면 문제의식을 갖고 고위험사례대상자의 상황개선을 위한 통합서비스의 지원에 전력해야 한다.

④ 상황개선을 위한 통합사례관리사의 개입

고위험사례대상자의 상황을 고려해서 개입하는 등 시기적절해야 한다. 고위험사례대상자가 가정생활과 사회생활을 수행하기 위해 습득해야 할 것들이 기대와 일치해야만 문제개선에 효과적이다. 즉, 고위험사례대상자의 상황을 토대로 변화촉구를 위한 최적의 방법을 찾고, 시기 또한 적절해야 하며, 통합서비스를 지원할 수 있는 전문가 및 지역의 인적·물적 자원을 개발해야 하는데 상황을 판단할 수 있는 역량이 통합사례관리사에게 충분해야 한다. 자원은 통합사례관리의 성공과 실패를 좌우하기 때문에 고위험사례대상자의 상황이해가 높아야 하는 것은 물론 심각한 상황을 개선할 수 있는 역량 또한 출중해야 한다.

하지만 통합사례관리를 전반적으로 운영해 나가야 하는 통합사례관리사의 출중한 역량이 있어야만 가능하다. 통합사례관리사는 고위험사례대상자를 보호하면서 현재의 상황을 개선할 수 있을 정도로 임상경험이 풍부하고 지식과 기술 또한 갖추고 있어야 한다.

6) 성공적인 모니터링 시행결과

모니터링을 성공하기 위해서는 고위험사례대상자와 통합서비스를 제공하는 전문가, 기관의 시설물과 기자재를 지원할 수 있는 동료들과 함께 시행하고, 적절한 시기에 협조될 수 있도록 중간평가 및 시행사항을 평가하는 회의체계가 구축되어야 한다.

모니터링은 고위험사례대상자의 변화정도를 가늠하는 매우 중요한 활동이다. 통합서비스의 점검뿐만 아니라 고위험사례대상자의 심경변화에 의한 태도 등의 변화가 통합서비스를 제공받는 중에 언제든 나타날 수 있기 때문이다. 이를 놓치지 않으려면 모니터링이 철저해야 한다. 종결 후 사후관리 과정에서 자조생활을 하겠다는 결심은 다양한 시기에 여러 가지 방식으로 나타난다. 통합사례관리를 성공적으로 시행하고 이를 확인하기 위해 모니터링을 시행하는 것이다.

모니터링을 성공적으로 수행하기 위해서는 고위험사례대상자의 변화를 주도하면서 그의 변화를 촉진하기 위해 통합사례관리사의 예리한 관찰능력이 필요하다. 자력으로 해결하지 못하는 상황에 놓여 있는 등 통합사례관리사의 지식과 기술을 최대한 발휘하여 적합한 해결방법을 찾고 최적의 대안을 모색하기 위해서다. 고위험사례대상자가 도움을 받을 만한 자원이 없어 문제를 방치하고 있으면 모니터링은 더욱 활발하게 시행되어야 한다.

모니터링을 통해 통합사례관리사는 고위험사례대상자의 문제가 기관의 지원만으로는 해결될 수 없다고 판단할 수 있다. 지역의 전문가 및 사회복지기관과 공조해서 지원방안을 모색할 필요를 인식하기도 한다. 따라서 해결방법을 찾아야 하면 모니터링 방법을 다양화해야 한다. 빈둥거리면서 아무것도 하지 않으려 하고, 과도한 음주로 매일을 보내고 있으면 또는 가족들을 돌보지 않으면서 마음 내키는 대로 생활하고 놀기를 좋아하는 등의 생활이면 심각성을 인지할 수 있도록 설득하면서 가족들, 주변에 영향력을 미칠 수 있는 인물을 찾아 도움을 요청해야 한다.

대개 이런 식으로 장기간 생활하면 하나의 문제에만 노출되어 있지 않다. 가족관계가 소원하고, 애착 없이 지내고, 자녀를 방치하는 등 다른 문제에 노출되어 있는 경우가 대부분이다.

따라서 해결에 필요한 다양한 방법을 모색해야 한다. 기관의 지원만으로는 불가능한 경우도 있기 때문에 지역의 전문가에게 자문을 받는 것도 방법이다. 이를 확인하는 방법은 모니터링 외에는 없다.

<table>
<tr><td colspan="2" rowspan="2">통합사례대상자 관찰기록지</td><td rowspan="2">결재</td><td>담당</td><td>팀장</td><td></td><td>원장</td></tr>
<tr><td></td><td></td><td></td><td></td></tr>
<tr><td>성명</td><td></td><td>관찰자</td><td colspan="4"></td></tr>
<tr><td>관찰장소</td><td></td><td>동의여부</td><td colspan="4">동의/미동의</td></tr>
<tr><td>관찰사유</td><td colspan="6"></td></tr>
<tr><td>관찰내용</td><td colspan="6"></td></tr>
<tr><td>관찰결과</td><td colspan="6"></td></tr>
<tr><td>조치계획</td><td colspan="6"></td></tr>
<tr><td>협조 요청사항</td><td colspan="6"></td></tr>
<tr><td>비고</td><td colspan="6"></td></tr>
</table>

출처: 이재용. 2016. 〈표29〉 통합사례대상자 관찰기록지. 284에서 재인용.

3 성과점검 및 평가–성과평가

평가 절차

단계	진행내용	확인사항
단계 1	면담일자 확정	참여의사 확인 및 사례대상자와의 상담을 통해 확정
단계 2	사전준비 점검	양식 및 장소점검, 사례대상자 동의여부 확인
단계 3	사례대상자 면담	만족도(지원받은 서비스, 참여자원, 지원내용, 목표달성 정도 등), 욕구해결 정도, 변화 정도 외
단계 4	만족도 평가	만족도 조사, 물리적 환경, 자원개발, 서비스 내용과 질, 효과성, 요구에 대한 지원, 자원의 대응과 연계의 적시성, 계획의 실용성, 의사소통 정도 외
단계 5	재사정 회의	욕구충족 및 미충족 욕구파악, 재사정 시 기대하는 성과, 참여자원, 사례대상자 의지 외
단계 6	보고서 자성	서비스 계획, 목표, 프로그램 내용, 실행방법, 사례대상자 만족도, 변화 정도, 자원투입의 적절성 외
단계 7	기관 방침 반영	기관장 방침 반영
단계 8	통보	유선 또는 구두 연락을 통해 면접일자 확정, 평가에 대한 사례대상자 동의 여부

출처: 이재용. 2016. 〈표30〉 평가절차. 289에서 재인용.

1) 통합서비스 평가

이제 고위험사례대상자의 문제해결 정도와 욕구충족 여부를 확인하는 평가가 남아 있다. 평가는 성과를 점검하고 확인하는 과정이다. 통합사례관리에서 시행하는 평가는 제공된 통합서비스에 대한 지원성과를 확인하기 위해 시행되고, 수행된 사항의 비용 효과면에서 평가하고, 투입된 모든 사항의 결과로서 어떠한 성과가 도출되었는지를 확인하기 위해 시행된다.

2) 평가시행

평가는 사정에 근거하고 지원된 통합서비스가 계획대로 진행되었는지에 의해 시행된다. 계획서에 제시된 통합서비스가 모두 지원되었는지, 의도한 대로 변화되었는지 등을 확인하기 위해 시행된다. 통합사정내용을 근거로 규명된 문제의 해결 정도를 확인하기 위해 시행된다.

첫째, 전문가의 참여는 고위험사례대상자의 변화에 기여하였는가? 고위험사례대상자와의 라포 형성은 적절하였고 문제해결에 기여하였는가? 전문가는 전문성을 충분하게 발휘하였는가? 고위험사례대상자는 통합서비스를 제공받으면서 자신의 문제를 인식하고 해결을 위해 충분하게 노력하였는가? 아니라면 이유는 무엇인가? 등이다.

둘째, 통합서비스의 제공과정과 지원사항 및 기자재 등 투입된 자원을 확인하고 지원의 전반적인 사항을 평가한다.

셋째, 제공되었던 통합서비스를 토대로 기여된 점과 미흡한 사항 외에 전문가의 기여, 자원봉사자의 활동 등도 평가사항이다.

위의 사항은 통합사례관리사가 심사숙고해야 한다. 왜냐하면 통합사례관리사가 주도해서 고위험사례대상자의 문제해결을 위해 전문가를 섭외하였고 그들의 개입을 의도하였기 때문이다.

3) 평가 시 고려사항

통합사례관리사는 평가를 주도하면서 다음의 사항을 고려해야 한다. 정확한 평가는 정확한 성과도출을 위해 중요하다. 하지만 정확한 평가는 서비스 계획에 참여한 전문가와 기관의 직원 등이 평가회의에 참여해야만 확인할 수 있다. 초기사정을 근거로 통합서비스의 지원계획과 진행과정을 점검하고 서비스의 제공과정에서 드러난 문제와 고위험사례대상자의 반응을 평가한다. 서비스 제공에 참여한 전문가를 비롯하여 자원봉사자들의 활동과 개선사항 외에 추가적으로 지원할 사항 또한 평가되어야 한다.

이런 식의 평가진행은 통합사례관리사가 소속된 기관이 통합사례관리 전문기관임을 증명하고 고위험사례대상자의 문제해결에 기여하였음을 확인하게 한다.

<table>
<tr><td rowspan="2" colspan="3">통합서비스 지원평가서</td><td rowspan="2">결
재</td><td>담당</td><td>팀장</td><td>실장</td><td>원장</td></tr>
<tr><td></td><td></td><td></td><td></td></tr>
<tr><td>성 명</td><td></td><td>나 이</td><td colspan="2">세</td><td>성 별</td><td colspan="2"></td></tr>
<tr><td>대상자 주소</td><td colspan="3"></td><td>연 락 처</td><td colspan="3">집:
핸드폰:</td></tr>
<tr><td>지 원 기 관</td><td></td><td>지 원
담 당 자</td><td colspan="2"></td><td>평 가 일 자</td><td colspan="2"></td></tr>
<tr><td>지 원 기 간</td><td colspan="7">. . . ~ . . .</td></tr>
</table>

<table>
<tr><td>구분</td><td colspan="4">지원결과</td></tr>
<tr><td>사례대상자 유형</td><td colspan="4">□긴급개입사례대상자 □위기개입사례대상자 □일반사례대상자 □보류대상자
□제외대상자</td></tr>
<tr><td>대상자 현 상태</td><td colspan="4"></td></tr>
<tr><td>보호자 현 상태</td><td colspan="4"></td></tr>
<tr><td>통합사례회의
결과지원사항</td><td colspan="4"></td></tr>
<tr><td>장애물 제거여부</td><td colspan="4"></td></tr>
<tr><td rowspan="5">지원계획</td><td>지원
유형</td><td>지원내용</td><td>합의목표</td><td>지원결과</td></tr>
<tr><td>긴급</td><td></td><td></td><td></td></tr>
<tr><td>위기</td><td></td><td></td><td></td></tr>
<tr><td></td><td></td><td></td><td></td></tr>
<tr><td></td><td></td><td></td><td></td></tr>
<tr><td>대상자 만족도
및 변화정도</td><td colspan="4"></td></tr>
<tr><td>자원 및 타 기관
참여결과</td><td colspan="4"></td></tr>
<tr><td>통합사례위원
소견</td><td colspan="4"></td></tr>
<tr><td>총평</td><td colspan="4"></td></tr>
</table>

출처: 이재용. 2016. 〈표32〉 통합서비스 지원평가. 296-297에서 재인용.

4 종결－자조생활과 독립준비

통합사례관리 종결과 사후관리 진행

경로	파악내용	사례관리자의 역할
종결사유 확인	• 개인적 종결 요인 • 보호자에 의한 요인 • 주변 환경 요인 • 법인 및 기관에 의한 요인 외	• 사례대상자의 대처역량 파악 • 분리불안 최소화
⇩		
종결 진행	• 종결 상담 진행 • 종결신청서 접수 • 종결사유서 작성 및 보호자, 본인 서명 • 사후조치 계획 수립 • 종결대장 기재 및 기안보고 외	• 자조적인 생활 여부 확인 • 기관이용에 대한 소개
⇩		
사후관리	• 최초 1달은 주 1회 생활 변화 확인(유선 또는 방문) • 2달부터는 2주에 한번 연락하여 생활상 확인 • 세 달부터는 자조적인 생활에 따른 지원 외	• 생활 상담을 통한 어려움과 문제 등 파악 • 의지 및 동기부여 • 조언 수준의 정보제공

출처: 이재용. 2016. 〈표34〉 통합사례관리 종결과 사후관리 진행. 303에서 재인용.

1) 종결의 가치와 의미

종결은 통합사례관리사의 사후관리 지원에 관한 새로운 계획을 수립하여 고위험사례대상자의 자조생활 준비를 의미한다. 종결은 통합사례관리를 운영하는 과정에서 제공받은 통합서비스를 통해 고위험사례대상자가 문제를 해결 받고 안정적으로 생활하는 복지지원이다. 그래서 종결은 자조적으로 생활할 수 있는 확신이 있을 때 시행되어야 한다.

사실 통합사례관리는 종결 이후 사후관리를 목적으로 진행되는 전문적인 원조활동이다. 즉, 고위험사례대상자의 자조생활을 목적으로 지원하는 서비스가 통합사례관리라는 것이다. 고위험사례대상자의 자립을 목적으로 자조생활 계획을 수립하고 지원방법을 모색하는 자조생활서비스라는 것이다. 따라서 자조생활 계획은 종결단계부터 수립하는 것이 독립생활을 자조적으로 준비하는 데 효과적이다.

2) 종결요인

종결의 요인은 다양하다. 고위험사례대상자의 서비스 거부, 이사, 시설입소, 사망, 타 지역 이주 등과 같이 개인적인 사유에 의해 종결되고, 통합사례관리사의 사직 또는 이직, 예산 삭감 외에 사회복지기관의 위탁기간 만료에 따른 기관의 재위탁 실패, 운영주체의 변경, 합의된 통합서비스가 모두 제공되었을 때, 고위험사례대상자의 목표달성 등에 의해 종결된다.

3) 종결 예외사항

종결은 통합사례관리의 핵심과정으로 고위험사례대상자의 변화를 확인하고 자조적으로 생활하기 위한 준비라 할 수 있다. 하지만 고위험사례대상자의 문제가 해결되지 않는 등 계속 지원의 필요성이 있다고 판단되면 바로 종결해서는 안 된다. 고위험사례대상자의 일탈 정도가 긴급한 개입이 필요하고 위기상황이면 계속 지원여부를 검토해야 한다. 또한 새로운 문제에 직면해 있거나, 다른 문제가 발생되었다면 재지원계획을 수립해야 한다. 고위험사례대상자의 변화가 확인되지 않았고 문제 등이 개선되지 않았다면 이는 통합서비스를 잘못 지원한 것이다.

4) 종결준비 실패로 인한 결과

(1) 문제노출

종결을 시행하는 것은 통합사례관리사의 여러 준비가 필요하다. 자조생활에 대한 자신감 회복, 문제를 극복할 수 있는 확신, 해내었다는 의지를 갖고 혼자의 힘으로 생활할 수 있어야 한다. 이러한 확신 없이 종결을 진행하면 그동안 지원하였던 모든 통합사례관리 서비스가 실패하는 것은 물론 자조생활의 준비부족으로 인해 또다시 문제에 노출되고 또는 문제에 노출된 채로 생활하기 때문이다.

(2) 무기력

왜일까? 통합사례관리서비스는 고위험사례대상자가 결핍된 채로 생활하였던 이유가 있다. 어느 시기에 겪은 사건이 요인이 되어 문제가 되었고 일탈하는 등 불안정한 생활을 하였다. 의지를 갖지 않고 먹는 것을 중요하게 여기지 않으면서 과도한 음주에 빠져 지내는 것이 예이다. 더 이상 이러한 생활이 문제로 나타나서는 안 된다. 그럼에도 일부의 고위험사례대상자는 과거의 상태로 회귀되는 경우가 있다. 가족들을 돌보지 않는 등 책임을 전가하고 거절하는 태도를 용납하지 않으면서 화를 내는 것을 아무렇지 않게 여기고 생활하는 것 등이 예이다. 폭언은 전형적인 책임회피 수단이다. 폭언이 일상화되면 폭력을 행사하는 경우가 대부분이다. 더욱 심각한 문제는 일탈을 벗어나기 위해 아무것도 시도하지 않는 것이다.

심각한 문제임을 자각하지 않으면 가족들에게 피해가 전가되기 때문에 매우 심각한 상황임을 인지시켜야 한다. 이러한 지경이면 개입시기가 늦었기 때문에 많은 노력을 하여도 해결하기 어렵다. 따라서 매우 심각한 상황에 직면해 있다고 판단해야 한다.

이러한 지경임에도 고위험사례대상자는 자신의 문제를 인정하지 않기도 한다. 심각한 상황임에도 아무런 조치를 취하지 않는 경우도 비일비재하다.

(3) 해결방법 모호

통합사례관리사는 심각한 상황에 처해 있는 다양한 고위험사례대상자를 자주 만난다. 사실 많은 고위험사례대상자들이 심각한 문제에 노출되어 있다. 그들은 기대와 희망을 갖고 노력하지만 조치를 망설이기도 한다. 이런 고위험사례대상자를 만나면서 통합사례관리사는 상급자와 지원방법을 논의하고 동료에게 얘기하며 방법을 찾지만 해결방법을 찾지 못하기도 한다. 또는 변화될 것인지를 확신하지 못할 때도 있다. 고위험사례대상자를 설득해도 의지를 가질 것인지가 불확실하기 때문이다.

5) 성공적인 종결준비를 위한 통합사례관리사의 역할

종결을 진행할 때는, 고위험사례대상자의 문제가 해결되었고 개선되었는지를 확인하는 것이 먼저이다. 변화가 없으면 통합사정을 재시행한다. 고위험사례대상자의 문제를 재규명하고 변화가 없는 요인을 찾아야만 개선할 수 있기 때문이다. 통합서비스 또한 다시 수립한다. 이 과정에서 중요한 것이 문제들의 규명과 분류가 초기사정보다 치밀해야 한다는 것이다.

(1) 종결을 진행하는 경우

생활 변화와 관련된 문제들이 언제든 재발될 수 있으므로 예견되는 문제를 분석하고 장애물을 파악한다. 고위험사례대상자는 쉽게 좌절하는 성격인지, 다른 사람에게 도움을 요청할 수 있는지, 언제든 도움을 받을 수 있는 자원이 있는지 등 자조생활 준비가 확인되어야 한다.

또한 이웃들과 원만하게 교류할 수 있는지, 원하는 때에 이웃들을 찾아가고 교류할 수 있는지 등도 확인되어야 한다. 통합사례관리사는 고위험사례대상자가 자조적으로 생활할 수 있는지를 가늠할 수 있어야 한다.

(2) 통합사례관리사의 역할변화

종결과정에서 통합사례관리사는 조력자와 지지자로 역할이 전환된다. 즉, 고위험사례대상자 스스로 자조적으로 생활하고 있는지, 또한 종결해도 괜찮다는 확신이 되면 역할을 전환해야 한다. 이때의 역할은 정보제공자, 조언자의 역할로서 스스로의 힘으로 정보를 선택하고 상황을 판단할 수 있는 지지하는 역할로 전환된다.

통합서비스 제공 초기에는 고위험사례대상자의 상황을 파악하면서 문제해결에 초점을 둔 이끌어 가는 역할이 매우 중요하였다. 종결시점에는 조언자와 정보제공자 등의 역할이 자조생활을 촉진하게 한다. 통합사례관리사의 조언자 역할은 고위험사례대상자가 결정하기 어렵거나 판단을 주저하는 상황에 직면할 때 더욱 적합한 역할이다. 통합사례관리의 주체가 고위험사례대상자이기 때문에 종결이 원만하게 진행되면 해결역량을 갖춘 상태이기 때문에 결정의 판단을 스스로 내릴 수 있도록 조언하는 중재자 등의 역할 수행이 자조생활 유지에 긍정적으로 영향을 미치기 때문이다. 따라서 종결 이후부터 통합사례관리사는 조정자 · 중재자 · 조언자 · 정보제공자 역할로 전환되어야 한다.

통합사례관리사의 조언자 역할은 가급적 직접 개입하기보다 스스로 결정하고 옳은 판단을 내릴 수 있게 정보를 제공하는 역할이다. 정보제공자 역할은 문제 등을 대처할 수 있는 능력을 갖추게 하는 의도가 있다. 다양한 정보를 스스로 습득할 수 있게 필요한 때에만 정보를 제공하는 것이다.

하지만 고위험사례대상자는 다양한 정보가 필요하다. 따라서 정보획득 제공처가 사회복지기관으로 국한되어서는 안 된다. 지역사회에서 생활하기 때문에 정보획득처가 다양해야 하는 것이다. 필요한 정보 또한 언제든지 습득할 수 있어야 한다. 이때부터 자조적으로 생활하기 때문이다.

통합사례관리 종결신청서			
대상자 성명		나이	세(만 세)
성별	남 / 여	연락처	집 핸드폰
사례대상자 지원유형	□긴급개입사례대상자 □위기개입사례대상자 □일반사례대상자 □보류대상자 □제외대상자		
서비스 개시일자	년 월 일	서비스 종결일자	년 월 일
총지원기간			
종결사유			
주무담당자 의견			
통합사례관리위원 의견			
위의 사항에 신청합니다. 20 년 월 일 신청인: (인)			

출처: 이재용. 2016. 〈표33〉 통합사례관리 종결신청서. 302에서 재인용.

5 사후관리 – 권리주체로의 독립생활

1) 사후관리의 중요성

통합사례관리의 본래 목적은 고위험사례대상자 스스로 자조생활을 향유하고 안정된 삶을 살아가도록 지원하는 데 있다. 하지만 고위험사례대상자의 자조생활은 통합사례관리의 마지막 단계인 종결 이후 사후관리 시기에 확인된다. 그 이유는 고위험사례대상자 스스로 통합사례관리 과정에서 배우고 익힌 지식과 기술을 스스로 수행하는 시기가 사후관리이기 때문이다. 즉, 통합사례관리 과정은 사후관리를 목적으로 진행되는 점진적인 개선계획이다. 또한 변화를 의도하는 시계열적인 통합사례관리사의 개입전략이다. 고위험사례대상자의 문제해결 이후의 자조생활을 목적으로 지원되기 때문이다.

또 다른 이유는 오랫동안 문제에 노출된 채로 생활해 온 고위험사례대상자가 자조적으로 생활하여도 안정적으로 생활할 수 있을지가 불확실하기 때문이다. 종결준비 과정에서 자조생활 계획을 수립해야 할 이유가 여기에 있다. 개인의 변화상황에 적합한 계획이어야만 문제의 노출되는 것을 예방하고, 의지를 갖고 변화된 생활을 유지하는 등 자조적으로 생활해 나가기 때문이다.

2) 사후관리의 목적

더 이상 기관에 의존하지 않으면서 사회복지서비스를 필요로 하지 않은 고위험사례대상자의 생활능력을 향상하는 데 있다. 통합서비스의 제공목적이 고위험사례대상자 스스로 자조생활을 수행하는 데 있기 때문에 사후관리 이전의 모든 과정은 바로 사후관리를 위해 시행된다고 볼 수 있다. 따라서 통합사례관리의 궁극적인 목적은 사후관리를 성공적으로 진행하기 위해 시행되는 목적 있는 사회복지서비스라고 하는 것이다.

하지만 통합사례관리사는 종결 이후 다른 고위험사례대상자를 지원해야 할 또 다른 역할이 있기 때문에 무한정 통합서비스를 제공할 수 없다. 이를 효과적으로 대처하기 위한 조치가 지역의 자원들과의 공조이다. 자원들이 보유한 정보를 제공하고 생활에 필요한 조언과 지지 등을 지속적으로 제공함으로써 고위험사례대상자의 자조생활을 도울 수 있다.

3) 고위험사례대상자의 신분변화

사후관리 이전까지의 모든 활동은 고위험사례대상자의 문제 등을 해결하기 위해 지역의 전문가 및 자원 등을 연계해서 그의 자조생활 능력을 갖추게 하는데 목표를 두었다. 사후관리 이후부터 고위험사례대상자는 사회복지서비스를 이용하는 이용자의 신분으로 전환된다.

4) 자조생활 지원계획 수립의 초점

(1) 독립생활 계획 수립

고위험사례대상자 스스로 자조적으로 살아갈 수 있는 능력을 갖추는 데 집중하면서 통합서비스의 지원목적 또한 재수립되어야 한다. 사후관리 시기에는 통합사례관리사가 주도하는 역할을 최소화하고 자조생활에 적합한 선택과 결정권한을 확대하는 등 독립생활 계획을 재수립해야 한다.

(2) 실행가능한 계획

자조생활 지원계획의 수립은 문제 직면 시 극복능력을 강화하는 데 목적이 있다. 종결 이후 통합사례관리사는 고위험사례대상자의 자조생활 지원을 위해 수행 가능한 쉬운 활동과 성취감을 가질 수 있는 활동개발에 전력한다. 이는 성공적인 자조생활 유지와 관련되기 때문에 가급적 실행 가능한 활동이어야 한다. 고위험사례대상자가 자조생활에 대한 성취감을 가지면 자신다운 생활을 영위하게 된다.

(3) 자조생활계획

자조생활은 추구되어야 할 개인의 삶의 질과 관련된 매우 중요한 독립생활의 기술이다. 하지만 통합사례관리 과정에 참여하면서 습득한 기술과 역량을 자신의 생활에 적용할 수 있어야 한다. 기관의 전폭적인 지원이 선행되어야 하는 것은 고위험사례대상자 스스로 극복하기 어려운 문제 등을 지원하기 위해서고, 가족들의 지원이 있어야만 이겨 낼 수 있기 때문이다.

통합사례관리사가 지역의 기관과 연계해야 할 시점이 통합사정회의 이후부터임을 감안하면 사후관리계획은 평가 이후부터 통합사례관리사가 주도하면서 그의 상황에 적합한 자조생활계획의 수립여부에 의해 성공적인 삶을 살아가게 된다.

즉, 통합사례관리 과정은 고위험사례대상자의 변화를 위해 서비스 계획을 두 번 수립해야 한다. 자원의 연계 또한 두 번에 걸쳐 진행되어야 한다. 첫 번째 연계는 통합사정단계에서 고위험사례대상자의 문제를 규명하고 문제개선과 완화, 해결을 위한 전문가 등의 연계에 있다. 두 번째 연계는 종결 이후 사후관리 과정에서 자조생활을 지원하기 위한 계획을 수립하는 것이다.
따라서 통합사례관리를 진행하는 과정에서 평가까지의 연계는 전문가와 자원의 참여를 통해 고위험사례대상자의 문제 및 결핍된 욕구를 해결하고 통합서비스를 지원하기 위한 개입이었다면, 평가 이후의 연계는 고위험사례대상자와 가족들의 협조를 통해 자조생활 유지에 필요한 정보제공과 지지기반을 마련하기 위한 계획이어서 그 목적이 달라진다.

따라서 사후관리계획은 고위험사례대상자가 자조생활이 가능하도록 종합적인 복지증진을 위한 계획이어야 한다. 생활의 안정을 위한 조치가 우선이고 고위험사례대상자가 의지를 갖고 생활해 갈 수 있게 환경을 조성하는 것이 먼저이다. 더 나아가 가족들의 역할을 포함해서 경제활동을 위한 직장생활의 유지와 이웃관계 회복에 관한 사항이 포함되어야 한다.

5) 자조적인 생활지원을 위한 지역자원연계

(1) 자원연계 확대

사후관리계획은 목적이 분명해야 한다. 고위험사례대상자의 결핍된 욕구와 문제 등이 해결되었기 때문에 안정된 생활을 스스로의 노력을 통해 유지하게 하는 데 있다.

통합사례관리사는 고위험사례대상자의 자조생활을 지원할 수 있는 자원들의 목록을 작성하고 연계한다. 각각의 자원과 지원사항을 정리하고 해당 기관의 지원가능 여부를 확인한다. 담당자와 협의하고 협조가 가능하면 연계시기와 지원내용을 확정한다. 협의를 완료하면 역할을 분담하고 서비스 제공시기 및 지원시기를 확정한다. 당연히 통합사례관리사는 지원시기에 따라 서비스가 지원되고 있는지가 확인되어야 하고 고위험사례대상자가 적절하게 자조생활을 수행하고 있는지가 파악되어야 한다. 이러한 지원은 최소 6개월에서 1년 동안 지원되어야 하는데 생활의 안정이 확인될 때까지다.

(2) 당사자 중심 지원계획

자조생활 지원계획의 본질은 사후관리 이후 고위험사례대상자의 자기결정 권리 행사에 의한 자유로운 생활을 목적으로 한다. 주민들과 같은 방식으로 생활하는지가 핵심이기 때문에 통합사례관리사의 세심한 주의가 필요하다. 첫 번째 단계는 통합서비스 제공 이전의 문제와 관련된 사항을 완전히 극복하였는지에 관한 것이다. 두 번째 단계는 문제에 직면하여도 극복역량을 강화하기 위해서다. 세 번째 단계는 안정적으로 생활할 수 있도록 필요한 정보를 스스로 찾고 정보를 활용할 수 있는 역량강화에 관한 것이다.

종결이 확정된 시점에는 더 이상 기관의 서비스 지원이 불가능하다. 이후 모든 의사결정과 판단은 고위험사례대상자 스스로 판단하고 결정할 수 있어야 한다. 하지만 살아가면서 여러 어려움과 문제 등에 직면할 수 있어 안정된 생활을 지원하기 위한 정보를 제공받아야 하고 상의할 수 있는 전문가 등을 알고 있어야 하는데 고위험사례대상자가 거주하는 주변의 사회복지기관과 연계하거나 또는 이웃들을 연계하는 것이 적절한 계획 수립이다.

가급적 다양한 자원을 연계하고 언제든 도움을 받을 수 있다는 것이 이해되면 고위험사례대상자는 안정적으로 생활한다. 조언과 정보제공은 주 1회에서 2회 정도의 가정방문, 유선 등을 통해 제공하는 것이 적절한 지원이다.

(3) 선택과 결정권한 확대

고위험사례대상자는 종결시점부터 수혜자가 아닌 사회복지기관을 이용하는 지역의 주민으로 신분이 전환된다. 고위험사례대상자에게 문제가 발생하여도 가급적 직접개입을 삼가하고 스스로 선택하고 결정하도록 조언하면서 자조생활을 도와야 한다.

특히 심신의 변화를 파악하고 태도변화 등에 주의를 기울여야 한다. '사소한 일에 화를 내고 예민하게 반응하는가?', '의지를 갖고 있는가?', '상처가 있는가?', '어려움을 이겨 내려 하는가?' 등은 반드시 확인되어야 한다. 또한 자조적으로 생활하고 있는지를 파악하는 데 집중한다. 이를 촉진하고 개선에 필요한 힘을 제공하는 주체가 지역의 자원들이다. 지역의 자원은 고위험사례대상자와 연계되었을 때부터 협력하고 지지한다는 점에서 자원의 연계를 구축하는 것까지가 사후관리계획의 마지막 과정이다.

<table>
<tr><td rowspan="2" colspan="6">통합사례대상자 가정방문기록지</td><td rowspan="2">결
재</td><td>담당</td><td>팀장</td><td></td><td>원장</td></tr>
<tr><td></td><td></td><td></td><td></td></tr>
<tr><td colspan="2">방문가정
대상자 성명</td><td colspan="4"></td><td colspan="2">대상자가족
면담참석자</td><td colspan="3"></td></tr>
<tr><td colspan="2">가정방문일자</td><td colspan="4"></td><td colspan="2">면담시간</td><td colspan="3"></td></tr>
<tr><td colspan="2">가정방문동행자</td><td colspan="4"></td><td colspan="2">방문시간</td><td colspan="3"></td></tr>
<tr><td colspan="2">면담경로</td><td colspan="4">□기관방문(　) □유선(　)
□가정방문(　)</td><td colspan="2">연락처</td><td colspan="3">집:
핸드폰:</td></tr>
<tr><td rowspan="4">면담자
기본
정보</td><td>현거주지</td><td colspan="9"></td></tr>
<tr><td>동거자여부</td><td colspan="2"></td><td colspan="3">나이</td><td colspan="4">세(만　세)</td></tr>
<tr><td>종교</td><td colspan="2"></td><td colspan="3">성별</td><td colspan="4">남 / 여</td></tr>
<tr><td>직업</td><td colspan="2">있음(　)　없음(　)</td><td>직장명</td><td colspan="2"></td><td>출근방법</td><td colspan="3">대중교통(　)
자가용(　)</td></tr>
<tr><td colspan="2" rowspan="2">수입과 지출</td><td colspan="2">월 소득</td><td colspan="2">소득근거</td><td colspan="2">월 지출</td><td colspan="3">지출방법</td></tr>
<tr><td colspan="2"></td><td colspan="2"></td><td colspan="2"></td><td colspan="3">카드(월　원)
현금(월　원)</td></tr>
<tr><td colspan="2">수입과 지출</td><td colspan="9">○ 의뢰자에게 미칠 영향:

○ 가족에게 미칠 영향:</td></tr>
</table>

<table>
<tr><td colspan="7">가족사항</td></tr>
<tr><td>성명</td><td>나이</td><td>관계</td><td>성별</td><td>직업</td><td>동거여부</td><td>면담자와의 관계 정도</td></tr>
<tr><td></td><td>세</td><td></td><td>남 / 여</td><td></td><td>○ / ×</td><td>밀착(　) 소원(　) 갈등적(　)</td></tr>
<tr><td></td><td>세</td><td></td><td>남 / 여</td><td></td><td>○ / ×</td><td>밀착(　) 소원(　) 갈등적(　)</td></tr>
<tr><td></td><td>세</td><td></td><td>남 / 여</td><td></td><td>○ / ×</td><td>밀착(　) 소원(　) 갈등적(　)</td></tr>
<tr><td></td><td>세</td><td></td><td>남 / 여</td><td></td><td>○ / ×</td><td>밀착(　) 소원(　) 갈등적(　)</td></tr>
<tr><td>가족관계
설명</td><td colspan="6">○ 의뢰자에게 미칠 영향:

○ 가족에게 미칠 영향:</td></tr>
</table>

<table>
<tr><td colspan="2">주거지 평면도</td><td colspan="2">주거지 특징 설명</td></tr>
<tr><td colspan="2"></td><td colspan="2">○ 생활면

○ 부정적 상황 외</td></tr>
<tr><td>주
거
상
황</td><td>□ 자가:　평
(단독주택(　)/아파트(　)/빌라(　)/기타(　)
□ 전세:　평　원
(단독주택(　)/아파트(　)/빌라(　)/기타(　)
□ 월세:　평　원
(단독주택(　)/아파트(　)/빌라(　)/기타(　)
□ 기타정보:</td><td>주거
상황
기타</td><td>○ 보일러: 월　원
□ 기름(　) □ 도시가스(　) □ 연탄(　) □ 기타(　)
○ 주거구조
□ 방　칸　□ 화장실(　) □ 거실(　)
□ 목욕실(　) □ 기타(　)</td></tr>
</table>

<table>
<tr><td>설명</td><td colspan="3">○ 주거상황:
○ 의뢰자에게 미칠 영향:
○ 가족에게 미칠 영향:</td></tr>
<tr><td>주거지역</td><td>□ 주택가 □ 공장지대
□ 아프트단지 □ 상가밀집지역
□ 유흥가 □ 기타( )</td><td>수급자 여부</td><td>□ 수급권자(수급금액: 원)
□ 조건부수급권자(수급금액: 원)
□ 수급권자 아님( )
□ 기타</td></tr>
<tr><td>설명</td><td colspan="3">○ 주거지역 상황:
○ 의뢰자에게 미칠 영향:
○ 가족에게 미칠 영향:</td></tr>
<tr><td>가정방문 시 발견한 특이사항</td><td colspan="3">○ 주거건물환경:
○ 난방유형:
○ 주거지 내부환경:
○ 주거지역환경:</td></tr>
<tr><td>가족의 기대와 요청사항</td><td colspan="3"></td></tr>
<tr><td>이웃관계 특징</td><td colspan="3"></td></tr>
<tr><td>면담자 요청사항</td><td colspan="3"></td></tr>
<tr><td>통합사례 관리와 관련한 지원 상황</td><td colspan="3">○ 주거긴급지원문제:
○ 주거위기개입문제:
○ 주거일반지원문제:
○ 주거보류지원문제:
○ 기타:</td></tr>
<tr><td>사례관리자 소견</td><td colspan="3"></td></tr>
<tr><td>비 고</td><td colspan="3"></td></tr>
</table>

출처: 이재용. 2016. 〈표17〉 통합사례관리대상자 가정방문기록지. 216-217에서 재인용.

6) 지역자원 네트워크 구축 전략

(1) 자원네트워크의 구축의 목적

고위험사례대상자의 의존성을 최소화하여 주민들과 동일한 생활방식으로 살아가는 데 있다. 주민들과 같은 방식으로 생활할 수 있어야 한다는 목적은 사후관리 이후에 더 강화되어야 할 고위험사례대상자에 대한 지원체계이다. 거주지를 중심으로 이웃, 친구들, 관계된 사람들과의 관계망 구축이 핵심목적이다.

첫 번째 단계는 고위험사례대상자는 일부의 것들을 성취하더라도 주민들과 교제하면서 자신다운 삶을 살아가도록 지원네트워크를 구축하는 것이다.

당연히 고위험사례대상자의 인간다운 생활은 본인을 중심으로 주변 사람들 외에 이웃들과의 어울림을 통해 유지된다. 따라서 자원네트워크 구축은 가족관계 회복, 이웃관계 회복, 문제에 직면한 때의 정보제공처 알기, 도움처 기능을 지원할 수 있는 사회복지기관 방문하기 등 연계체계가 견고해야 한다.

주민들은 낮 동안 직장에 다니는 등 생계를 위해 사회생활을 한다. 저녁에는 휴식을 취하고 또는 친구들과 교제하는 등 여가를 보낸다. 생활에 필요한 것들을 성취하기 위해 활동하고 자기개발을 위해 여러 활동에 참여하는 등 주민들과 동일한 방식으로 생활할 수 있어야 한다.

통합사례관리사의 중재역할은 자조생활의 성공을 가늠한다는 점에서 자원의 네트워크 구축은 종결 즉시 2개월 동안 시행되어야 한다. 하지만 이 시기는 자조생활의 시작이다. 종결준비를 마치고 사후관리 계획에 따라 원 가정에서 생활하는 초기적응단계이다. 초기적응을 잘 하면 자신감을 갖고 생활한다. 이웃들과도 원만한 관계를 맺고 필요한 것들을 스스로 충족하면서 생활한다. 통합사례관리사는 격려와 지지를 보내는 등 1주일 간격으로 가정방문 또는 대면상담을 진행하고 정보습득을 위해 조언하면서 고위험사례대상자의 생활을 지원한다.

두 번째 단계는 경제활동 및 사회생활 계획을 수립하는 단계이다.

대개 사후관리 3개월부터 시행되는 것이 일반적이다. 통합사례관리사는 고위험사례대상자의 직업획득 및 경제활동 외에 소득수준을 확인하고 부족한 것이 확인되면 지원방법을 모색한다.

수급자인 경우 생활비 등을 지원하기 위해 후원자원을 연계하여 지원한다. 직장생활을 해야 할 상황이면 고용촉진공단을 연계하여 도울 수 있다. 또는 유관기관에 의뢰하여 기술습득을 도울 수 있다. 취업이 가능한 업체를 확인하는 것은 고위험사례대상자의 직업생활 안정에 직접적으로 영향을 미치는 지원이다. 고위험사례대상자의 안정된 생활은 경제력과 직결되기 때문에 이 시기의 지원은 안정적인 자조생활에 목적을 두고 지원되어야 한다.

가족의 상황 또한 확인되어야 하는데 가정방문을 시행하고 개별면담을 진행한다. 밀착된 관계를 유지하기 위해 정기적으로 상담을 시행하고 고위험사례대상자의 생활능력 등을 확인한 후 가족관계를 유지를 위한 생활상황을 가족들과 협의한다. 경제활동 등은 1주일 간격으로 유선 또는 방문하여 확인하고 문제 등의 극복을 위해 가족들이 협조할 수 있도록 가족상담을 시행한다.

사후관리단계에서 가정방문 및 가족상담의 진행하는 목적은 가족응집력을 강화하는 데 있다. 고위험사례대상자는 물론 가족의 문제해결 능력을 갖추는 것이 이 시기의 핵심과업이다.

세 번째 단계는 완전한 자립생활을 달성하기 위한 자조생활 단계이다. 대개 5개월 이후부터 개입하는 것이 일반적이다. 경제활동과 사회생활, 가족관계 유지, 고위험사례대상자가 안정적으로 생활하고 있다는 것이 확인되면 사후관리가 잘 진행되었고 진행과정 또한 순조롭게 진행되었다는 의미다.

이제부터는 통합사례관리사의 역할이 달라져야 한다. 개입의 강도를 줄이고 완전한 분리를 준비해야 한다. 사실 여기까지 진행되었다면 성공적으로 변화되었다고 볼 수 있다.

지역의 사회복지기관을 소개하고 해당 기관에서 지원하는 서비스와 지원받을 수 있는 사항, 전문가 등을 설명한다. 그동안의 노력을 격려하면서 안정적으로 생활할 수 있는 방법 등을 설명하고 이해하고 있는지를 확인한다. 이후부터는 당당하게 살아가야 한다는 점을 강조하여 설명한다. 강조하는 설명이 중요한 이유는 고위험사례대상자의 자조생활 의지에 따라 독립주체로 생활하고 또는 실패하기 때문이다. 필요한 도움이 있으면 언제든 문의할 것을 전달하고 환대와 격려로 마친다.

이상과 같이 통합사례관리는 사회복지기관의 여러 사업 가운데 고위험사례대상자의 복합적인 문제와 결핍된 욕구를 대응하는 유일한 사회복지전문서비스이다. 인간다운 생활을 지원하는 사회복지 분야의 대표적인 전문적인 서비스가 통합서비스이다.

CHAPTER 12

통합사례관리사의 슈퍼비전

1 고위험사례대상자 중심 슈퍼비전의 개념

1) 고위험사례대상자 중심 슈퍼비전 제공의 중요성

사회복지기관의 사업은 고위험사례대상자의 안락하고 행복한 생활 유지를 목적으로 한다. 이러한 목적달성을 위해 통합사례관리사는 고위험사례대상자의 안정된 생활을 지원하기 위한 방법적 실천상담기법을 활용할 수 있어야 하고 상황에 적합한 슈퍼비전을 제공할 수 있어야 한다. 여기에서 슈퍼비전은 고위험사례대상자의 심리·정서적인 상황에 적합한 조언과 지지, 격려를 포함한다.

고위험사례대상자가 통합서비스를 제공받기 위해 통합사례관리에 참여하였다는 것은 해결이 필요한 무언가 때문이다. 통합사례관리사의 요청에 반감이나 거부감을 갖지 않도록 참여를 격려하면서 이끌어 갈 수 있는 긍정의 대화는 이 시기에 매우 중요하다. 슈퍼비전은 이 같은 신뢰를 갖게 한다. 긍정적인 슈퍼비전은 문제의 본질을 이해하게 하고 해결의 방향이 뚜렷하지 않더라도 의지를 갖고 참여하겠다는 문제 극복 역량 또한 강화되기 때문이다.

참여하겠다는 결심이 옳았다는 확신은 통합사례관리사의 슈퍼비전이 성공적이었을 때 갖는 이해이다. 따라서 긍정의 슈퍼비전을 제공하기 위해 통합사례관리사는 사례상황을 충분하게 파악해야 한다. 통합사례관리 운영에 대한 이해가 많아야 하는 것은 물론 수행사항 외에 통합서비스의 지원방향 등이 이해될 수 있도록 설명할 수 있어야 한다. 고위험사례대상자 스스로 자신의 상황에 어떤 변화가 필요한지를 인식하도록 안내하고 변화의 필요성을 확신할 수 있도록 최선을 다해야 한다. 자신의 상황을 정확하게 인식하는 등 문제의식을 갖고 참여하는가에 따라 노력이 더해지면서 생활반성을 통해 적극적인 생활의지를 갖게 된다.

따라서 통합사례관리를 운영하기 위해서는 고위험사례대상자 중심의, 그를 설득할 수 있는 슈퍼비전 방식을 반드시 찾아야 한다. 그에게 적합한 대화방식, 그가 이해할 수 있는 용어 선택과 사용, 반가워하는 태도와 표정 등 변화를 주도하기 위한 슈퍼비전 방식을 반드시 이해해야 한다. 이는 통합사례관리사의 역량과 결부된 능력이다.

사례를 발견한 순간부터 고위험사례대상자의 문제해결을 위해 슈퍼비전은 제공되어야 하기 때문에 그의 생활태도에 걸맞은 통합사례관리사의 개입방법 이해는 성공적인 진행을 위해 중요하다. 통합사례관리 운영 중에도 계속 슈퍼비전이 제공되어야 하기 때문이다. 이 점을 감안하면 그가 이해하는 모든 방식을 검토한 후 슈퍼비전 제공방식을 정립해야 한다. 때로 교육적으로, 또는 지지하면서 다양한 행정적 지원을 수행하는 중에도 슈퍼비전을 제공해야 하기 때문이다.

여기에서 주지할 것이 고위험사례대상자에게 제공하는 슈퍼비전의 필요성이 분명하게 이해되어야 한다는 것이다. 드러난 문제가 사소하다고 하여도 개인의 힘으로는 극복하기 어렵기 때문에 또한 기관의 도움이 필요하기 때문에 문제를 해결할 수 있을 정도로 충분하고, 물적 지원이 필요한 경우에도 상황개선에 적절해야만 설득할 수 있다. 고위험사례대상자의 이해는 오직 통합사례관리사의 슈퍼비전 제공 능력인 대화역량에 달려 있다는 것을 기억해야 한다.

2) 고위험사례대상자 슈퍼비전 제공의 개념

슈퍼비전은 라틴어의 'super(over, 위에서)'와 'videre(watch, 지켜보다)'의 합성어로 "위에서 지켜보다, 관찰하다, 살핀다"는 의미가 있다(Kadushin. 1992; 김융일 외. 2004. 13 재인용).

Robinson(1949, 53)은 슈퍼비전의 교육적 기능을 강조하면서 특정분야의 지식과 기술을 더 많이 갖춘 사람이 지식이 부족한 사람에게 지식과 기술 등을 갖추게 하는 훈련의 과정이라고 하였다. Barker(1995)는 행정적 슈퍼비전의 중요성과 교육적 슈퍼비전을 강조하였다. 통합사례관리사가 업무를 수행하면서 기술을 발전시키고 고위험사례대상자에게 더 나은 서비스를 제공하기 위해 사회복지기관에서 광범위하게 사용하는 행정적 · 교육적 과정이라고 하였다(조휘일. 2004. 7에서 재인용).

Kadushin(1974)은 교육적 · 행정적 슈퍼비전에 더해 지지적 슈퍼비전을 강조하였다. 슈퍼바이저는 업무수행의 책임이 있으며 통합사례관리사의 업무수행을 지지하고 조정하면서 역량을 강화하는 역할을 수행해야 한다고 하였다. 책임 있게 권한을 활용하기 위해 통합사례관리사와 긍정적인 관계를 유지하고 상호작용하면서 교육적 · 행정적 · 지지적 기능을 수행해야 한다는 것을 강조한 것이다. 이러한 슈퍼바이저의 역할수행을 통해 통합사례관리사는 고위험사례대상자와 긍정적인 관계를 맺고 긴밀하게 상호작용하게 되어 질적으로나 양적으로 뛰어난 통합서비스를 고위험사례대상자에게 제공하게 된다. 기관의 정책절차에 따라 통합사례관리를 운영할 수 있다고 하였다(Kadushin, A. 1974. 288-298; 조휘일 역. 2004. 28).

김융일 · 양옥경(2002)은 슈퍼바이저의 업무스타일이 직접적으로 영향을 미치기 때문에 위계적이고 긍정적인 슈퍼비전 관계를 형성해야 한다고 강조하였다. 고위험사례대상자의 상황을 고려하면서 질적 · 양적으로 최적의 서비스를 제공하기 위해 윤리강령에 따라 행정적(연결), 교육적(서비스), 지지적(통합) 슈퍼비전을 제공해야 한다는 것을 강조한 것이다. 통합사례관리사는 고위험사례대상자에게 수행방향을 알려 주고 활동을 조정하면서 능력 향상을 위해 활동을 평가하고, 평가 중에 정기적으로 슈퍼비전을 제시해야 한다고 하였다(김융일 외. 2002. 27).

안정선(2007. 9)은 사회복지슈퍼비전에 대해 통합사례관리사의 전문성을 증진하는 공적 활동으로 전문직의 사명과 가치에 기반을 둔 활동이라고 하였다. 양옥경 외(2010. 17)는 경험과 지식이 많은 중간관리자와 실무자 간에 민주적, 참여적, 협력적, 개방적으로 이루어지는 의사소통이라고 하였다. 긍정적 슈퍼비전은 신뢰와 배려에 기반된 라포 형성에 있으며 소속된 기관의 정책 및 절차에 따라 행정적 · 교육적 · 지지적 기능을 포함하여 고위험사례대상자의 능력을 향상시키는 데 있다고 하였다. 지시, 조정, 평가를 수행하기 위해 슈퍼비전이 제공되어야 하고 개별화, 구조화, 정규화, 사례 중심화의 원칙에서 이루어지는 전문적인 학습서비스라는 것이다

즉, 슈퍼비전은 경험이 미숙하고 전문지식이 부족한 고위험사례대상자에게 통합사례관리사의 숙련지식과 기술을 제공하여 행정적 · 교육적 · 지지적인 지도와 감독을 수행하는 학습이 포함된 활동이다. 특히 위의 활동을 지속적으로 수행하면 통합사례관리사의 업무수행역량이 증진되어 최상의 통합서비스를 제공할 수 있게 된다(윤경필. 2013. 17).

고위험사례대상자 중심 통합사례관리사의 슈퍼비전의 목적은 고위험사례대상자의

안정된 생활을 유지하도록 돕기 위해 지도하고 감독하는 임상적 복지실천방법으로 직면한 문제를 개선할 수 있는 능력을 갖추게 하는 데 있다. 의지를 강화하기 위해 격려와 지지를 보내고 교육과 훈련을 통해 교육적 · 행정적 · 지지적 지원을 실천하는 전문적인 원조활동이라고 정의할 수 있다.

이상의 학자들의 정의를 토대로 고위험사례대상자에게 제공되는 통합사례관리사의 슈퍼비전을 정의하면 다음과 같다.

첫째, 통합사례관리에서 정의하는 고위험사례대상자 중심 슈퍼비전은 슈퍼바이저인 통합사례관리사가 경험이 적은 고위험사례대상자에게 통합사례관리 운영에 능동적으로 참여할 수 있도록 지식, 기술, 태도를 교육하고 훈련하는 과정이다. 교육과 훈련은 행정적 지도, 지지적 원조를 제공하는 것이며 능력을 강화하는 데 목적을 둔다.

둘째, 고위험사례대상자 중심 슈퍼비전은 고위험사례대상자의 현안 문제를 완화하고 제거하기 위해 인적 · 물적 도움이 필요한 현재의 상황을 개선하기 위한 최적의 방법을 모색하는 통합사례관리사의 전문적인 사회복지실천이다.

셋째, 고위험사례대상자 중심 슈퍼비전은 지역사회 자원을 연계하여 필요한 서비스를 개발 제공하기 위한 일련의 활동으로 자원개입의 필요성을 인식하고 문제극복 역량을 강화하는 통합사례관리사의 격려 지지 활동이다.

넷째, 고위험사례대상자 중심 슈퍼비전은 통합사례관리사의 전문지식과 기술을 토대로 고위험사례대상자의 문제극복 능력을 강화하기 위한 설득 전략이다.

다섯째, 고위험사례대상자 중심 슈퍼비전은 지지적 · 교육적 · 행정적 지원을 토대로 통합서비스를 제공하는 전문적인 사회복지실천방법이다.

2 통합사례관리사의 슈퍼비전

1) 역량을 강화하는 슈퍼비전

통합사례관리의 운영은 고위험사례대상자의 상황해결을 가늠하기 어렵기 때문에 불투명한 미래 변화를 위한 도전이다. 해결이 모호한 상황의 직면은 통합서비스를 지원하는 내내 겪는 것이어서 사실 통합사례관리사의 입장에서는 외롭고 힘든 것일 수밖에 없다. 고위험사례대상자를 이끌어 가면서 생각과 태도를 변화시키기 위해 전력하지만 해결을 확신하기 어려운 상황에 직면하기도 한다.

통합사례관리사의 업무 부담을 경감하고 통합사례관리 운영의 효율성을 높이는 대안은 자원의 연계 및 연계된 자원의 참여를 확대하여 통합사례관리를 운영하는 것이다.

지역의 전문가는 고위험사례대상자의 변화를 주도적으로 이끌어 갈 수 있는 역량을 갖추고 있기 때문에 문제해결에 집중하면서 공조체계를 견고하게 구축하는 데 전력한다. 여기에 기관의 행정적 지원이 더해지면 고위험사례대상자의 문제극복 역량강화에 필요한 기술과 태도 등 대처역량을 갖출 수 있다.

통합사례관리사가 직접 지원을 위한 서비스 개입과 간접서비스를 제공하기 위해 시도하는 모든 활동은 고위험사례대상자의 역량강화에 목적이 있다. 고위험사례대상자는 오랫동안 문제 등에 노출된 상태로 지내 왔다. 심리적으로 낮은 자존감을 갖고 안정되지 않은 생활을 감수하면서 지내 왔다. 회복을 위한 조치를 강구하고 행정적 · 교육적 · 지지적인 슈퍼비전을 통해 기술, 능력, 태도 등의 역량강화에 목적을 두고 이끌어 나가야 한다.

2) 상담슈퍼비전

(1) 통합사례관리사가 제공하는 상담슈퍼비전의 의미

통합사례관리사는 고위험사례대상자의 결핍된 욕구와 문제상황, 이로 인해 드러난 현재의 생활실태 등의 파악을 위해 첫 대면부터 상담을 시행한다. 상담은 고위험사례대상자의 상황을 파악하기 위한 통합사례관리사의 기본업무이며, 통합사례관리 과정에서 가장 중요하게 인식하는 통합사례관리사의 역할이다.

통합사례관리를 진행하는 내내 고위험사례대상자와 참여하는 자원들을 중재하면서 이끌어 가는 것은 상담이 결정적이다. 설득의 기본이 되는 핵심활동이며 통합사례관리의 성공을 좌우하는 통합사례관리사의 기술이 상담이라는 것이다. 상담이 적절해야만 통합사례관리 운영이 원만하게 진행되고 사례의 상황을 개선할 수 있는 단초를 찾는 등 상담은 통합사례관리사의 상황개선과 변화를 촉구하는 매우 중요한 통합사례관리 기술이다.

통합사례관리에서 상담이 중요한 이유는 통합사례관리사가 고위험사례대상자의 상황을 이해하고, 그가 어떤 문제로 찾아 왔는지를 알게 하는 등 단서를 제공하기 때문이다. 서비스를 지원받을 수 있는 자격여부를 심사한 후 대상자 선정을 마치고, 서비스를 지원하는 중에도 상시적으로 수행하는 업무가 상담이다.

상담을 진행하면서 통합사례관리사는 직접서비스 제공의 필요성을 공감하게 된다. 행정지원과 같이 간접서비스를 지원하기 위한 방법을 구상하기 위한 대안을 모색하기 위해 상담은 지원된다. 때로 서류준비와 보고서를 작성하고 필요한 자원을 연계하기 위해 자원들을 대면하는 중에도 상담은 진행된다. 지역의 모든 주민들이 고위험사례대상자를 도울 수 있다는 것을 알게 되는 것도 상담을 통해서다.

따라서 상담능력을 갖추는 것은 통합사례관리의 성공적인 수행을 위해 매우 중요하다. 또한 상담은 통합사례관리의 진행과정을 원활하게 만드는 토대로서 통합사례관리사의 전문성을 바탕으로 시행되는 고도의 전문적인 기술이다.

(2) 통합사례관리사의 상담가 역할

통합사례관리사에게 상담은 고위험사례대상자의 생활상황과 변화 정도를 파악하는데 유용한 정보를 제공한다. 첫 대면 시 따듯한 인사를 나눈 후 호소하는 요청사항과 그의 상황을 이해하기 위해 상담을 진행한다. 문제를 발견하고 통합서비스의 지원사항을 확정한다. 서비스를 제공하는 중에도, 서비스를 제공한 후 상황이 개선되었는지를 확인하고 고위험사례대상자의 심리·정서적인 변화를 파악하기 위해 항시 제공되는 서비스가 상담이다. 통합사례관리 과정에서 고위험사례대상자의 상담은 사후관리에도 지속되는 것이 일반적이다.

상담은 고위험사례대상자의 참여 독려에만 그치지 않는다. 고위험사례대상자의 서비스 제공 이유를 설득하면서 참여의지를 강화하기 위해 지지하고, 생각을 이야기할 수 있도록 도와야 하는데 회기마다 시행되는 과정 중심의 활동이 상담이다. 감당할 수 없다는 회피, 비관적인 생각을 할 때마다 또는 해결되지 않을 것이라는 생각을 하면서 포기하는 모습을 보일 때에도 실망하지 않고 직면하도록 지지하는 등 끝까지 함께할 것임을 확신할 수 있게 상담을 하면서 이끌어 간다.

따라서 고위험사례대상자를 이끌어 가는 상담은 통합사례관리사의 숙련된 기술에 기반한다. 상황에 적합하고 개입이 필요한 때에 도움이 되는 슈퍼비전을 적절하게 제공했는가에 따라 고위험사례대상자의 상황은 개선되므로 스스로 문제의식을 갖고 해결방법을 찾도록 이끌어 가면서 상담을 진행한다. 이를 볼 때 좋은 슈퍼비전은 문제를 염려하는 고위험사례대상자가 통합사례관리사를 의지하면서 문제해결을 위해 해야 할 역할을 찾을 수 있도록 돕는 것이다.

결국 통합사례관리의 운영은 상담으로 시작하고 상담으로 마친다고 볼 수 있다. 고위험사례대상자를 발견하여 통합서비스를 계획하고 시행하는 중에도, 종결 이후 사후관리 지원계획을 수립하는 중에도 상담은 지속된다.

(3) 문제해결에 적합한 상담

상담은 통합사례관리사가 통합사례관리를 시행하기 위한 목적을 알게 하고 문제 등을 해결하는 데에도 활용된다. 고위험사례대상자가 의지를 갖는 것도, 문제를 발견하고 적당한 서비스를 계획하여 지원하겠다는 설명을 위해서도 시행된다. 통합사례관리의 원활한 운영과 고위험사례대상자의 문제개선을 위해 자조생활의 실패와 성공적인 수행을 결정짓는 등 통합사례관리사의 전문성을 증명하는 역량에 속하는 핵심활동이기 때문이다.

고위험사례대상자와 오랫동안 대화를 지속하였음에도 수긍하지 않았던 경험이 있을 것이다. 왜 이런 것일까? 상담역량에 따라 통합사례관리의 전반적인 운영이 원활하게 진행되기 때문이다. 상담을 하는 중에 고위험사례대상자는 확신을 가지면서 일탈하지 않겠다는 의지를 갖고 살아왔던 생활방식이 잘못되었다는 것을 인식하게 된다. 따라서 상담은 고위험사례대상자의 문제의식을 위한 동기부여를 포함한다. 동기를 가졌다는 것은 해야 할 것을 인지하였다는 자극을 받은 것이다. 스스로 무언가를 해야 한다는 것을 깨달았다는 것이다. 고위험사례대상자가 충족되지 않는 욕구로 인해 지금과 같이 지낼 수밖에 없다는 것을 상담을 통해 알게 된 것이다.

이를 이해하면 통합서비스의 지원시기를 알게 된다. 사실 이때를 놓치면 이후 과정에 관심을 보이지 않고 수동적으로 참여하기 때문에 고위험사례대상자의 생활을 이해하고 심리상태를 파악해야만 동기를 부여할 수 있다. 오직 고위험사례대상자의 상황을 파악하는 것은 상담 외에는 없다.

3) 상황을 감정이입하는 슈퍼비전

왜? 고위험사례대상자는 문제에 직면할 때 '고통스럽다거나 힘들다고', '괴롭다'는 등의 표현을 하며 도움을 요청하는 것일까?

현재의 문제를 과거에 겪었던 부정적인 경험과 결부시키면서 현실을 부정하기 때문이다. 자신을 과거에 묶어 둔 채 더 이상 새로운 변화를 시도하지 않기 때문이다.

고위험사례대상자의 불안정한 심리상태는 불안하고 안정되지 않을 때 보이는 반응이다. 불안정한 감정이 지속되면 통합사례관리사와의 유대감이 저하된다. 좋은 관계를 형성할 수도 없다. 더욱이 통합사례관리사가 대수롭게 여기면, 무기력을 호소하고 능력이 없다는 것을 얘기하면서 서비스를 부정하는 등 심한 경우 참여를 포기하기도 한다. 심각한 문제는 통합사례관리사와의 관계를 거부하고 자원들과도 관계하지 않는 등 주변 사람들에게 참여하지 않겠다는 얘기를 공공연하게 말하는 것이다. 부정적인 생각이 사실인 것처럼 인식하고 가치 없는 존재라는 등 과거의 일탈행동을 하면서 문제들을 방치하는 것이다.

고위험사례대상자는 해결기대를 갖고 통합사례관리사를 찾아왔기 때문에 상담과정에서 알아채지 못하거나 또는 대수롭지 않은 일로 여기면 해결기대를 갖지 않는다. 어색한 관계이거나 유대감이 형성되지 않으면 신뢰감은 형성되지 않는다.

고위험사례대상자 또한 가족들과 주변 사람들로부터 인정받고 싶어 한다. 문제가 있는 것을 알고 있으며 통합사례관리사와의 관계 맺기를 통해 안정적으로 지내기를 원한다. 일단 통합사례관리사를 만나겠다는 것만으로도 의지가 있는 것이므로 현재의 문제는 일시적인 어려움이라는 것을 이해할 수 있도록 설득해야 한다. 문제가 없었던 이전의 생활을 회복할 수 있다는 확신을 가질 수 있게 슈퍼비전을 제시하는 것도 방법이다.

첫 대면부터 고위험사례대상자는 사랑받고 신뢰받는 존재라는 것을 확신하게 해야 한다. 현재의 문제는 해결될 수 있다는 안도감을 갖는 것만으로도 안정된다. 따라서 고위험사례대상자 스스로 신뢰받고 있다는 것을 인지하게 해야 한다.

고위험사례대상자는 위기의식을 갖고 통합사례관리사를 찾아왔다. 찾아온 것만으로도 수고하였다고 위로하면서 극복하려고 시도한 모든 것들을 격려하고 지지한다. 통합서비스를 제공하는 내내 애정 어린 눈빛으로 솔직한 감정을 표현하면서 통합사례관리사를 찾아온 것을 축하하고 더 좋은 상태로 변화될 수 있도록 안내하는 등 적극적인 교제 나누기에 최선을 다한다.

4) 이끌어 나가는 슈퍼비전

통합사례관리의 운영과정에서 고위험사례대상자와의 신뢰가 형성되면 에너지를 주고받는 긍정적인 관계로 발전한다. 통합사례관리사의 존중하는 태도에 따라 신뢰하는 등 상호작용이 많을수록 긍정적으로 사고하고 기대 또한 갖는다. 지역의 전문가 및 기관, 자원들이 대상자의 문제개선을 목적으로 지원해야만 상황을 개선할 수 있다는 것은 고위험사례대상자의 심각한 현실부정 및 이해부족 때문인데, 문제해결 의지는 통합사례관리사의 긍정의 태도에 의해 강화된다.

하지만 통합사례관리에 참여이유가 분명하고 이해될 수 있게 설명해야 하는 과제가 있다. 고위험사례대상자는 심각한 문제 때문에 힘들고 어려운 생활에 지쳐 있는 상황에서 발견되는 경우가 허다하여 도움을 준다고 하여도 실감하지 못할 수 있다. 심각한 문제에 노출된 고위험사례대상자일수록 익숙한 일이기에 이러한 반응은 자연스러운 것일 수 있다.

통합사례관리만이 고위험사례대상자의 심각한 상황의 진전을 예방하고 문제 등을 해결하는 유일한 사업이라는 점에서 조기발견은 고위험사례대상자의 변화를 촉구하는 최적의 대안이라고 하는 이유이다. 하지만 전문가 및 지역기관과의 공조체계가 구축되어야 한다. 전문가 간의 협력관계는 고위험사례대상자를 발견한 시점부터 통합사례관리사가 주도하면서 이끌어 가는 역할에 따라 견고해진다. 따라서 고위험사례대상자의 힘겨운 상황을 개선하겠다는 통합사례관리사의 간절함이 이해되고 설득되었을 때 공조체계는 강화된다. 장애물이 발견되어도 해결대안을 마련하는 것 또한 수월하게 합의된다.

이것은 통합사례관리사가 어떻게 이끌어 가느냐에 달려 있다. 이끌어 가는 역량에 따라 고위험사례대상자의 심리적 개입은 수월해진다. 갈등상황에 직면하더라도 반드시 해결된다는 의지 또한 갖는다. 이러한 의지가 전달되면 고위험사례대상자는 마음을 연다. 또한 통합사례관리사가 해야 할 역할이 분명해져 문제를 대처할 수 있는 역량 또한 강화된다. 지원의 효과 또한 바로 확인할 수 있다.

고위험사례대상자가 통합사례관리사의 서비스 제공에 실망하는 것은 자신의 문제를 해결할 수 없는 통합사례관리사의 전문성 부족을 알고부터다. 통합서비스의 지원이 일관적이지 않고 형식적인 지원태도, 정책이해 부족, 통합사례관리사의 지쳐 있는 가중된 업무 등이 주요인이다. 더욱이 '현재로서는 서비스를 제공할 만한 여력이 안 된다고 하면서 깊이 개입하지 않는 것처럼 보이는 행동'은 더욱 실망을 준다. 그래서 고위험사례대상자는 통합사례관리사의 이런 태도에 실망하여 더 이상 요구하지 않는 것이다.

많은 고위험사례대상자들과 보호자들이 통합사례관리사에게 실망한 후 사회복지기관을 방문하지 않고 통합사례관리사를 찾지 않는 이유 또한 이와 무관하지 않다. '얘기한 것을 반드시 지켜야 한다면서 상관없는 문제들을 나열하고 또 찾아가게 만드는 것은 해결의지가 없는 것이다'. 존중하지 않는 말투와 일관성 없는 태도, 잘못된 것만을 지적하는 것들은 실망하게 만드는 것들이다. 통합사례관리사의 이러한 태도는 긍정적인 관계형성을 저해하는 것은 물론 통합서비스가 다른 유형의 서비스와 차이가 없다는 무능함을 확인하게 한 것이다.

그럼 고위험사례대상자에게 신뢰를 주고, 자조생활 의지를 갖게 하는 통합사례관리사의 태도는 무엇인가?

많은 고위험사례대상자들은 심신의 건강을 유지하고 향상하는 데 관심이 많다. 자신의 힘으로 생활하고 다른 사람들처럼 행복하기를 원한다. 또한 의미 있는 인생을 살아가기를 원한다. 가능한 자신의 힘으로 살아가고, 주변 사람이 아닌 주인공이 되어 주어진 인생을 책임지기를 바란다. 친분을 쌓고 이웃들과 가족, 친구들과 평범하게 살아가기를 바란다. 친구들과 문제를 얘기하면서 조언을 듣고 해결되기까지 최선을 다하려 한다. 어떤 고위험사례대상자는 오랫만에 만난 친구를 통해, 가족들과의 만남을 통해 보람을 갖는다(이마이 유키오. 1994; 박태영 외. 2003. 16-20). 통합사례관리사는 고위험사례대상자에게 삶의 보람을 갖도록 안내하는 전문가임에는 틀림이 없다.

5) 인간적으로 존중하는 슈퍼비전

(1) 존중받지 못하는 생활이해

존중받지 못하는 생활은 무관심하고 관여하지 않는 자기중심적인 삶이다. 무관심한 행동은 가족 간의 갈등이 심하거나 적대적인 관계일 경우 더 자주 나타난다. 평소의 행동을 비난하면서 한심하다는 시선을 보내는 것, 문제를 거론할 때마다 잘못을 인정해야만 수긍하는 행동 등이 비난을 가장한 무관심이다. 이런 사람은 냉담한 표정을 지으며 마음을 상처받게 하는 얘기를 아무렇지 않게 말한다. 자신의 일에만 관심을 두고 신경을 거스르면 비난하는데 상대가 상처를 받고 있다는 것을 상관하지 않는 것이다. 행동을 비난하고 질책하면서 감정을 절제하지 못해 지난 일을 얘기하면서 화를 내고 쉽게 자신의 감정을 표출한다. 더 심해지면 불안정한 감정상태를 방치하면서 폭력을 행사하기도 하는데 무조건 자신의 얘기가 옳다는 것을 주장하는 강요 등이 예이다.

오랫동안 불안정한 상태로 지내면 가족들은 물론 이웃들과도 거리를 두고 관계하지 않으려 하는 것이 그의 성향이다. 이웃들, 또는 주변 사람들과의 관계가 멀어지고 있음에도 개의치 않고, 도움을 줄 만한 사람이 없다는 생각을 하지만 외톨이로 지내는 것이 편하다는 생각도 한다. 사람들과 교류가 없기 때문에 도움을 주고받는 인간적인 관계를 맺지 않으려는 것이다. 그럼에도 자신을 위해 아무것도 하지 않으면서 방치하면서 지낸다.

고위험사례대상자가 통합사례관리사를 대면하는 이유가 다양하겠지만 대개 대인관계 단절이 요인이다. 주변 사람들과 오해가 생겼지만 풀지 못해 힘들어 하고 관계를 개선하지 못해서다. 악화된 관계를 개선하기 위해 위로하면서 "잘 되겠지요. 극복해 내셔야 합니다!"라는 식의 얘기는 조언이 아니다. 격려가 아니기 때문에 도움도 되지 않는다. 관계를 개선하고 싶어도 이미 악화된 관계여서 고위험사례대상자의 노력만으로는 해결할 수 없기 때문에 통합사례관리사를 찾아온 것이다.

따라서 갈등하는 고위험사례대상자의 문제를 지적하면서 "잘못된 점이 이것입니다"라는 얘기는 실망만 준다. 분명 위로와 격려가 담긴 설득하는 대화여야 하고 현실을 이겨 낼 수 있을 정도로 그의 상황에 적합한 슈퍼비전이어야 한다. 어렵게 얘기를 꺼냈는데 딴생각을 하고, 또는 무관심한 태도를 보이면서 질문에 대답하지 않는 것, 문제만을 거론하며 탓하는 태도라면 고위험사례대상자는 잘못 찾아왔다고 판단한다.

통합사례관리사의 문제 중심의 접근과 신중하지 않은 판단, 위축시키는 말투와 태도 등은 고위험사례대상자에게 상처를 주고 더 이상 찾아오지 말라는 엄포이다. 부정적인 기억을 되뇌이게 하여 더 이상 얘기하지 말라는 압력을 내포하고 있어 침묵하게 만든다. 이런 통합사례관리사의 태도 때문에 많은 고위험사례대상자들이 간단한 서비스 외에는 이용하지 않는 것이다. 더욱 심각한 문제는 사회복지기관을 방문하지 않는 등 불신하는 데 있다.

(2) 친화적인 존중과 처우

해결방법은 한 가지다. 문제상황을 직면할 수 있는 역량을 서둘러 강화하는 것이다. 갈등의 상대와 건강한 관계회복을 위해 중재하고 성취감을 가질 수 있도록 다양한 활동에 참여하도록 권유하는 것이다. 이 과정에서 중요한 역할이 격려하면서 이끌어 가는 것이다. 이것은 매우 신중한 접근이기 때문에 고위험사례대상자의 마음가짐에 따라 시간차를 두고 시도되어야 한다.

사회복지기관을 방문한 많은 고위험사례대상자들이 이런 상태에서 통합사례관리사를 만난다. 자발적으로 방문했다는 것은 교류하는 사람들과 가족, 이웃, 친구들로부터 인정받고 싶은 마음이 있는 것이다. 또는 자신에게 문제가 있다는 것을 인지한 것이다. 문제가 해결될 것인지를 고민하면서 통합사례관리사의 얘기에 희망을 품고 점차 나아질 것이라는 기대가 있는 것이다.

통합사례관리사의 주의 깊은 배려가 필요한 때임을 주지해야 하는 가장 큰 이유는 옳지 않은 생활이었다는 것을 인식해야만 심각한 상황에 더 이상 처하지 않겠다고 다짐하는 등 의지를 갖기 때문이다. 통합사례관리사는 고위험사례대상자의 현재의 생활이 주변 사람들로부터 비난받는 생활인지를 확인하고 위축되지 않게 격려하면서 상황을 파악한다. 고위험사례대상자가 비난을 받고 있으면 주변 사람들과의 관계개선을 위한 방법을 찾고 관계개선을 중재하는 데 전력해야 한다.

6) 심리상태를 이해하는 슈퍼비전

(1) 심리상태에 집중하는 경청태도

통합사례관리사의 대화기술과 이끌어 가는 역량에 따라 대화분위기가 부드러워진다. 통합사례관리사가 고위험사례대상자의 생각을 자유롭게 이야기하도록 이끌어 가는 것이 대화를 주도하는 통합사례관리사의 기술이다. 대화분위기가 조성되면 무엇이 문제인지를 직시할 수 있게 질문하고 문제로 인해 발생된 여러 상황을 인지할 수 있도록 설득하는 데 집중한다.

고위험사례대상자가 환경을 탓하고 분노할지라도 참고 기다리면서 대화하는 것이 중요하다. 주거환경을 바꾸기는 어렵지만 최소한 누구의 탓으로 돌리는 다툼의 소재는 피할 수 있기 때문이다. 걱정 없는 사람이 없듯이 누구나 문제를 갖고 살아가는 것은 마찬가지라는 것을 이해하면 대화는 지속된다.

통합사례관리사의 태도에 따라 고위험사례대상자는 도움을 받을 수 있겠다는 생각을 하고, 거절당했다고 판단하기 때문에 심리상태를 파악하면서 대화하는 것은 매우 중요한 대화주도역량이다. 문제를 해결해야겠다는 생각은 통합사례관리사의 긍정의 태도에 의해 형성되고 상호작용에 의해 강화되므로 경청은 대화를 주도하는 통합사례관리사의 중요 역량이다.

(2) 비언어적 태도의 의미파악

통합사례관리사는 고위험사례대상자의 삶에 개입하는 대단히 중요한 역할을 수행한다. 지내 온 생활을 개선하고 생활의 변화를 주도하는 핵심인물로 부각된 현재, 통합사례관리를 운영하는 것 자체가 기관의 핵심인물임을 증명한다고 할 수 있다.

이런 점에서 고위험사례대상자가 통합사례관리사를 찾아온 것은 문제를 상의하고 싶다는 의도가 있는 것이다. 따라서 고위험사례대상자의 문제상황을 질책하거나 비난하지 않아야 한다. 존중하는 말투로 최선을 다해 지원할 것임을 확신하게 해야 한다. 고위험사례대상자와의 초기 면접은 이러한 확신을 갖는 것이 중요하다.

고위험사례대상자의 비언어적인 의사표현에 주의하고 그의 표정과 손짓, 태도를 통해 얘기하려는 것이 무슨 의미인지를 파악하는 데 집중한다. 표정과 태도 등은 문제와 욕구에 대한 반응이며 통합사례관리사가 개입하고 해결해 주기를 바라는 기대를 표현한 것이다.

(3) 심리상태 이해

고위험사례대상자가 욕구를 가장 많이 표현하는 시기가 인테이크 단계이다. 긍정적인 라포 형성에 따라 기대에 걸맞은 역할 또한 수행하겠다는 의지를 가장 적극적으로 표현하는 시기가 인테이크 단계이다. 인테이크 과정은 통합사례관리사와 고위험사례대상자에게 매우 중요하고 통합사례관리 운영의 시작이라 할 수 있다.

하지만 통합사례관리사의 출중한 대화역량이 필요한데, 고위험사례대상자가 얘기하려는 바를 예측할 수 있어야 한다. 그의 이야기를 주목하고 친절한 미소를 지으며 경청하는 자세를 견지하면서 반응하고 청취하는 데 집중한다. 사소한 얘기라도 놓쳐서는 안 된다. 무언가를 강조하여 말하려는 것은 "자신의 문제가 이것이다!"라는 호소이고 의도가 있는 그의 이야기다. 상황을 공감하면 고위험사례대상자가 도움이 필요하다는 것을 알게 되고 호소하려는 것이 무엇인지를 이해하게 된다.

따라서 잘못만을 지적하거나 얘기하는 것은 더 이상 찾아오지 말라는 압력을 내포하고 있어 절대로 해서는 안 된다. 고위험사례대상자의 아픔을 이해한다는 위로와 함께 최선을 다하겠다는 확신을 갖게 하는 것만이 마음을 연다는 것을 기억해야 한다.

CHAPTER 13

통합사례관리사의 슈퍼비전 제공전략

1 통합사례관리사의 슈퍼비전 제공전략

1) 사례상황 우선순위에 의한 슈퍼비전

통합사례관리사가 고위험사례대상자에게 문제해결 등을 위해 제안한 통합서비스를 실행하기 위해서는 다음의 사항을 고려해야 한다.

첫째, 문제의 심각성에 따라 고위험사례대상자에게 제시한 슈퍼비전 내용을 점검하기 위해 충분한 시간을 투자한다. 충실한 노트기록은 고위험사례대상자의 변화를 이해하고 지원이 어려운 문제 등의 해결대안을 찾게 한다. 어렵다고 판단된 문제들의 개선방법 또한 알게 한다. 업무가 복잡하고 오랜 시간을 투자해야만 처리할 수 있는 업무라도 또는 여러 업무를 동시에 처리해야 할 상황이라도 시간을 절약하면서 효과적으로 지원할 수 있는 방법을 찾도록 안내한다.

따라서 업무를 점검하는 시간이 더 많아야 한다. 하루 일과를 시작하고 마감하는 시간에 업무를 점검하고 계획을 수립하기 위한 자신만의 시간을 갖는 것이 시간활용에 효과적이다.

둘째, 통합사례관리사의 업무는 일과 시작 전과 마감시간을 통해 요약되고 취합된다. 대개 피드백을 받아 처리해야 하는 결정사항은 중간보고를 통해 수시로 이루어지지만 중요업무는 계획 수립이 철저해야 한다.

업무계획은 업무의 우선순위 설정이 먼저이다. 계획 수립은 단순업무와 비중 있는 업무를 분류한 후 실행시기를 확정하는 등 우선순위에 따라 일정화하여 계획을 수립하는 것이 업무수행의 성과를 높인다. 우선순위에 따라 슈퍼비전 제공시기를 확정하고 연계할 자원을 섭외하는 것을 포함한다. 우선순위에 의한 업무추진 및 슈퍼비전의 제공은 계획적인 안목을 갖게 하고 통합사례관리 업무를 창의적으로 수행하게 한다.

셋째, 통합사례관리의 시행은 계획적이어야 한다. 계획적인 업무추진은 일정화가 핵심이다. 우선순위에 따라 중요업무와 일반업무를 구분해서 수립해야만 업무모호성을 줄이고 옳은 결정을 내릴 수 있기 때문이다. 따라서 비중 있는 업무와 덜 중요한 업무를 구별해서 수립한다. 업무를 정확하고 신속하게 처리하기 위해서는 우선순위를 정해 시행하는 것이 효과적이다.

2) 슈퍼비전 제공원칙 마련

고위험사례대상자는 통합사례관리사를 뛰어나다고 생각하고 배울 것이 있으며, 어려운 문제를 해결해 줄 수 있는 능력이 있다고 판단한다. 때문에 배울 것이 없는 통합사례관리사에게는 신뢰를 보이지 않는다. "업무가 많아 야근할 수밖에 없다"는 얘기를 하면 관심이 없다고 생각한다. 이는 방치와 같다. 고위험사례대상자에게 관심을 보이지 않는 태도, 문제를 대수롭게 여기는 행동 등은 기대하지 않게 만드는 부정적인 태도다.

통합사례관리사의 또 다른 실수는 '고위험사례대상자가 극복해 낸 일을 수고했다는 말로 대수롭지 않게 여기면서 다음 단계의 과업에 대한 슈퍼비전을 제공하지 않는 것이다', '고민하는 문제들을 사소하게 여기고 다른 업무에 관심을 보이는 것', '관심 있는 것만을 얘기하면서 할 일이 많다는 것을 얘기하는 것' 등이다. 이러한 얘기는 슈퍼비전이 아니다. "나의 고생을 알아 달라"는 의미가 내포되어 있어 '성실함을 드러내며 일하는 모습을 보이면 고위험사례대상자가 적극적으로 따를 것이라는 착각' 때문이다.

기다림이 길어질수록 또는 수시로 기다려야 하면 고위험사례대상자는 통합사례관리사를 찾지 않는다. 고위험사례대상자는 자신의 문제에 관심이 없다는 것을 금세 알아차린다. 문제가 개선되지 않는 이유와 효과적으로 추진할 수 있는 대안을 슈퍼비전으로 제시할 때, 존중하는 마음을 갖고 낭비적인 활동을 중지한다는 점에서 반드시 개선되어야 할 통합사례관리사의 태도이다.

고위험사례대상자의 복잡한 문제를 해결하기 위해 다양한 지원을 해야 하는 것은 그만큼 통합사례관리사의 헌신과 노력이 필요하다. 고위험사례대상자가 통합사례관리사에게 요구하는 것은 옳은 결정과 판단에 의한 슈퍼비전이다. 어떤 결정은 매우 신중하기 때문에 시간이 필요하고, 어떤 결정은 바로 결정해서 실천해야 한다.

고위험사례대상자는 통합사례관리사의 우유부단한 결정을 수용하지 않으며 요청한 사항이 명확하게 처리되기를 기대한다. 그래서 통합사례관리사의 슈퍼비전은 고위험사례대상자에게 지원해야 할 업무처리의 혼선을 방지하고 대비하기 위해 중요하다.

따라서 통합사례관리사의 개인적인 경험이나 판단, 결정을 내릴 때에는 성급해서는 안 된다. 즉시 판단해야 할 상황이라도 결정할 때는 신중해야 한다. 특히 슈퍼비전을 제공해야 할 때는 더욱 그러하다. 고위험사례대상자의 상황에 어떠한 영향을 미칠 수 있는지를 고려하고 변화를 촉구할 수 있는 내용인지를 심사숙고해야 한다.

3) 계획적인 슈퍼비전

첫째, 슈퍼비전 내용을 검토한다.

통합사례관리사의 슈퍼비전은 교육과 훈련에 의해, 상담하는 중에, 서비스를 제공받기 전과 후에, 변화상황을 확인하는 대면과정에서 등 수시로 제공되어야 한다. 하지만 한 번 정착된 업무스타일을 바꾸기가 쉽지 않은 것처럼 좋은 슈퍼비전을 제공하기 위해 자신의 슈퍼비전 방식을 점검해야 한다. 통합서비스가 지원되는 매 회기마다 슈퍼비전 내용이 적절한지를 점검하고 분석하는 것이 슈퍼비전의 질을 높이는 방법이다.

둘째, 효과적인 슈퍼비전 제공방법이 시간 관리를 잘하는 것이다.

시간 관리를 하지 못하는 통합사례관리사는 추진해야 할 업무목록을 만들지 않고 그대로 처리한다. 업무일지 작성만으로도 업무를 잘 처리했다는 식의 태도가 고착되어 있다. 그의 업무는 예측되지 않고 무엇을 수행하는지 등이 파악되지 않는다. 분주하게 무언가를 수행하지만 시간을 낭비하고 간단한 일조차 매우 심각한 업무인 양 동료들의 협조가 필요하다는 등 이유를 말한다.

중요한 업무와 단순업무를 구분하지 않고 처리하는 특성 또한 고착되어 있다. 정작 중요한 업무를 처리하지 않고 그럴 수 있다는 식으로 판단한다. 이런 식의 업무태도가 고착되어 있어 반복적으로, 또한 자주 동료들에게 확인된다. 더욱 심각한 문제는 오랜 시간 많은 노력을 투자한 업무성과에 관심을 보이지 않는다는 것이다. 계획적으로 처리하지 않은 것이 요인이지만 분명 자신의 업무역량을 드러내는 데 실패할 것이 뻔하다.

셋째, 업무계획 수립과 처리시기를 정하는 일정화 계획을 나름대로 고안해서 슈퍼비전 제공시기와 장소 등을 검토해야 한다. 일정화는 당일, 한 주, 한 달의 계획을 업무 중요도에 따라 우선순위를 정해 적당한 시기에 처리할 수 있도록 일자별로 추진시기를 정하는 것을 말한다.

이러한 일정관리는 자기관리에도 도움이 된다. 예측하지 못했던 상황이 발생하거나 급작스런 업무처리 요구 등을 대처하게 한다. 업무 중요도에 따라 어떤 업무가 중요하고, 덜 중요한 업무 또한 구별하게 하여 처리할 수 있게 한다.

고위험사례대상자의 변화상황에 따라 대처해야 할 사항을 파악하고 필요한 사항을 슈퍼비전하는 데에도 효과적이다. 시기에 따라 지원해야 할 통합서비스의 관리는 적시성이 핵심이다.

고위험사례대상자의 상황관리는 일일, 주간, 월간으로 구분해서 관리하는 것이 관리의 효율성을 높인다. 시간 계획적인 관리를 위해 수행할 업무를 일일, 주간, 월 단위로 수립하고 서비스 지원 시점에 맞추어 슈퍼비전 사항을 정리해 둔다. 의도한 변화가 일어날 수 있는 시기를 예측하면서 슈퍼비전을 제시하면 기대한 것보다 더 많은 성과를 도출할 수 있다.

계획적인 업무추진의 결과는 불필요한 활동을 줄이기 위한 방법을 찾고 방해요소인 장애물을 확인하고 제거함으로써 업무효율성을 높이는 데 있다. 이런 점에서 계획된 업무를 추진하면서 제공되는 슈퍼비전은 고위험사례관리자와 통합사례관리사 모두에게 도움이 된다.

4) 상황변화에 따른 근거 중심 슈피비전

통합사례관리사는 마감시간을 지키기 위해 기안문서를 생성하는 등 서류를 처리하기 위해 야근을 하는 경우가 있다. 서류 작성을 위해 고위험사례대상자에 관한 기억을 더듬어 가면서 사례기록지 등을 작성하는 것이 예이다. 이런 경우 특이한 행동이나 언어표현 등 통합사례관리사가 인지한 사항만이 기록된다. 주관적인 판단이 반영될 수 있어 주의가 필요하지만, 어떤 행동은 통합사례관리사의 기억에 남아 있어 문제와 일탈행동만이 기록되기도 한다.

더욱이 통합사례관리사가 기억하지 못하는 많은 사항이 누락될 수 있다는 것이다. 고위험사례대상자의 행동변화에 대한 대부분의 기록이 소실되고, 의지를 갖고 참여한 활동 등이 기록되지 않는 것이다. 더 나은 생활을 지원할 수 있는 시기를 놓치고 문제개선을 위해 시도해야 할 사항을 놓치기도 한다. 정말 큰 문제는 많은 상황에서 고위험사례대상자의 행동변화의 중요 단서가 될 수 있는 기록들이 소실되고 있음에도 문제의식을 갖지 않는 것이다.

기록을 관리하지 않고 소홀히 여기는 것은 고위험사례대상자의 문제를 사소한 것으로 여기기 때문이다. 사소하게 여긴다는 것은 관심이 적기 때문이다. 관심이 적은 것은 그만큼 자신의 역할을 중요하게 인식하지 않는 업무태도가 요인이다. 이러한 업무태도를 갖게 된 요인은 고위험사례대상자의 변화상황을 이해하지 못해서다.

고위험사례대상자에 관한 기록을 보완하고 질을 높이는 방법은 철저한 업무관리 외에는 방법이 없다. 따라서 고위험사례대상자의 상황에 적합한 슈퍼비전을 제시하기 위한 최적의 방법은 그의 상황과 태도, 그의 생각 등을 문서화하고 어떤 내용이 전달되어야 하는지를 점검하면서 시기를 판단하여 제공하는 슈퍼비전만이 변화를 촉구할 수 있다는 것을 명심해야 한다.

5) 예측할 수 없는 상황대비 슈퍼비전

통합사례관리사의 업무일과의 시작은 출근 후 전날 추진하였던 업무를 점검하면서부터 시작된다고 할 수 있다. 매일의 업무는 다양하고 역동적인 업무가 많아 고유 업무를 처리하기 위해 시간 관리를 잘해야 한다. 예기치 않은 업무는 급작스런 회의, 팀 협의를 통해 해결해야 할 업무, 출장, 긴급대상자의 상담, 방문요청 등 무수히 많다. 외부인사의 갑작스런 방문은 소홀하게 응대할 수 없기 때문에 시간을 할애해야 한다. 추진할 업무를 예측할 수 있도록 시간을 안배해서 처리하면 업무수행이 수월해진다.

통합사례관리사의 업무는 계획의 수립과 수립된 계획의 정확성에 따라 실행이 원활해진다. 따라서 업무계획의 수립은 업무 처리의 방해요소를 능동적으로 대처하게 하고 낭비적 활동을 줄이게 한다.

이를 고위험사례대상자의 문제와 결부하여 보면, 고위험사례대상자가 호소하는 어려움과 문제 등은 복잡한 양상을 띠고 있으며 덜 복잡하여도 해결되어야 하기 때문에 계획 수립이 철저해야 한다. 또한 여러 업무에 대한 시간안배 등 시간 관리계획을 수립해야 한다. 고위험사례대상자일수록 상황이 심각하기 때문에 위기상황을 대비하면서 능동적인 슈퍼비전을 제공하기 위해서다.

위기상황을 대비하는 것은 통합사례관리사의 빠른 판단과 결정에 따라 결과가 달라진다. 고위험사례대상자의 편에서 옳은 결정을 내리기 위해서도 중요하다. 위기상황의 관리는 철저한 대비만이 부정적인 결과를 최소화하고 또한 예방할 수 있다.

이러한 준비는 사안이 긴급하고 긴박할수록, 또는 문제가 심각할수록 또는 환경과 결부된 문제일수록 대응에 효과적이다. 하지만 위기상황을 대처할 만한 지식이 없으면 경험에 의존하게 된다. 따라서 가급적 업무시간에 업무를 마친다는 관점을 갖고 업무를 관리해야 한다. 업무시간 내에 업무를 처리하는 것은 자신의 업무를 관리하는 것이며 해당 업무를 계획적으로 처리하는 습관에 의해 형성된다. 따라서 업무관리를 철저하게 이행하면 능동적인 업무관리가 가능해진다. 이러한 업무습관은 훈련과 연습을 통해 숙달된다.

6) 고위험사례대상자 중심 슈퍼비전

(1) 고위험사례대상자 의지강화

통합사례관리사의 명확한 슈퍼비전은 고위험사례대상자가 수행할 역할을 분명하게 알려 준다. 성취감을 얻기 위한 활동에 집중하게 함으로써 기대역할 수행을 위한 의지를 갖게 하고 변화가 필요하다는 인식을 갖게 하는 데에도 효과적이다. 또한 자발적으로 참여하게 만든다. 고위험사례대상자의 상황이 심각하고 문제해결이 모호하여도 변화될 수 있다는 자신감을 갖고 참여하게 한다.

하지만 많은 통합사례관리사가 고위험사례대상자에게 통합서비스를 제공하면서 기대한 결과를 제시하지 않는 등 언제까지 진행할 것이라는 지원시기와 내용 중심으로 설명하려 한다. 이해하였는지를 상관하지 않고 쉬운 용어를 사용하지 않는 것도 발견된다. 충분한 이해가 없음에도 자신이 아는 전문용어를 사용하면서 참여를 강조하기도 한다. 사실 이런 식의 설명은 고위험사례대상자에게 도움이 되지 않는 무리한 요구이다.

고위험사례대상자는 역할이 모호하고, 이해되지 않으면 부담을 갖고 참여해도 변화되지 않을 것이라는 부정적인 생각을 하고 행동한다. 이유는 간단하다. 심리적으로 불안정한 상태에서 참여하였기 때문이다. 수행할 역할이 가중되는 상황, 해결이 불확실한 상황, 모호한 지원방향 등 통합사례관리사의 무리한 추진 때문이다.

이때부터 고위험사례대상자는 갈등한다. 갈등은 자신의 문제가 해결되지 않을 것이라는 부정적인 생각에 매몰되어 있는 것이다. 통합사례관리사의 일방적인 생각을 강요당하는 때부터 갖는 부정적인 사고가 갈등이다. 갈등은 요구라는 부담이 가중될 때 더욱 심화된다. 수행할 수 없는 일이라는 생각이 들 때 심화되고, 반복적이고 대수롭지 않은 과제를 부여하면서 성취감 없이 반복적인 단순활동일 때 부담은 가중된다.

역할모호는 갈등을 일으키는 대표적인 것으로 수행할 과업과 동기 및 변화 결과를 제시하지 않는 통합사례관리사에 의해 조장되는 경우가 대부분이다.

고위험사례대상자는 통합서비스의 지원 이유와 성과를 알기 원한다. 변화된다는 확신을 갖고 통합사례관리사의 기대 또한 알기 원한다. 혼란스러운 현실을 벗어나기를 원하고 이를 해결해 줄 유일한 전문가가 통합사례관리사임을 알고 있어 문제가 명료하게 정리되기를 기대하면서 참여를 주저하였지만 참여한 것이다. 따라서 고위험사례대상자를 개별화하고 관심을 보이면서 끝까지 신뢰하고 있다는 것을 그의 입장에서 이해될 수 있도록 슈퍼비전으로 제공되어야 한다. 존중하는 태도로 예의 바르게 처우하면서 그의 기대를 충족할 수 있는 슈퍼비전을 제시하는 것만이 부정적인 생각을 갖지 않게 하는 방법이다. 설사 고위험사례대상자가 갈등하고 있어도 중재노력과 과업조정을 통해 해결될 수 있다는 확신을 가질 수 있게 해야만 설득되어 이 같은 부정적인 사고를 갖지 않는다.

(2) 고위험사례대상자 상황 중심 슈퍼비전

① 통합사례관리사의 선행경험 소개

고위험사례대상자의 수행역할을 이해시키기 위해 슈퍼비전을 제시하는 경우 수행사항에 대한 참여과정을 자세하게 설명하는 것이 좋다. 역할 수행 이후의 생활 또한 고위험사례대상자의 입장에서 자세하게 설명하라는 것이다. 상황이 당장 해결되는 것은 아니지만 동기를 부여하고 의지를 갖게 하는 것이 먼저라는 것이다.

고위험사례대상자는 변화가 필요하다는 인식을 가질 때부터 적극적으로 참여한다. 통합사례관리사의 선행경험을 소개하고 또는 유사사례를 지원한 경험을 설명하는 것은 참여의지를 갖는 데 도움이 된다. 심각한 상황이기 때문에 “시간이 없으니 바로 시행해야 한다”는 얘기를 하면서 여러 개의 역할을 동시에 요구하는 것 등은 의욕을 상실하게 하고 포기하게 만든다. 과업을 제안하기에 앞서 고위험사례대상자가 이해 갖고 참여할 수 있도록 안내하는 것이 효과적이다.

자신의 문제를 이해하고 어떤 행동이 문제였는지를 알게 되면, 상황개선을 위해 무엇을 시도해야 하는지 등 긍정적인 생각을 하면서 문제개선을 위해 노력한다. 이렇다면 변화를 예측할 수 있다. 이때부터 고위험사례대상자는 설득된다. 따라서 통합사례관리사가 경험한 것을 고위험사례대상자에게 슈퍼비전으로 설명하는 것은 예견된 문제들과 장애물 등을 이해하게 하고 극복하기 위한 의지를 더욱 강화한다.

고위험사례대상자의 상황을 이해하는 것이 먼저이고 동기부여는 그 다음에 할 일이다. 동기부여는 통합사례관리사의 슈퍼비전에 의하기 때문에 탁월한 선택이었다는 것을 알게 하는 성공사례와 실패경험을 소개하는 것이 의지강화에 도움이 된다. 성공사례와 실패경험을 소개하는 대화식의 슈퍼비전은 성공을 선택하게 하려는 의도적인 대화이다. 성공사례와 실패경험은 문제해결을 위해 무엇을 선택해야 할지를 알게 하는 통합사례관리사의 상담전략이다.

② 쉬운 설명

고위험사례대상자의 입장에서 가급적 이해할 수 있는 용어를 사용하고 자세하게 설명하는 것이 이해를 높인다. 따라서 일방적으로 전달하는 대화는 대화가 아니다. 고위험사례대상자가 이해하는 것만이 문제해결을 앞당긴다는 점에서 일방적인 얘기는 지시이고 강압적인 요구에 불과하다. 무리하다는 판단은 고위험사례대상자보다 통합사례관리사가 먼저 인지한다. 대개 면담을 통해 알아차리기 때문에 고위험사례대상자가 갈등하고 있다는 것은 표정과 태도, 반응을 통해 확인할 수 있다.

이를 감안하면 최적의 활동임을 이해시키는 것이 적절한 슈퍼비전의 제공이다. 기대를 높이기 위한 동기부여는 변화상황을 기대하도록 설득하는 데 있다. 이때부터 고위험사례대상자는 적극적으로 참여하겠다는 의지를 갖고 행동으로 실천하기 때문이다.

고위험사례대상자의 이해를 높이기 위한 통합사례관리사의 설명식 슈퍼비전은 두 가지 차원에서 중요하다. 먼저, 서비스 지원과정에서 통합사례관리사가 제안하는 모든 역할이 고위험사례대상자의 입장에서 수행이 가능하고 성취될 수 있어야 한다. 둘째, 통합사례관리사의 설명은 고위험사례대상자의 상황개선과 변화를 위한 정보로 충분해야 한다.

③ 심신의 상태 확인

고위험사례대상자는 통합사례관리사를 만나 통합서비스를 제공받으면서 생활이 안정되고 심신이 안정되는 변화를 경험해야 한다. 자신의 상황을 직시하고 변화의지를 더욱 강하게 가질 수 있어야 한다. 하지만 통합서비스를 관리하지 않으면 이러한 변화의지를 잃어버리고 통합사례관리사의 영향력 또한 상실된다.

고위험사례대상자가 통합서비스를 제공받는 과정에서 포기하고 할 일이 있다며 해야 할 역할을 고의로 수행하지 않는 경우 등이 예이다. 이러한 상황이 자주 발생하면 고위험사례대상자에게 또 다른 문제가 있다는 신호라고 인식해야 한다. 고위험사례대상자가 '불만을 얘기하고 불편한 감정을 행동으로 보이는 것', 또는 '원인을 찾기 위해 대화를 시도하지만 속내를 드러내지 않으려 하면' 문제에 직면해 있는 것이 분명하다. 통합서비스를 적극적으로 관리하지 않을 때 나타나는 현상으로 계속 대화를 시도하면서 대안을 강구하는 것이 적절한 대처이다.

누구에게나 새로운 일은 부담이다. 모르는 사람과 무언가를 시도하면서 시행하는 것은 긴장하게 만든다. 불안해하면서 포기하는 것은 낯선 상황이 부담이기 때문이다. 처음 만난 전문가에게 자신의 상황을 이야기하고, 자원봉사자들과 새로운 것들을 시도하는 것은 용기가 필요하다. 때문에 인내가 필요하고 의지가 강해야 한다. 고위험사례대상자가 제공받는 통합서비스는 새로운 경험이기 때문에 참으면서 통합사례관리사를 따랐을지 모른다. 이것은 도전이고 두려운 과업이다. 만약 통합서비스를 제공받는 기간이 길어진다면 불안함은 더 가중될 수밖에 없다.

따라서 통합사례관리사는 고위험사례대상자가 부담을 갖지 않도록 도와야 한다. 대화방법을 모색하고 슈퍼비전의 제공방식을 다양화하는 등 그의 상황에 적합한 슈퍼비전 방식을 찾아야 한다. 불안정한 심리상태를 파악하고 불편한 것이 있는지를 확인하는 등 서비스가 제공될 때마다 슈퍼비전을 제공하는 것이 방법이다. 심리적인 부담을 최소화하기 위해 가급적 부드럽게 대화하면서 집중할 수 있도록 생활의 애기를 질문하는 것도 대화를 이끌어 가는 방법이다. 긴장을 줄이는 효과적인 방법은 대화식으로 슈퍼비전을 제공하는 것이다.

고위험사례대상자는 상처받기 쉬운 감정상태에 놓여 있다고 보아야 한다. 감정상태를 살피면서 과중된 사항이 있는지 확인하면서 대화하면 긴장하지 않고 안정을 찾는다. 참여하는 전문가와 자원에 대해서도 충분한 이해가 필요하므로 이해하기 쉬운 용어를 사용하고 참여적 활동이 필요한 이유를 설명한다.

이제 고위험사례대상자의 이해 정도를 확인한다. 부정적으로 인식하는 것은 없는지, 수행능력을 벗어난 활동인지, 시간에 쫓기면서 참여하는지, 기분 좋게 참여하는지 등 불안하지 않도록 지지하면서 슈퍼비전을 제공한다. 고위험사례대상자의 심신의 상태를 파악하는 효과적인 방법은 관찰과 질문이다.

④ 쉬운 역할에서 어려운 역할 수행방법 제시

통합사례관리사의 슈퍼비전에 의해 고위험사례대상자는 자신의 상황을 직시하고 해야 할 역할을 알게 된다. 하지만 통합사례관리사가 제안한 여러 활동은 통합사례관리사와 함께 수행하는 시간보다 가정생활과 사회생활 중에 스스로 수행하는 활동이 많기 때문에 통합서비스를 제공받는 시간을 제외하고는 혼자서 수행할 수 있어야 한다. 이것은 통합사례관리사에게 매우 신중하고 치밀한 변화의도 전략이다. 계획의 수립은 스스로 수행이 가능하고 성취 가능하게 수립되어야 한다.

성취가 많을수록 자신감을 갖기 때문에 고위험사례대상자의 의지 또한 강해야 한다. 고위험사례대상자의 의지는 통합사례관리사의 이끌어 나가는 슈퍼비전 역량에 따라 강화된다는 점에서 성취감을 얻을 수 있는 활동이어야 한다.

통합사례관리의 지향점은 통합사례관리 운영기간이 종료된 후 고위험사례대상자의 자조적인 생활유지에 있다. 지향목표를 성취하기 위해 고위험사례대상자를 이끌어 가면서 실행의지를 강화하는 데 목적을 둔다. 직면한 상황을 개선할 수 있을 정도의 과업제안을 바람직한 것으로 보는 이유가 여기에 있다. 가급적 쉬운 역할부터 어려운 과업으로 진행하고, 점진적으로 과업의 강도를 높이는 방식으로 슈퍼비전을 제시하는 것이 바람직하다. 이를 시간 점진적인 과업의 배치라 하고, 또는 시계열적인 과업의 배치라고 한다. 시간 점진적인 일정화 계획의 수립은 쉬운 역할에서 점차 어려운 과업을 성취할 수 있도록 수립해야만 성취감을 높일 수 있다.

따라서 시행 초기에 너무 어려운 과업을 제안해서는 안 된다. 각각의 단계마다 서비스가 이해될 수 있도록 충분하게 설명하고 이러한 이해가 충분하다는 판단이 들 때 다음 단계의 과업을 진행해야 한다. 문제 발생 시 도움을 받을 수 있는 기관에 문의하기, 도움을 줄 수 있는 전문가에게 찾아가기, 지역의 도움제공이 가능한 기관 알아보기 등을 스스로 수행할 수 있어야 한다.

고위험사례대상자가 지원받는 통합서비스는 자력으로 수행이 가능하고 성취감을 가질 수 있는 역할의 배정이 핵심이다. 이러한 전략은 통합서비스를 제공받는 과정에서 전문가들과 수행하는 활동에 적극적으로 참여하게 하려는 의도가 있다. 또한 혼자

있거나 가족들과 수행할 수 있어야 한다는 전제 때문이다. 즉, 통합사례관리사가 통합서비스를 주도하면서 고위험사례대상자의 의존성을 최소화하고 서비스를 제공받는 중이라도 가급적 독립적이고 자조적으로 생활할 수 있는 역량을 강화하기 위해서다.

⑤ 정보를 얻는 방법 제시

고위험사례대상자가 서비스를 제공받는 중에 통합사례관리사와 주변 사람들과 갈등하는 경우가 있다. 대개 낯선 상황을 적응하지 못해 감당하지 못하겠다는 판단을 하면서 보이는 반응이다. 사회복지기관의 서비스 대상자로 등록된 후 통합사례관리사와의 정기적인 상담에 참여하고 생각하지 못했던 서비스를 제공받아야 하는 등 생활방식의 변화는 참여를 주저하게 만드는 요인이다. 이해가 부족한 상황에서 여러 활동에 참여해야 한다는 통합사례관리사의 요구를 따라야 하는 것도 마찬가지다.

어느 대상자는 힘들다고 하여도 참는 것을 선택하기도 하는데 이 같은 고민이 가중되었기 때문이다. 자신의 상황이 매우 힘든 것은 맞지만 살아온 신념을 바꿔 가면서까지 참여해야 할지는 고위험사례대상자에게 무리한 요구이다. 통합사례관리사가 이러한 고위험사례대상자의 심리상태를 알아채지 못하고 그의 형편만을 거론하면서 무리하게 개입하는 것은 힘겨운 생활을 혼자서 감당해 온 지난날의 버팀을 후회하게 만들고 참여하지 않겠다는 것을 잘 선택하였다는 결정을 확인하게 하는 잘못된 지원이다. 이는 옳은 것과 옳지 않은 것에 대한 기준을 모호하게 만든다. 혼란이 많을수록 통합사례관리사의 노력은 의미 없게 되어 옳았다고 인식하게 한다.

종결 이후 자조생활을 포기하게 만드는 대부분의 요인은 계획 없이 시행된 통합사례관리사의 무모한 개입 때문이다. 인테이크에서 합의한 목적을 상실하고 여러 역할을 동시에 수행해야 하는 부담이 가중되었을 때에도 고위험사례대상자는 포기를 선택한다.

고위험사례대상자는 수행할 역할이 많을수록 문제해결을 위한 정보습득 방법을 알기 원한다. 원하는 정보를 스스로 습득하지 못하면 포기 등을 선택하는데, 이를 방지하기 위해 재사정을 시행하고 정보습득 능력을 갖추기 위한 방법을 찾아야 한다. 정보를 활용하는 방법 또한 슈퍼비전으로 제시되어야 한다. 정보습득 능력은 고위험사례대상자가 습득해야 할 매우 중요한 역량으로 고위험사례대상자가 자신의 상황을 알리고 도움 받을 방법과 제공기관 등을 알고 자력으로 수행하는 것은 자조생활 유지에 필수적인 것이다.

고위험사례대상자 또한 자신의 문제를 해결하기 위해 자원의 활용방법을 알고 협조 받을 수 있어야 한다. 성인이 되어도 문제들은 계속 직면하기 때문에 도움을 받는 것은 결코 동정이 아니며 문제극복 역량을 강화하는 것임을 이해해야 한다. 따라서 고위험사례대상자가 해보지 않은 일을 수행할 수 있도록 지원하기 위해서는 정보를 얻는 방법과 활용방법을 알아야 한다. 이를 돕는 전문가가 통합사례관리사인 것은 분명하다.

⑥ 자조생활 유지활동 제시

고위험사례대상자의 자조생활 유지는 매우 중요한 통합사례관리사의 과업이다. 통합서비스 지원이 성공적이었음을 확인하게 하고 사회복지기관의 서비스가 고위험사례대상자의 변화에 효과적이었음을 증명하게 한다. 전문가의 개입이 고위험사례대상자의 변화에 기여되었음을 확인하는 것도 자조생활 유지 정도에 의한다. 이러한 활동은 오직 통합사례관리사의 슈퍼비전 제공이 적절했을 때 나타나는 결과이다.

고위험사례대상자의 자조생활 유지는 지속적인 슈퍼비전 제공에 의해 강화된다. 첫째, 고위험사례대상자는 수혜자가 아니라 지역의 주민으로 생활할 수 있어야 한다는 목적을 갖고 제공해야만 자조생활은 유지된다. 둘째, 필요한 때에 도움을 받을 수 있는 지역의 사회복지기관에 대한 정보가 충분해야 한다. 셋째, 가족들이 지지원으로 역할하도록 강화하는 목적에서 통합서비스는 제공되어야 한다.

⑦ 자조생활의 목적

통합서비스와 사회복지서비스의 차이는 고위험사례대상자의 변화를 목적으로 지원하는 것은 동일하지만, 다양한 분야의 전문가 등이 참여하고 통합사례관리사의 주도하에 체계적으로 지원되어야만 자조생활 목적을 달성할 수 있는 성취 중심의 목적 지향성에서 차이가 있다.

고위험사례대상자 스스로 안정적으로 살아가는 데 목적을 둔 서비스가 통합서비스이다. 목적을 갖고 의도적으로 지원하는 통합서비스는 고위험사례대상자의 안정된 생활의 준비에 목표를 둔다. 누구나 미래를 준비하기 위해 현재에 충실해야 하듯이 고위험사례대상자 또한 주민들과 같은 방식으로 생활할 수 있어야 한다. 조건의 불리함은 삶의 방식이 다른 것뿐이지 생활을 위해 살아가는 것은 마찬가지다.

이런 점에서 고위험사례대상자는 통합사례관리에 참여해야 하고, 사후관리 과정까지 통합서비스를 제공받으면서 자신의 삶을 책임질 수 있도록 역량을 갖추기 위해 통합사례관리사로부터 다양한 서비스를 제공받아야 한다. 문제에 일시적으로 노출되었을 뿐이라는 시각을 견지하면서 통합서비스를 지원받아야 한다.

자조생활을 영위하지 않는 사람은 없다. 인간이 누리는 권리에 해당하기 때문에 자조생활을 통해 완성되는 개인다운 삶은 자조생활을 유지하고 자기결정에 의한 삶인가에 의한다. 심한 질병을 앓고 있는 중증의 장애인이라도 그다운 삶이 있으며 이러한 삶은 추구되어야 한다. 인간다운 생활은 어렵고 힘든 일을 당했다고 해도 극복할 수 있는 자신만의 삶을 추구하는 것이다. 더욱 의지를 갖고 포기하지 않는 생활을 말한다.

그 다운 삶을 살아갈 수 있게 도움을 주고, 힘을 내게 하는 목적 있는 실천이 통합사례관리이다. 방법적 대안이 통합사례관리를 통해 제공하는 통합서비스이다. 통합서비스의 제공과정에서 심신의 안정을 지지하고 격려하면서 이끌어 가는 유일한 복지실천전략이 통합사례관리이다. 그 수단으로 통합사례관리사가 제공하는 방법적 실천이 슈퍼비전이다.

2 통합사례관리 운영계획에 의한 슈퍼비전

통합사례관리를 진행하는 과정에서 고위험사례대상자에게 제공되는 슈퍼비전은 감성에 호소하는 것이 효과적이다. 문제해결을 위한 동기를 부여하고 의지를 갖게 하면서 문제는 해결된다는 마음의 울림이 있어야만 동기는 강화된다. 통합사례관리사의 마음 씀씀이와 환대하는 태도 등이 설득에 효과적이라는 것이다. 고위험사례대상자를 대하는 태도와 관심 어린 모습이 진정성 있게 전달되면 긍정적인 라포가 형성되어 진실한 교제를 나누게 된다.

설득하는 슈퍼비전을 업무에 적용하기 위해서는 다음의 사항을 고려해야 한다.

1) 실행 가능한 슈퍼비전 계획 수립

통합사례관리사는 고위험사례대상자의 상황에 언제든 개입할 수 있도록 준비되어야 한다. 고위험사례대상자의 상황에 개입하기 위한 준비는 업무수행계획의 실행 가능성과 관련이 많다. 실행 가능한 슈퍼비전계획은 고위험사례대상자의 요청이 있을 때 지원할 수 있는 준비를 말하고 예기치 않은 상황을 대비하는 것이다.

이는 신속하게 고위험사례대상자의 문제 등을 대처하기 위한 지원의 적절성과 관련이 있다. 업무수행계획에 따라 고위험사례대상자에게 제공되어야 할 슈퍼비전 사항을 시간 계획적으로 우선순위를 정해 업무계획에 반영해서 수립하는 것을 말한다. 이러한 준비가 다양한 상황을 대응하게 하기 때문이다.

주 단위 또는 일일 업무계획의 수립은 계획적인 사고를 갖게 하고 목표 중심의 업무태도를 형성하게 한다. 계획적인 업무 슈퍼비전의 전달계획은 사업계획에 기초하기 때문에 일 년을 주기로 한 달의 계획을 수립하고, 주간계획과 일일계획으로 수립하는 것이 업무비중의 우선순위에 따라 처리를 전제로 수립하는 방법이다. 고위험사례대상자의 지원 시 수행할 업무와 불필요한 업무를 구분하게 하는 시각도 갖게 한다. 갑작스런 고위험사례대상자의 요구가 있을 때, 또는 타 부서와의 협조 및 요청 등에도 체계적으로 슈퍼비전을 제공하게 한다.

2) 슈퍼비전 업무계획 수립절차

고위험사례대상자에게 능동적으로 슈퍼비전을 제공하기 위해서는 계획을 수립한 후 제공시기를 일정화해야 한다.

먼저 연간 사업계획에 슈퍼비전 제공사항을 업무로 표시하여 반영한다. 사업계획의 수립은 미래지향적인 활동을 위한 기획사무로 업무수행방향을 알게 한다. 모든 사업은 시행시기가 있고, 누가 주체가 되어야 하는지, 참여자가 누구인지, 관련된 자원이 참여해야 하는지 등 수행사항을 예측할 수 있어야 하는데, 계획은 일정화를 의미하고 수행할 업무의 시기를 정하게 하는 효과가 있으므로 업무시행시기와 처리사항을 사전에 예측하게 하는 능동적인 자기주도 업무관리방식에 따라 성과가 달라진다.

즉, 어느 시기에 무엇을 슈퍼비전 할 것인지를 예측해야 한다는 것이다. 또한 어떠한 방법이 고위험사례대상자의 변화를 촉구할 수 있고, 최적의 대안이 무엇인지 등을 고려할 수 있어야 한다. 이러한 과정이 순조롭게 진행되면 통합사례관리사는 슈퍼비전의 제공 시마다 기대한 결과를 도출할 수 있게 되어 성취감이 높아진다.

또한 참여할 자원들을 모집하고 설명할 내용을 검토한다. 전달방법과 내용을 구상하는 등 최상의 설득방법을 모색하기 위해서다. 일 년의 사업일정을 수립하면 월 단위계획과 주간계획의 수립이 용이해진다. 또한 부서사업을 계획하면서 요약된 단위사업계획서를 미리 작성하면 추진할 사업의 실행시기와 추진사항을 사전에 예측할 수 있다. 그럼 업무처리 시기를 놓치지 않게 된다. 이는 고위험사례대상자에게 제시하는 슈퍼비전이 적절해야만 변화에 기여할 수 있다는 것과 같은 원리다.

상황에 적합한 슈퍼비전 제시는 통합사례관리사의 사전예측에 의해 변화양상이 달라진다. 고위험사례대상자를 지원하는 데 있어 일정화 계획 수립은 통합사례관리사가 무엇을 대처해야 하는지, 상황에 적합한 슈퍼비전을 제공하기 위해 필요한 자료가 무엇인지 등을 준비하게 하여 질 높은 슈퍼비전을 제공할 수 있게 한다. 역량이 있다는 평가 또한 받게 한다. 일정화 계획 수립은 통합사례관리사의 대처와 관련된 역할 수행전략이다.

단위 사업계획의 수립은 사업계획에 따라 기안을 통해 수립하는 것이 일반적이다. 6하 원칙에 의해 작성하고 평가도구를 반영한다. 평가도구의 반영은 성과도출의 객관성과 타당성 등 신뢰를 강화하게 한다. 부서에서 추진하는 모든 사업을 계획에 반영하고, 반복적인 사업과 정기적으로 시행하는 사업 또한 마찬가지 방식으로 수립한다.

사업계획서의 내용은 각각의 단위계획에 따라 목적, 목표, 인력구성과 업무분장사항을 명시하고, 핵심사업을 기술한 후 기대효과를 기술하는 것으로 마무리한다. 계획서에 반영한 사업 가운데 고위험사례대상자에게 제공하는 슈퍼비전 사항을 별도로 표기하고 기대성과를 명시하면 일정별로 지원해야 할 슈퍼비전 내용이 체계화된다.

3) 사업계획 자료화

수립된 슈퍼비전 제공 계획은 본인만 알고 있어서는 안 되며 자료화하여 직원들과 공유하는 것이 계획적인 추진의 기본이다. 계획적인 추진은 기관의 사업과 부서사업, 직원들의 업무를 이해하게 한다. 수행할 업무의 책임성을 강화하는 데에도 효과적이다. 또한 기관 및 부서, 직원들의 업무이해를 높여 협조 등을 원활하게 한다.

4) 사업계획서 공유 및 확산

마지막으로 통합사례관리 사업계획 및 고위험사례대상자와 관련된 사항에 대한 공유와 평가에 관한 것이다. 통합사례관리사의 업무이해를 높이고 업무관리의 효율성을 높이기 위해 계획 수립 및 통합서비스 제공 계획 등을 수립하기 전 교육을 실시한다. 통합서비스는 기관의 사업이고 고위험사례대상자의 안정된 생활을 보장하기 위한 전략이므로 교육과정을 마련하여 시행하면 변화촉구는 물론 계획에서 제시된 성과도출이 용이해진다.

단순지원과 정기적으로 지원해야 할 서비스를 구분하고, 상담시기와 지원해야 할 서비스를 분류한다. 고위험사례대상자 유형을 분류하고 통합사례관리사를 비롯하여 동료 및 관리자, 외부전문가의 역할을 세분화한다. 지원하는 서비스는 사례의 상황에 따라 긴급, 위기, 일반적인 서비스로 분류한다. 반복적이고 정기적으로 지원하는 서비스, 부서에서 지원하는 서비스를 구분한다.

이제 통합사례관리사의 역할을 명시하고 슈퍼비전 사항을 정리한다. 기관의 서비스를 분석한 후 시기별로 지원해야 할 서비스를 구분하면 고위험사례대상자에 대한 지원사항을 사전에 파악할 수 있어 지원의 적시성을 높일 수 있다. 이러한 분류는 슈퍼비전 제공시기를 판단하기 위해서이며 슈퍼비전의 질을 높이기 위해서다.

회의시간 또는 자체연수회를 통해 고위험사례대상자에게 지원할 사항을 브리핑하고, 성과공유 시간을 통해 동료 및 타 부서 직원들의 이해를 높인다.

집중하면서 적극적으로 참여할 수 있는 시기를 정하는 것은 수행업무에 대한 이해를 높이고 가치적인 활동임을 인식하게 한다. 성취할 목표 또한 공감하게 한다. 목표에 집중하면서 수행성과를 공유하는 효과도 있다. 따라서 사업계획의 공유는 성과를 도출하는 것 이상의 일체감을 형성하는 데 효과적이다.

3 고위험사례대상자의 역량강화 슈퍼비전

1) 능력을 성장시키는 코칭슈퍼비전

코칭은 피코치인 고위험사례대상자를 성장하게 하고, 생활의 기술을 개발시켜 생활에 필요한 것들을 자조적으로 충족할 수 있도록 통합사례관리사의 경험과 기술을 조언하는 슈퍼비전의 일종이다.

통합사례관리사가 소속된 기관에서 해당 업무를 효율적으로 수행하고 조직의 전략과 미션 달성을 지원하는 기능 또한 코칭의 효과이다. 코칭이 적절하면 만족이 높아진다. 또한 상황을 효과적으로 대처할 수 있는 기술과 지식을 습득하게 된다. 적절한 행동, 가치관 등을 인지하는 것도 코칭의 효과 때문이다. 통합사례관리사와 고위험사례대상자가 함께 성장하는 경험 또한 코칭이 활발하게 이루어졌을 때 나타나는 결과이다. 즉, 코칭은 고위험사례대상자에게 자신감을 불어넣는 에너지를 제공한다. 적극적이고 능동적으로 생활하도록 안내한다(Duke Corporate Education. 박정민 외역. 2009. 39-40).

코칭이 피코치의 성장을 돕는 것이라면, 고위험사례대상자에 대한 친절한 통합사례관리사의 태도는 코칭의 목적을 달성하는 데 견인차 기능을 한다. 편안한 관계를 형성할 수 있는 분위기를 조성하는 것, 부드럽게 조언하면서 마음을 열도록 신뢰관계를 돈독하게 하는 것 등은 코칭의 영향력 때문이다.

또한 코칭은 문제해결에 필요한 정보를 제공하고 능력강화에 필요한 기술을 습득하게 한다. 이것은 통합사례관리사가 보유한 지식과 기술을 어떠한 방식으로 전수할 것인가와 관련이 많다. 고위험사례대상자의 문제해결 능력을 강화하기 위해 통합사례관리사가 모델이 되어야만 변화기대를 갖고 참여하기 때문이다.

2) 진정성 있는 슈퍼비전

통합사례관리사가 슈퍼비전을 제공하면서 진실하게 고위험사례대상자를 처우하면 역량 개발은 물론 능력 또한 신장될 수 있다. 또한 고위험사례대상자의 성장을 촉진하는 데에도 효과적이다. 그래서 통합사례관리사의 슈퍼비전은 고위험사례대상자의 부족한 기술과 능력신장을 촉진하고 사회생활에 빠르게 적응하게 하는 등 복지실천 활동이라고 하는 것이다.

고위험사례대상자는 가족들과 이웃들로부터 비난을 받았던 고통스러운 과거를 잊고 싶어 한다. 생활의 문제 또한 벗어나기를 바란다. 문제없이 지냈던 예전의 생활을 그리워하면서 가족들과 잘 지내기를 바라고 주변 사람들과도 좋은 관계를 맺기 원한다. 자신 때문에 문제가 생겼다는 것을 알고 있으며 더 이상 상황이 악화되는 것을 바라지 않는 것이다. 가족들과 의견대립을 피하는 방법은 정말 알고 싶어 한다. 통합사례관리사는 고위험사례대상자의 감정을 위로하고 안정된 생활을 유지하기 위한 방법을 알려 주어야 할 책무가 이 같은 기대를 충족하기 위해서다.

비난을 받지 않는 방법을 알기 원하고 가족들과 갈등하지 않는 방법을 슈퍼비전하면서 위로를 보내는 것이 통합사례관리사의 코칭이다. 조언하면서 이끌어 가는 것만이 방법이다. 비난을 받지 않고 대화하는 방법을 조언하고 상처받지 않는 그만의 방식을 찾도록 도와야 하는데, 코칭과정에서 진정성이 전달되면 고위험사례대상자는 마음을 연다. 신뢰할 수 있는 진정성 있는 대화를 통해 숙련되고 경험이 많은 통합사례관리사의 경험이 마치 자신의 경험인 것처럼 이해하는 것이다.

이와 같은 통합사례관리사의 코칭은 생활이 어려워도 심신의 안정된 생활을 유지하는 대안이 담겨 있다. 고위험사례대상자의 직면문제를 능동적으로 대처할 수 있도록 안내하기 때문이다.

3) 다양한 기회제공

슈퍼비전 제공의 기본원칙은 고위험사례대상자의 능력개발을 목적으로 문제극복 역량을 강화하기 위한 성장 가능성을 제안하는 데 있다. 가급적 그의 상황에 적합한 대안을 제시하는 것이 슈퍼비전 제공의 원칙이다. 능력신장에 필요한 다양한 방법과 대안을 스스로 찾고 생활에 적용하는 것을 목적으로 한다. 통합사례관리사는 고위험사례대상자의 역량개발을 위해 다양한 활동을 수행하면서 겪을 수 있는 문제극복 방법을 반드시 슈퍼비전으로 제시해야 한다.

지난 시간의 어려움으로 인해 실행을 주저하거나 포기하려는 태도 등은 통합사례관리의 질을 저하시킬 뿐만 아니라 참여의지를 갖지 않게 한다. 대개 통합사례관리의 시작 단계에서 자주 발생하기 때문에 관계가 원만하고 코칭이 적절하면 극복이 가능하다. 이 고비를 넘기면 고위험사례대상자는 문제극복 역량을 갖추었다고 볼 수 있다. 하지만 완전한 준비가 아니므로 지속적인 지지와 격려가 슈퍼비전으로 제공되어야 한다.

통합사례관리사의 지지하는 코칭은 고위험사례대상자의 문제 직면 시 옳은 판단을 내리게 하고 자신감을 심어 주어 낙심하지 않고 극복할 수 있는 용기를 갖게 한다. 동기를 유발하고 의지 또한 강화한다.

통합사례관리사는 고위험사례대상자가 성취할 수 있는 활동을 제안하고 잠재력 개발에 집중하면서 능력 강화에 목적을 두고 그의 상황변화를 세밀하게 관찰한다. 중요한 것은 성취 가능한 활동을 슈퍼비전하면서 성취할 때마다 격려하는 것이다. 통합사례관리사의 지지자 역할은 사후관리까지 계속되어야 한다.

4) 역량강화 방법 제시

통합사례관리사는 고위험사례대상자의 상황을 잘 파악하고 있어야 한다. 인테이크 과정에서 고위험사례대상자와 가족들의 정보를 습득하고 통합사정을 통해 강점과 약점 또한 파악하고 있어야 한다.

장애물을 제거하기 위해 서비스를 계획하고, 계획을 토대로 개입해야 하기 때문에 고위험사례대상자, 보호자 등 가족들의 이야기는 문제해결의 핵심정보이다. 수집된 자료는 통합사정과 통합사례회의에서 다룰 수 있을 정도로 충분해야 하는데 양질의 정보습득만이 상황변화에 결정적으로 영향을 미치는 등 긍정적인 결과를 기대하게 한다. 정확한 정보를 습득하느냐가 고위험사례대상자의 문제해결을 앞당기고 통합사례관리 운영에도 효과적이다. 고위험사례대상자가 문제의식과 개선 의지를 갖는 것도 수집된 정보가 이해되고 설명이 적절했기 때문이다. 문제극복 방법을 알게 되었고 참여를 결심하도록 설득하였기 때문이다.

중요한 것은 할 수 있다는 자신감을 계속 가질 수 있도록 해결기대를 높여야 한다는 것이다. 해결기대를 확신한 때부터 고위험사례대상자는 상황개선을 위해 자발적으로 참여하고, 대안을 찾기 위해 노력하기 때문이다. 또한 통합사례관리사가 제안한 사항을 확인하면서 생활에 적용하기 위해 노력하는 등 의지를 갖고 실천하기 때문이다.

직면한 문제를 극복하겠다는 의지가 있으면 역량은 강화된다. 이런 의지를 보이면 통합사례관리는 성공한 것과 다름이 없다. 고위험사례대상자는 자신의 역량을 잘 알고 있다. 자신감이 없는 것은 경험이 없기 때문이고 경험이 부족해서다. 사실 고위험사례대상자가 통합사례관리사의 슈퍼비전을 통해 기술을 배우고 새로운 기술을 습득해도 의지가 없으면 실천하지 못한다.

이를 강화하는 방법이 통합사례관리사의 지지적 슈퍼비전이다. 지지적 슈퍼비전은 고위험사례대상자를 이끌어 가는 매우 중요한 통합사례관리사의 기술로서 성취감을 갖게 하고 에너지를 제공하여 참여를 활기차게 만든다. 성취감을 얻기 위한 활동 또한 더욱 추구하게 한다. 통합서비스의 지원과정에서 슈퍼비전을 계속 제공해야 하는 이유로서 서비스의 기획 단계부터 고위험사례대상자의 변화상황에 따라 격려하고 적극적으로 활동할 수 있도록 이끌어 나갈 수 있는 통합사례관리사의 핵심역할은 지지적 슈퍼비전을 그의 상황에 맞게 제공하는 데 있다.

지지적 슈퍼비전은 고위험사례대상자 개입 시 다음의 상항에서 효과적이다. 새로운 역할을 시도하고 요청사항을 수행할 때, 거부감 없이 문제를 직면하게 할 때, 핵심문제들이 해결되었는지를 확인할 때, 활동 동기를 갖지 못한 때, 해결기대를 높이기 위해 새로운 역할을 부여할 때 등 문제개선에 필요한 지식과 기술을 습득하게 한다.

5) 위기대처 능력강화

위기는 누구나 경험한다. 위기는 기회가 됨과 동시에 좌절하는 요인이기도 하다. 그래서 위기를 다루는 역량은 성공과 실패를 대처하는 고도의 전문성이 필요한 통합사례관리사의 능력이라고 하는 것이다. 고위험사례대상자에게 위기가 닥쳤다는 것은 심각한 어려움에 직면했다는 것이지만 어떤 식으로 대처했는지를 파악하면 고위험사례대상자의 위기대처능력을 파악할 수 있다.

위기가 위협을 포함하고 있다는 것은 알고 있을 것이다. 위기상황에 자주 노출되면 성장하지도 못하고 성장할 수 있는 기회 또한 놓친다. 이렇다면 통합사례관리사의 개입이 필요한 것이다. 위기를 대처하면서 보였던 행동에 대해 대화하고 문제를 확인하는 것이 위기대처능력 파악에 효과적이다. 대처하지 못해 나타난 부정적인 상황을 개선하기 위해 미흡하게 대처하였던 사항 또한 파악할 수 있다.

위기대처 및 극복능력을 강화하는 슈퍼비전은 위기로 인한 어려움 분석을 통해 도움제공이 가능한 사람과 기관의 파악, 방치하면서 지낸 이유, 개인의 무능력의 분석 등을 통해 지원방향을 모색하는 데 있다. 즉, 고위험사례대상자의 상황파악이 기본이라는 것이다. 심각한 상황이면 더더욱 슈퍼비전이 절실한 것이다. 해결될 수 있는 가능성을 제안하는 슈퍼비전은 그래서 의미 있는 격려라고 할 수 있다.

아무리 좋은 얘기도 도움이 되지 않으면 얘기에 불과하다. 영향을 미치지 못하는 것은 물론 참여를 후회하게 만든다. 동기부여는 물론 해결의지를 갖지 않게 만드는 것이 위기상황을 대처하지 못했던 과거의 주저함 때문이다. 문제는 지나간다. 하지만 문제가 심각할수록 불안이 증가하고 심리적으로 위축시킨 것들이 문제로 나타나기 때문에 해결할 수 없다는 생각을 갖는 것이다. 위기를 지혜롭게 대처하지 못했기 때문이다.

고위험사례대상자가 좌절하면 고민하고 생각 또한 많아진다. 더욱 심각한 것은 사소한 일에 당황하고 금방이라도 포기하려는 태도를 보이는 것 등이다. 이러한 행동이 나타나면 위기에 처해 있는 것이다.

따라서 이겨 낼 수 있도록 도울 것임을 확신하게 해야 한다. 이때부터 고위험사례대상자는 통합사례관리사를 신뢰하고 문제해결을 위해 적극적으로 행동하기 때문이다. 위기극복 사례를 소개하고, 이겨 낼 수 있다는 자신감을 갖도록 조언하는 것이 적절한 슈퍼비전이다. 문제가 해결된 성공사례를 소개하고 격려하는 것도 방법이다. 통합사례관리사의 숙련된 기술은 고위험사례대상자의 아픈 것을 위로하는 조언에서 시작된다는 것을 기억해야 한다.

6) 성공하기 위한 방법소개

(1) 성공할 수 있는 방법 제시

고위험사례대상자는 통합서비스를 제공받는 과정에서 자신이 잘할 수 있을지, 또는 문제들이 해결되어 안정적으로 살아갈 수 있을지를 걱정한다. 문제극복 등과 같이 성공하였던 기회가 많지 않았기 때문에 어떤 것이 성공이고 문제해결인지를 알지 못할 수 있다. 혼란스러운 상황을 정리하고 해결기대를 가질 수 있는 모델이 필요한데, 고위험사례대상자의 성공모델은 안정적으로 살아가는 이웃이고 친구이며 통합사례관리사 또한 모델이다.

성공모델은 고위험사례대상자에게 매우 중요한 의미가 있다. 시간이 지나면 문제들은 해결된다는 확신을 갖고 슈퍼비전 사항을 실천하는 것, 변화 상태를 알려 주는 것도 성공을 향한 시작이다. 이전과 다른 삶을 살아가면서 존재감을 회복하는 통합서비스라면 성공적인 생활에 가까이 다가서고 있는 것이다.

따라서 문제해결보다 더 중요한 것이 자조생활의 주인공임을 확신할 수 있도록 의지를 갖게 하는 생활방식을 유지하는 데 있다. 성공적인 변화의 주체는 고위험사례대상자라는 것을 확신하게 해야 한다. 성공을 위해 유능한 자원들과 교류할 수 있도록 중재하고 해야 할 준비와 노력이 필요한 이유를 고위험사례대상자의 입장에서 설명한다. 고위험사례대상자의 의지에 달려 있다는 것을 설득한다.

성취감이 없는 성공은 없다. 작은 일의 수행도 성공한 것이며 성취다. 자신과의 싸움에서 얻은 성공은 그래서 더 큰 보람을 느낀다. 성공한 경험이 많아야만 자신감을 갖는다. 기회조차 없는데 성취감을 갖는 것은 불가능하다. 이는 고위험사례대상자를 지원하면서 분명하게 인식해야 할 사명과 결부된 가치임을 명심해야 한다.

(2) 성취감을 얻을 수 있는 기회마련

통합사례관리사는 고위험사례대상자가 삶의 의지를 갖고 실천하도록 기회를 제공하는 전문가이다. 성취감은 힘든 일을 해낸 후에 얻기도 하지만 사소한 것이라도 스스로 해내었다는 확신을 가지면 다음 단계의 활동을 기대하는 등 동기를 갖는다.

노력을 통해 문제들을 해결하면서 얻는 결과물이 성취감이다. 성취감이 없는 사람은 문제해결 능력이 부족하다. 이런 사람은 과거의 성취에 집착한다. 반면 성취감이 많은 사람은 해결이 어려운 일이라도 도전한다. 사소한 일을 해결하여도 성취감을 얻고 자신이 해낸 것임을 자부한다. 그래서 성취감이 많은 사람은 문제에 직면하는 것을 두려워하지 않는다. 오히려 도전한다. 문제해결을 위해 방법을 찾고 도움을 제공할 수 있는 사람 또한 찾아 나선다. 자신의 문제를 직시하고 해결을 위해 전력하면서 최선을 다해 문제해결을 위해 노력한다.

통합사례관리사가 고위험사례대상자를 지원하면서 가장 중요하게 인식할 것은 성취감을 가질 수 있는 기회를 마련하고 참여하게 하는 것이다. 보상 방법을 활용하는 것 또한 효과적이다. 성취감이 많고 노하우로 남으면 심각한 문제조차 사소하다 여기면서 극복할 힘을 갖는다. 문제를 해결하였을 때의 성취감을 나누고 더 잘하기 위한 방법을 묻는 등 배운 것들을 생활에 적용하기 위해 노력한다.

자기 일처럼 좋아하는 통합사례관리사를 거부하는 고위험사례대상자는 없다. 통합사례관리사는 고위험사례대상자에게 유일한 모델이라는 것을 명심해야 한다.

7) 능력강화교육

의외로 많은 사회복지기관에서 고위험사례대상자의 능력을 강화하기 위한 교육프로그램을 개설하지 않고 운영하지도 않는다. 고위험사례대상자의 삶의 토대가 지역사회임에도 대상자가 변해야 상황 또한 변화된다는 시각을 갖고, 대상자를 변화시키는 데에만 목적을 두고 개입하는 경향이 확연하다. 문제해결을 위해 전력하지만 정작 자립에 필요한 능력강화에 대한 프로그램을 개설하지 않고 자조생활에 필요한 기술 등을 교육하지 않고 있다. 이는 고위험사례대상자가 변해야 한다는 잘못된 시각 때문이다.

더욱 심각한 문제는 문제를 해결 받더라도 계속 살아야 하는 열악한 주거환경을 방치하면서 지내고 있음에도 개조를 위한 지원을 시행하지 않는 것이다. 통합사례관리사가 만났던 다수의 고위험사례대상자들이 질병과 장애, 어려운 가정형편, 빈곤 등의 문제에 노출된 채로 지내고 있다는 점을 감안하면 상황의 악화는 이런 식의 생활방식이 고착되었기 때문이다.

고위험사례대상자가 주변 사람들과 좋은 관계를 맺지 못하고 고립된 채로 지내는 것을 경험하였을 것이다. 자기중심적으로 사고하고 사람들을 멀리하면서 관계단절을 선택하는 고위험사례대상자를 만나 보았을 것이다. 오래전의 상처(결핍된 욕구를 발생시킨 요인)임에도 과거에 집착하고 더 이상 생활이 나아질 것이라는 기대를 하지 않으면서 생활하는 고위험사례대상자를 만나 보았을 것이다. 현재의 생활을 방치하고 문제해결을 위해 적극적으로 나서지 않는 등 과거의 상처가 요인인 경우가 많다.

사회생활의 성공과 실패는 대인관계를 통해 좌우되는 경우가 많다. 대인관계는 인간관계와 사회생활의 토대이기 때문에 사회생활을 하지 않으면서 사람들을 피한다고 해결되는 것은 아니다. 이런 상황에 노출되면 분명 문제에 직면해 있는 것이다.

대인관계를 회복하는 데에는 오랜 시간이 걸린다. 따라서 가급적, 빨리 해결방법을 찾아야 한다. 사회복지기관의 프로그램이 고위험사례대상자의 변화에 영향을 미치지 못하는 이유는 이러한 문제를 사소하다 여기면서 개입하지 않는 사회복지종사자가 의외로 많기 때문이다.

관계회복을 위해 가장 많이 활용되는 프로그램이 개별상담을 지속하면서 동료모델링과 집단활동을 접목한 교육프로그램의 참여이다. 동료모델링을 통한 집단교육 및 활동프로그램은 고위험사례대상자의 상황을 이해하는 것에서 출발한다. 어느 정도 진행되면 훈련으로 연계되어야 하는데, 동료모델링을 통해 지지적 관계를 맺고 모델링을 통한 시범, 선배 및 동료 따라 하기, 생활차이의 인식, 사회생활의 어려움, 자신도 할 수 있다는 자신감 회복, 느낀 점 얘기하기, 자신의 부족한 점 보완하기 등 자기화 방식으로 체득의 기회를 강화한다. 고위험사례대상자의 문제와 관련될수록 교육의 효과가 높기 때문에 실천 가능한 활동의 개발은 수행하기 쉬운 활동부터 시행하는 것이 효과적이다.

필요성을 느끼고 절감한 활동은 고위험사례대상자의 상황과 유사한 내용으로 구성되어 있다. 대화를 시작하고 여러 봉사활동에 참여하는 기회를 통해 타인을 돕는 것의 가치를 자각할 수 있는 내용으로 구성되어 있다. 필요성을 인식하지 못하는 활동이 효과가 없듯이 고위험사례대상자 스스로 해결능력을 갖추기 위한 내용으로 구성되어 있다.

사회복지기관에서 시행하는 도시락 배달이나 독거노인의 가정방문 등의 자원봉사 활동은 고위험사례대상자에게 도움을 받는 것의 중요성과 도움을 주는 실천이 얼마나 중요한 것인지를 알게 한다. 이러한 활동은 동기유발에 효과적이다. 또한 고위험사례대상자의 현재 상황을 개선하기 위한 최적의 기회를 찾게 하고 기회를 통해 더욱 강화된 방식의 지원체계를 마련하여 그 시기를 최대한 활용하게 한다. 프로그램을 진행하는 중반부터 고위험사례대상자의 문제개선을 위한 기술습득활동이 적당한데, 타인을 돕는 가치를 인식하면 자신감을 갖기 때문이다. 즉, 실행의 이유, 활동의 가치, 도움 받는 사람의 이익, 무엇을 느끼게 되었는지 등 타인을 돕는 것이 얼마나 소중한 것인지를 알게 된다.

빈곤문제를 고민하고 있으면 직업기술을 습득하도록 지원하는 것이 역량개발에 효과적이다. 고위험사례대상자를 위해 별도의 프로그램을 개설하는 것이 쉽지 않겠지만 지역의 사회복지기관에서 시행하는 프로그램을 찾아보면 참여할 수 있는 프로그램이 분명 있을 것이다.

8) 아낌없는 칭찬

고위험사례대상자의 문제해결을 촉진하고 상황변화를 촉구하는 효과적인 방법은 무조건적인 긍정적인 기대를 보내면서 아낌없이 칭찬하는 것이다. 칭찬은 기대를 품고 미래를 준비하게 한다. 그래서 동기가 필요한 고위험사례대상자를 이끌어 가기 위한 통합사례관리사의 최고의 기술을 칭찬의 격려라고 하는 것이다.

칭찬할 때는 강점과 약점 모두를 칭찬하는 것이 칭찬의 효과를 배가시킨다. 어쩌면 고위험사례대상자는 통합사례관리사의 얘기를 이해하지 못해 수용하지 않는 등 수행할 역할이 이해되지 않을 수 있다. 참여하면서 고민하고 이렇게 하는 것이 옳은 것인지를 판단하지 못할 수 있다. 이런 고위험사례대상자의 상황이 이해되는 것도 통합사례관리대상자로 선정된 이후에 나타난 변화이기 때문이다. 주저하면서 참여했고 하기 싫은 것임에도 의지하면서 끝까지 믿어 주었기 때문에 참여한 것이다.

따라서 통합사례관리사는 고위험사례대상자가 사후관리까지 참여한 것을 축하하며 칭찬해야 한다. 모든 상황이 생소함에도 믿어 주고 따라 준 것만으로도 대단히 힘든 일이었음을 격려하고 지지를 보낸다. 약점조차 칭찬을 받으면 처음에는 쑥스러워하며 어리둥절해 할 수 있지만 자신이 수행한 모든 것들이 용기였고, 바라는 기대를 성취하였다는 것을 알면 통합사례관리사를 더욱 신뢰하기 때문이다.

고위험사례대상자와 친분 있는 사람을 찾아보는 것도 효과적이다. 고위험사례대상자가 자주 만나는 사람들 가운데 그의 변화를 설명하면서 "참 열심히 하였다고 이제 성취만 남았다"는 식으로 칭찬하면 힘을 낸다. 친한 사람을 확인하고 그를 통해 칭찬하는 것도 고위험사례대상자의 자존감을 높이는 방법이다. 친한 사람으로부터 들었던 격려의 칭찬은 대면하는 칭찬보다 더 많은 용기를 갖게 한다.

반대로 부정적인 비판에 주의해야 한다. 소문은 양면성이 있다. 부정적인 얘기는 갈등을 일으키고 분쟁하게 만드는 등 대립하게 한다. 긍정의 칭찬은 격려와 고마움을 알게 한다. 실수는 조언으로 해결되지만 부정적인 평가는 비판자로 만든다.

통합사례관리사의 격려와 지지하는 얘기를 고위험사례대상자는 기대한다. 통합사례관리사의 존중하는 태도와 품위 있는 얘기에 고위험사례대상자는 의지를 갖고, 자신의 상황을 개선하기 위해 노력한다. 오랫동안 참고 인내하면서 참여한 노력을 칭찬하고 극복해 낸 일들을 고위험사례대상자의 입장에서 격려하는 것이 통합사례관리 운영을 더욱 활기차게 만든다는 것을 확신해야 한다.

높은 사기는 통합사례관리사의 한 마디 얘기에 달려 있다. 격려할 때는 자존감을 회복하고, 자신 있게 살아갈 수 있다는 확신을 가질 수 있게 용기를 주는 격려의 칭찬을 통해 높아진다. 칭찬의 격려가 고위험사례대상자의 마음을 움직인다는 점에서 고위험사례대상자의 변화의지는 통합사례관리사의 한 마디 얘기와 존중하는 태도에 달려 있다는 것을 사명으로 인식해야 한다. 이와 같은 슈퍼비전이 최고의 격려이고 통합사례관리사의 능력임을 확신해야 한다.

참고문헌

권진숙 · 전석균 역. 2001. 사례관리. 하나의학사. 26.

권진숙. 2010. 한국 사례관리실천의 혼돈과 대안. 사례관리연구 1권 1호. 3-5(1-22).

권진숙 · 김상곤 · 김성경 · 김성천 · 김혜성 · 민소영 · 박선영 · 박지영 · 백은령 · 유명이 · 유서구 · 이기연 · 조미숙 · 조현순 · 황성철. 사례관리론. 한국사례관리학회편. 학지사. 2012. 15-16)

김기덕 · 김민 · 권혜진. 2013. 휴먼서비스개론. 신정. 43.

김기덕 · 김민 · 권혜진. 2013. 휴먼서비스개론. 도서출판 신정. 28.

김기원. 2007. 사회복지조사론. 나눔의집. 395.

김상아 · 김장권 · 이원지 · 정현태. 2014. 사회복지프로그램개발과 평가. 공동체출판사. 33-34.

김영종. 2013. 사회복지개발과 평가. 학지사.

김영화 · 신원식 · 임성옥 · 손지아. 2012. 현장과 함께하는 사회문제. 양서원. 33-36.

김융일 · 양옥경. 2004. 사회복지슈퍼비전론. 양서원. 13재인용.

김혜영 · 석말숙 · 최정숙 · 김성경. 2012. 사회복지실천론. 공동체. 38-43.

류애정. 2011. 228 - 도서가 없음

안정선. 2007. 사회복지 슈퍼비전 표준 체계 개발에 관한 연구: 사회복지관 직원 슈퍼비전을 중심으로. 서울여자대학교 대학원 사회사업학과 박사학위논문. 9.

안정선 · 최원희. 2010. 사회복지슈퍼비전의 이론과 실제. 도서출판 신정. 105.

양옥경 · 이기연 · 최소연 · 현진희. 2010. 사회복지지도감독론. 양서원. 17.

윤경필. 2013. 사회복지관의 슈퍼비전이 업무성과에 미치는 영향: 사회복지사 전문적 능력의 매개효과를 중심으로. 광주대학교 사회복지전문대학원 사회복지과 석사학위논문. 17.

이경아 · 박정임 · 김민석 · 서홍란 · 하경희 · 이금진 · 유명이 · 강미경 역. 2004. 사회복지에서의 역량강화실천. 양서원. 22-29.

이근홍. 2000. 사례관리론. 지식공동체. 36재인용.

이마이 유키오. 1994. 노인복지홈의 실천적 처우론; 박태영 · 이재모역. 2003. 사회복지시설 실천론: 노인복지시설 직원의 실천자세를 중심으로. 아시아미디어리서치. 16-20.

이상호 · 최경화 · 김재열 · 안성의 · 유인애 · 황성식 · 석재은. 2013. 사회복지실천론. 신정. 50-52

이숙 · 강희경 · 공인숙 · 강정희 · 문혁준 · 심희옥 · 안선희 · 안효진 · 이미정 · 이희경 · 천희영 · 한미현. 2011. 인간행동과 사회환경. 창지사. 29-33.

이정학. 2009. 서비스마케팅. 대왕사. 19재인용.

이재용.2017. 사회복지프로그램개발과 평가. 정민사. 133-166에서 일부 발췌하여 내용을 수정하여

인용함.

이종범 외. 1991; 김병섭 · 박광국 · 조경호. 2011. 휴먼조직론. 278-280.

이창희 · 김병 · 이승명 · 이용환 · 이창안 · 장창균. 2012. 사회복지조사론. 창지사.

이효선 · 남화수. 2017. 사회복지실천을 위한 사례관리; 사례중심실천접근. 학지사. 38-39.

전명남. 2013. 성공스피치와 리더십. 창지사. 9.

정순돌. 2001. 재가노인을 위한 사례관리 네트워크 분석: 부천시를 중심으로. 한국사회복지학 46권. 405-406(404-426).

정종진. 2008. 교양으로 읽는 생활 속의 심리이야기. 공동체. 69-74.

조휘일. 2004. "사회복지 슈퍼비전의 방향". 한국사회복지행정학회 춘계학술대회 자료집. 7에서 재인용.

황미경(2009. 공공 사회복지전달체계 내 통합사례관리 운영방안에 관한 연구. 한국지역사회복지학. 60-62(49-67).

현외성 · 정재욱 · 마은경 · 이은정 · 문정란 · 김용환 · 강환세 · 박선애 · 정민화. 2012. 사회복지사례관리론. 공동체. 50-51.

Duke Corporate Education. 박정민 · 김용운 · 임대열 역. 2009. 중간 관리자의 성과코칭스킬. 이너북스. 39-40.

Shrewsbury, 1987. What is feminist pedagogy? Women's Studies Quarterly, XV(3&4), 8.

Shrewsbury, 1987:8, Wes Shera · Lilian M.Wells 편저. 이경아 외 공역. 양서원. 33.

Wes Shera · Lilian M.Wells 편저. 이경아 외 공역. 양서원. 33.

Kadushin, A. 1974. "Supervisor - Supervisee Survey" Social Work(19): 288-298. 조휘일 역. 2004. 사회복지실천과 슈퍼비전. 학지사. 28.

Kadushin, A. 1992. 3rd ed., Supervision in Social Work, New York: Columbia University Press.

저자소개

■ 이재용(문학박사, 장애인복지·사회복지행정전공)

저자는 사회복지기관 컨설팅 전문가로 장애인거주시설 장봉혜림원 재활사업팀 팀장을 거쳐, 과장, 사무국장을 역임하고, 해뜨는집 원장을 역임하였다. 종합사회복지관 부장과 관장으로 재직하면서 사이버평생교육원 운영교수, 한라대학교 겸임교수로 재직하였다.
한국양성평등위원회 가정폭력전문강사, 국가인권위원회 정신보건분야 인권강사를 역임하였으며, 현재는 보건복지인력개발원 정신보건분야 인권강사로 활동중이다. 사회복지종사자들의 역량강화를 위한 사회복지실무중심의 교육에 전력하고 있다.
현) 송호대학교 사회복지학과 교수, 지역협력센터장

□ 지역사회활동

전) 송호대학교 학생생활상담실센터장, 교무처 부처장, 취·창업센터장, 평생교육원장
강원도 사회복지공동모금회 배분심의위원회 배분심사위원
현) 한국대학교육협의회 표준분류심의위원회 심의위원
홍천군사회복지기관 수탁자선정심의위원회 심의위원
원주가톨릭사회복지회 장애인직업재활시설 천사장애인보호작업장
횡성자활지원센터 운영위원, 횡성군드림스타트 운영위원 외 다수

□ 대표 저서

• 인간행동과 사회환경(2013). 공저, 창지사
• 사회복지사의 역량강화를 위한 보고사무의 실제(2015). 창지사
• 개정판 사회복지행정론(2016). 공저, 형설출판사
• 현장중심의 통합사례관리(2016). 창지사(2017 문화체육관광부 우수학술도서)
• 사회복지프로그램 개발과 평가(2017). 정민사
• 사회복지리더의 환대하는 리더십과 설득의 대화(2018). 창지사
• 인권중심의 사회복지시설운영론(2018). 창지사
• 업무능력향상을 위한 보고행정업무 운영의 실제(2019). 창지사
• 고급통합사례관리 실천전략(2019). 송호대학교 지역협력센터 외 다수

□ 대표 논문

• 거주시설 장애인의 사회적 배제 경험연구(2014, 한국케어복지학회)
• 사회복지사의 직무소통 장애경험 연구(2016, 한국케어복지학회)
• 청소년의 자아존중감, 지역사회인식, 삶의 만족의 관계: 매개모형과 종단적 관계중심으로(2017, 한국보건복지학회)
• 거주시설 장애인의 자기결정권 침해경험연구(2017, 송호대학교논문집 제5집)
• 사회복지사의 클라이언트 폭력경험 연구(2018, 보건복지학회) 외 다수

□ 연구용역

• 원주아동센터 역사 및 현황조사와 향후 발전적 기능모형의 개발 연구(2019.12. 사회복지법인 가온복지재단)
• 횡성군 사회복지종사자 인권지침매뉴얼(2020.05. 횡성군사회복지협의회·강원도사회복지공동모금회)
• 횡성군 사회복지종사자 안전보호매뉴얼(2021.01. 횡성군사회복지협의회·강원도사회복지공동모금회)
• 횡성군 사회복지종사자 통합지원센터기능 연구개발(2021.02. 횡성군사회복지협의회·강원도사회복지공동모금회) 외 다수

지역기반
고급통합사례관리론

초판 1쇄 인쇄 / 2021년 3월 05일
초판 1쇄 발행 / 2021년 3월 10일

•

저 자 / 이 재 용
발행인 / 이 중 수
발행처 / **동 문 사**

•

서울특별시 서대문구 홍제원 1길 12
(홍제동 137-8)
Tel: 02)736-3718(대), 736-3710, 3720
Fax: 02)736-3719
등록번호: 1974.04.27. 제9-17호
가격: 25,000원

•

ISBN: 979-11-6328-270-9 (93330)
E-mail: dong736@naver.com
www.dongmunsa.com